신약 성경 개관

Search The Scriptures

코넬리스 반더발
김 철 옮 김

Cornelis Vanderwaal

솔로몬

SEARCH THE SCRIPTURES

by Cornelis Vanderwaal

Paideia Press
St. Catharines, Ontario, Canada
Solomon Press
Seoul, Korea 1994

머리말

성경은 기독교의 신학과 신앙의 출발점이며 또한 종착점이다. 아무리 훌륭한 신학적 이론도 성경에 근거하지 않으면 그것은 종교는 되어도 기독교 신학은 아닌 것이다. 또한 아무리 뜨거운 열정을 가지고 있어도 그것이 성경적인 신앙이 아니면 그것은 참다운 신앙이라고 말하기가 어렵다.

그렇기 때문에 성경은 모든 그리스도인의 신앙과 행위의 표준이 되며 성경 이상의 권위는 없다. 그러므로 우리는 성경에 비추어서 성경을 읽고 해석하며 성경 말씀을 우리 생활에 적용하며 살아가야 한다.

이 책은 성경을 하나님의 계시의 산물로 보며, 신약 전체를 꿰뚫어 보게 하고, 주제를 명확히 알게 하며 또한 구속사적 맥락 속에서 성경을 볼 수 있게 한다.

본서는 목회자나 신학생에게 큰 도움을 줄 것이며, 또한 성경을 좀더 깊이 공부하려는 평신도에게도 유익을 줄 것이다.

늘 이끌어 주시고 사랑해 주시는 기독신학대학교의 설립자 되시는 장중현 박사님께 깊은 감사를 드리며 이 책이 완성되기까지 여러 가지로 수고하신 도서출판 솔로몬의 박영호 사장님과 기도로 도와준 많은 분들께 감사를 드린다.

천안 기독신학대학교 연구실에서
역자 김철

CONTENTS

누가복음

요한복음

CONTENTS

사도행전

로마서

CONTENTS

고린도전서

고린도후서

갈라디아서

CONTENTS

에베소서

빌립보서

골로새서

데살로니가전서

CONTENTS

CONTENTS

빌레몬서

히브리서

야고보서

베드로전서

CONTENTS

CONTENTS

유다서

요한계시록

부 록

EARCH THE SCRIPTURES

마태복음

1

네 권으로 구성된 하나의 복음

그리스도의 복음의 단일성

성경을 읽어 본 사람이라면 누구나 신약이 네 개의 복음서로 시작된다는 것을 잘 알고 있을 것이다. 그러나 바울은 갈라디아에 보내는 편지에서 오직 "하나의 복음"밖에 없다고 분명히 이야기하고 있다. 만일 누구든지 어떠한 것이라도 다른 복음이 있다고 주장하면 저주를 받게 될 것이다.

물론 바울의 말은 극히 지당한 것이며 우리는 그의 교훈을 진지하게 받아들여야만 한다. 우리에게는 오직 하나의 복음, 오직 하나의 기쁜 소식만이 있을 뿐이다. 그러므로 당연히 **마태의 복음**(The Gospel of Matthew)이라든지, 마가 혹은 누가나 요한의 복음이라는 말은 할 수 없다. 우리는 이와는 달리 영어 성경에 명시된 것처럼 **마태에 의해 기록**

된 복음(The Gospel according to Matthew) 또는 마가, 누가, 요한에 의해 기록된 복음이라고만 말해야 한다.

물론 우리가 마태가 기록했다는 의미로 **마태의 복음**이라고 말한다면, **마태의 복음**이라고 말하는 것도 나쁘지 않다. 그러나 우리는 성경을 이야기할 때 **예수 그리스도의 복음**이라는 그 단일성(unity)을 강조해야 할 것이다. 신약의 첫 번째 책을 **마태복음**이라 할 때, 그것은 **마태에 의해 기록된 복음**(또는 마태가 기술한 복음)을 가리키는 것이다.

신약의 제일 처음에 위치해 있는 하나의 참 복음은 네 권의 책으로 이루어져 있으며, 이 네 권의 복음서는 전부 육신이 되시고 십자가에 못 박히시고 무덤에서 다시 살아나신 예수 그리스도에 대해 증거하고 있다. 비록 마태와 누가는 예수의 탄생 기사를 싣고 있고 마가와 요한은 이를 다루고 있지 않지만, 복음서에 기술된 이야기들의 골격은 네 개가 모두 거의 동일하다.[1]

공관복음(Synoptic gospels)

만약 당신이 이 복음서들을 읽게 되면, 요한복음은 좀 다른 점이 있다 하더라도 다른 세개의 복음은 공통적인 소재가 매우 많다는 것을 발견하게 될 것이다. 1774년 독일의 신학자 그리스바하(J. J. Griesbach)가 이 처음 나오는 세 복음서를 **공관복음**(synoptic)이라고 불렀다. 그것은 이 세 복음서 기사에는 관점이 같은 것으로 보이는 공통적인 소재가 많기 때문이었다('시놉시스'<synopsis>라는 말은 개관 또는 바라봄이

1) 부록에 기재된 사복음서 대조표를 참조하라(역자주).

라는 뜻이 있다). 실제로도 마태복음과 마가복음 또 누가복음의 평행 구절을 같이 묶어 놓는 **평행 성경**(parallel edition)이 이미 출간되었다. 하여튼 그리스바하 이후로 이 세 복음서는 **공관복음**으로 불리고 있다.

마가복음은 약 660절로 이루어져 있다. 이 중 606절은 마태복음에서 완전히 또는 부분적으로 다시 나타나며, 역시 누가복음에서도 380절 정도가 다시 나타난다. 그래서 학자들은 **공관복음의 의문점**(synoptic question)이라고 불리는, 이 세 복음서 사이의 관계에 대하여 관심을 기울이게 되었다.

하나님의 뜻은 예수님의 사역과 말씀에 관한 지식을 네 개의 구별된 복음서로부터 받아들이도록 하는 것이었다. 본인이 이미 지적했듯이, 우리는 이로써 많은 유익을 얻을 수 있다. 구세주의 사역이 네 가지 면에서 조명을 받음에 따라, 주님의 사역을 각 복음서마다 색다르게 인식할 수 있을 것이다.

각 복음서 기자들은 그들의 특성에 따라 표면상 서로 다른 양상을 보여준다. 이들은 각자의 목적과 계획에 따라 기록하였다. 우리는 어떤 사물을 입체적으로 살펴볼 때 분명하게 인식하게 된다. 마찬가지로 우리는 그리스도에 관하여 네 가지의 관점에서 바라보게 될 때, 이로 말미암아 그에 관한 지식이 더욱 깊고 풍부하게 되지 않겠는가?

상관없는 이야기들을 모아 놓은 것이 아니다

복음서 기자들의 의도는 결코 우리와 아무런 상관이 없는 이야기들을 불규칙하게 모아 놓으려는 것이 아니었다. 그들은 분명히 독자들과 청중들을 고려하였다. 그들은 그리스도의 말씀과 사역을 전할 때 교회를 위협했던 이설(異說)들을 비롯한 여러 문제들에 깊은 관심을 기울였다. 그들이 사람들에게 들려주었던 것은 그 당시에도 흥미롭고 중요한 것이었을 뿐만 아니라, 오늘날 우리의 시대와도 철저하게 관련된 것들이다.

이 네 명의 증인들은 각자 나름대로의 방법과 문체를 사용하여 독자들을 사로잡았다. 각각의 복음 전도자들은 잘 정해진 계획에 따라 사도적 증언을 해 나갔다. 우리가 네 권의 복음서를 계속 공부해 보면, 어떻게 성령께서 각각의 저자(기자)들의 독특한 특성과 경험을 사용하셨는지를 알 수 있을 것이다. 마태는 유대인이고 전직(前職)이 세리였다. 마가는 베드로와 바울과 계속 연락을 주고받았던, 예루살렘 출신의 유대인이었다. 누가는 이방인 의사였다. 물론 요한은 예수님으로부터 특별한 사랑을 받던 제자였다.

2

역사로서의 복음서

성경에 대한 비평적 접근

다드(C. H. Dodd)는 성경에 대한 비평적 접근 방법을 다음과 같이 옹호하였다.

> 성경 비평 연구란 학문의 다른 분야에 적용되었던 이성적, 과학적 연구 방법을 성경에도 적용한 것에 불과하다….
>
> 설사 성경 비평 연구가 타당하다고 인정되며, 또 유용한 과학적 연구의 한 분야로 생각된다고 하더라도, 이 방법이 고고학이나 고대 역사에 특별한 관심이 없는 일반 독자들에게도 중요한 것이겠는가?… 오직 가장 최근의 학문 비평 방법을 통해서만 성경을 올바로 이해할 수 있다고 단정하는 것은 유감스럽지만, 비평주의는 사람들이 성경을 이해하려 할 때 자연히 부딪치게 될 모든 문제를 전부 다루고 있다. 그리고 성경에 대한 접근 방법으로서 **비평 방식**(critical

> method)은 종교 서적인 성경을 진지하게 연구하는 모든 분야에 깊게 관련되어 있다.[2)]

오늘날 성경에 관해 심사숙고하는 사람이라면 누구나 예수님에 대하여 이미 알려진 성경적 사실들을 이 비평적 접근 방법으로 연구하도록 허용해야 할 것인가 아닌가 하는 문제에 직면하게 된다. 우리는 좋든지 싫든지 신약의 처음 네 권에 나타난 예수님의 이야기들이 모두 사실일까 아닐까 하는 질문을 모면할 수 없을 것이다.

역사인가, 메시지인가?

성경을 연구하는 어떤 사람들은 **복음서 기자**가 기록한 것들이 결코 실제 역사가 아니며, 역사적인 근거에서 볼 때 반박될 수밖에 없는 형태, 즉 일종의 설화적인 형태로 옷 입혀진 예수에 관한 하나의 **메시지**에 불과하다고 주장한다. 과학적인 입장에서 볼 때 예수께서 적은 음식으로 수천 명의 군중들을 먹이신 것은 단순히 불가능한 사실에 지나지 않는 것이다.

이들의 견해에 따를 때, 그 문제는 과학이 용인할 수 없는 것이다. 이들의 주장은 다음과 같다.

> 우리는 그러한 이야기들이, 아직 예수께서 그의 교회와 함께 하시

2) 「현대의 성경」 *The Bible Today*(Cambridge University Press, 1962), pp. 23, 27. 다드(Dodd)는 "복음 전승 중 가장 믿을 만한 초기의 형태를 발견하기" 위해서는 엄격한 비평적 방법으로 복음의 메시지에 접근해야 한다고 주장한다(*The Authority of the Bible*, Harpaer Torchbooks, 1958, p. 228). 다드에 따르면 사복음서 사이에는 많은 모순점이 존재한다고 한다.

고 교회를 돌보고 계신다는 선언으로 읽혀져야 한다고 확신한다. 모든 것이 정확히 기록된 그대로 발생했는가 하는 질문은 우리의 관심사가 될 수 없다(심지어 부활의 이야기조차 그러하다). 예수가 역사적 인물로 보일 필요는 없다. 그보다 예수는 오늘날 현재를 살아가는 사람들에게 영감(inspiration)의 근원으로 나타나야만 한다. 사실 우리는 구속과 그 역사적 과정에 관해서 결코 이야기할 수 없다. "구속"과 "영생"에 대한 소망은 이기주의의 한 형태에 불과하다.

좌우간 우리는 절대로 예수의 생애에 관하여 **확실한 역사적 지식**을 알 수 없다. 우리가 읽는 것 중 많은 부분은 반드시 **신화**(myth)로 간주되어야만 하며, 그러므로 우리는 복음서 기자들의 이야기 속에 내포되어 있는 그 메시지를 발견하기 위하여 그들의 이야기를 반드시 "비신화화"(demythologize)해야만 한다.

초대 교회의 증언

어떤 사람들은 복음서에 담겨진 이야기가 예수 그리스도의 가르침이 아니라 **초대 교회의 가르침**이라고 주장한다.

이들의 생각은 다음과 같다.

이 복음서 저자들은 교회 공동 사회(church community)에서 성장한 사람들이다. 그들은 예수의 실제 말씀을 일부 우리에게 전하기도 했지만, 대개는 그들 자신의 생각을 예수의 말에 포함시키거나 예수의 입에서 나온 것처럼 바꾸었다. 달리 말하면, 그들은 바로 자신이 믿고 있는 사실 그것을 예수가 주장한 것으로 만들기 위하여 몇몇 예수의 진술을 변형시켜 버린 것이다.

따라서 "복음서"는 실제 예수 자신의 말씀이라고 생각하기보다 **초대 교회의 증언**으로 간주해야 할 것이다. 즉, 이 복음서는 신적 계시를 기술한 것이 아니라 **교회의 신학**을 나타낸 것이다. 예를 들어, 요한복음은 확고한 역사적 사실과 초대 기독교 교회의 설교자들이 한 일련의 설교가 뒤엉켜져 있다.[3)]

이를 따르는 많은 학자들은 마가복음의 저자로서 마가를 받아들이지만, 다른 복음서의 저자는 마태, 누가, 요한이 아니며, 이들은 지어낸 가공의 인물이라고 본다.

권위 있고 눈으로 직접 목격한 기사

위와 같은 논쟁에 대하여, 그것이 개신교에서 기인되었든 로마 가톨릭에서 기인되었든 간에 성경은 오직 하나의 대답만을 제공한다. "우리 주 예수 그리스도의 능력과 강림하심을 너희에게 알게 할 것이 공교히 만든 이야기를 좇은 것이 아니요 우리는 그의 크신 위엄을 **친히 본 자**라"(벧후 1:16). 누가복음의 서문에 보면 "처음부터 **말씀의 목격자** 되

---

3) 바아르다(T. Baarda)는 "우리가 이해하기로는, 역사적으로 신뢰할 만한 이야기는 없다"고 주장하였다(*De Bettouwbaarheid van de Evangeliën*, Kampem, 1967, p. 83). "그 전승 속에는 전설, 소문 등이 들어 있으며 때로는 그 전승을 전해 준 사람들이 느낀 개인적 감상들도 포함되어 있다. 편집자들이 어떻게 이러한 것들을 모두 제거할 수 있었겠는가? 때로 이야기나 말씀의 이러한 개인적인 해석은 복음이 어떤 양식(form) 속에 담겨 있었는지를 결정하도록 하는 역할을 하기도 한다"(p. 76). 말하자면 바아르다의 주장은 그러한 엉뚱한 상상으로 복음서가 구성되었으며 일반적인 소문에서도 종종 보여지듯이 거기에 소재를 **변형**시킨 사실을 찾아볼 수 있다는 것이다. 우리는 복음서에 관하여 정확히 어떤 관점을 가져야 할지 결정하기가 매우 힘들다. 왜냐하면 기록된 것들이 모두 정말 있었던 일이며 실제 말씀했던 것인지를 확인할 수가 없기 때문이다(p. 80). 그래서 바아르다에게는 과거에 **예수가 누구셨는가**(who Jesus was) 하는 것이 이슈가 아니다. 실제로 우리라 선포를 통하여 알 수 있는 것은 **지금 예수가 누구신가**(who Jesus is) 하는 것이다(p. 50). 이 **복음의 실존주의적 해석**에서 역사는 그 선포가 입고 있는 옷, 즉 선포가 담겨 있는 그릇으로 나타난다. 바아르다의 시대 이후로 성경에는 복음이 담겨졌다고 인정되는 긍정적인 말이 별로 남지 않게 되었다.

고 일꾼 된 자들의 전하여 준 그대로" 사건을 제시하려 했다고 했으며, 또 "그 모든 일을 근원부터 **자세히** 미루어 살핀 나도 데오빌로 각하에게 차례대로 써 보내는 것이 좋은 줄 알았노니 이는 각하로 그 배운 바의 **확실함**을 알게 하려 함이로라"(눅 1:2-4)고 기록하고 있다.

성경은 그 자체의 **권위**를 가지고 우리에게 접근하고 있으며, 또 우리에게 권위가 있는 것으로 받아들이도록 요구하고 있다.[4] 성경은 서로 다른 초대 교회의 여러 신학자들이 기록한 많은 문학 작품을 뒤범벅시킨 것이 아니며, 또 뒷날 다양한 관점을 가진 경건한 기독교인들이 심사숙고하여 만든 저작물도 아니라고 그 자체가 증거하고 있다. 성경은 학자들과 컴퓨터에 의해서 서로 모순되고 역사적으로 믿을 수 없는 "선포

---

4) 성경의 권위(역자주)

① 성경은 모든 성경이 하나님의 감동으로 되었다고 증거한다(딤후 3:16). 이는 참되신 하나님(롬 3:4)께서 진리를 나타내셨다는 뜻이다.

② 인간 또한 그것을 기록하는 과정에서 그 진리를 와전하지 않았다. 왜냐하면 성경이 성경을 기록한 사람도 "성령의 감동하심을 입었다"(벧후 1:21)고 증거하기 때문이다(신약의 많은 곳에서 여러 사람이 기록한 구약성경 구절들에 대해 성령께서 그 저자가 된다고 증거하고 있다. 막 12:36; 행 1:16; 행 4:24, 25; 히 3:7; 10:15, 16을 보라).

③ 주님께서는 문자나 단어마다 모두 중요하며 구약은 기록된 문자와 단어 그대로 정확하게 성취될 것임을 말씀하셨다. "진실로 진실로 너희에게 이르노니 천지가 없어지기 전에는 율법의 일점일획이라도 반드시 없어지지 아니하고 다 이루리라"(마 5:18).

④ 성경의 기록은 인간 저자의 문체와 표현을 반영하고 있는데, 그렇다고 해서 인간 저자의 문체를 사용하는 가운데 그들이 오류를 기록하게 되었다는 것은 아니다(롬 9:1-3을 보라).

⑤ 저자들이 때로는 기록하기 전에 사실들을 조사했다는 것도 부인하지 않는다(눅 1:1-4). 그러나 그 결과는 이러한 성령의 감독 사역에 의하여 오류가 없다고 우리는 믿는다.

⑥ 본문에 현재 우리에게 "문제"가 되는 것이 있음을 부인하지도 않는다. 그러나 "문제"는 "오류"와 아주 다르다. 문제들은 시간이 흐름에 따라 계속적으로 밝혀질 것이다.

들"로 분석되는, 그러한 기록들을 아무렇게나 수집해 놓은 것이 아니다.

신약성경은 엄청난 권위와 함께 우리에게 메시지를 전달해 준다. 우리는 신약을 통하여 무엇이 말해졌으며 무엇이 발생했었는지를 알게 된다. 신약은 예수라 이름하는 어떤 급진주의자의 행적이나 말을 다시 고치거나 개조한 것이 아니다. 이와는 달리, 신약은 순전히 일개 인간의 책이나 기록으로서 의문과 의심을 자아내고 결국 거부하게 되는, 그러한 수준에는 결코 머무를 수 없는 **하나님의 계시**다. 우리는 신약(역사서를 포함하여)에 접근할 때 성경은 정확하며 신뢰할 만하다는 믿음에서 출발해야 한다.

하나님의 온전한 말씀

우리는 성경 기록에 모순이 있다고 지적하는 사람들을 두려워해서는 안 된다. 많은 "문제들"은 성경의 앞뒤가 맞지 않는다는 것을 증명하기 위하여 학자들이 고안해 낸 것에 불과하다.

하나님의 말씀은 불완전할 수가 없다. 만약 당신이 이 원칙에서 출발한다면, 성경에 대한 의심과 의문으로부터 흔들리지 않게 될 것이다. 왜냐하면 결국 문제가 되는 것은 성경이 진실로 **하나님의 말씀**인가 하는 것이기 때문이다. 과학적으로 난공불락으로 보였던 많은 이론들이 얼마 지나지 않아 형편없는 것으로 증명되고 있다.

성경은 성경 자신이 해석자여야 한다. 성경의 역사를 의문시하는 사람들은 실제로는 그들이 앉아 있는 나뭇가지를 잘라 버리고 있는 것이다. 무엇보다 "옛날 옛적에…"로 시작되는 많은 동화들보다 정말 발생했던 여러 가지 사실을 더 확실히 믿지 못한다면, 복음이 나에게 무슨 유익이 있단 말인가?

설화체와 역사적 정확성

"공관복음서"에는 사건들과 말씀들이 뒤섞여 있다고, 곧 뒤의 사건이 때로는 앞선 사건들보다 먼저 나오기도 한다고 주장하는 사람들로부터 영향을 받아서는 안 된다. 물론 그들이 내린 결론은 이 세 복음서에는 우리가 확실히 역사적 사실로 인정할 만한 것이 전혀 존재하지 않는다는 것이다.

이 주장의 결점은 **우리의** 역사 기록 방법을 세 복음서 기자에게도 적용한 점이다. 사실 성경 역사를 기록하는 사람들은 시간적으로 연속되게 사건과 날짜를 기술해야 하는 책임을 전혀 지고 있지 않았다. 분명히 구약의 역사서(열왕기, 예레미야 등) 역시 그렇지 않았는가?

우리는 그러한 책들이 저자들의 의도에 따라 서로 다른 순서대로 기록되었음을 발견한다. 그러나 이것으로 그러한 책들이 진실한 역사를 나타내지 않았다는 증거는 어디에도 없다. 물론 구약의 경우 우리가 읽고 있는 성경의 사실을 확증하는 독자(獨自)적인 성경 외적 자료가 제법 많이 있지만, 신약의 경우 그러한 것들이 거의 존재하지 않는다. 그러나 이러한 이유로 인해 신약의 역사 부분을 의심할 수 있겠는가?

그 소재들을 배열하는 데 있어서 20세기의 역사학자들의 방법과 별로 일치하지 않는다고 해서 그것이 그렇게나 이상한가? 그러면 우리는 지금 발생한 사실들을 이야기할 때 어떻게 시작할 것인지를 생각해 보

자. 먼저 우리는 우리가 처해 있는 상태를 기술할 것이다. "한밤중, 시야에는 집 한 채 보이지 않았다. 나는 답답해 하는 두 친구와 함께 흐느끼는 아이를 가슴에 껴안고 차 속에 우두커니 앉아 있었다…." 우리는 그 다음에야 어떻게 해서 그러한 상태에 빠지게 되었는지를 설명하기 시작할 것이다.

우리의 이야기 방식이 복음서 기자들과 어떤 점에서 다르다고 생각하는가? 우리는 실제로 어제 혹은 그저께 경험했던 그 기록들이 역사학자들이 좋아하는 형태로 묘사되지 않았다 해서 상상(fantasy)으로 처리되는 것을 결코 원하지 않을 것이다.

이제 기억해야 할 것은 우리가 반드시 **저자의 의도**를 마음속에 새겨두어야 하며, 그들을 20세기 역사가들로 바라보아서는 안 된다는 것이다.

3

마태와 그의 복음서

가버나움 출신의 세리

누가와 마가는 가버나움에서 레위라 하는 세리를 부른 사실을 기록하고 있다(눅 5:27; 막 2:14). 그러나 그들은 그가 **하나님의 선물**이라는 뜻을 가진 사도 마태라고는 언급하지 않는다. 마태만 이 사실을 특이하게 마태라 하는 사람을 불렀다고 기술하며(9:9), 그를 12사도의 한 사람으로 확인하였다.

마태는 세리였다. 그러므로 신약의 첫 번째 책을 기록한 저자는 부름받은 직무에 매우 적합한 사람이었다. 그는 세관에서의 업무를 통하여 어떤 사실을 글로 기록하는 데 많은 경험을 쌓았기 때문이다. 그는 분명히 적어도 두 가지 언어를 알고 있었음에 틀림없다. 더욱이 그는 어떤 사실을 기록하는 능력이 있었으며, 계산에 능통하고, 어떤 상황을 평가

할 수 있는 역량이 있었을 것이다.

전략상 중심 장소

예수님과 마태는 얼마 동안 가버나움이라는 같은 도시에서 살았다. 그러므로 마태는 그가 사도로 부름받기 전에도 예수님의 말씀과 행적을 잘 알고 있었을 것이다. 아마 그는 부름받았을 때 이미 예수를 믿었을지도 모른다.

우리는 반드시 하나님께서 우리를 배치한 장소에서 사역을 해야만 한다. 그래서 우리는 마태가 가버나움에 대하여 특별한 관심을 보여 왔으며 그의 책 전반에 걸쳐 이 도시를 언급하고 있는 사실에 주의를 기울여야 할 것이다. 예수님은 세례를 받으신 후 가버나움으로 가셨다.

> 요한의 잡힘을 들으시고 갈릴리로 물러가셨다가 나사렛을 떠나 스불론과 납달리 지경 해변에 있는 가버나움에 가서 사시니 이는 선지자 이사야로 하신 말씀을 이루려 하심이라. 일렀으되 스불론 땅과 납달리 땅과 요단 강 저편 해변 길과 이방의 갈릴리여 흑암에 앉은 백성이 큰 빛을 보았고 사망의 땅과 그늘에 앉은 자들에게 빛이 비취었도다 하였느니라(4:12-16; 또한 사 9:1-2을 참조하라).

가버나움은 예루살렘에 이르는 마지막 여행을 포함한 예수님의 모든 사역 장소 가운데 전략상 중심이 되는 곳이다. 백부장의 종, 베드로의 장모, 12년 간 혈루병을 앓던 여인, 야이로의 딸, 이러한 사람들이 가버나움에서 병 고침을 받았다. 심지어 마태는 가버나움을 예수의 "본 동네"(his own city, 마 9:1)라고 표현하기까지 했다.

예수님은 예루살렘으로 향하시기 바로 직전 가버나움에 있었으며 거기서 놀라운 방법으로 성전세를 지불하셨다(17:24 이하). 그러나 마태는 예수님께서 하신 "가버나움아 네가 하늘에까지 높아지겠느냐, 음부에까지 낮아지리라"(11:23)는 말씀도 기록하고 있다.

유대인을 위한 유대인의 기록

마태는 처음에 예수님의 말씀을 누군가의 요청에 의하여 히브리어 혹은 아람어로 기록했다고 전해 내려온다. 아마 그는 후에 이를 헬라어로 번역하고 일부 설명을 덧붙여 오늘날 우리가 읽고 있는 이 마태복음으로 만들었으리라 추측된다.

마태는 그의 "복음서"를 기록할 때 특별히 그 자신의 민족, 곧 언약 백성인 유대인을 고려하고 구성했음이 분명하다. 구약은 이미 "내 백성 이스라엘의 목자"가 되는 한 "다스리는 자"가 나타나리라고 예언하지 않았는가?(2:6; 미 5:2; 삼하 5:2)

예수님은 이스라엘의 왕이셨다. 그러나 언약 백성들의 마음은 "완악하여졌다"(13:15, 사 6:10) 그들은 입술로는 하나님을 존경했지만 마음은 하나님에게서 멀어져 있었다(15:8; 사 29:13). 마가와는 달리 마태는 그 백성의 지도자뿐만 아니라 대제사장들과 백성의 장로들도 그리스도를 버렸다고 명백히 기술하고 있다(26:3, 47; 27:1). 마태 혼자만 군중들이 예수를 십자가에 못 박도록 요구할 때 "그 피를 우리와 우리 자손에게 돌릴지어다"(27:25)라는 맹세, 즉 진노를 부르는 함성까지 기록하였다.

또한 구약을 거듭 인용함에 따라 그의 독특한 태도가 드러난다. 최소한 열 가지 경우에 성경이 예수 안에서 **성취되었다**고 지적하고 있다(부록을 참조하라).

마태는 독자들에게 예수님을 성경에 약속되었던 이스라엘의 왕으로 받아들이도록 호소한다. 예수님은 새 백성, 교회(에클레시아), 새 언약 공동체를 창설하셨다. 변절된 백성에 대한 약속된 심판이 결코 멀지 않았기 때문에, 이미 기독교인이 된 유대인들은 회당으로 돌아갈 수 없었으며, 아직 망설이고 있는 자들은 단호한 발걸음을 내디뎌야만 했다. 마태는 가버나움과 예루살렘을 향하여 신랄한 경고의 말씀을 기록한다(11:23; 23:1-24:35).

주도면밀하게 구성된 책

마태는 그의 복음서를 매우 신중하게 구성하였다. 가버나움이란 국경도시에서 살며 사람들이 싫어했던 헤롯 안티파스[5]의 관리이자 로마 정

5) 헤롯 안티파스(역자주)

〈헤롯의 족보〉

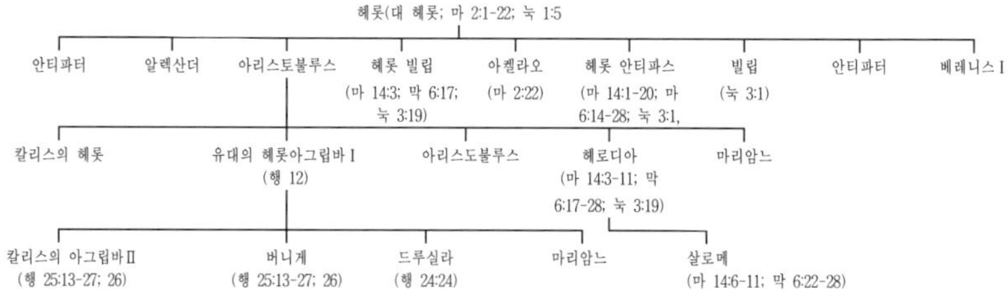

① 헤롯(대 헤롯)

a. 유능한 정치인이었으나 잔인하여 열 아내 중 둘을 죽였고 처남 하나, 세 아들 그리고 장인을 죽인 사람이다.

부를 위한 세리였던 그는 사건을 빠뜨리지 않고 정리하는 방법을 잘 알고 있었다. 그는 이 기술을 잘 이용하여 예수와 그분의 사역에 관하여 훌륭하게 기록할 수 있었다.

고대 근동 문서에서는 숫자의 상징적 사용이 우리가 상상하는 것 이상으로 중요한 역할을 담당한다. 성경 역시 예외가 아니다. 마태복음은 예수님의 다섯 개의 설교를 중심으로 만들어진다. 당신 스스로 이를 확인해 볼 수 있을 것이다.

첫 번째 설교인 산상보훈이 끝난 뒤 우리는 다음 구절을 읽을 수 있다. "예수께서 이 말씀을 마치시매…"(7:28). 이외에도 11:1; 13:53; 19:1; 26:1 역시 이와 유사한 구절들이다. 이들 사이에 치료하는 기사를 비롯한 여러 사건들이 있다. 이 다섯 개의 설교는 마태복음 전반에 걸쳐 확장된다.

1:1-4:25 – 족보, 예수의 탄생에 관한 기사, 세례 받으심, 광야에

---

b. 베들레헴에 있는 두 살 이하의 사내 아이들을 죽인 자이다(마 2:16).
c. 예루살렘 성전을 건축하고(막 13:1) 경제적 번영을 누리기도 했다.

② 헤롯 안티파스
a. 성경에는 헤롯으로 나온다.
b. 헤로디아 문제로 세례 요한을 처형했다(막 6:17-29).
c. 예수님을 다시 살아난 세례 요한으로 생각했다(마 14:1, 2).
d. 예수님을 죽이려고 여러 번 시도했다(눅 13:31).
e. 예수님은 그를 "여우"라고 부르실 만큼 그는 간교했다(눅 13:32).

③ 헤롯 아그립바 I
a. 야고보를 죽였다(행 12:1-3).
b. 베드로를 체포했으며 초대 교회의 여러 지도자들을 괴롭혔다.

④ 영토 분할
헤롯이 죽자 그 영토는 유언에 따라 세 아들에게 나누어졌다. 아켈라오(Achelaus)는 팔레스틴의 남쪽 부분, 빌립(philip)은 북동쪽, 헤롯 안디바(Herod Antipas)는 갈릴리와 베뢰아 지방을 다스리게 되었다.

서의 시험, 사역의 시작.

5:1-7:27 – **첫 번째 설교**인 산상보훈, 그(아버지)의 나라와 그의 의를 먼저 구하라

7:28-10:4 – 가버나움과 그 부근에서의 예수의 사역

10:5-10:42 – 사도를 파송할 때 하신 **두 번째 설교**

11:1-12:50 – 오실 그분, 하나님의 아들, 인자, 안식일의 주인, 주의 종, 다윗의 자손에 의한 갈릴리 지방의 사역.

13:1-13:52 – 천국에 관한 비유로 구성된 **세 번째 설교**

13:53-17:27 – 다가오는 고난과 이스라엘에 의한 배척의 어두운 그림자, 아울러 다가오는 영광과 세워지는 교회의 밝은 빛 아래서 계속되는 예수님의 사역

18:1-18:35 – **네 번째 설교**, 천국과 교회에 요구되는 질서가 언급됨.

19:1-22:46 – 유대 지방으로 가는 도중의 사역, 예루살렘 입성, 예루살렘에서의 논쟁.

23:1-25:46 – 인자의 심판에 관한 **다섯 번째 설교**

26:1-28:20 – 고난, 죽음, 부활

우리가 일단 이 구조를 깨닫게 되면, 마태가 그의 책을 구성하는 데 얼마나 노력하고 조심했는지를 분명히 알 수 있다. 이외에도 예수님을 변호하는 것과 오실 신랑을 만나도록 간청하는 글이 체계적으로 구성되어 있다. 그 당시에는 사람들이 지금보다 훨씬 균형과 조화에 적응되어 있었으며, 책을 읽을 때 이러한 것을 발견하려고 노력했다.

우리는 마태복음을 읽을 때 모든 사역을 이해할 수 있는 어떤 통찰력을 얻기 위하여 자유롭게 밑줄을 치기도 하면서 올바로 읽으려고 애써야만 한다. 그렇게 하면 분명히 중요한 구분을 발견할 수 있을 것이다. 마태복음에 제시된 주기도문에는 **일곱 개**의 간구(petition)가 있으며,

13장에 기록된 설교에 일곱 개의 비유가 있고, 또 23장에서는 "화 있을 진저"라는 외침이 일곱 번 나온다는 것을 주시해야 한다. 임마누엘이란 주제(즉, 하나님이 우리와 함께 계신다)가 바로 시작하면서 주어지고(1:23) 마지막에 가서도 그가 선택한 사람들과 "세상 끝 날까지 함께 있으리라"고 약속하신 곳에서 다시 나타난다.

마태의 구성 속에 나타난 이러한 요소들을 향하여 우리는 계속 눈을 떼지 말아야 할 것이다. "복음서"의 기자들은 어떤 사건과 말씀을 아무 생각 없이 시간적인 순서대로 기록하는 그러한 연대기 작가가 아니다. 우리가 거듭 살펴본 대로 성경은 로봇에 의해 기록된 것이 아니다. 우리가 읽고 있는 **복음서는 매우 주도면밀하게 구성된 책**이다.

마태의 기록 목적

마태는 우리에게 기록 시기를 알려 주지 않았다. 그러나 유대적 특징이 짙은 그의 호소로 보아 그 호소가 여전히 의미 있다고 이해되는 시기, 즉 예루살렘이 심판을 받아 멸망한 70년 이전에 기록한 것으로 가정할 수밖에 없다. 마태는 예수께서 언약의 백성들과 지내면서 지상 사역을 하고 계실 동안 이미 그분에 대한 메모를 하고 있었다고 추측할 수 있다. 그는 그 후 곧 교회의 젊은이들을 가르쳐야 하는 필요에 따라 그의 복음서를 기술하기 시작했으리라고 본다.

4

예수 그리스도의 출생과 출애굽(1:1-4:25)

예수의 "톨레도트"

마태는 "아브라함과 다윗의 자손 예수 그리스도의 **세계**라"는 말로 시작한다. "세계"(世系; genealogy=가계)는 킹 제임스 성경에서는 "세대"(generation)라고 번역되어 있다. **세계, 가계**(genealogy) 또는 **세대**라고 번역되는 이 단어는 헬라어로는 게네시스다. 창세기 5장 1절의 "아담 자손의 **계보**(*toledoth*)가 이러하니라"에 나오는 히브리어 "톨레드트"와 게네시스는 같은 단어이며, 70인역 성경에는 히브리어 "톨레도트"가 게네시스로 번역되어 쓰여졌다. 1560년에 번역된 화란 성경(Dutch Bible)을 보면, 마태복음 그 자체를 **예수 그리스도의 "기원"**(birthes=*genesis*)**의 책**으로 소개하고 있다. 첫 장에서 가계를 보여주는 이 마태복음은 **기원의 책**이 아닌가? 또는 마태복음 전체를 예수 그리스도의 "톨레도트"(세대, 계보)로 읽어야 하지 않을까?

이미 시작하면서부터 구약과 신약의 연결을 강조한 바 있다. 두 성경은 가르침, 즉 토라(율법)를 통하여 서로 연결된다. 첫 번째 복음서는 다섯 편의 설교 형태로 예수님의 말씀을 우리에게 전해 주는데, 이는 다섯 권으로 된 토라(율법서)를 생각나게 한다. 또 이 복음서는 유대인들이 이해할 수 있는 용어로 메시아에 관한 메시지를 전달해 준다. 즉, 마태는 "예수 그리스도의 세계(톨레도트)라"와 같이 유대인들의 용어 "톨레도트"를 말하면서 시작한다.

새 다윗

모든 구속사는 다윗의 자손과 아브라함의 자손(약속된 씨)이라고 자신을 나타낸, 오직 오실 그분에게로 이야기를 이끌어 간다. 창세기와 그 다음에 계속되는 책들도 그분(예수님)의 계보(*genesis*)에 대한 완전한 의미를 전해 준다.

마태복음은 예수님의 가계(家系)를 주의 깊게 배열하였다. 열네 대가 세 번 나오는데, 첫 번째 14대는 아브라함에서 다윗에 이르는 **상승 기간**, 그 다음 14대는 솔로몬에서 시작되는 **영광의 기간**, 마지막 14대는 바벨론으로 이주한 후부터의 **쇠퇴 기간**이다.

14라는 숫자는 당연히 특별한 의미를 갖고 있다. 히브리어에서는 알파벳 글자가 숫자로 사용되었다. 예를 들면 알파벳의 첫 번째 글자는 '하나'를 의미하며, 두 번째 글자는 '둘'을 의미하였다. 다윗이라는 이름은 히브리어로 **דוד**이다. 이 이름 속의 글자를 숫자로 계산하면

ד(4)+ו(6)+ ד(4)=14, 결국 14가 된다(히브리어로 ד<달레트>는 네 번째 글자이며 ו<와우>는 여섯 번째 글자다-역자주). 그 세대의 배열을 열네 대씩 세 그룹으로 배열한 것은 독자들로 하여금 각 그룹이 다윗을 이야기하고 있음을 상기시키는 방법이며, 예수께서 바로 새 다윗, 곧 마지막 다윗이라는 사실을 일깨워 주는 것이다.

예수님의 족보

마태의 족보에서는 누가처럼 예수님의 **혈통**을 표현하지 않는다. 누가의 족보에 따르면 예수님의 육신의 아버지인 요셉은 다윗의 자손이지만(마 1:20) 솔로몬의 가계가 아님을 볼 수 있다. 그 대신 다윗의 다른 아들인 나단으로부터 이어져 내려왔다(눅 3:23; 삼하 5:14; 슥 12:12). 마태는 우리에게 지도자의 가계, 즉 왕과 족장(family heads)으로 이어지는 계보를 제공한다.

여기서 우리는 네덜란드(화란)의 황실인 오렌지 왕가(the House of Orange)의 가계와 비교해 볼 수 있다. 만약 당신이 실제적인 혈통을 추적해 본다면 네덜란드를 다스리는 왕조는 그 나라를 건국한 오렌지 공(公) 윌리엄(William the Silent)의 후예가 아니라 그의 형제인 존(John of Nassau)의 후예임을 밝혀낼 수 있을 것이다. 그러나 통치자의 계보는 다음과 같이 계승된다. 오렌지의 윌리엄(William of Orange), 모리스(Maurice), 프레드릭 헨리(Frederick Henry), 윌리엄 2세(William Ⅱ), 자식이 없었던 윌리엄 3세(영국의 왕이 됨), 윌리엄 4세 등이다. 분명히 마태의 족보는 예수께서 왕직을 주장할 수 있는 권한을 가지셨다는 것을 보여준다. 그분은 다윗과 그의 집안의 가풍(家風)으로 둘러싸여 계신다.

이외에도 마태의 족보에는 매우 흥미스러운 점들이 많다. 여기서는 가나안 여인 다말(창 38장), 라합(수 2장), 모압 사람 룻, 헷 사람 우리아의 아내 밧세바와 같은 아브라함의 후손이 아닌 네 명의 여인들을 언급하고 있다. 마태는 세리였기 때문에 사람들로부터 멸시를 받았지만 이와 상관없이 예수님은 그를 부르셨다. 그래서 그의 "복음서" 바로 처음 이 부분에서 마태는 바리새인들의 "누룩"을 반대하고 있는 것이다. 거기에는 마태가 경험하고 즐거워했던 은혜와 용서가 결코 있을 수 없었다.

예언이 성취됨[6]

예수 그리스도의 탄생 또는 "시작"(genesis)이란(1:18) 그의 백성들을 구원하고 죄에서 자유롭게 하시려는 그분이 이 세상에 태어나셨다는 말이다(1:21; 시 130:8). 그분은 임마누엘("하나님이 우리와 함께 하신다"는 뜻이다)이 되실 것이다. 다윗 가문에서 태어난 그분은 성령에 의해 잉태되셨으며(1:18), 그러한 일들을 능히 하실 수 있었다.

박사들은 어떤 "자연 현상"에 이끌리어 동방에서 유대인의 왕을 경배하러 왔다가, 성경 말씀에 근거하여 예루살렘에서 베들레헴으로 계속 발걸음을 옮기도록 권고받았다(미 5:2). 비록 그들은 단지 별을 보았을 뿐이지만, 이미 홀이 나타날 것을 믿고 있었다(발람의 예언인 민 24:17

6) 부록에 나오는 "예수 그리스도에 관한 예언과 성취"를 참조하라(역자주).

절 참조, 발람 역시 동방에서 온 현인이었다). 그러나 산헤드린은 언약의 백성인 "대제사장과 서기관들"로 구성되었지만 경배를 하려 하지 않았다. 여기서 유대의 헤롯 왕은 압제자인 바로의 역할을 한다. 우리는 라헬이 그녀의 자녀들을 위해 우는 소리를 들으며 유명한 새 언약의 장(章)인 예레미야 31장이 성취되는 것을 본다(렘 31:15).

새 모세인 예수 그리스도는 바로(헤롯)의 수중에서 구원을 받고 하늘의 사자가 지시하는 대로 이집트(애굽)로 숨으시게 된다. 이와 같이 예수님은 실제로 "범사에 형제들과 같이" 되시지 않았는가?(히 2:17) 더욱이 "내가 사랑하여 내 아들을 애굽에서 불러내었다"(호 11:1)는 호세아의 예언 역시 성취되어야만 했던 것이다.

마태는 그의 동료 유대인들(즉, 그의 교회 동료들)에게도 예수의 생애 속에서 어떻게 성경이 성취되는가를 보여주려 했다. 세리에게 자비를 베푼 바로 그 예수님은 자신의 백성들과 같아지려 했던, 최후의 출애굽을 하는 새 모세였다.

신약의 엘리야

이 모세(메시아)보다 앞서 참회의 옷인 약대 털옷을 입은 엘리야가 나타난다(말 4:5). 이 엘리야는 지도 계급(바리새인과 사두개인)에게도 다가올 심판을 선포한다. 모세의 노래를 생각하면서, 그는 언약에서 변절된 그들에게 "독사의 자식들아"라고 부르짖는다(3:7 이하; 신 32:32 이하).[7] 마태는 모세의 노래 속에 들어 있는 그의 유언이 백성들이 회개

7) 신 32장은 교회 의식에 사용되었기 때문에 친숙하다. 신 32장의 일부분이 쿰

하지 않으면 이루어지리라고 경고한 요한의 말 그대로 성취될 것을 보여준다.

마태복음의 끝부분에 가면, 거기서도 처음 시작 부분에서 유대인의 왕을 배척했던 이스라엘 지도자들과 백성들의 모습을 다시 생각나게 한다. 유대인의 왕이라는 예수님의 칭호도 책 말미에서 다시 사용된다(2:2; 27:29, 37, 42). 예루살렘은 이 배척으로 말미암아 멸망할 것이다. 예수님은 심판의 메시지에서(23-24장) 자신의 길을 예비한 요한의 말이 틀림없었음을 확언하셨다.

자기 백성과 하나가 되심

예수님은 요단 강에서 세례를 받으셨다(이 강을 건너 이스라엘 백성들이 가나안으로 들어갔기 때문에 이스라엘 역사에서 이 강은 매우 중요하다). 그분이 세례를 받으셨던 것은 언약을 지킴으로 모든 의를 이루려 하심이었다. 그분은 다른 죄인들과 마찬가지로 세례를 받으심으로 그의 백성들과 하나가 됨을 보여주셨다. 이 여호수아(예수)가 물에서 올라오셨을 때, 그분은 하나님의 의와 성령의 능력으로 하나님께서 자신

란 동굴에서 발견된 사실로 미루어 보아, 특히 모세의 노래를 베껴서 예배에 사용했음을 알 수 있다. 신 32:18과 마 3:9을 비교해 보라. 거기에서 우리는 돌들이 자손들이 된다는 것을 읽을 수 있다. 또 불이 강조된 신 32:22과 마 3:11-12을 비교해 보라. 그 외에도 좋은 열매를 맺지 못하는 나무에 관하여 이야기하는 마 3:10과 신 32:32-33을 비교해 보라. 또 다가올 진노를 피할 수 없음을 언급하고 있는 신 32:22 이하와 35절 이하 역시 살펴보라. 우리가 마태복음에서 요한계시록에 이르는 신약을 이해하려면 이스라엘을 시험하는 노래이자 이스라엘의 국가인 신 32장을 잘 알고 있어야 한다.

에게 주신 임무를 수행하시기 시작한다.

예수님은 자기 백성과 하나가 되셨다. 일찍이 이스라엘을 **광야**에서 부르지 않으셨는가? 이스라엘 사람들은 자꾸만 실족했으며 많은 불평을 늘어놓지 않았는가?(출애굽기와 민수기에 기록된 역사를 생각해 보라) 이 하나님의 아들은 이제 이스라엘이 시험을 받았던 것처럼 자신도 시험을 받으신다. 언약의 백성들이 40년 동안 광야에서 지냈던 것처럼, 이제 하나님의 아들은 40일 동안 광야에서 사단에게 시험을 받으신다. 예수님은 세 번이나 모세의 마지막 책을 인용하여 사단의 시험을 물리치신다(신 8:3; 6:16, 13). 사단아, 내 뒤로 물러가라! 예수님은 그의 제자 베드로가 자신의 길을 막는 반대자, 즉 사단이 되었을 때도 이와 동일한 말씀으로 물리치신다(16:23).

새 출애굽

구주 되신 예수님의 소망은 오로지 아버지의 뜻을 이루는 것이다. 그러므로 그분은 가장 확실한 출애굽을 성취하실 것이며, 이 여호수아는 (예수는 여호수아라는 이름의 아람어 형태다)[8] 자신의 백성들이 안식하도록 이끄실 것이다. 이 목적을 달성하기 위하여 그분은 도와줄 사람들을 부르셨으며, 나사렛을 떠나 일찍이 스불론과 납달리 지파에 속했던 멸시의 땅 갈릴리 바닷가로 가셨다.

처음의 네 제자는 부름받기 전까지 어부였다. 야곱과 모세의 축복은

8) 예수란 '여호와는 구원이시다' 혹은 '여호와의 구원'이라는 뜻을 지니고 있다(역자주).

스불론과 납달리를 연결했으며, 한편으로 바다의 풍부한 것과 해변과 배들을 연결하였다(창 49:13; 신 33:19). 예수님은 이 네 제자를 고기를 잡던 어부들에서 사람을 낚는 어부가 되게 하셨다.

이윽고 예수님은 세례 요한이 외쳤던 것과 동일한 말씀을 전파하기 시작하셨다(4:17; 3:2). 하나님 나라는 회당에서도 선포되었다. 메시아 시대가 밝음에 따라 곳곳에서 병자들이 고침을 받게 된다. 마태는 예수님이 전파하신 말씀에 관하여 먼저 기술했으며, 그 뒤에 병 고치는 사례들을 기록하였다.

5

산상보훈(5:1-7:27)

율법의 말씀

십계명이 시내 산에서 선포된 뒤, 이스라엘 사람들은 모든 방법을 다 동원하여 그 율법(토라)을 피하려고 노력하였다. 바리새인들과 서기관들은 명목상으로만 율법을 존중했지 실제로는 수많은 조항을 첨가시킴으로써 율법의 권한을 빼앗아 버렸다. 더구나 그들은 아무도 질 수 없는 무거운 멍에를 사람들에게 부과하였다.

동시에 그들은 율법 속에 많은 빠져 나갈 구멍을 만들어서 이를 통하여 계명의 목적을 교묘히 피할 수 있었다. 엄격하게 율법을 존중했던 바리새인들에게 율법(토라)은 밖으로 드러난 행동만 규제하는 형식적인 규범을 모아 놓은 것에 불과했다. 이것은 왕 되신 하나님의 뜻을 수행하기 위한 조건으로, 마음을 다하여 사랑하라고 요구하신 그분의 정신과는 매우 거리가 멀었다.

물론 사람들은 형식적인 면에서는 규례에 의하여 살아갔으며, 심지어 규범이 요구하는 것을 능가하기도 했다. 그들은 신명기 6장 5절이 포함된 이른바 "쉐마"로 알려진 기도문을 문설주에 기록하였다. 그리고 그들은 기도할 때 "너는 마음을 다하고 성품을 다하고 힘을 다하여 네 하나님 여호와를 사랑하라"는 명령이 담긴 기도문을 작은 주머니에 넣고 그것을 팔과 머리에 묶었다. 그럼에도 불구하고 하나님 나라가 요구하는 진정한 의는 어디에서도 발견되지 않았다. 이 유대인들은 율법을 형식적으로만 지킴으로써 구원받기를 기대했다. 결과적으로 그들에게 기도는 가혹하리만큼 고역스러운 행위에 지나지 않았다.

율법을 다시 가르침

주 예수께서 이제 산에 오르시고 교사로서의 역할을 담당하시게 되었다. 마태는 그분의 가르침을 듣기 위하여 나아온 군중들과 그 제자들에게 새 모세가 하신 말씀을 기록한다. 마태는 그의 생애 동안 바리새인들의 가르침이 얼마나 치명적인 영향을 끼쳤는지를 너무나 심각하게 느껴 왔다. 따라서 그는 예수님의 사역이 시작되었음을 알려 준 뒤 곧 이어 이 멋지고 아름다운 설교, 곧 하나님 앞에 없는 자로 존재하기를 바라는 이 복음을 우리에게 전해 준다.

몇몇 사람들은 이 설교가 오직 어떤 특별한 계층의 사람들, 즉 우수한 크리스천들만을 위하여 주어진 것이라고 주장한다. 그러나 당신은 주 예수께서 그의 백성들을 어떤 계급 같은 것으로 분류하시는 것을 상상이라도 할 수 있겠는가? 또 어떤 성경학자들은 예수께서 세상의 종말이 매우 속히 오리라 기대했기 때문에 남은 짧은 기간만을 위하여 존재했던 모든 법을 뒤집으셨다고 주장하기도 한다.

재침례파는 산상보훈을 이용하여 여러 가지 혁신적인 견해를 내세운다. 그들은 예수께서 살인과 맹세에 관한 말씀을 하셨을 때 군사력이나 판단, 권위 등의 어떠한 합법성도 부정하셨던 것이라고 주장한다. 레오 톨스토이(Leo Tolstoy) 역시 이 견해를 받아들였다. 모세의 율법은 졸음만 오게 할 뿐이라고 단언했던 간디도 마찬가지로 산상보훈에서 예수님은 수동적인 저항과 평화주의를 변호함으로써 하나의 새 사회를 소개하시려는 의도였다고 생각하였다.

그러나 이러한 접근은 문맥을 잘 이해하지 못한 것 같다. 그 경우에 예수는 어떤 일반적인 개혁자요 이상주의자가 되고 말며, 성경이 가르치는 그리스도 즉 교회와 새 백성의 메시아가 되지는 못한다.

산상보훈을 모세 율법의 개정판으로 보는 것 역시 옳지 못하다. 이를 주장하는 사람들은 예수께서 자주 단언하셨던 "…하였다는 것을 너희가 들었으나, 나는 너희에게 이르노니…"라는 말씀을 끄집어내기를 좋아한다. 만약 예수께서 실제로 모세의 법을 폐지하려 하셨다면, 그분은 참으로 혁명가요 아버지의 말씀을 공격하시고 있는 것이다. 그러나 이러한 것은 그분의 의도가 아니었다.

마음속의 법

옛 선지자처럼 예수님도 하나님의 언약의 뜻이 절대적이라는 것을 강조하셨다. 메시아로서 그분은 하나님의 법을 그 백성의 마음에 기록하기를 원하셨다(렘 31:33). 그분은 몹시 이기주의적인 생각을 가지고 열성 없이 하나님께 예배드리는 것을 타개하려 하셨다. 그분은 율법의 목적과 의미를 다시금 분명히 하시려는 것이었다.

그분은 살인만 금지된 것이 아니라 마음속에 원한을 품는 것 역시 금지되었다고 지적하셨다. 마찬가지로 간음이 금지된 것처럼 마음속에 악한 욕망을 품는 것도 금지되었으며, 위증이 금지된 것처럼 맹세도 잘못 사용될 수 없다고 하셨다. 그러나 확실히 예수님은 검을 사용하는 것을 모두 반대하셨던 것은 아니었다(요 19:11을 보라). 또한 그분은 정치 체제도 인정하셨다(마 22:21). 그분은 가야바 앞에서 맹세를 하셨으며(26:64), 최소한 한 번은 다른 뺨을 돌려대는 것을 거부하셨다(요 18:23). 그분은 사치품의 진가를 아셨으며(26:6 이하), 그렇게 돈을 쓴다고 나무라지도 않으셨다(눅 8:3).

사랑과 은혜

하나님을 사랑하는 것과 그분의 왕적 명령에 대한 복종은, 예수님께서 그의 백성들에게 가르치려고 하셨던 중심 내용이었다. 주님께서는 "너희는 먼저 그의 나라와 그의 의(즉, 하나님께서 약속하셨고 하나님께서 주시는 의)를 구하라. 그리하면 이 모든 것을 너희에게 더하시리라"(마 6:33)고 하셨으며, "너희 의가 서기관과 바리새인보다 더 낫지 못하면 결단코 천국에 들어가지 못하리라"(5:20)고 경고하셨다. 그분은 또한 "나더러 주여 주여 하는 자마다 천국에 다 들어갈 것이 아니요 다만 하늘에 계신 내 아버지의 뜻대로 행하는 자라야 들어가리라"(마 7:21)고 냉정하게 말씀하셨다.

순종은 사생활을 포함한 어떤 상황에서 자신의 이익을 옹호하기보다는 대신 부당한 것을 감당하도록 요구하기도 한다. 때로는 하나님의 규범을 위하여 엄청난 재정적 희생을 치러야만 할지도 모른다. 또한 우리는 반드시 미덕으로 가장하여 규례를 빠져 나가는 모든 행위를 혐오해야만 한다(이스라엘 지도자들이 앞장서서 했던 것). "성만찬 의식"도 집사들의 수고도 그 어느 것도(심지어 전 세계적인 선교 활동도) 하늘나라를 보장해 주지 않는다. 이 땅의 것을 생각하는 사람들은 하나님의 것을 기대조차 할 수 없다. 그들은 공중 앞에서 칭찬을 받음으로 이미 보상을 받았다(6:1 이하). 하나님의 규범대로 살아가기를 원하는 사람들은 하나님의 은혜로만 살아갈 수 있다는 것을 깨달아야 한다.

산상보훈은 처음 시작부터 이미 하나님의 은혜를 이야기하고 있다. 이 유명한 설교는 마치 시편 1편처럼 **복이 있나니**라는 말로 시작한다. 왕께서는 시편 속의 가난한 자와 같이 자신의 백성들이 하나님의 의를 위하여 주리고 목마르며 오직 은혜로만 살아가기를 바라실 뿐이다. 그들에게는 아브라함에게 한 옛 약속이 함께 한다.

비록 그들이 왕의 자녀이고 그 땅을 상속받게 되지만, 먼저 그들은 핍박의 시기 동안 온유하게 참아야만 한다(5:5, 10-12). 그들에게 하나님의 나라를 구하려는 것은 결코 불확실한 시도가 아니다. 하늘에 계신 아버지는 그들의 주님을 찾도록 해주실 것이며(7:7이하). 하나님 나라의 시민으로서 섬기며 살아갈 수 있도록 그들에게 필요한 것을 공급해 주실 것이다(6:25 이하).

6

메시아 시대의 표적(7:28-10:4)

시대의 표적

이 감동적인 선포를 기술한 뒤, 마태는 완전한 메시아적 능력을 증거하는 가버나움과 그 부근에서 행하신 여러 행적에 대하여 이야기해 주고 있다. 예수님은 스스로 그러한 행적은 "시대의 표적"(16:3)이라고 말씀하셨다. 이러한 표적은 다른 사람들에게 그분이 합법적이라는 것을 가르쳐 주었으며 그분이 주의 종(사 53장)이라는 것을 확실히 보여 주었다. 바로 우리들의 병을 짊어지러 오신 예수님(8:17)은 오래 전 선지자가 예언했던 완전한 재창조를 이루려 오셨다.

> 그 때에 소경의 눈이 밝을 것이며
> 귀머거리의 귀가 열릴 것이며[9]

---

9) 여기서 소경의 눈이 **밝을 것이며** 귀머거리의 귀가 **열릴 것이며**라고 기술되었

그 때에 저는 자는 사슴같이 뛸 것이며
벙어리의 혀는 노래하리니(사 35:5-6).

"시대의 표적"을 앞으로 다가올 예수님의 재림을 알려 주는 표적으로 생각하기도 하는데, 그것은 이 용어를 잘못 이해한 것이다. "시대의 표적"은 메시아 시대가 임했음을 알려 주는, 말과 행위로 이루어진 그리스도의 계시다. 예수님은 자신이 밤에 도적과 같이 오시며 표적을 의지하지 말라고(24:4 이하) 경고하셨지만, 그분이 행하셨던 기적은 "시대의 표적"으로 인정되어야 한다고 성경은 명령한다. 이스라엘은 메시아가 실제로 눈앞에 나타났다고 깨달아야만 했다. 예수님의 행적은 다윗의 왕국이 다시 복구되었음을 인식하도록 하기 위함이었다.

그래서 고침을 받았던 문둥병자는 모세의 법을 지켜 성전에 가서 제사장에게 몸을 보이도록 명령받았다(8:4). 이스라엘은 받아들이려 하지 않았지만, 이와는 달리 백부장은 믿음으로 하인의 병을 고쳤다. 이 사실은 이스라엘 밖의 사람들이 실제로 그 나라에 들어갈 것을 예시한다. 그러나 원래부터 신의 약속을 간직하고 있던 나라의 본 자손들은 바깥으로 쫓겨날 것이다(8:10 이하). 메시아는 바다의 큰 파도보다도 위대하시기 때문에 파도조차 그분에게 복종한다(시 93:4). 아직 최종 형벌을 내릴 시대가 오지 않았지만, 귀신들은 더러운 돼지들에게로 들어가야만 했다. 이 거주 장소의 변화는 돼지들이 바다로 들어가서 몰살당하는 결과를 가져오게 되었다(8:28 이하).

는데, 히브리 성경을 보면 이 말은 둘 다 **열린다**라는 단어다. 예수님은 귀먹은 자를 고칠 때 이 단어를 사용함으로써 이 예언의 성취를 넌즈시 언급하신 적이 있다("에바다", 막 7:34).

인자

모든 능력이 예수, 곧 인자에게 주어졌다(28:18; 7:29; 8:27, 32; 9:6). 우리는 다니엘 7장 13절을 포함한 여러 구절에서 언급된 이 마태복음에 나타난 메시아의 칭호를 이해해야 할 것이다. 다니엘서를 보면 "인자 같은 이"가 구름을 타고 옛적부터 항상 계신 자에게 나아 온 기사를 읽을 수 있다.

"인자"의 모습은 교회나 성도들을 나타내지만, 이와 동시에 메시아를 상징한다. 하나님은 그에게 "영화와 존귀로 관을" 씌우셨다. 예수님은 마지막 아담인 인자이시다(시 8:5 이하). 그러므로 이 칭호는 그분의 지상에서의 특성보다는 그분의 능력을 강조하고 있다. 그 능력은 그분이 행하셨던 기적 속에 명백하게 나타난다.

그분의 위엄은 병 고치는 사역뿐만 아니라 그분의 말씀 속에서도 보여진다. 그분은 가버나움에서 중풍병자를 고쳤을 때 이미 죄사함을 받았다는 말씀을 하신다. 사실 병 고침의 사역으로 생활이 회복된다는 것은 죄의 용서를 전제로 하는 것이다. 그것은 죄가 우리의 굶주림과 고통의 원인이기 때문이다. 인자는 그분의 백성을 죄에서 구속하는 구원주이시다(1:21). 만약 죄 용서함을 받게 되면 나머지 모든 것도 다 정상을 되찾게 될 것이다.

병 고침과 고난

아마도 세리 마태(레위)가 진리를 깨닫게 된 것은 중풍병자 때문이었을 것이다(9:1 이하). 극적인 치유 사건 이후 마태의 집에서 향연이 있게 되며, 거기에 당연히 마태도 함께 참석하게 된다(9:19 이하). 또한 마태는 예수께서 죽음의 잠을 깨우신 능력도 목격하게 되었다(9:18 이하).

다윗의 자손 예수(1:1; 9:27)께서는 고난의 의미를 알았기 때문에 남들을 동정하실 수 있다. 마태복음은 시작 부분에서부터 "인자는 머리 둘 곳이 없다"(8:20)는 선포를 통하여 인자가 고난의 길을 가야만 승리를 얻게 되심을 명백하게 밝히고 있다. 계속하여 이 이해할 수 없는 난제는 보다 깊게 언급된다. 이 세상의 심판자요 왕위의 상속자인 그분이 교회를 구속하기 위한 대가로 자신의 백성들에 의해 버림받으셔야만 했다. 그분의 십자가는 시대의 표적, 곧 요나의 표적이 되었다.

7

메시아가 보낸 평화의 사자들(10:5-42)

선택해야 하는 이스라엘

예수께서는 열두 사도를 선택하시고, 그들에게 이스라엘 집의 잃어버린 양에게로 가서 천국을 선포하고 병 고치는 기적을 행할 수 있는 권세를 주셨다. 물론 12라는 숫자는 이스라엘의 열두 지파와 관련이 있다.

그분은 복음 전파자를 보낼 때 이스라엘에게만 제한하여 가도록 지시하셨다. 이교도나 사마리아인들을 방문하시려는 계획은 없었다. 이방인들에게 전파해야 하는 시기는 훗날 하늘로 승천하신 뒤가 될 것이다(10:5; 28:19). 일단 언약의 백성들을 먼저 선택하셔야만 했다.

평안(샬롬)이라는 단어는 이전부터 인사말로 사용되었으나 이제야 완전한 의미를 갖게 된다. 예수께서 파송하신 사도들은 사람들이 복음을 제대로 받아들이지 않을 때 이 인사(샬롬-평안하십시오)를 되돌려 받게 되었으며, 또 그들의 발의 먼지를 털어 버리도록 명령받았다(행 13: 51; 18:6을 보라). 이 행동은 분명히 심판을 공포하는 것임에 틀림 없다.

여기에서 한 국가 공동체 속에도 분립(Schism)이 존재함을 다시금 깨닫게 된다. "교회"와 "국민"은 동일한 것이 아니었다.

화평이 아니라 검

평화의 사자(使者)들은 투쟁을 종식시키려 하지 않았다. 그리스도는 세상에 화평을 주러 온 것이 아니라 검을 주러 오셨다(10:34). 예수님의 사자들은 마치 이리 가운데 있는 양과 같다. 사람들은 그의 스승보다 낫지 못하다. 그 앞에는 고통이 있을 것이며, 사도들은 그것을 참고 목적을 이루어야만 했다. 그러나 그들에게는 **약속**이 주어졌다(10:29-33, 39). 예수님은 "너희를 영접하는 자는 나를 영접하는 것이요"(10:40)라는 말씀을 통하여 자신의 제자들과 일치됨을 밝히셨다.

이 사도들에게 하신 예수님의 말씀은 사실상 그들의 임무에 대한 설교였음을 명심하라. 그들은 예수님께서 주신 말씀을 기억하며 전(全) 사도 시대를 지내게 되었다. 예수님은 엄숙히 다가올 박해에 관하여 말씀하셨다.

> 이 동네에서 너희를 핍박하거든
> 저 동네로 피하라.
> 내가 진실로 너희에게 이르노니

이스라엘의 모든 동네를
다 다니지 못하여서
인자가 오리라(마 19:23).

이 말씀은 분명히 인자가 심판(이스라엘에 대한 심판)을 하러 오실 것을 암시하고 있다. 그래서 예루살렘에 심판이 성취될 마지막 순간까지 참고 견디도록 사도들을 권고하셨던 것이다(10:22).

교회를 향한 선택

마태가 하나님께 불순종하는 백성들에게 닥칠 심판의 날이 임박했을 때 교회가 수행해야 할 임무를 밝힌 것은 얼마나 시기 적절한 것이었는지 모른다. 이미 도끼는 나무 뿌리에 놓였다.

오늘날에도 이 말씀은 타당하며, 우리는 이 말씀을 절대로 피할 수가 없다. 현재도 복음은 우리의 생명까지도 포기하도록 요구하고 있기 때문에 참 신자들과 명목상의 교인들은 뚜렷이 구별된다(10:39; 계 12:11).

때때로 이 마태복음 10장은 교회의 고백이나 권위를 혁명적으로 전복시키는 행위를 정당화시킨다거나 혹은 교회나 정치 범주에서 행해지는 어떤 모험적인 시도를 변호하는 것으로 인용되기도 하다. 그러나 어떻게 생명을 구원하는 구원주가 자신(구원주)을 위하여 생명을 발견하기 위한 자신의 가르침을 탈피하도록 그의 제자들에게 권고할 수 있단 말인가? 이러한 "실수"는 그리스도가 잘못된 평화를 선포한다고 고백하는 것과 다를 바 없다. 실로 얼마나 엄청난 차이인가?

8

예수 그리스도께서 동요와 분노를 일으키게 하심(11:1-12:50)

세례 요한의 질문

마태는 여기서부터 예수님이 어떻게 사람들로 하여금 동요와 분노를 일으키게 하고 낙심케 하셨는지를 보여주고 있다(여기에 사용된 헬라어는 "스칸달론"인데 이 말은 현대어 "스캔들"과 관계가 있다).

먼저 감옥에 갇힌 세례 요한이 등장한다. 주님께서는 그가 갇히기 전부터 심판을 선포했지만, 메시아의 무서운 심판의 소식은 그 때까지도 세례 요한의 귀에 들려오지 않았다. 오히려 예수님은 사람들을 돌보고 치료하고 계셨다. 세례 요한은 헤롯의 감옥에서 제자들을 시켜 예수에게 "오실 그 이가 당신이오니이까? 우리가 다른 이를 기다리오리이까?" 라는 질문을 했다(11:3, 시 118:26을 참조하라). 그들은 분명히 메시아의 역할을 생각하여 무언가 다른 사건 혹은 다른 사람을 찾고 있었다. 메시아는 세상을 공의로 심판해야 하지 않는가? 심지어 그의 길을 예비하는 자조차 동요하게 되었던 것이다.

주의 종

예수님은 이에 대한 대답으로 선지자의 예언을 상기시키셨다. 실제로 요한에게 세례를 받으실 때, 하나님은 예수님을 가리켜 "이는 내 사랑하는 아들이요 내 기뻐하는 자라"고 확언하셨다. 이 말씀은 그분이 주의 종임을 확증짓는 것이었다(3:17; 사 42:1).

성경을 보면 이 주의 종은 의의 승리를 거둘 때까지 상한 갈대도 꺽지 않는 참을성 있는 사람으로서, 격변을 일으키지 않고 그분의 사역을 수행하신다고 기록되어 있지 않은가? 그분은 시대의 표적으로 병 고치는 기적을 보여 주셨고(사 35:5-6), 특별히 "가난한 자"에게도 복음을 전파하셨다.

우리는 여기서 산상보훈에서 "온유한 자"로 묘사되었던 "가난한 자"가 다시 언급됨을 본다! 얼마 있지 않아 예수께서 도끼를 휘두르실 것이지만 무엇보다 먼저 **복음**이 전파되어야만 했다. 요한의 제자들은 일종의 축도를 받고 요한에게로 되돌아갔다.

주님의 길을 예비한 자

여기에서 예수님은 오히려 사역의 의미에 대해 얼마간 이야기하셨다. 사복음서 기자들은 때때로 요한의 위치에 대해 명쾌한 언급을 했는데, 그 이유 가운데 하나는 그가 죽은 뒤 일부 그의 제자들에 의해 그리스도의 복음에 대항하는 일종의 메시아로 변형되었기 때문이다(행 19:1 이하를 보라).

복음은 요한의 미완성 개혁과 싸워야만 했다. 요한은 분명히 마지막 그분은 아니었다. 엘리야의 사역을 통하여 새 언약 속의 신자들은 싸워서 빼앗는 자가 천국을 가질 수 있게 되었다(11:12).

거부에 대한 심판

요한은 비록 동요했지만 더 많은 것을 가르침 받기를 원했다. 그러나 “이 세대”(신 32:5, 20, 28; 시 12:8), 즉 예수님의 말씀을 들었던 대다수의 사람들은 어떠했는가? 그들은 너무나 엄격하고 타협할 줄 몰랐던 요한을 거부했으며, 그들의 신랑 예수마저 요한보다 훨씬 부드러웠지만 역시 거부하고 말았다.

갈릴리 북쪽에 있는 가버나움, 벳세다, 고라신은 그렇게도 많은 기적들을 베풀었던 곳이지만, 두로와 시돈, 바벨론, 소돔 등과 같은 위치로 스스로 떨어지게 되었다. 사실상 그러한 이방 도시들보다도 더 아래로 침몰하고 말았다(11:16 이하; 사 14:13-15; 또한 계 18장도 참조하라. 여기서는 유대 도시 예루살렘을 바벨론으로 불렀으며 두로와 시돈에 대한 예언을 적용하고 있다).

안식의 약속

그래도 이러한 엄한 말씀에 반발하지 않았던 자녀들, 필요 없는 랍비들의 멍에를 벗어 버리고 예수께로 나아왔던 자녀들이 여전히 있었음을 생각할 때 하나님께 감사를 드릴 수밖에 없다. 구원주께서는 부드럽게 그들을 부르셨다. "수고하고 무거운 짐진 자들아 다 내게로 오라. 내가 너희를 쉬게 하리라…나의 멍에를 메고 내게 배우라. 그러면 너의 마음이 쉼을 얻으리니"(마 11:28-29).

예수께서 약속하셨던 것은 한낱 개인적으로 "마음의 쉼"을 얻는 것이 아니다. 그것은 만물을 회복하고 재창조하는, 이해할 수 없을 정도로 엄청난 메시아적 평화다. 그분은 예레미야 선지자의 말씀을 인용하여 이와 같은 약속을 하셨다.

> 여호와께서 이같이 말씀하시되
> 너희는 길에 서서 보며
> 옛적 길 곧 선한 길이 어디인지 알아보고
> 그리로 행하라.
> 너희 심령이 평강을 얻으리라.
> 그러나 그들의 대답이
> 우리는 그리로 행치 않겠노라 하였으며
> 그러므로 나 여호와가 이같이 말하노라.
> 보라! 내가 이 백성 앞에 거침을 두리라
> (렘 6:16, 21).

내가 그들 앞에 **거침**(stumbling blocks, 장애물)을 두리라! 예수님도 역시 이스라엘에서 많은 사람들로 하여금 **낙심하게** 하셨다.

성령을 훼방하는 죄

마태는 계속하여 사람들이 얼마나 예수님을 향해 분노했는지를 기술하고 있다. 사람들은 그분의 말씀을 듣고 매우 기분이 상하게 되었다. 그분은 거침돌로서 사람들을 난처하게 만드셨으며, 이로써 그들은 분개하게 되었다. 그분은 또한 안식일을 더럽힌다는 비난도 받으셨다.

이스라엘의 지도자들은 예수께서 귀신의 왕 바알세불(아마 그 이름의 뜻은 "집의 주인"일 것이다)을 힘입어 그와 같이 놀라운 일을 행하실 수 있다고 주장하였다(12:24; 9:34; 60:25). 인자로서 예수님은 그런 굴욕을 경험하셨지만 그러면서도 예수님은 여전히 비난을 참고 그들을 용서하실 수 있었다. 그러나 오순절이 지난 뒤 성령으로 말미암아 계시가 분명해지고 나서는, 그러한 주제 넘은 거절은 더 이상 용서 받지 못하게 되었다(12:31-32).

어떤 사람들은 성령을 훼방하는 죄가 종말에 "적그리스도"와 같은 마귀의 화신에 의해서만 행해질 수 있다고 이야기한다. 또 다른 사람들은 그들 스스로 그 두려운 죄를 저지르지 않았는지 추측하고, 그래서 영원히 구원을 받지 못할 것이라는 뼈 아픈 의문과 함께 자신들의 삶을 파괴하고 마는 자들도 있다. 그러나 이 두 경우 모두 성령을 훼방하는 죄에 관한 문제를 잘못된 관점에서 접근하고 해석한 것이다. 이 죄는 매우 특별한 상황 아래 놓여질 어떤 미래의 날에 발생할 것이 아니다. 요한일서를 보면 이미 적그리스도가 지상에서 이 치명적인 죄를 범하고 있다고 한다.

성령을 훼방하는 죄는 확실히 오순절 이후의 모든 사람들에게 해당되는 것이다. 그러나 우리는 이 죄를 우발적인 사건으로 생각해서는 안 된다. 그렇다. 이 죄가 진정 의미하는 바는 성령에 대하여 영원히 반발하는 행위라는 것이다(행 7:51). "주여, 이 죄를 저들에게 돌리지 마옵소서"라는 스데반의 기도가 최소한 바울에게도 들렸다는 사실을 명심하자. 교회를 열심히 핍박하여 적그리스도의 역할을 했던 바울은 훗날 자신이 죄인 중의 괴수였으나 주님의 은혜를 입었다는 고백을 한다. 그의 반발은 죄인을 구원하려고 오신 그분에 의하여 꺾이게 되었다.

일시적으로 성령을 훼방하는 죄는 때때로 우리가 상상하는 것보다 더 자주 발생된다. 하나님의 말씀과 복음에 대한 노골적인 비난을 생각해 보라. 그렇지만 누구라도 자신을 영적으로 **무기력하게** 하는 이 죄의 실체를 결코 허용해서는 안 된다.

그 반대로, 다소 사람 사울에 의해 나타났던 복음의 호소가 이제 모든 사람을 향하여 보다 간절히 울려 퍼지고 있다. "너희가 이 패역한 세대에서 구원을 받으라"(행 2:40). 바울의 경우는 주님을 믿고 영생을 얻으려는 모든 사람들에게 위로를 주는 하나의 실례다(딤전 1:16).

경직과 반목

오순절 이후의 교회 생활을 위한 마태복음 12장의 말씀은 경고로 가득 차 있는 반면, 또한 위로와 복음 전파의 능력을 포함하고 있다. 신자들이 주위의 경직된 상태를 바라볼 때, 예수께서도 자신들과 똑같은 것을 경험하셨다는 사실을 기억해야 한다. 예수님은 자신을 향한 공격이 사단의 사역이라고 단호히 대답하셨으며, 그 자신을 스스로 승리자라고 기술하셨다. "그러므로 내가 하나님의 성령을 힘입어 귀신을 쫓아내는 것이면 하나님의 나라가 이미 너희에게 임하였느니라"(12:28). 이 말씀은 교회에서 사람들에게 회개하도록 요구해야 할 충분한 이유를 제시해 준다.

이윽고 시작부터 교회는 바리새인과 같은 많은 반대자들이 있음을 알게 되었다. 유대인들은 계속 표적을 요구했지만(12:38; 고전 1:22), 십자가에 못 박히신 그리스도(고전 1:23)는 선지자 요나의 표적 외에는 다른 표적 보여주기를 거절하셨다(12:39 이하). 주님의 말씀에 순종하는 모든 영적 가족을 포함하여 그 육친의 가족조차 공격에서 벗어날 수 있는 보장이 없었다(12:46 이하).

9

예수님께서 비유로 가르치심(13:1-52)

너는 증거의 말씀을 싸매며 율법을 나의 제자 중에서 봉함하라(사 8:16).

직관에 호소

사람들이 자신의 가르침을 공격했기 때문에, 예수께서는 **마샬**(mashal)[10]로 알려진 문학적 도구를 사용하여 비유와 수수께끼의 형태로

10) 마샬(역자주)

① 구약성경에서 "비유"에 해당하는 히브리어는 "마샬"인데, 이것이 헬라어로는 종종 "파라볼레"라고 번역되었다.

② "마샬"은 사람들로 하여금 자기들에 대한 하나님의 뜻과 자기들 가운데 임하시는 하나님의 임재하심에 관심을 기울이게 하고, 그들의 상황에 대한 비판적 성격에 관심을 갖도록 하는 수단이다.

③ "마샬"은 이야기로써(겔 17:2-10), 행위로써(겔 24:3-14; 20:45-49), 어떤 사람의 실례를 지적함으로써(욥 17:6; 시 44:14) 의사를 전달하는 방법이다.

④ "마샬"은 또한 어떤 개인이나 상황에 대한 판단을 암시하는 일반 잠언의 형태를 갖는 짤막한 말이거나(삼상 10:12; 24:13, 14), 잠언에서와 같이

말씀하시기 시작했다. **마샬**은 일반적인 진리에 이르기 위하여 구체적인 상황을 제시한다. **마샬**의 특성은 논리적 정확성이 아니라 직관에 호소하는 데 있다.

마샬을 너무 문자적 방법으로만 분석 또는 적용하면 실수를 저지르게 된다. 하지만 우리가 기억해야 할 점은 구체적이고 또 종종 비밀에 싸여 있는 표현 형식으로서의 마샬이 예외적인 사실로 구성된 것은 아니라는 점이다.

마샬은 급진적인 진술과 파격적인 방법으로 일반적인 규범을 가르치기 위한 의도로 사용된 것이다. 이 마샬은 법률가들이 모여서 가능성이 희박한 것들조차 모두 심사 숙고하면서 일일이 체계적으로 기술한 법칙이 결코 아님을 알아야 한다.

비유의 목적

어떤 사람들은 비유가 복음에서 가장 깨닫기 쉬운 부분이라고 말한다. 그러나 예수님은 모인 무리들에게 씨 뿌리는 자의 비유를 말씀하셨을 때(고기 잡는 배를 강단으로 삼고 말씀하셨던 소위 "해상 설교"의 일부로서) 그 비유를 오직 제자들에게만 **해석**해 주셨다.

비유의 목적은 더 이상 알려고 노력하지 않는 사람들의 마음을 완고하게 만들려는 것이다. 이사야도 보기는 보아도 알지 못하고 듣기는 들어도 깨닫지 못하는 그러한 방법으로 말하도록 명령받았다. 예수님은

일상 생활에 친숙한 것들을 하나님 앞에서 내려야 할 결정 사항들에 비유한 지혜의 말씀을 가리키기도 한다(잠 1:1; 10:1; 25:1).

단지 이전의 선지자가 시작했던 것을 성취시키고 계셨던 것이다(13:14 이하; 사 6:9 이하).

천국 비유

마태복음 13장에 기록된 이 세 번째 설교에서 비유가 주는 메시지는 무엇인가? 여기에 나타난 비유들은 하나님 나라가 비밀스럽게 임한다는 것을 이야기하고 있는데, 유대인들은 이 사실을 믿지 못하고 거부했다. 그러나 이 은폐성(비밀스러움)은 **하늘나라의 특징이요 본질이며, 운영 방식**이다.

말씀은 씨와 같다. 우리는 씨가 완전한 식물로 자랄 때까지 얼마나 많은 위험이 도사리고 있는지 잘 안다. 그러나 악의 군사들은 마지막 말씀을 삼키지 못한다. 실패할 가능성이 세 배라고 하더라도 30배, 60배, 100배의 결실을 맺게 된다.

토지는 세상을 의미한다(교회를 가리키지 않음을 주의하라). 가라지가 밀과 너무나 비슷하게 자라나기 때문에 가라지를 뽑는다는 것은 불가능하다. 가라지는 밀을 괴롭힌다.

그리스도는 이 비유를 통하여 교회 안에 제자 훈련이 필요 없다는 것을 이야기하시려는 것이 아니었다. 그러나 그분은 교회의 상황이 겉보기에는 소망이 없게 보인다는 것을 가르쳐 주시고 있다. 악한 사람들이 걱정 없는 생활을 하고 있지만, 추수의 날은 분명히 다가올 것이다.

예수님은 하늘나라에 들어간다는 사실로부터 **무언가 엄청난 것을 기대하지 말라고** 주의를 주시고 있다. 천국은 겨자씨 한 알과 같으며,

누룩과 같고, 밭에 감추어진 보배와 같으며, 인내를 가지고 찾아야만 하는 값진 진주와 같다. 마찬가지로 어부도 그물에 잡은 고기가 모두 먹을 수 있는 것이 아님을 잘 알고 있다.

10

메시아와 이스라엘 사이에 거리가 벌어짐(13:53-17:27)

반대와 분리

다음 내용에서는 힘을 합쳐 반대를 하는 모습을 볼 수 있다. 예수님은 그 때까지도 여전히 무리들에게 말씀하셨으나, 이제 그의 제자들과 함께 고향으로 돌아오신다. 그분의 제자들은 새 언약에 의해 이루어진 교회들을 할당받고, 거기서 사역을 이끌어 가려면 대단히 많은 가르침이 필요했을 것이다. 그래서 자연히 이 부분은 교회 속의 질서를 다루고 있는 **네 번째 설교**로 이어진다.

예수님은 점점 더 분명하게 고립되신다. 나사렛 사람들은 믿으려 하지 않았다(13:53 이하, 눅 4:16 이하를 참조하라). 헤롯에 의한 세례 요한의 처형은 예수에 대한 경고다. "인자도 이와 같이 그들에게 고난을 받으리라"(17:12). 그래서 예수님은 기도하기 위하여 인적이 드문 광야로 가셨다. 그러나 이보다 앞서 그분은 먼저 모세와 엘리사처럼(왕하 4:42-44을 보라) 5,000명 이상의 군중들을 먹이셨다. 산 꼭대기에서 홀로 기도하신 후 그분은 갈릴리의 파도를 가로질러 제자들이 탄 배로 나아오셨다. 이를 본 예수님의 제자들은 결국 "진실로 하나님의 아들이로소이다"라고 고백하게 된다.

엘리야의 발자취를 따라가다

예루살렘의 산헤드린에서 바리새인과 서기관들의 대표가 어떤 일이 발생하고 있는지를 조사하러 왔다. 그들은 예수께서 정(淨)한 음식과 부정한 음식에 관한 장로들의 유전을 따르지 않으셨다고 고발하려 했다. 그러나 이것을 기회로 예수님은 무엇보다 가장 부정한 것이 바로 사람의 마음과 또 사람의 입에서 나오는 말이라는 것을 분명히 밝히실 수 있었다(15:1 이하).

이스라엘의 지도자들에게 하신 주님의 말씀은 거의 소용이 없는 것으로 보였다. 그들은 전혀 이해하지 못했을 뿐만 아니라 그것을 조금도 믿지 못했다. 그래서 예수님은 엘리야처럼 이스라엘의 국경을 넘어 두로와 시돈 지방에서 얼마 동안을 보내셨다. "심판 날에 두로와 시돈이 너희보다 견디기 쉬우리라"(11:22)고 하신 말씀을 생각해 보자. 거기서 예수님은 메시아의 칭호인 **다윗의 자손**으로 불리며, 그분이 만난 가나안의 딸에게 보답을 하신다(15:21 이하). 이것이 이스라엘을 시기하게 하였을까?

그 뒤 갈릴리에서 몇몇 병 고치는 기사와 또다시 4,000명이 넘는 큰 군중들을 먹이신 사건이 발생한다. 그러나 이스라엘의 지도자들은 이러한 사건들을 보고도 확신하지 못했다. 그들은 오만하게도 하늘로부터 오는 기이한 표적을 다시금 요구하였다.

바리새인들과 사두개인들[11]

예수님은 정통성을 강조하는 우파인 바리새인들뿐만 아니라 자유주의자인 사두개인들에게도 공격을 받으셨다. 그 당시 진보주의자 혹은 좌파에 해당하는 사두개인들은 고위 제사장들과 연합하여 교회의 지도

---

11) 바리새인과 사두개인(역자주)

1) 바리새인

a. 헬라어로는 "파리사이오이"이며 히브리어로는 "페루쉼"인데, 그 뜻은 "분리된 자", "분리주의자"이다.

b. 이들은 알렉산드라－그의 동생이 바리새인이었다－의 통치 밑에서 산헤드린에 가입하여 정치를 주관하기 시작했다. 이들은 안티파터의 친(親)로마 정책을 지지했으며, 헤롯 대왕은 이 바리새인들과 협력했다. 예수님 당시에 바리새인들은 회당과 학교를 장악했고 대중들에게 존경을 받고 있었다.

c. 바리새인들의 신조는 에센파의 숙명론과 사두개파의 자유 선택적 입장의 중간 노선을 취하는 것이었다.

d. 이들은 죽은 자의 부활과 천사와 내세의 상벌을 믿었다(행 23:8).

e. 이들은 지나치게 서기관들의 전승을 존중했으며(막 7:9), 그것들을 구속력이 있는 것으로 간주했다.

f. 이들은 자발적으로 십일조를 바치고 금식하였다(월요일, 목요일)(눅 18:9-14).

g. 예수님과 바리새인 사이의 대립점은 다음과 같다.

① 바리새인들은 전승으로 율법을 무효화시켰다(막 7:12).

② 바리새인들은 안식일을 엄격히 지킨 나머지 안식일에 치료도 못하게 제한했다(마 12:14).

그룹을 형성했으며, 분명히 헤롯의 도움을 받고 있었다(막 8:15). 바리새인들과 사두개인들은 시대의 표적을 인정하지 않았다. 바리새인들과 사두개인들의 누룩을 조심하라는 예수님의 경고는 분명히 신약 교회들과도 관계가 있는 것이다. 오늘날 사람들이 철저히 기독교 신앙의 원리대로 살아가는 것처럼 보이다가도 생의 어려움에 처하게 되면 말할 수 없이 빨리 좌경화되어 버리는 그러한 모습을 항상 볼 수 있다.

---

③ 사람을 더럽히는 것과 도덕적으로 거듭남(막 7:18-23).
④ 선행과 상급(눅 17:20).
⑤ 위선(마 23:13).
⑥ 이방인에 대한 전도와 출교(눅 7:36-50).
⑦ 바리새인들의 겸손치 못함(눅 18:19-14).

h. 그러나 예수님은 아주 깊은 영적 교훈을 그들과 함께 나누신 적이 있었으며(눅 10:37, 28), 니고데모와 같은 어떤 바리새인들은 예수님을 지지하기도 했다.

2) 사두개인

a. "사두가이오이"라는 말은 복음서와 사도행전에만 나타나며, 어떤 사람들은 주장하기를 이 말은 솔로몬 왕 당시의 제사장이었던 사독(삼하 8:17)의 후예들을 가리키는 말로서 합법적인 제사장 가문을 가리킨다고도 한다(겔 48:11)
b. 이들은 주전 88년에 정권을 장악하고 바리새인들을 박해했으나, 그 후 주전 76년 바리새인들이 알렉산드리아의 통치 때에 정권을 장악하자 서로 제휴하여 통치하는 데 가담했다.
c. 헤롯 대왕은 사두개인이었던 보에투스를 주전 26년에 대제사장으로 임명했다.
d. 예수님 당시에 사두개인들은 소수의 부유한 귀족 가문들과 화합하여 성전을 관할했다.
e. 이들은 대다수가 산헤드린 회원들이었다.
f. 이들은 로마인들 편에 서서 그들을 도왔으며 일반 백성들과 가난한 제사장(가난한 제사장들 중의 많은 사람들이 바리새인들이었다)은 멀리했다.
g. 사두개인들은 율법(기록된 성경)을 구속력이 있는 것으로 여겼으나 서기관들의 전승은 거부했으며 선지서들은 다른 성경들보다 권위가 없는 것으로 취급하였다.

문제는 교회의 신앙고백이다. 누구든지 말씀을 **초월하여** 바리새인과 같이 외적인 문제를 제1순위로 생각하는 사람들은 본질적으로는 자유롭게 생각하는 사두개인의 주장에 완전히 동의하고 있는 것이다.

새로운 시작

제자들로 하여금 참된 신앙고백을 할 수 있도록 인도하기 위하여, 예수께서는 인적이 드문 요단 강의 수원(水源) 가까이에 위치한 단의 북쪽 지방으로 그들을 데리고 가셨다. 우리가 마태복음에서 이 기사를 읽을 때, 예수님은 사람들을 어디론가 인도하기 위하여 거듭 노력하셨지만 수포로 돌아간다는 인상을 받게 된다. 그분의 사역은 난관에 봉착하게 된 것이다.

국가 전체가 신자들로 이루어진 새로운 사회로 변화될 수는 없었다. 그러므로 예수님은 자신의 제자들에게 집중 사역을 하기로 결심하셨다. 베드로는 인자에 관하여 자신의 신앙을 고백한다. "주는 그리스도시요 살아 계신 하나님의 아들이시니이다"(16:16)

---

h. 이들은 다음을 부인하였다.
  ① 악령의 계급과 천사의 계급이 있다는 것(행 23:8).
  ② 육체의 부활(눅 20:27-33 참조).
  ③ 영혼의 불멸성
  ④ 사후의 상급과 형벌

I. 또한 이들은 메시아적 소망에 대해서는 거의 관심이 없었으며 애국심이나 종교적인 열심 따위를 멸시하였다.

베드로에게 하신 약속

예수께서 "페트라", 즉 반석 위에 그분의 교회를 세우리라고 말씀하신 것은[12] 그 신앙고백을 한 상황 속에서였다. 이 장면에서 제자들을 대표하는 베드로는 하나님 나라의 청지기와 사령관(사 22:22), 또 열쇠를 맡은 자가 되리라는 약속을 받았다. 이를 확장시킨다면, 세상을 주장하는 교회 역시 하늘나라의 열쇠를 갖고 있다.

우리는 여기서 성 베드로가 하늘 문 앞에 서 있는 것이 아니라, 베드로는 말씀이 선포되는 강단에 있다고 생각해야 한다. 베드로에게 한 약속은 바리새인과 사두개인의 누룩을 떠나라는 경고를 되풀이하신 것이다. 모든 것은 오직 성경에 의해서만 가능하다! 교회가 말씀으로 살아간다면 교회 역시 다윗의 열쇠를 가지게 되지만, 만약 그렇지 못할 때 교회는 아무 일도 할 수 없다(슥 3:7; 계 3:7 이하). 교회가 말씀에서 이탈될 때 그 권위는 상실되고 말 것이다.

베드로는 예수를 메시아로 선언했지만 그 뒤 예수께서 예루살렘으로 고난받기 위하여 가셔야만 한다는 그 뜻을 거부하는 반대자, 즉 사단으로 변하게 된다. 이로 보아, 논쟁의 여지가 있는 이 구절은 베드로가 태어날 때부터 거룩성을 소유하고 있었다거나 어떤 특별한 직책으로 다른 사람들보다 지위가 높아졌다는 뜻이 아님이 명백하다. 예수님은 그를 신랄하게 나무라는 것이 필요하다고 보셨다. "사단아 내 뒤로 물러가라!"(16:23). 신약 교회의 직무는 우리가 스스로를 구원해야 한다고 말

---

12) 페트라(역자주)
  a. 베드로의 아람어 형태는 "게바"이며 헬라어 형태가 "페트라"이다.
  b. 베드로(=페트라)는 반석이라는 뜻이다.

하는 자력 구원의 복음이 아니라 **십자가의 복음**을 전파하는 것이다. 교회는 반드시 이 고난의 길이 영광을 가져다 준다는 확신 속에서 나아가야만 한다.

인자의 오심

이 부분에 나오는 구절 또한 논쟁의 여지가 많다. "진실로 너희에게 이르노니 여기 섰는 사람 중에 죽기 전에 인자가 그 왕권을 가지고 오는 것을 볼 자들도 있느니라"(16:28). 우리는 이 구절을 예수님이 연루된 사도 시대의 사건에 대한 언급으로 보아야 한다.

왜냐하면 변화산 사건이나 오순절 사건에 관한 언급과는 달리, 예수님이 오직 "일부 사람들"만 살아서 그것을 볼 수 있다고 말씀하셨기 때문이다. 아마 그분이 의미하셨던 것은 회개치 않는 예루살렘이 결국은 심판을 맞이하게 되며, 이때 교회가 지위를 되찾게 된다는 사실을 가리켰던 것으로 보인다. 마태가 이를 기술한 그 어두운 시기에도 신자들은 비록 사도들이 모두 살아서 그것을 보지 못할지라도 바로 그들의 시대에 예수께서 왕으로서 능력을 행사하시는 모습을 가시적(可視的)으로 볼 수 있다는 그러한 지식으로 위로를 삼게 되었다.

영광의 전조(前兆)

높은 산 위에서 예수님이 영광스런 모습으로 변화되어 모세와 엘리야와 함께 나타나신 사건은 십자가 사건 후에 발생될 사건들의 전조다. 사실 예수님은 이 두 선지자의 영역에 해당되는 일을 하셨던 것이 아닌가? 또 그분의 사역은 곧바로 이 선지자들을 연상하게 하는 것이 아니었는가?

예수님이 세례를 받으실 때 들려왔던 소리가 이 때도 다시 들려왔다. 예수님은 아버지가 매우 기뻐하는 자이셨으며(사 42:1) 주의 신실한 종이셨다. 아울러 그분은 "세상"으로 오신 선지자였다. 하나님은 "너희는 저의 말을 들어라"고 구름 속에서 분명히 단언하셨다(17:5; 또는 신 18:15; 요 6:14; 행 3:22 이하를 보라).

불필요한 위반

예수님은 모세와 엘리야 그 이상의 사람이기 때문에 그들 이상으로 고통을 겪으셔야만 했으며, 자신의 백성들로부터 버림을 받게 되셨다. 베드로가 믿음이 부족해서 예수님이 영화롭게 된 그 변화산에서 머물자고 제의한 것은 완강히 하나님의 모든 약속을 받아들이기를 거부한 행사이며, 또 이는 그분이 말씀하셨던 "믿음이 없고 패역한 세대"의 특징을 보여주는 것이다(17:14 이하). 이러한 것은 예수님이 앞으로도 계속 부딪히시게 될 것이다. 그렇다. 고난은 다가와야만 한다(22-23장). 그리고 모든 의는 완성되어야만 한다(3:15). 따라서 그분은 세금을 면제받아야 하는 이스라엘의 왕이었지만, 물고기를 사용하여 그 자신과 베드로에 대한 성전세 반 세겔을 지불하셨다(17:24). 이 사건은 유월절 그 전(前)달에 있었던 일이다.

오순절이 지난 뒤, 성전세를 지불해야 하는가라는 문제는 많은 사람들에게 매우 큰 이슈가 되었다는 것을 명심하라. 만약 한 사람이 유대인 기독교 신자로서 성전세를 지불했다면, 다른 유대인들은 당연히 그러한 일들에 일관성을 요구하여 그로 하여금 그 밖의 산헤드린의 제도와 규범들도 다 지키도록 압박할 것이다. 그리고 이와 아울러 기독교인이라고 해서 스스로 유대인들과 분리하려는 처사를 해서는 안 된다고 그들은 고집할 것이다. 그렇지만 만약 그 신자가 세금을 지불하지 않으려 한다면 국가적 화합을 해친다고 공격을 받게 될 것이다.

그러므로 마태는 이 문제에 어떤 해결의 실마리를 제공하기 위하여 이 이야기를 기술했을 것이다(다른 세 복음서에서는 이 이야기를 찾아볼 수 없다). 무조건 세금을 납부하지 않으려는 사람들은 자유인과 상속자로서 가지는 그들의 권한도 포기해야 마땅할 것이다. 그들이 세금을 지불하는 것은 단지 불필요하게 남의 마음을 상하게 하지 않으려는 이유에서였다.

11

교회의 질서(18:1-35)

어린아이와 같이

교회는 초기부터 자신들만을 위한 사랑이라든가 전체 정치를 보여주는 방법들을 사용함에 따라 세상과 타협하게 되는 그러한 위험에 늘 직면하게 되었다. 그러므로 예수님은 교회가 절대로 세상 제국처럼 힘에 의존해서는 안 된다고 강조하셨다. 그 대신 교회는 **자기 부정의 법칙**에 따라 살아가야만 한다.

신약 교회가 회당을 버려야 할 것을 강조했던 마태는, 이제 모든 시대의 교회들에게 매우 중요한 예수님의 네 번째 설교를 기술한다. 교회는 섬기기 위하여 이 세상에 오신 그분의 모습, 곧 교회의 고유한 모습을 보여주어야 한다. 그러므로 신자들은 반드시 "어린아이와 같이" 되어야만 한다(18:3).

거침돌

어린아이와 같이 된다는 것은 교회의 고백을 축소시켜 버린다거나, 단순하고 생각이 얕은 기독교 신앙을 지지한다거나, 우리 믿음에 관한 모든 지식을 제거해 버린다거나 하는 것과는 아무런 관계가 없다. 그보다 이 말은 겸손해야만 하며 하나님의 은혜 가운데 순수하게 살아가야 한다는 것을 뜻한다. 그렇게 할 때 비로소 어떻게 해야 "약한" 형제 자매들을 고려하게 되며 그들의 길에 아무런 거침돌을 두지 않을 수 있는지를 알게 될 것이다(롬 14-15장).

예수님은 교회 생활을 파괴할 수 있는 문제들, 즉 자만과 독선, 또한 엄격한 전통을 끝까지 고수하기 때문에 이에 따라 제기되는 문제들을 예견하셨다. 양들을 잃어버리는 거만한 목자들을 생각해 보라. 우리는 교회에서 다른 사람들의 죄를 보게 될 때 그들을 구원하기 위하여, 아니 그들을 얼마라도 돕기 위하여 손가락조차 움직이려 하지 않았던 적이 얼마나 많았는가? 이러한 것이 사랑의 표현인가? 또 형제가 잘못했을 때 잔인하게 모든 사람에게 공포해 버리지는 않았는가?

훈계

18장에 기록된 법칙이 중요한 것은 바로 이 때문이다. 이 법칙은 단지 어떤 개인에게 범한 잘못만 해당되는 것이 아니라 일반적인 죄에 모두 적용되는 것이다. 많은 성경 번역본들이 "네 형제가 **너에게** 죄를 범하거든"이라는 해석을 하는데 헬라어 사본은 그렇게 이야기하지 않는다. NEB(New English Bible)가 "만약 네 형제가 죄를 범하거든 가서 그와 상대하여"라고 이를 정확하게 번역해 주고 있다.

어떤 사람이 죄를 지으면 먼저 그에게 사적인 훈계를 해야 하며, 필요하다면 그 후에 증인들과 함께 그와 접촉할 수 있다. 또 오직 이 절차 뒤에라야만 주의 이름으로 묶을 수도 있고 풀 수도 있는 교회가 그 일을 담당한다. 전 과정을 통하여 목적은 문제로부터 그 형제를 구원하는 것이다.

우리는 심지어 하늘나라의 열쇠를 사용해야 할지라도 기꺼이 용서해 주려고 노력해야 할 것이다. 교회 지도자들은 스스로를 사람들에게 거칠게 징벌을 내려야 하는, 교권을 가진 사제로 간주해서는 안 된다. 교회에서 라멕의 노래가 불려지게 할 수는 없다(18:22; 창 4:23-24). 우리는 반드시 마음을 다하여 용서해야만 한다(18:35).

12

유대와 예루살렘에서의 이스라엘과의 마지막 만나심(19:1-23:39)

결혼과 이혼

지금부터 시작되는 부분에서 우리는 예수님이 유대 지방에 오셔서 사람들을 만나시는 모습을 보게 된다. 유월절 마지막 주간 동안 일어난 이 만남이 좀 특별하다는 것을 주목하자. 반발과 긴장이 더욱 심화되었다. 이것은 교회의 매우 중요한 요소인 하늘나라의 독특한 특성을 보다 명백하게 보여주고 있다.

예수님은 갈릴리를 떠나 여리고와 요단 강 건너편 땅을 경유하여 예루살렘을 향한 순례자의 여행을 나서시게 된다. 예루살렘에 가서 유월절을 기념하실 것이다. 그분이 요단 강을 건너실 때, 우리는 그분의 세례와 또한 이스라엘 백성들이 여호수아의 명령에 따라 요단 강을 건넜던 사건을 상기하게 된다. 거기서도 바리새인들은 또다시 예수님을 시험하려고 했다. 이번에는 이혼에 관한 질문이었다. 그들은 이 질문을 통하여 이혼을 허락했던 모세를 예수님으로 하여금 반박하도록 만들려는 것이었다(19:1-12).

랍비들은 만약 사람이 아내에게 "수치되는 일이 있음을" 발견하면(신 24:1) 그의 아내와 이혼하도록 허용한 모세의 법을 너무 확대 해석해서 마음대로 이혼을 할 수 있다고 주장했다. 예수님은 이 신축성 있는 해석을 반대하셨으며, 창세기를 상기시키면서 이혼에 관한 모세의 법에 올바른 조명을 비추어 주셨다. 결혼은 참으로 수치되는 일, 즉 음행한 연고 외에는 깨어질 수 없는 견고한 결합이다(5:32).

예수께서 하신 이 말씀은 누구든지 불필요한 금욕 생활을 해야 할 필요가 없음을 나타내 준다. 예수님은 결혼이 하나님의 창조 법칙이라고 높이면서 어린이의 탄생을 결혼의 축복으로 인정하셨다. 더욱이 어린이들의 악의 없는 모습은 성인들의 모본이 될 수 있다.

섬김을 통한 영광

마태복음 19장 12절은 때로 금욕주의적인 구절로 잘못 해석되기도 한다. 그러나 사실상 이 본문이 의도하고자 하는 것은 예수님을 따른다는 것이 전적으로 무엇을 의미하는지를 가르쳐 주는 것이다. 이를 오해하게 된 것은 비밀스런 마샬이라는 형태로 말해졌기 때문이다(앞서 설명된 비유에 관한 항목<제9장>과 5:29-30을 보라. 또 5:27-32과 19:3-12을 비교하라).

예수를 따르는 것은 다른 무엇보다 우선시되어야 한다(19:16-30). 재물도 가정도 그분과 우리 사이를 가로막을 수는 없다. 우리의 행위를 근거로 하여 의롭게 된다는 것은 있을 수 없는 일이다(19:30-20:16에 기록된 포도원의 품꾼 비유를 생각해 보라). 예수님은 섬김을 통하여 영광을 얻을 수 있다는 사실을 또다시 강조하신다(마 20:20 이하).

다윗의 자손

여리고 근처에 사는 소경 두 명이 "다윗의 자손이여!" 하고 소리쳤다. 예수께서 예루살렘으로 들어가실 때 다시금 사람들이 "호산나 다윗의 자손이여!"(호산나의 의미는 **우리에게 구원을 주시옵소서**이다) 하고 외쳤다. 어린이들은 찬미했으며, 스가랴의 예언은 문자적으로 성취되었다(슥 9:9).

마태는 다른 복음서 기자들과는 달리 예루살렘 입성과 관련하여 나귀와 나귀 새끼를 모두 언급하고 있는데, 이것은 구약의 예언과 이야기를 일치시키기 위한 조작으로 보이지는 않으며 분명한 사실을 정확하게 묘사한 것에 불과하다. 그 나귀 새끼가 아무도 타 보지 않은 것이었음을 기억한다면, 누구든지 이를 쉽게 인정할 수밖에 없을 것이다(막 11:2). 나귀 새끼가 처음 사람을 태우게 될 때 나귀 어미가 옆에 같이 있음으로써 조용히 소리를 내지 않도록 할 수 있었으며, 이로써 적절히 그 임무를 완수할 수 있었던 것이다.

예수님은 완전히 권위를 소유한 자로서 성전을 정화하셨다(21:12-, 23). 어린아이들은 또다시 소리쳤다. "호산나 다윗의 자손이여!" 심지어 예수님도 왜 다윗이 시편 110편에서 그리스도를 주라고 불렀는지 바리새인들에게 질문함으로써 이 주제를 거론하셨다(22:42 이하).

말씀과 심판

이 논쟁은 당시 상황을 전형적으로 표현하고 있다. 성전은 강도의 굴혈이 되었다(21:13). 말라 버린 무화과나무는 이스라엘을 상징하기 위하여 사용되었다(21:18 이하). 성전의 권력자들은 예수님을 인정하지 않았다(21:23 이하). 상속자는 소작인들에 의해 죽게 된다(21:33 이하). 초대받은 자들은 결혼 잔치에 참예하지 않았으며, 그 때문에 그 도시에 심판이 내려진다. 다른 사람들이 그들보다 앞서게 될 것이다(22:1 이하, 28 이하). 바리새인들은 교묘한 질문을 하였으나, 이로써 그들은 성경도 하나님의 부활의 능력도 모른다는 것이 분명하게 되었다(22:23 이하).

아무도 감히 더 이상 예수님께 질문하지 못했다. 성전은 마치 예수님의 가르침을 소개하는 광장으로 바뀌었으며, 그 성전에서 어느 누구도 그분에게 도전할 수가 없었다. 그러나 이스라엘 지도자들의 반발은 너무나 명백하게 드러났다. 엄격한 바리새인들과 유연한 사두개인들이 그분을 반대하는 데는 하나가 되었다. 바로 이러한 이유에서 마태는 바리새인과 서기관들을 향하여 하신 일곱 차례의 "화 있을진저"를 예수께서 사람들에게 하신 마지막 공적(公的)인 말씀으로 기술한다(23:14은 가장 중요한 사본에 빠져 있다).

예수님은 당시 말씀을 해석하는 사람들에게 지혜의 열쇠를 잃어버렸다고 책망하셨다. 그들은 외적인 문제에만 얽매여 있었으며 실상 내적으로는 불법을 행하는 자들이었다(23:28; 24:12; 살후 2:3, 7). 또한 그들은 선지자들의 경고를 무시했으며 예루살렘을 피의 도시로 바꾸고 말았다. "그러면 너희가 **선지자를 죽인 자의 자손 됨**을 스스로 증거함이로다"(23:31).

훗날 스데반이 돌에 맞아 죽기 전 산헤드린 앞에서 이야기했던 그 내용은 이미 주님이 말씀하셨던 것이었다(행 7:52; 요 8:44을 보라). 예수님은 세례 요한의 용어를 사용하여 반대자들에게 "뱀들아, 독사의 새끼들아"라고 말씀하셨다(23:33; 3:7; 신 32:23; 창 3:14-15).

아직 은혜의 시기이지만 머지 않아 분명히 뱀의 후손들은 **약속된 일곱 배의 징벌**에 직면하게 될 것이다(레 26:18, 21, 24, 28). 이것은 성경 마지막 책(요한계시록)에서 그렇게나 강조했던 것과 동일한 주제가 아닌가? 이 모든 징계들이 "이 세대"를 엄습하게 될 것이다(신 32:5, 20). 예루살렘아! 예루살렘아!

13

인자의 오심(24:1-25:46)

예루살렘의 패망

마태가 기록한 이 마지막 말씀은 오직 제자들에게만 하신 것이다. 여기서 예수님은 그 아름다운 헤롯 성전이 완전히 파괴될 것을 말씀하셨다. 예수님은 이 사건이 다가오고 있음을 예고하는 표적과 그 시기에 관하여 보다 특별하게 말씀하신다.

이 마지막 설교 역시 산 위에서 하신 일종의 산상보훈이다. 그 산은 스가랴 14장 4절에 기록된 그대로 예수님이 예루살렘에 오시고 난 뒤 그분의 본부가 된 감람산(The Mount of Olive)이다. 이 설교는 대체적으로 마지막에 발생될 이야기들로 이루어져 있다.

오늘날 주석가들은 종종 이 두 개의 장을 "교회 신학"의 또 다른 표본인 것으로 생각한다. 그래서 이 견해에 따르면, 초대 교회는 그리스도께서 곧 재림하실 것이라는 기대 속에서 살아갔다는 것이다.

그러나 우리가 이 설교를 조심스럽게 관찰하면, 처음 거론되는 내용은 예루살렘의 파괴에 대한 묘사임을 알 수 있다. 우리는 24장과 25장을 읽을 때 직접 말씀을 들었던 사람들의 태도와 사상을 이해하는 데 먼저 최선을 다해야 할 것이다. 예수께서 선언하신 **언약된 징벌**(Covenant Wrath)은 제자들에게 깊은 감명을 주었다. 그러므로 언제 이 진노가 나타날 것인가 하는 질문이 곧바로 제기되었던 것이다.

인내를 위한 부탁

이 질문에 관한 예수님의 대답은 이스라엘에 대한 메시아적 심판의 시기 **그 이후에** 사는 모든 사람들에게도 관련된다. 그러나 그분의 다섯 번째 설교에 들어 있는 예언을 이해하려면, 우리는 다른 예언들과 마찬가지로 원래의 청중들이 처해 있던 상황에 기초를 두고 생각해 보아야만 한다.

이번에는 선생의 자격으로 **산 위에 앉으신** 예수님은 앞으로 나타나게 될 모든 거짓 메시아들에 대하여 경고하셨다(24:3; 그리고 5:1과 23:2도 참조하라). 제자들은 소위 "시대의 표적들"로부터 어떤 성급한 결론을 내려서는 안 되었다. 예수님은 그들에게 자신의 재림, 즉 심판의 시간을 사전에 미리 알 수 있는 방법은 결코 존재하지 않는다고 말씀하셨다. 심지어 그들은 나라가 나라를, 민족이 민족을 대적하여 일어나는 소리를 듣더라도 심판의 날이 임했다고 단언해서는 안 되었다(렘 51:46). 중요한 것은 인내하는 것이다. 복음의 선포는 마지막 그 순간까지 계속될 것이다.

비참한 신성 모독

예수님께서 이스라엘을 심판하러 오실 것을 알려 주는 표적은 거룩한 곳, 즉 성전에서 신성 모독이 이루어지리라는 것이다(24:15; 또한 단 9:27; 12:12; 겔 8장을 참조하라). 예수께서 언급한 이 신성 모독은 예루살렘이 타락해 가는 상황과, 유대 반란이 시작될 때 유대인들이 성전을 요새로 삼고 거기서 로마군들과 반란에 동참하지 않는 다른 유대인들을 대항했던 그 상황을 가리키는 것이다.

이와 평행 구절인 누가복음 21장 20절을 보면 "신성 모독"을 이야기하는 것이 아니라, 예루살렘이 **군대들에게** 에워싸이게 될 것을 언급하고 있다. 여기서 군대들은 결코 **로마 군인**들을 언급하는 것으로 보이지 않는다. 로마 군인들이라면 바로 다음 구절대로 성내에 있는 자들에게 도망치라고 충고하는 것이 타당하지 않기 때문이다. 로마인들은 항상 포위한 도시들을 철저히 봉쇄했으며 모든 탈출구를 완전히 차단해 왔기 때문이다.

만약 로마 사람들이 성전 내에서 신성 모독을 자행하는 당사자라면, 그 군대를 피하여 도망치라는 충고가 아무런 소용이 없다. 이미 그러기에는 너무 늦었다. 더욱이 일단 도시가 적군들에 의해 에워싸이면 변방도 이미 완전히 점령당했으리라고 쉽게 추측할 수 있다. 그러므로 우리는 로마 군인들이 아니라 성전을 피난처로 삼고 있는 일단의 유대인들, 즉 약속된 심판을 두려워하지 않고 우상 숭배의 본거지로 변해 버린 성전에서 자신들은 안전하다고 믿고 있는 그 반란자들로 생각해야 한다. 우상 숭배를 하는 곳이 절대로 성전일 수는 없다. 하나님이 우리와 함께 계시는 곳, 바로 그 곳이 주님의 성전이다!(렘 7:4; 사 28:15)

그와 같이 성전에 무리들이 모여드는 것을 볼 때, 교회는 예루살렘에서 **출애굽**해야 할 시기가 다가왔다는 것을 알게 될 것이다(24:15 이하).

> 나의 백성아!
> 너희는 그 중에서 나와
> 각기 나 여호와의 진노에서
> 스스로 구원하라!
> (렘 51:45; 또 계 19:4을 참조하라)

예수님은 경고하신다. "주검이 있는 곳에는 독수리들이 모일지니라"(24:28; 렘 15:3; 19:7; 겔 39:17이하; 계 19:17 이하). 따라서 이 표적이 가리키는 것은 때가 가까웠다는 것이다(24:32-33; 또한 아 2:13도 참조하라). "이 세대"는 틀림없이 심판을 받게 될 것이다. 그러나 그것에 앞서 예루살렘의 교회 앞에는 장차 다가올 위험에 대한 경고가 있을 것이다.

교회의 임무

경고를 받기 전에, 교회는 반드시 경계 태세를 갖추어야만 한다(24:36 이하). 그러므로 교회는 등불에 기름을 확실히 예비하고 있어야 하며 다섯 명의 어리석은 처녀들처럼 실수를 범하지 말아야 한다(25:1 이하). 교회는 주어진 달란트를 가지고 더욱 열심히 일해야만 하며 사랑이 식지않도록 노력해야 한다(25:15 이하).

여기서 주 예수께서는 오래지 않아 자신의 예언이 이루어질 위험한 상황 속에서 교회에 매우 도움이 될, 참으로 예언적인 설교를 하셨다. 교회는 가능한 한 이스라엘을 향하여 선포와 호소를 계속 하도록 지시받았다. 마지막을 알리는 표적이 매우 중요한 것은 바로 이 때문이다.

우리를 향한 예언적 메시지

그러나 우리는 예루살렘이 파괴되고 난 뒤의 시대에 살고 있다. 그렇다면 이 예언이 우리와 아무런 상관이 없는 시대에 뒤떨어진 것일까?

이에 대하여 우리는 마태복음 24장에 나오는 이 예언을 반드시 구약의 예언과 같이 생각해야 한다고 답변을 내릴 수 있다. 무엇보다 우리는 그 예언이 이미 성취되었다는 것을 인정한다. 또 벨기에 신앙고백 5조(1566년 개정판)에 의하면 눈먼 사람들도 예언이 성취되는 것을 볼 수 있다고 하는데 이 또한 사실이다. 그러나 다른 면에서 이야기하면, 예언들은 종종 한 단계 이상 성취된다.

따라서 이 예언들은 지금보다 더 먼 미래 역시 가리키고 있다. 우리에게 니느웨와 바벨론의 파괴는 모든 원수들의 능력에 대한 하나님의 승리를 **보증해 주며**, 예루살렘의 파괴는 예수 그리스도의 마지막 오심을 명확하게 보증해 주고 있는 것이다. 거룩한 곳에서 신성 모독이 자행되리라는 이 표적에 관한 말씀은 우리에게 빛과 어두움 사이에, 그리스도와 벨리알[13] 사이에(교회에서나 혹은 밖에서) 어떠한 야합도 허용될 수 없음을 보여주고 있다(고후 6:11-7:1; 살후 2:1- 3:5; 요일 2:18 이하; 5:21).

우리는 이를 명심하여 성경을 연대기나 미래에 대한 안내서 따위로 생각하려는 충동을 억제할 수 있어야만 한다. 앞으로도 "요나의 표적", 즉 복음 그 자체보다 뛰어난 표적은 우리에게 주어지지 않을 것이다.

그래서 우리는 예루살렘에 내려진 일곱 배의 징벌을 실제 "인자의 오심"으로 인정해야 한다. 그리고 그 "오심"은 마지막으로 교회를 옹호하고 의롭게 하기 위하여 오시는 그분의 최종적인 오심을 확신케 하는 믿음이 생기게 한다고 보아야 한다. 동시에 그 출애굽 명령은 우리에게도 여전히 효력을 미치고 있다. 우리는 반드시 경계해야 하며, 또 인내해야만 한다.

시대의 마지막

제자들이 실제로 예수께 물은 것은 "주의 임하심(재림)과 세상 끝에는 무슨 징조가 있사오리이까?"(24:3)였다. 여기서 헬라어 원문대로 하면 세상의 끝(world's ending)이 아니라 시대의 끝(The end of the age)을 이야기하고 있다. 그들은 메시아가 나타나기 전 있게 될 **시대**를 가리켰던 것이다. 메시아는 "오는 시대", 즉 말세(last days: 예수님이 오

---

13) 벨리알
 a. 사악함으로 악명 높은 어떤 개인들을 가리켜 "벨리알의 아들들"이라 불렀다.
 b. 벨리알은 "멍에를 벗어난", 곧 "법적인 멍에를 거부하는"으로 해석된다.
 c. 벨리알은 사단과 동의어다(고후 6:15).

신 뒤부터 재림까지의 기간을 일컬음－역자주)를 가져오실 것이다. 오순절 이후 예루살렘에서는 유대적 예배도 당연히 계속되었다. 그러므로 그 당시는 두 “시대”가 중첩되어 나타났다. 사도들은 여전히 예루살렘 성전으로 갔다. 그러나 주후 70년 예루살렘이 파괴되었을 때, 예루살렘에 언약의 징벌이 내리리라 말씀하셨던 예수님과 선지자들의 예언은 성취되었다. “주의 은혜의 해”(슥 4:19), 구원의 날, 곧 새 시대는 시작되었다.

유대인이든 헬라인이든 동등하게

마태복음 24장과 25장이 단지 추론을 위한 근거가 되어서는 안 된다. 이 장들은 우리가 사는 구원의 때를 잘 **이해**할 수 있게 해준다. 우리는 새로운 메시아 시대의 하나님의 자녀로서 살아갈 특권을 부여받았다. 우리는 “말일의 성도들”(latter day saints)이다!

그리스도는 우리에게 자세히 살펴보기 위한 현미경을 주시지 않는다. 그분이 우리에게 주시는 것은 바위처럼 견고한 예언의 말씀이다. 그리고 그분은 우리에게 그 예언들을 읽는 방법을 가르쳐 주신다(그러므로 당연히 관련된 다른 구절들과 본서에 주어진 참고 본문들을 살펴볼 필요가 있다).

바울은 “보라 지금은 구원의 날이로다”(고후 6:2; 사 49:8)라고 선언했을 뿐만 아니라, 또 그의 다른 서신에서 “노하심이 끝까지 저희에게(이스라엘인들에게) 임하였느라”(살전 2:16; 마 23:32)고 말하였다. 신약의 “창세기”인 마태복음이 우리에게 보여주는 것도 바로 이것이다.

그러나 마태는 이에 덧붙여 누구든지 하나님의 음성을 들으려고 노력하는 한 유대인이든 헬라인이든 구별 없이 **약속된 은혜**를 받게 될 것이라고 가르쳐 주고 있다.

14

의롭고 흠이 없으신 목자(26:1-28:29)

더 많은 예언이 성취됨

대제사장들과 장로들이 유월절 기간 동안에는 처형을 회피하려고 했지만, 인자는 예언된 대로 이 절기 동안에 죽게 되었다(26:24, 2). 문둥이 시몬의 집에서 예수님이 향유를 부음받으신 사실, 유월절 만찬(이 때부터 성만찬이 시작됨), 겟세마네에서의 외로운 투쟁, 이 모든 사건들은 성경에 기록된 대로 엄청난 희생을 치르기 위한 준비였다.

여러분은 스가랴서에서 위대한 목자요 선지자가 언약 백성들에 의해 노예 가격인 은 30냥의 가치로 평가되었음을 기억할 것이다(슥 11:12). 예수님의 제자 가룟 유다는 주님을 바로 그 가격으로 산헤드린에게 넘겨 주기로 결심하였다(26:15-16). 결국 성경의 예언이 성취되었다(27:9). 스가랴는 또 예언하였다. "내 목자를 치라. 목자를 치면 양이 흩어지려니와"(슥 13:7). 제자들이 겟세마네에서 도망을 침으로써 이 예언도 성취되었다. 그들은 모두 예수님을 수치스럽게 생각하는 것처럼 보였다(26:31, 56). 그러나 좋은 목자이신 예수님은 자기 양들을 위하여 기꺼이 생명을 바치신다.

예수님의 고난

예수님이 죄가 없으시다는 것은 명백히 밝혀지게 된다. 결국 산헤드린 앞에서의 항의가 잘못으로 간주되었다. 심지어 성전을 무너뜨리는 것에 관한 그 진술마저 부정확한 것이었다(26:61; 또한 요 2:19을 보라).

이제 예수님은 자신이 바로 다니엘 7장에 언급된 인자요, 시편 110편에 나오는 영원한 제사장이며, 또 예루살렘을 심판하러 오실 자라는 것을 공적으로 시인하신다. 머지않아 곧 산헤드린은 성전과 도시가 파괴되리라는 그분의 주장이 실현되는 것을 보게 될 것이다(26:64).

빌라도의 아내는 예수님을 "옳은 사람"으로 판단했다(27:19). 빌라도 도 이에 동의하여 그에게서 아무런 잘못을 발견할 수 없었다고 확언한다. 그러나 바야흐로 다윗의 자손 예수는 다윗의 시(詩)에 언급된 의로운 자로서 반드시 고난을 받으셔야만 한다.

이 유대인의 왕은 가증스런 방법으로 조롱을 받으시게 된다. 시편 22편 1절의 말씀이 결국 그분 자신의 말이 되고 만다. 왜 하나님께서 그분을 버리셨는가? 그분은 십자가에 못 박히실 때도 역시 시편 22편 8절의 말씀과 같이 고통을 받으시게 된다. 그리고 그들은 비방하여 말했다. "네 하나님이 어디 있느냐?"(시 42:10과 마 27:43을 비교해 보라. 또한 시 42:11과 마 26:38 역시 비교해 보라) 그는 손과 발이 찔림을 당한 채 갈증으로 괴로워하셨다. 그러나 십자가에서 군인들을 지휘했던 백부장마저 마지막에 가서는 "이는 진실로 하나님의 아들이었도다"라고 솔직히 고백할 수밖에 없었다(27:54, 또한 40, 43절도 참조하라).

마지막 입증

예수님이 과연 하나님의 아들이었음을 증명하는 사건들이 십자가상에서의 죽음과 함께 시작되었다. 그분의 죽음으로 말미암아 성전의 휘장이 위에서부터 아래로 완전히 찢어져 버렸다. 바위가 터지고 무덤들이 열렸다. 죄인으로 간주되었던 분이 죽어서 부자들과 마찬가지로 훌륭한 무덤에 묻히시게 되었다.

그 뒤 부활을 증명하는 큰 지진이 다시 발생했다. 무덤을 지키던 군인들은 도망을 칠 수밖에 없었다. 천사가 무덤 앞을 가로막았던 돌을 굴려 내고 두려워 떨고 있는 여인들을 향하여 예수께서 부활하셨다고 확실히 알려 주었다. 하나님께서는 과연 예수님이 의로우셨다는 것을 입증해 주셨다.

여인들은 제자들에게 "그가 죽은 자 가운데서 살아나셨고 너희보다 먼저 갈릴리로 가시나니 거기서 너희가 뵈오리라"는 메시지를 전달해야 했다. 이 "먼저 갈릴리로 가시나니"라는 말은 그리스도께서 다시 목자직을 맡으셨다는 뜻이다. 우리는 마태복음의 시작 부분에서, 그의 백성의 목자가 되실 이스라엘을 다스리는 자에 관한 미가의 예언이 언급되었음을 이미 살펴보았다(막 5:2 이하; 삼하 5:2). 이제 이 예언이 성취되었다(28:7; 26:32).

새 이스라엘

예수께서 자신의 제자들에 관하여 하신 말씀을 주목해 보자. 그분은 제자들에게 **형제들**이라고 불렀다(28:10; 요 20:17). 우리는 이 말씀이 마치 시편 22편의 메아리 같음을 느낄 수 있다. 시편 22편의 첫 번째 부분은 의로우신 그분이 겪게 되는 고난에 관하여 이야기하고 있다. 그리고 두 번째 부분은 그분의 높여지심에 관한 내용이며, "내가 주의 이름을 **형제**에게 선포하고"라는 말씀으로 시작된다(22절 마 28:10; 히 2:12).

산헤드린은 군인들을 뇌물로 매수하여 제자들이 예수님의 몸을 훔쳐갔다고 말하도록 조작함으로써 심리전(psychological warfare)을 일으키려고 했다. 그럼에도 불구하고 선하신 목자는 자신의 새 이스라엘을 돌보기 시작하셨다. 무리들을 모으기 **시작했던** 이방의 갈릴리 지역에서 그분은 인자로서의 모든 권세를 가지게 되셨다(28:10). 제자들을 자신의 사자(使者)로 삼으셨으며, 그들에게 선포하고, 세례를 주며, 믿음을 가르치고, 양육하며, 보호하도록 부탁하셨다.

만약 이스라엘이 듣기를 거절한다면, 복음은 세상 모든 곳으로 건너갈 것이며, 나중 된 자들이 먼저 될 것이다. **임마누엘**이라는 이름과 함께 시작되었던 이 책은 다음과 같은 예수님의 확실한 약속과 함께 끝맺게 된다. "볼지어다 내가 세상(사단이 지배하는 이 사악한 세상) 끝 날까지 너희와 항상 함께 있으리라."

EARCH THE SCRIPTURES

마가복음

1

두 번째 복음서의 저자

저가 나의 일에 유익하니라(딤후 4:11).

마가는 누구인가?

네덜란드의 법학자 유고 그로티우스(Hugo Grotius)가 사도행전에 언급된 **요한 마가**는 마가복음을 기록한 저자가 아니라고 주장했지만, 이 점에 있어서 그의 주장을 추종하는 자들은 별로 없다. 일반적으로 사도행전의 **요한 마가**가 바울과 베드로의 서신에 언급된 **마가**이며 두 번째 복음서의 저자인 **마가**라고 보고 있다.

신약성경은 마가의 경력에 대한 적절한 정보를 제공하고 있다. 그의 어머니 마리아는 예루살렘에 큰 집을 소유하고 있었으며, 때때로 거기서 교인들이 집회를 갖기도 했다(행 12:12). 베드로가 옥에서 풀려나 자유의 몸이 된 뒤 방문했던 곳이 바로 이 집이었다. 그때 로데라는 하녀는 그가 풀려난 사실이 너무 기뻐 미처 문을 여는 것도 잊어버렸었다.

어떤 학자들은 예수님의 마지막 성만찬 장소가 바로 이 마리아의 집이었다고 추측하기도 한다. 그렇다면 당시 물 한 동이를 가지고 가던 사람이 바로 마가가 된다(14:13). 혹은 겟세마네에서 자기를 잡으려던 군인들을 피해 벗은 몸으로 도망쳤던 사람이 바로 마가였다고 보기도 한다(14:51-52). 우리는 이들 중 실제 마가가 누구인지는 정확하게 결정할 방법이 없지만, 마음에 드는 생각이 있을 수는 있다. 한편, 우리는 마가의 집을 베드로가 자주 방문했으며, 마가가 그러한 환경에서 자라남에 따라 그리스도의 지상 사역에 대한 많은 정보를 입수할 수 있었으리라는 사실을 알 수 있다.

마가와 바울

마가가 임무를 맡길 만한 젊은이였음은 분명한 사실이다. 바울과 바나바는 안디옥 교회에서 보내 준 헌물을 전달하기 위하여 예루살렘에 머무를 때 마가를 가능성 있는 조력자로 보고 그를 안디옥으로 데려가기로 결심했다. 바울과 바나바가 함께 그들의 첫 번째 전도 여행을 떠났을 때, 마가 역시 그들과 함께 하면서 그들을 도와주었다(행 12:25; 13:5). 레위 사람 바나바의 친척인 그는 아마 전도 여행 동안 충분한 역할을 담당했을 것이다.

추측컨대, 마가의 업무는 여행을 위한 준비나 숙소를 구하는 것, 또는 약속을 정하는 일 같은 것이었을 것이다. 그렇지만 그는 복음의 메시지를 선포하는 데 일익(一翼)을 담당했다. 그는 예수님에 관하여 많은 지식을 갖고 있었으며, 그것을 이야기하는 데 전문가였다.

이 첫 번째 전도 여행에서 어떤 좋지 못한 사건이 발생했다. 세 사람이 바나바가 자라났던 지역(즉, 구브로)을 지나 위험이 도사리고 있을지도 모르는 소아시아로 향하여 출발했을 때 마가가 되돌아가 버렸다. 이로 인하여 바울은 그 다음 여행에서 그를 데려가지 않으려 했다. 이때 바나바는 혈연으로 맺어진 그의 친척 마가 편에 서게 되고, 따라서 바울과 갈라서게 된다. 두 번째 전도 여행에서 바울은 실라와 함께 했지만, 바나바는 마가와 함께 구브로로 전도 여행을 떠나게 된다.

훗날, 바울과 마가는 서로 완전히 화해를 하게 된다. 바울이 골로새 교회 앞으로 편지를 쓸 때 "바나바의 생질 마가"가 안부를 전한다고 기술했으며, 또 마가를 비롯한 몇몇 사람들이 바울 자신에게 위로가 된다는 말을 덧붙여 전하였다(골 4:10-11, 빌레몬서도 참조하라). 바울은 로마에 갇혔을 때 디모데에게 마가가 매우 유익하므로 소아시아 어디선가 일하고 있을 그를 필히 선택하여 로마에 데리고 오도록 간청하였다(딤후 4:11).

마가는 바울에게 있어서 "친절한 비서" 그 이상의 역할을 담당하고 있었다고 보는 게 적절하지 않을까? 그는 예루살렘 교회의 핵심적인 한 가정에서 성장했으며, 따라서 그리스도의 활동에 관한 이야기들과 오순절 이후 교회의 고군분투하던 모습을 모두 바울에게 이야기해 줄 수 있었을 것이다. 사실 바울은 이러한 지식들을 타인으로부터 습득해야만 했다. 그리고 특히 생애의 막바지에 서 있는 그에게는 복음의 위로가 필요했다.

마가와 베드로

실라(실루아노)에게 받아쓰게 했던 베드로의 첫 번째 편지(베드로전서)를 보면 결미에서 다음과 같이 쓰고 있다.

"함께 택하심을 받은 바벨론에 있는 교회가 너희에게 문안하고 내 아들 마가도 그리하느니라."

여기에서 베드로는 마가를 그의 영적 아들로 인정했으며, 실제로도 마가와 그는 깊은 관계를 유지했다.

주후 2세기 정도에 쓰여진 기록들 중에는 마가가 베드로의 대변인으로 또 마가의 '복음'이 베드로의 회고록으로 언급되어 있는 것도 있다. 베드로는 그리스도에 관한 증언을 선포하는 데 있어서 주도적인 역할을 해 왔었다. 따라서 마가가 그리스도에 관하여 기술하기 시작했을 때 베드로의 설교에 깊은 관심을 기울였음은 명백하다고 보여진다. 그의 책은 예루살렘 교회가 처음 생기면서부터 전해 내려온 믿음에 관한 교회의 가르침(교과서)을 기초로 하여 만들어진 것으로 추측된다.

2

사도의 증언의 요약

마가복음의 수신자

마가는 누구를 위하여 이 복음서를 기록했는가? 베드로가 "바벨론"에서 마가의 이름으로 안부를 물었던 사실 등으로 미루어 보아 마가가 이 글을 로마에서 기록했다고 결론짓는 주석가들도 있다. 이 견해는 전승(傳承)에 근거한 것인데 로마가 종종 "바벨론"으로 지칭되었기 때문이다.

우리는 이 견해를 아무 생각 없이 받아들여서는 안 된다. 바벨론이란 이름은 종종 예루살렘을 언급한 것일 수 있다. 또 그것은 지도상 바벨론으로 알려진 지역을 언급한 것으로 여겨질 수도 있다. 그리고 베드로가 소아시아의 교회들에 편지를 쓸 때, 소아시아에서도 분명히 마가를 알고 있었음을 기억하라.

마가의 문체와 강조

마가가 그의 "복음서"를 기록할 때 마음속에 품고 있었던 목적 중 하나는 교회 교육 프로그램에 기여해야 한다는 것이었다. 그의 복음서 기사 속에서 때때로 아람어를 찾아볼 수 있는데, 이때 그는 오직 헬라어밖에 알지 못하는 사람들을 위하여 거기에다 해석을 첨가하였다. 그것은 "달리다굼"(소녀야 내가 네게 말하노니 일어나라, 5:41), "에바다"(열리라, 7:34) 등과 같다. 그 당시 많은 유대인들이 헬라어를 사용하기도 했다. 도시에서 성장한 마가 역시 두 언어를 자유로이 구사할 수 있었음이 명백하다.

신약에서 두 번째 책인 마가복음은 그리 길지 않으면서도 예수님의 행적에 대해 매우 강조를 하고 있다. 어떤 학자들은 마가가 행동가들이며 자기 의견을 간결하게 표현할 수 있는 로마 사람들을 위하여 이 글을 기록했기 때문에 그러한 방법을 사용했다고 주장한다(요 19:22의 "나의 쓸 것을 썼다"는 빌라도의 말을 생각해 보라).

마태복음	마가복음	누가복음
4:21-22 "부르시니 저희가 곧 배와 부친을 버려 두고 예수를 좇으니라."	1:20 "곧 부르시니 그 아비 세베대를 삯군들과 함께 배에 버려 두고 예수를 따라가니라."	5:11 "저희가 배들을 육지에 대고 모든 것을 버려 두고 예수를 좇으니라."
8:4 "이르시되…."	1:43-44 "엄히 경계하사 곧 보내시며 가라사대…."	5:14 "이르시되…."

8:23 "배에 오르시매 제자들이 좇았더니."	4:35-36 "그 날 저물 때에 제자들에게 이르시되 우리가 저편으로 건너가자 하시니 저희가 무리를 떠나 예수를 배에 계신 그대로 모시고 가매(4:1) 다른 배들도 함께 하더니."	8:22 "하루는 제자들과 함께 배에 오르사 저희에게 이르시되 호수 저편으로 건너가자 하시매 이에 떠나."

내 생각으로는 이 책 배후에 성급하고 자발적인 베드로가 큰 영향을 미치고 있다는 사실을 지적함으로써 마가의 문체에 대하여 더 나은 평가를 내릴 수 있다고 본다. 무엇보다 마가는 베드로의 회고록을 기록하고자 했다. 따라서 우리는 그의 "복음서"를 그리스도에 관한 사도의 증언을 요약한 것으로 보고자 한다.

마가의 의도는 완벽한 예수님의 전기를 기술하려는 것이 아니었다. 그는 사건들을 시간적인 순서대로 배열하려고 노력하지도 않았다. 요단강에서 세례를 받으심으로 시작하여 십자가와 부활로 끝맺게 되는 주요 골격 속에서, 그는 복음과 관련된 사건과 사실들을 다채롭게 이야기하고 있다.

한편, 그의 복음서는 상상을 초월할 만큼 매우 정밀하게 기술되어 있다. 수고스럽지만 우리가 몇몇 마가복음의 구절들과 마태와 누가복음에 나오는 평행 구절들을 비교해 볼 때 그 정밀성을 명백하고 확실하게 알 수 있을 것이다.

당신은 마가가 모든 면에서 얼마나 상세하게 기술하려고 노력했는지를 알게 되었을 것이다. 한편, 마가복음에서 80구절 정도만을 제외한 나머지 모든 부분이 누가복음이나 마태복음에 어떤 형태로든 나타나 있지만, 마태복음이나 누가복음이 마가의 말을 그대로 베껴 쓴 것은 결코 아니다. 각각의 복음서는 나름대로의 강조점에 따라, 또 그 글을 읽을 독자들의 영역을 고려하여 무엇을 기술할 것인지를 결정하였다. 아마 당신도 위에 제시된 것과 같은, 각 복음서 저자들이 어떻게 같은 내용을 완전히 다른 말로 표현하고 있는지를 보여주는 그러한 실례를 좀더 발견할 수 있을 것이다. 활발하고 생동감 있는 마가의 표현은 우리에게 몇 번이고 깊은 감명을 주리라.

마가는 자주 이런저런 사건들이 "곧" 또는 "즉시" 발생했다는 기록을 하고 있다. 그의 책에서는 최소한 70번 이상 이 표현을 사용하였다. 이것은 열정적이며 성급하기로 유명한 베드로의 영향 때문이 아니었을까? 하여튼 마가복음은 분명히 박진감이 넘치는 글이다.

제사장적인 사역

마가복음의 첫 부분은 갈릴리 지방에서 하신 예수님의 활동과 몇 차례 그 지역 밖으로 벗어났던 여행 중에 발생했던 일들을 다루고 있다. 그러나 높은 산 위에서 예수님이 영광을 드러내신 후 변화가 생긴다. 분명히 전부터 백성들의 반발이 있었지만, 비로소 이 때부터 예수님은 제자들에게 자신이 고난을 당해야만 한다고 명백하게 밝히신다. 이 예고는 세 번 주어졌다(8:31 이하; 9:30 이하; 10:32 이하).

이 상황과 관련하여 우리는 레위 사람 바나바의 친척이었으며 그래서 당연히 자신도 레위의 후손인 마가가 특별히 **제사장적인 사역**

(Priestly service)과 관련된 예수의 행적을 거듭 기록하고 있음을 발견하게 된다. 예수님의 십자가는 교회를 위하여 너무나 중요한 것이다. 교회는 그분이 고난을 받으셨다는 사실에 대해 불쾌감을 느낄 수 없다. 또 우리는 모두 그분의 종이기 때문에 그분을 위하여 고난을 받는 것도 두려워해서는 안 된다! 다시 한 번 베드로를 생각해 보라. 그는 예수님이 고난받으셔야 함을 부정했으나 이에서 돌이킨 후에는 형제들이 고난을 받아들이는 믿음 안에 굳게 설 수 있도록 최선을 다하여 노력하였다(눅 22:32; 막 8:32 이하; 벧전 3:14; 4:12 이하).

예루살렘으로 가는 길

가이사랴 빌립보 지방에서의 여행을 마친 뒤 예수님은 예루살렘으로 향하셨다. 마가는 그분의 여로(旅路)를 이렇게 묘사했다. "예루살렘으로 올라가는 길에 예수께서 제자들 앞에 서서 가시는데 저희가 놀라고 좇는 자들은 두려워하더라"(10:32). 여기서부터 마가복음의 빠른 흐름이 갑자기 정지된다. 이제 마가는 날짜에 매우 주의를 기울여 유월절 주간을 하루하루 언급하고 있다. 마태는 예루살렘에 들어간 후부터 사건들을 시간에 관계없이 기록하고 있지만(마 21:1), 마가는 하루하루씩 주의 깊게 그 사건들을 다룬다.

우리는 성경 기록의 확실성을 의심하여 마태복음의 기사와 마가복음의 기사를 비교, 검토함으로써 어느 복음이 보다 우수한 것인지를 판단하려고 해서는 안 된다. 왜냐하면 마태는 모든 것을 일기를 적을 때처럼 시간에 크게 구애받지 않는 형식으로 표현했지만, 마가는 자신의 판단에 따라 분명히 날짜를 구별하면서 기록했기 때문이다.

첫째 날, 예루살렘 입성과 성전을 둘러보심(11:1 이하)
둘째 날, 무화과나무를 저주하시고 성전을 깨끗케 하심(11:12 이하)
셋째 날, 무화과나무가 마른 것을 보게 됨. 성전에서의 논쟁(11:20 이하), 예수께서 성전을 떠나시고 성전이 파괴되리라는 예언을 하심.
넷째 날, 유다의 배반(14:1, 10 이하)
다섯째 날, 유월절을 기념하는 마지막 만찬(14:12 이하), 예수께서 잡히시고 권세자들 앞에 이끌려 가심.
여섯째 날, 재판, 십자가에 처형되심, 장사지냄.
여덟째 날, 부활(16:1 이하)

마가는 요단 강에서 세례를 받으신 하나님의 아들이 십자가에서 죽으시고 무덤에서 부활하신 하나님의 아들 바로 그분과 동일하다는 것을 보여주기 위하여 그의 복음서 1/3을 할애한다. 그는 의도적으로 매우 많은 분량을 고난과 죽음에 관하여 다루고 있다.

갑작스러운 종결

그러나 그는 부활에 관하여 놀랄 만큼 간결하게 기록하고 있다. 16장 7절에서 천사가 여인들에게 예수께서 그의 제자들을 만나기 위하여 갈릴리(갈릴리는 예수께서 그의 사역을 시작하셨던 곳이다)로 가신다는 소식을 전해 준 뒤, 그 다음 8절에서 단지 "여자들이 심히 놀라 떨며 나와 무덤에서 도망하고 무서워하여 아무에게 아무 말도 하지 못하더라"는 말만 기술하고는 끝을 맺는다(16:9부터를 마가의 글로 인정하지 않는 사람들이 있다).

이러한 마가복음의 갑작스러운 종결을 잘못 처리한 것으로 간주할 필요는 없다. 그 반대로 이는 복음의 확장을 가리키고 있는 것이다. 즉, 핍박 속에서도 이미 발생했던 놀라운 사실들이 과감히 선포되는 상황을 가리키고 있다는 것이다.

더구나 어떤 사본에는 부활 후의 사건들이 요약되어 그 뒷부분에 첨가되어 있다. RSV(Revised Standard Version) 성경은 몇몇 중요한 사본에 이 부분이 포함되어 있지 않았기 때문에 각주 난에다 이를 기록해 놓았었다. 그러나 1971년 출간된 RSV 성경 제2판에서는 킹 제임스 성경(King James Bible)과 마찬가지로 이 상태를 설명한 주(註)와 함께 그 구절들을 본문에 포함시켰다(우리 나라의 "개역 성경"은 이 부분을 괄호로 묶은 뒤 난외에 "어떤 사본에는 9-20절까지가 없음"이란 주<註>를 기록해 놓았다 – 역자주).

교회는 초기부터 이 구절들을 정경으로 받아들였다. 형태상 이 구절들은 마가의 문장과 구조가 같다. 여인들이 그리스도의 부활 소식을 듣고 두려워하는 장면이 복음의 마지막일 수는 없다.

3

예수 그리스도의 복음의 시작

길을 예비하는 사자

마가의 책은 다음과 같이 시작된다. "하나님의 아들 예수 그리스도 복음의 시작이라. 선지자 이사야의 글에 '보라 내가 내 사자를 네 앞에 보내노니….'" 어떤 번역들은 **하나님의 아들**이란 단어를 제거해 버리기도 하지만, 이 단어는 대부분의 사본들에 포함되어 있는 것이다. 하여튼 이는 마가복음의 전체 내용에 매우 적합한 제목이다(1:11; 3:11; 5:7; 14:61; 15:39).

마가는 "시작"이란 단어를 통하여 창세기를 상기시켜 준다. 마태복음 처음 부분과 연결하여 제기되었던 문제가 여기서도 제기될 수 있다. 이 제목은 마가복음 전체에 해당되는 것일까? 혹은 단지 이 제목 바로 뒷부분의 글에만 해당되는 것일까?(마가복음의 경우 첫 번째 주제는 세례 요한의 사역이다)

마가복음에서는 어떻게 **복음**이 진전되어 가는지를 살펴볼 수 있다. 무엇보다 요한 자신은 스스로를 메시아라고 가르치는 그러한 복음을 전파하지 않았다－몇몇 그의 제자들은 그를 메시아라고 믿고 있었다. 그렇다. 그는 앞서 길을 예비하는 사자였으며, 보다 뛰어난 **성령**으로 세례 주시는 자를 가리켜 주는 하나의 소리였다. 요한의 사역은 마가가 서술하려 하는 하나님의 아들의 복음이 성장되어 가는 과정 가운데 첫 단계가 된다.

회당에서의 선포

곧 이어 마가는 언젠가 성령으로 세례를 주실 바로 그분이 스스로 세례를 받으시고 성령으로 기름부음을 받으시며, 하나님께서는 그를 향해 “너는 내 아들이라”(시 2:7)고 부르시는 장면을 독자들에게 전해 준다. 하나님은 예수를 “내 마음에 기뻐하는 나의 택한 사람”(사 42: 1)이라고 부르셨다. 그리고 마가는 광야에서 유혹 받으신 사건을 간단하게 기술한 뒤, 요한이 감금되자 예수께서 갈릴리로 가서 복음을 전파하시기 시작하는 모습을 기록하고 있다.

우리는 예수님이 첫 번째 제자들을 부르신 후 가버나움에서 사역하셨음을 알고 있다. 하지만 그분은 다른 장소들도 방문하여 회당에서 복음을 선포하셨다. “내가 이를 위하여 왔노라.” 그분은 이와 같이 설명하셨다. 그분이 선포한 복음의 내용은 무엇이었는가? 결정적인 시간은 이미 다가왔으며 “하나님 나라가 가까웠으니 회개하고 복음을 믿으라”(1:15)는 것, 바로 이것이었다. 이 내용이 수많은 기적들과 함께 선포되었다.

4

알려지지 않은 메시아로서의 하나님의 아들

조심스런 시작

예수님은 복음을 전파하느라 매우 바쁘셨다. 그러나 이는 예수님께서 사람들로 하여금 자신에 대한 선전을 하지 못하도록 거듭 금지시키신 사실과 어떻게 조화를 이룰 수 있을까? 마가는 예수님이 귀신들린 자들을 치유하시는 기사를 많이 싣고 있다. 예수님은 강한 자를 결박하고 그의 집을 늑탈하는 분이시다. 바알세불(이 이름은 **집의 주인**이라는 뜻이다)은 그의 포로들을 포기해야만 한다(3:27; 1:26, 34, 39; 3:11). 귀신들린 사람들은 그분을 보고 "당신은 하나님의 아들이니이다"라고 외쳤다. 귀신이 그분을 알았던 것이다(1:34). 그러나 예수님은 귀신들에게 자신에 관하여 침묵을 지키도록 몇 번이고 경고하셨다.

이제 우리는 예수께서 귀신들로부터 어떠한 도움도 원치 않으셨음을 알 수 있다(행 16:16 이하를 보라). 그러나 그렇다손 치더라도 예수님이 구경꾼들에게도 자신의 치유 기적을 이야기하지 말라고 계속 명령하신 것은 어떻게 생각해야 하나?(1:44; 7:36; 8:26) 복음의 내용에도 예수님이 포함되어야 하지 않는가?

우리가 이 문제를 살펴볼 때, 때때로 진리 전체가 **완전히** 표현되지 않는 순간이 있다는 사실을 잊어버려서는 안 된다. 만약 예수께서 처음 시작부터 자신이 곧 하나님의 아들이자 메시아라고 밝히셨다면 이 지식으로 말미암아 수많은 오해와 악용을 낳게 되었을 것이다. 예수님은 자신이 초자연적 치료자나 국가적 영웅, 또는 자유의 투사 등으로 간주되어 버리는 것을 원치 않으셨던 것이다. 하나님의 아들은 알려지지 않게 오셨으며, **낮고 천한 상태에서** 새로운 메시아 시대가 임했다는 사실을 말씀과 행적을 통하여 선포하셨다.

그 후 제자들이 그분을 메시아로 깨닫고 고백하게 되었을 때, 비로소 그분은 자신에 관하여 보다 확실하게 말씀해 주셨다(8:29). 그러나 그때까지도 군중들은 여전히 그러한 지식을 받아들일 수 없는 상태였다. 예수님은 가야바에게 심문을 받고 나서야 자신이 곧 하나님의 아들이요 인자라는 것을 숨김없이 인정하셨다(14:61).

회개를 선포하는 이들

그러나 예수께서 자신의 신분을 알려 주기 훨씬 오래 전에도 이미 말씀을 전파하기 위하여 제자들을 파송하지 않으셨는가? 세례 요한을 죽였던 헤롯의 궁전에서도 예수의 이름이 메아리쳐 울려 퍼지지 않았는가?(6:6 이하) 이러한 사실 또한 침묵을 지키라는 명령과 어떻게 조화를 이룰 수 있는가?

우리는 제자들이 사람들에게 그들의 길을 올바로 수정하도록 요구하는 **회개를 선포하는 이들**이었음을 명심해야 한다(6:12). 일반적으로 사람들은 제자들의 가르침을 듣고 예수님이 선지자들 중에 하나라고 해석하였다(6:14-15). 우선 시작할 때는 메시지가 중심이다. “너희가 무엇을 듣는가 스스로 삼가라”(4:24). 그리고 그 메시지는 일종의 감추어진 씨와 같다(4:1 이하). 그러나 열매를 맺게 하는 것은 땅이다. 씨 뿌리는 자가 어떤 과정이 진행되고 있는지 알지 못하더라도 땅은 저절로 열매를 맺게 한다－바로 이것이 본문의 가르침이다(4:27-28). 십자가의 복음도 마찬가지일 것이다. 십자가는 유대인에게는 방해가 되는 것이요, 헬라인에게는 어리석은 것이었다.

복음의 전진

배척과 오해를 낳았던, 숨겨진 메시아요 하나님의 아들이신 그 선생님의 사역은 믿지 못하는 수많은 사람들과는 상관없이 반드시 열매를 맺게 되고 엄청난 수확을 거두게 될 것이다. 사단이 “즉시” 공격하더라도, 열매는 무르익게 되고 “곧” 낫질을 하게 되리라! 마가가 “즉시” 또는 “곧”이란 단어를 계속 되풀이하여 사용함에 따라 반복을 싫어하는 독자들은 짜증을 낼지 모르지만, 사실 이 단어는 무언가 하나님 나라의 **움직임**을 보여주는 것이다(1:21, 23, 29, 30, 43 등).

강력한 무적의 복음이 마가복음에서 얼마나 확실하게 울려 퍼지고 있는가? 그 복음은 인자를 통한 용서의 복음이며, 그 인자는 죄를 사해 주기 위한 모든 권세를 가지셨다(2:10; 단 7:14). 그 복음은 죄인들과 이방인들을 위한 복음이다(2:17; 7:24 이하).

데가볼리 지역에서 귀먹고 말하지 못하는 자를 어떻게 고치셨는지 마가가 기술한 내용을 살펴보라(7:31 이하). 이 생동감 있는 이야기는 오직 마가복음에만 기록되어 있는 것이다. 귀먹고 말하지 못하는 자를 치유하고 가르쳐 주시는 주님의 모습이 얼마나 사랑이 넘치고 친밀하게 느껴지는가! 그 사람이 귀가 들리지 않았으므로, 예수님은 정상적인 방법으로 이야기하지 않으셨다. 그 대신 두려워하는 그를 밖으로 데리고 가서, 그를 위하여 네 가지의 상징적인 동작을 하면서 **에바다**라는 말씀을 하셨다. 그분은 그의 양 귀에 손가락을 넣으시고, 그의 혀에 침을 뱉으시며, 탄식하시고, 하늘을 우러러보셨다. 마침내 그는 귀가 열리고 말을 할 수 있게 되었으며 메시지를 받아들이게 되었다(사 35:5을 보라).

에바다란 말씀은 모든 예수님의 사역을 특징짓는 단어로 볼 수 있다. 이 단어로 말미암아 낙원의 일부를 다시 되찾게 되었다. 이 놀라운 표적들은 구원의 때가 가까웠다는 것을 분명하게 보여 주었다!

5

버림받은 메시아로서의 하나님의 아들

유대 지도자들로부터 버림받음

마가복음은 서두에서부터(2:1부터) 예수께서 서기관 및 바리새인들과 논쟁하시는 다섯 개의 방면을 기술하고 있다. 또 끝부분에 가서도 예수님이 예루살렘에 들어가시고 무화과나무가 말라지게 되는 사건 뒤에, 유대 지도자들과의 또 다른 다섯 개의 논쟁 장면을 찾아볼 수 있다(뒤에 나오는 논쟁 속에 헤롯 왕과 사두개인들이 언급되고 있음은 당연하다(12:13, 18).

그 두 시기 사이 역시 평온했던 기간은 아니었다. 그 때도 충돌은 계속되었다. 나사렛에서의 배척(6:1 이하), 바리새인들의 위선에 대한 예수님의 꾸짖음(7:1 이하), "이 세대"에 표적 보여 주기를 거절하심(8:11 이하), 바리새인들과 헤롯의 누룩에 대한 경고(8:14 이하), 이러한 사건들을 생각해 보라!

제자들의 반대

마가복음에서 특별히 아름다운 것이 무엇인지 알고 있는가? 마가가 기록한 책이 베드로의 회고록이지만, 그럼에도 불구하고 이 책은 베드로가 그의 가르침 속에서 자신을 높이려 하지 않았다는 사실을 알려 준다. 베드로는 이 책을 통하여 자신이 예수님의 고난의 길을 가로막았던 반대자요 사단이었음을 분명히 전해 주고 있는 것이다. 이 사건에 대한 마가의 기록을 보면, 예수께서 다른 제자들도 베드로와 마찬가지로 책망하셨던 것을 알 수 있다(다른 복음서에는 상세히 기록되지 않았다). 그러나 또한 베드로를 칭찬하는 주님의 말씀도 기록하고 있으며, 베드로가 물 위를 걸어간 사실 역시 포함시키고 있다.

더욱이 마가는 베드로가 닭이 **두 번** 울기 전에 예수님을 부인하리라는 예수님의 예언을 기록하고 있다. 이것으로 보아 우리는 베드로의 부인이 얼마나 심각했던 것인가를 알 수 있다. **한 번**의 닭의 울음, 즉 **한 번**의 경고로는 충분치 못했던 것이다. 이 사실은 수제자 역할을 했던 그가 얼마나 실족했었는지를 보여 준다.

마가는 예수님이 베드로에게 하신 천국의 열쇠 이야기도 기록하지 않았으며, 베드로와 요한이 함께 유월절 만찬(성만찬)을 갖기 위하여 방을 준비하는 직무를 맡았던 사실도 전해 주지 않는다. 그러나 마가는 베드로("반석"이라는 뜻이다)라는 강한 이름을 가진 제자들의 리더인 그가 예수님을 저버릴 때도 역시 리더가 되었다는 것을 분명히 밝히고 있다. “오 믿음이 없는 세대여!”(9:19). 만일 베드로를 초대 교황으로 단언하기를 좋아하는 로마 가톨릭 교회가 베드로는 “그의 회고록”에서 자신을 영웅으로 만들지 않았다는 사실을 알 수만 있다면…!

변화산에 나타났던 모세와 엘리야는 “믿음이 없는 세대” 즉 그들의 민족으로부터 공격을 받았으며, 그 공격은 사실상 그들의 직무를 이행 불가능하게 만들 만한 것이었다(민 14:27; 신 32:5; 왕상 19:4). 그와 같이 예수님도 심지어 자신의 제자들로부터 오해와 공격을 받으면서 그들(모세와 엘리야)의 사역을 완성시키셔야만 했다. 그러나 모세와 엘리야가 하나님의 영광을 본 것처럼(출 24:1; 왕상 19), 버림받은 하나님의 아들이 따라가는 길도 결국 고난에서 영광으로 나아갈 것이다(8:31; 9:2, 31). “누구든지 제 목숨을 구원코자 하면 잃을 것이요 누구든지 나와 **복음을 위하여** 제 목숨을 잃으면 구원하리라”(8:35; 10:28 이하, 43 이하).

6

죽음과 부활

건축자들의 버린 그 돌이 모퉁이의 머릿돌이 되고(벧전 2:7).

고난의 시간

예루살렘으로의 여행이 10장, 특별히 32절부터 묘사된다. 마가는 다윗의 자손이라고 예수께 소리쳤던 소경의 이름－바디메오－을 정확하게 제시한다. 예수님은 바디메오를 승리의 감격을 맛보며 들어가실 다윗의 성(예루살렘)[1]에까지 데리고 가셨다.

1) 예루살렘에 주어진 명칭(역자주)
  a. 거룩한 산(단 9:16)
  b. 거룩한 성(느 11:1)
  c. 다윗 성(삼하 5:7; 사 22:9)
  d. 살렘(창 14:18; 시 76:2)
  e. 시온(왕상 8:1; 슥 9:13)
  f. 아리엘(사 29:1)
  g. 여부스(수 18:28; 삿 19:10)

사건들이 "즉시" 또는 "곧" 발생했다고 묘사하여 우리에게 빨리 확신을 주었던 마가는 여기서부터 천천히 묘사하며, 또한 사건이 발생한 날짜와 시간을 덧붙이기 시작한다. "이튿날"(11:12), "아침에"(11:20), "이틀을 지나면"(14:1), "무교절의 첫날"(14:12), "새벽에"(15:1), "안식일이 지나며"(16:1), "안식 후 첫날"(16:2) 등과 같은 것들이다. 이 모든 시간들은 겟세마네 동산에서 말씀하셨던 시간 구조 속에 포함되는 것이다. "**때가** 왔도다. 보라, 인자가 죄인의 손에 팔리우느니라"(14:41).

예수님의 고난은 숙명적인 것 또는 반드시 다가올 어떤 불행이 아니었다. 이 모든 것은 성경에 계시된 하나님의 계획을 이루기 위함이었던 것이다. 인자는 자기에 관하여 "기록된 대로" 가셨으며(14:21), 하나님은 자신의 아들을 죄인들 중 하나로 취급하셨다(사 53장).

이 **고난의 때**와 아울러, 또 다른 결정적인 시간이 언급된다(13:32). 멸망의 가증한 것이 **서지 못할 곳에** 선 것, 즉 거룩한 곳에서 비참한 신성 모독이 이루어질 시간이 다가올 것이다(13:14). 그때, 그들의 메시아를 거절했던 언약의 백성들에게 심판이 가해질 것이다. "내가 진실로 너희에게 말하느니 이 세대가 지나가기 전에 이 일이 다 이루리라"(13:30). 따라서 우리는 반드시 깨어 있어야만 한다(13:36, 14, 37).

---

h. 여호와의 보좌(렘 3:17)
I. 온전한 영광(애 2:5)
j. 유다 성읍(대하 25:28)
k. 진리의 읍(습 8:3)
l. 큰 왕의 성(시 48:2)
m. 하나님의 성(시 46:4; 87:3)

극한의 모독

이러한 관점에서 볼 때, 유다의 배반에 대한 서술은 깊은 감동을 준다. 과연 정해진 "그 때"는 언제일까? 우리는 유대 백성들이 혁명가 바라바를 구해 달라는 함성을 지르면서 무력을 선택한 것을 보게 된다(15:6 이하). 유월절 축제가 **우리 스스로 구원을 획득하겠다**는 깃발 아래 기념되었다! 백성들은 예수님을 반대하기로 결심했으며 **모퉁이 돌**을 거부해 버렸다. "저를 십자가에 못 박게 하소서"(15:13-14)라는 외침은 예수님이 심문받으시는 관정(官庭)을 가득 채웠으며, 대제사장들은 사람들을 선동하고 있었다.

예수님은 극한의 모독으로 고통을 당하시게 될 것이다. 자신이 메시아임을 진술하셨으나 완전히 근거 없는 주장으로 판별되고 말았다. 명예가 실추된 메시아는 유대인들에게 더 이상 아무런 가치가 없었다.

산헤드린이라 불리는 포악한 야수는 인자를 향하여 돌진했다. 애굽의 흑암이 예루살렘을 덮었다(사 13:10; 24:23; 50:3; 렘 15:9; 겔 32:7-8; 암 8:9; 욜 2:2, 10, 31; 3:15). 그들이 예수님을 십자가에 못 박았을 때, 예루살렘은 "애굽"으로 바뀐 것이 아닌가?(계 11:8; 6:12; 16:10을 보라) 성전의 휘장은 더 이상 필요 없게 되었고, 따라서 두 갈래로 찢어졌다. 예루살렘은 심판을 택한 것이다.

부활의 소망

복음은 너무 늦기 전에 선택해야 한다고 가르쳐 준다. 베드로가 오순절에 설교했던 메시지가 마땅히 오늘날 우리에게도 주어진다. “너희가 이 패역한 세대에서 구원을 받으라”(행 2:40; 또한 욜 2:32도 참조하라). 우리는 우리에게 **구원**의 시기가 되는 **고난**의 시기를 받아들여야만 **심판**의 시기를 모면할 수 있다! 하나님은 건축자들이 버린 돌을 선택해서 모퉁이 돌로 만드셨다(벧전 2:4 이하; 시 118:22).

나사렛 예수는 죽은 자 가운데서 다시 살아나셨다(16:6). 제자들과 베드로-베드로는 구별되게 언급되었다-에게도 이 소식이 전해졌음은 틀림없는 사실이다. 두려워 말자! 그리스도를 버리고 부정했던 사람들까지도 하나님은 용서하셨다.

“하나님의 아들 예수 그리스도 복음의 시작이라.” 이는 마가복음의 첫 문장이다. 마가는 이 갑작스러운 문장을 시작으로 해서 갑작스러운 마지막을 향해 신속하게 내용을 전개시켜 나갔다. 십자가의 죽음 이후에도 곧바로 부활을 언급했다. 마가복음은 우리를 즐겁게 하기 위한 하나의 전기가 아니라, 복음을 받아들이도록 간청하는 **증언**(testimony)이다. 이것이 우리 눈에 이상하게 보인다는 말인가?(시 118:23)

EARCH THE SCRIPTURES

누가복음

1

사랑받는 의사 누가

바울의 동역자

신약의 세 번째 책과 다섯 번째 책은 누가가 기록한 것이다. 바울 서신을 보면 누가의 이름이 언급된다. 바울은 골로새서를 끝맺으면서 먼저 여러 사람들의 안부를 전했는데, 여기에는 마가(바나바의 친척), 아리스다고 그리고 그 당시 바울과 함께 있었던 유일한 유대인 동역자 예수(일명 유스도라고도 함)가 기술되었으며, 그 다음에는 분명히 이방인이었던 에바브라가 전하는 메시지가 뒤따르고, 마지막으로 "사랑을 받는 의원 누가와 또 데마가 너희에게 문안하느니라"고 기록되었다.

이와 거의 동시에 쓰여진 빌레몬서에서도 바울은 이와 비슷한 동료 사역자들을 언급하고 있다. 또 바울이 디모데에게 마가를 데리고 로마로 오기를 바란다고 부탁했던 디모데후서 4장에서는 "데마는 이 세상을 사랑하여 나를 버리고 데살로니가로 갔고 그레스게는 갈라디아로 디도는 달마디아로 갔고 **누가만** 나와 함께 있느니라"(딤후 4:10-11)고 기록하고 있다.

누가에 관하여 기록된 이 짧은 문장들은 다음과 같이 많은 의미를 지니고 있다. 곧 의사 누가는 바울에게 매우 인정을 받았으며 최후의 순간까지 동력자로서 그와 함께 지냈다. 또 누가는 이방인이었다. 그리고 신약의 두 번째 책을 기록한 바울의 또 다른 동역자 마가와도 서로 매우 잘 아는 사이였다.

바울의 동료

일종의 누가복음의 후편으로 생각되는 사도행전을 살펴보면(행 1:1), 누가는 단순히 바울의 동역자였을 뿐만 아니라 그와 함께 전도 여행도 많이 다녔음을 알 수 있다. 사도행전을 16장 6절부터 읽어 보자. 먼저 대명사 **그들**이 자꾸 되풀이되고 있음을 알 수 있다(우리말 개역 성경에는 주어 "그들"이 생략되어 있다 – 역자주). "(그들이) 브루기아와 갈라디아 땅으로 다녀가…(그들이) 비두니아로 가고자 애쓰되…(그들이) 드로아로 내려갔는데…." 그러나 10절에 가면 변화가 생긴다. "바울이 이 환상을 본 후에 **우리가** 곧 마게도냐로 떠나기를 힘쓰니 이는 하나님이 저 사람들에게 복음을 전하라고 **우리를** 부르신 줄로 인정함이러라." 즉, 10절에서부터 "우리"가 사용되며, 이것이 빌립보 지방에까지 계속되다가, 거기서 다시 "그들"로 바뀌게 된다. 그 뒤 20장 5절부터 대명사 "우리"가 또다시 사용된다. "**우리는** 무교절 후에 빌립보에서 배로 떠나." 그 나머지 부분에서는 모두 철저하게 "우리"가 사용되었다. "토인들이 **우리**에게 특별한 동정을 하여"(28:2).

우리가 바울 서신 속에 나타난 누가에 대한 언급을 참조하여 사도행전 속에 1인칭 대명사(우리)가 사용되었다는 사실을 고찰해 볼 때, 누가는 바울의 전도 여행에 함께 동반했었다는 결론을 끄집어 낼 수 있다. 그러므로 분명히 누가는 드로아에서 빌립보까지 바울과 함께 동행했던 것이다. 그는 빌립보에서 뒤로 물러났다가 그 후 다시 예루살렘으로 가는 마지막 여행에 바울과 합류하여 로마까지 함께 여행하게 되었다. 로마에서도 누가는 끝까지 바울의 동료로서 남아 있게 된다.

따라서 누가복음의 저자는 바울의 동역자들 중 하나였으며 바울과 매우 친밀한 사이였다. 그는 복음의 확산과 전(全) 지중해 세계에서 복음을 받아들이는 모습을 눈으로 직접 목격한 자였으므로, 사도행전을 통하여 사도 시대의 생생한 실제 기록들을 남길 수 있었다.

소재들 모음

누가는 비록 예수님을 개인적으로 직접 알고 있지는 않았지만, 바울의 보좌관으로서 그리스도의 지상 사역에 관한 정보를 수집할 수 있는 매우 바람직한 위치에 있었다. 그는 마가의 책도 잘 알고 있었다. 더욱이 그는 팔레스틴에 머무르게 됨으로써 복음서를 기록하는 데 필요한 소재들을 모을 수 있는 좋은 기회를 갖게 되었다.

그는 바울과 함께 집사이자 전도자인 빌립의 집에 머무르기도 했으며(행 21:8), 예수님의 오랜 제자였던 나손의 집에서 지내기도 했다(행

21:16). 예루살렘에서는 바울과 주의 형제인 야고보와의 모임에도 같이 참석하였다(행 21:18). 바울이 가이사랴와 예루살렘에서 약 2년 동안 감옥에 들어가 있는 동안, 누가는 두 권으로 된 복음 역사를 기록하기 위한 소재들을 모을 수 있는 많은 시간을 가질 수 있었다. 예수님이 말씀하셨던 것을 직접 들은 사람들과 사건들을 목격한 사람들이 그 때까지도 많이 살아 있었음은 의심의 여지가 없다. 누가는 그들에게 질문과 상의를 할 수 있었다. 예수님의 탄생을 비롯한 이러한 모든 일들(눅 2:51)을 마음속에 간직하고 있었던 주님의 어머니 마리아 역시 면담이 가능했을 것이다.

누가는 "거룩한 땅"에서 지내게 되었을 때 그 시간을 잘 이용했음이 틀림없다. 사도행전 27장의 파선(破船)에 관한 기사도 역시 그가 직접 목격한 후 바로 기록한 것처럼 보이는데, 이 사실로 미루어 보아 예수께서 사역하셨던 팔레스틴 지역에서 그의 첫 번째 책(누가복음)을 이미 완성하지 않았을까? 그리고 그의 두 번째 책(사도행전)은 팔레스틴에서 기록하기 시작하여 로마로 가는 바다 위에서 거의 완성 단계까지 이르지 않았을까?

마태복음과 마가복음과의 조화

누가는 성전이 파괴되리라는 예수님의 말씀을 기술할 때 신성한 곳을 더럽히리라는 "신성 모독"을 이야기하지 않고 군대들이 예루살렘을 에워싸리라는 말씀을 들려주고 있다. 그래서 어떤 학자들은 누가가 성전이 파괴된 주후 70년 이전에 그의 복음서를 완성했다는 이론을 반박하기 위하여 이 사실을 끄집어 낸다(즉, 이것은 이 성경 구절을 재림과는 관계없는, 주후 70년의 예루살렘 파괴만을 가리키는 것으로 보기 때문이다. 그러나 사실 이 구절이 의미하는 것은 재림과 예루살렘의 멸망을 둘 다 포함하고 있다-역자주).

이 견해를 따를 때 그리스도께서 곧 돌아오시리라는 원래의 기대는 완전히 사라져 버리고, 예수께서는 명백히 곧 돌아오려는 계획을 세우지 않으셨다고 주장하게 된다. 당시 사람들은 주님의 재림이 상당히 연기되고 있다고 생각하게 되었다. 그리하여 이 때문에 누가는 위협적인 예수님의 말씀을 보다 멀리 떨어져 있는 재림에 연결시키기보다는 예루살렘의 파괴에 대한 말씀에 연결시키게 되었다고 주장한다. 결국 그들에 따르면 이 미래에 관한 새로운 시각이 지상에 교회를 설립하기 위한 보다 많은 기회를 제공해 주며, 또 크리스천들로 하여금 세상의 대세(大勢)로부터 그렇게나 멀리 자신들을 분리시킬 필요가 없다는 것을 확신시켜 준다고 한다. 그러나 이 견해는 누가가 원래의 "종말론적" 복음을 변경시키고 타락시키는 죄를 범한 것으로 만든다(즉, 주후 70년이 지난 뒤에도 예수님이 재림하시지 않자, 누가는 예수님의 말씀을 먼 미래에 있을 예수님의 재림 사건에 연결시키기보다는 이미 있었던 예루살렘의 멸망 사건을 예언한 것으로, 예수님의 말씀의 원래 의도를 변경시켜 기록했다는 주장이다-역자주).

이러한 주장은 완전히 잘못된 것이다. 왜냐하면 누가는 우리에게 마태와 마가가 기술한 내용 바로 그것을 전해 주고 있기 때문이다(마 24:10 이하; 막 13:1 이하를 보라). 마태복음을 검토해 보면, 누가가 기록한 내용도 사실 "신성 모독"이 의미하는 것을 묘사한 것 혹은 그것을 다른 문장으로 표현한 것에 불과하다(눅 21:20; 또한 마 24:15 역시 참조하라). 누가가 이루어지지 않았던 예수님의 예언을 로마 군대가 예루살렘을 포위하리라는 진술로 변경시켰다는 그러한 주장은 전혀 사실일 수가 없다.

누가의 기록은 예수께서 성 안에 있는 사람들에게 이미 성 주위를 철벽같이 포위하고 있는 **적군**들을 피해 도망하라고 말씀하셨다는 뜻이 아니다. 그가 기록한 모든 것은 예수님의 예언을 쉽게 파악할 수 있는 방법으로 독자들에게 전해 준 것에 지나지 않는다. 일부 훌륭한 성벽이 역시 성전 벽으로도 사용되었음을 기억하라. 예수님은 성과 성전 벽 위에 **유대 군인**들이 자리잡게 될 때, 기독교인들이 이를 경고로 받아들여야 한다고 말씀하신 것이다.

그래서 누가복음을 주후 70년 **이후** 기록한 것이라고 주장할 아무런 이유도 없다. 물론 당시의 독자들은 얼마 지나지 않아 누가가 예언으로 제시한 내용이 일차적으로 이루어졌음을 스스로 확인할 수 있었을 것이다. 그렇지만 여기에서 누가가 원래의 복음을 변경시켜야 하는 어떤 타당한 이유도 찾아볼 수 없다. 그와 같은 "종말론적" 복음은 그와 같은 학자들의 마음속에만 존재할 뿐이다. 신약은 **임박한** 미래에 관하여 기대할 것을 가르쳐 준다. 예수님은 그 도시와 성전에 약속된 심판과 진노가 내려지리라 예견하셨을 때 얼마 있지 않아 **곧** 이루어질 것을 가르치셨던 것이다.

2

누가의 기록 목적

로마 관리의 부탁

우리는 누가복음과 사도행전의 서문을 읽어 보면, 이 아름다운 헬라 문장을 통하여 누가의 기록 목적에 관한 지식을 어느 정도 습득할 수 있다. 무엇보다 누가는 그의 두 권의 책을 데오빌로 **각하**에게 헌정했음을 알 수 있다. 누가가 **각하**라는 칭호를 벨릭스와 베스도 같은 총독에게 붙여 사용한 것을 보면(행 23:26; 24:2; 26:25), 우리는 데오빌로가 틀림없이 매우 직위가 높은 로마 관리였다는 사실을 깨닫게 된다.

이 사람은 이미 복음에 관하여 어느 정도 지식을 소유하고 있었음을 알 수 있다. 그리고 누가 역시 독자가 약간은 유대 관습에 관한 지식을 알고 있다는 전제 아래 그의 책을 기술하고 있다. 그 당시 이방인들 중에는 할례를 행할 정도로는 개종하지 않았지만, 그럼에도 불구하고 회당에는 참석을 했던 그러한 사람들이 많이 있었다.

그들을 가리켜 "하나님을 두려워하는 자"라고 불렀다. 데오빌로는 아마 회당을 통하여 구약을 알고 있었으며, 누가와 접촉함으로써 부분적으로 복음과도 친숙했던 그러한 이방인이었을 것이다. 따라서 우리는 데오빌로가 누가에게 복음에 나타난 사건들을 면밀하게 살펴보고 그것을 자기에게 보고해 달라는 부탁을 했다고 추측할 수 있다. 또 누가가 팔레스틴에 머물렀던 것도 그의 임무를 수행하는 데 도움을 주었을 것이다.

그리고 누가가 그의 책을 데오빌로에게 헌정하고 나면, 데오빌로는 어떻게든 그 책을 복사하고 배포하는 것을 책임졌다고도 쉽게 단언할 수 있다. 물론 그 당시 인쇄기가 있었던 것은 아니다. 책들을 손으로 복사해야만 했다. 그러나 때때로 제법 빨리 그 과정이 진행되기도 했는데, 한 사람이 크게 읽고 10명 정도 되는 사람들이 받아쓰는 방법도 있었다.

잠시 그 상황을 상상해 보자. 로마 정부의 한 관리가(아마 밀레도나 빌립보 지방의 관리였을 것이다) 바울과 함께 예루살렘에 가려고 하는 누가에게 크리스천들이 선포했던 사건들을 모두 조사하도록 부탁하고, 자신은 그 조사의 결과를 출판하도록 도와주겠다고 약속한다. 즉, 누가의 책은 고위 계급을 통하여, 또 그들을 위하여 기록된 것이다.

성전에 관한 의문

데오빌로와 같은 인물은 분명히 의문을 품고 있었을 것이다. 무엇보다 왜 이제는 성전이 아닌 "색다른 교회"(different church)로 가야 하는

가 하는 의문을 갖고 있었음에 틀림없다. 유대 종교는 무엇이 잘못되었는가? 참 하나님께 경배드리는 예루살렘 성전에서의 예배가 지속되어서는 안 되는가?

그러므로 누가는 **처음부터** 성전에 관하여 이야기하기 시작한다 – 사가랴, 시므온, 안나, 성전에 계시는 열두 살의 예수, 성전 꼭대기에서 시험받으시는 예수, 성전에서 가르치시는 예수 등과 같은 이야기가 기술된다. 그러나 누가는 예수께서 성전을 **깨끗케** 하셨고, 성전의 **파괴**를 예언하셨으며, 성전을 **떠나셨다**는 사실을 지적한다. 그리고 예수님은 자신을 모욕하고 비난했던 **성전 지도자들**에 의해 붙잡혀 감옥에 가셨다는 것을 분명히 밝힌다.

이 책을 시작하는 처음 부분에서 누가는 성전에서 축복을 할 수 없었던 한 제사장을 우리에게 보여주고 난 뒤, 마지막에 가서는 예루살렘 밖에서 자신의 백성들을 축복하시는 제사장이요 왕이신 예수님을 보여준다. 그 예수님은 하늘에 승천하기 전 우리에게 축복을 베푸셨으며 그 후 제자들은 "늘 성전에 있어 하나님을 찬송"한다.

사도행전을 읽어 보면 누가는 기독교가 **성전을 거부하는 혁명적인 운동이 아니라는** 사실을 지적하는데, 거기서도 누가복음과 같은 흐름이 계속 유지되는 것을 알 수 있다. 사실 복음은 성전을 거부하지 않았으나, 오히려 성전이 복음을 거부해 버린 것이다. 우리는 로마로 가는 도중의 전 지중해 세계에서 회당이 그리스도를 거부하고, 이에 따르는 억압과 구금의 이야기들을 수없이 접하게 된다.

오, 데오빌로 각하여! "성전"이 복음을 들으려 하지 않기 때문에 심판이 가해질 것입니다. 그러나 복음은 지연되지 않고 전 세계로 끊임없이 나아갈 것입니다!

두 권으로 이루어진 복음

우리는 누가의 책을 읽을 때 무엇보다 데오빌로에게 보내졌다는 사실을 잊지 말아야 한다. 누가는 그의 두 권의 책 속에서 그가 제시한 모든 소재들을 통하여 어떤 해답을 주고 있는가? 사도행전을 시작하면서 그는 이렇게 설명한다. "데오빌로여, 내가 먼저 쓴 글('로고스', 정확한 뜻은 '말씀'이다)에는 무릇 예수의 행하시며 가르치시기를 **시작하심**부터 그의 택하신 사도들에게 성령으로 명하시고 승천하신 날까지의 일을 기록하였노라." 따라서 누가복음은 **시작**을 묘사하고 있으며, 사도행전은 어떻게 그 일이 **계속**되고 있는지를 보여준다. 마가도 역시 시작이라는 말을 하면서 출발했다. "복음의 시작이라"(막 1:1).

누가는 말씀의 종들 또는 직접 목격했던 자들의 바로 다음 시대에 위치한다. 그는 예수님의 사역의 **시작**을 한 번 더 다루는 것이 필요하다고 판단했으며, 또한 이 시작을 예수님의 사역의 **계속**에 관한 기사(사도행전)와 연결시켜야 한다고 보았다.

의사로서의 특징

누가는 그의 책에서 예수님이 엄격하고 무감각한 랍비나 선생 그 이상의 인물로서 얼마나 자비로운 분이셨는지를 되풀이하여 보여주고 있다. 누가는 의사로서 신체적 고통과 사회적 불행 등을 매우 많이 다루었으며, 많은 여인들이 타개(打開)해야 할 특별한 문제들에 매우 민감했다. 또한 크리스천으로서 그는 성령의 능력과 기도의 힘을 잘 알고 있었다.

그러므로 누가가 예수께서 고난당하는 자를 얼마나 동정하셨으며, 끊임없이 기도하고 오직 은혜로만 살아가기를 원하는 사람들, 더욱이 가난한 자들에게도 성령을 약속하셨다는 사실을 밝혀 주는 것은 놀라운 일이 아니다. 누가는 예수님의 이러한 면이 데오빌로 같은 중요한 사람들에게도 강한 호소력이 있음을 알고 있었다.

은혜의 복음

이 점은 오늘날에도 특별히 강조할 만하다. 누가는 그리스도께서 억압받는 자들을 자유케 하러 오셨다고 기록하였다. 누가가 이와 같이 "가난한 자"들에 관하여 이야기할 때 이를 "자유의 신학" 또는 "혁명의 신학"이라는 의미로 이해해서는 안 된다. "가난한 자"들은 시편에 나오는 대로 오직 은혜로만 살기를 원하기 때문에 고통을 받거나 가난한 자들을 뜻한다. 그들은 어떤 통계학자들이 주장하는 대로 "빈곤 선"(poverty line) 이하의 수입을 가지고 생계를 유지하는 사람들과는 다르다.

복음은 **사회 복음**(social gospel)이 아니라 **은혜의 복음**이다. 나사렛에서 선포된 그리스도의 메시지는 사회적 혹은 정치적 공약이 아니었다(물론 그분의 청중들은 이를 환영했다). 복음은 사회적 혹은 정치적 결론을 주는 것이 아니라, 무엇보다 죄에서 구원을 가져오는 은혜의 복음이라는 사실을 깨달아야만 할 것이다.

3

혼란인가, 질서인가?

펜을 든 예술가

그의 서문을 보면, 누가는 모든 일을 자세히 살핀 뒤 데오빌로에게 "차례대로" 기술하여 보낸다고 말한다. 그렇지만 누가복음은 어떤 학자들에 의해 심한 비판의 대상이 되어 왔다. 그러한 학자들은 누가가 모든 종류의 자료들을 이용했으며, 논쟁되고 있는 것이라면 어떤 것이든 널리 알려진 내용을 둘 다 함께 기록했다고 주장한다.

따라서 그들은 이 때문에 제자들이 파송되는 이야기가 두 군데 기록되었으며, 또 바리새인들을 꾸짖는 말씀도 두 번 기록되었다고 고집한다(11:37 이하; 11:45 이하; 9:1-10:1 이하). 또 그들은 예수님께서 나사렛에 나타나신 것이 적절한 장소가 아니라고 말한다. 왜냐하면 예수님이 그 때까지 이미 가버나움에서 사역을 하셨기 때문이며, 오직 누가만 이 여행을 기록하고 있을 뿐이라는 것이다. 이 밖에도 이러한 비판은 더 있을 수 있다.

누가의 첫 번째 책이 모든 종류의 자료들을 무비판적으로 받아들였다고 비난을 받는 반면, 두 번째 책(즉, 사도행전)은 그의 자료들을 너무 심하게 편집했다는 불평의 소리를 듣는다. 그들은 누가가 지나치게 자유로워서 그 결과로 사도행전은 역사적으로 볼 때 매우 신빙성이 없는 책이 되어 버렸다고 이야기한다.

당신은 렘브란트의 유명한 "야경"(夜警)에 얽힌 이야기를 알 것이다. 한 고객이 렘브란트에게 하사(下士)가 경계 서는 모습을 그려 달라고 부탁했을 때, 그는 부모를 중심으로 자녀들이 적절한 곳에 배치된 전형적인 가족화의 경향을 따라 그려 줄 것을 기대하고 있었다(혹은 아마 장교들이 앞 줄에 앉아 있는 군인들의 모습을 따라).

그러나 33세의 렘브란트가 완성한 작품은 부르조아적 고객이 마음속에 품고 있었던 것과는 완전히 다른 것이었다. 그는 그림 속에 자연적인 움직임과 생명을 불어넣어 주제를 생동감 있게 다루었다. 즉, 그는 전통적인 구조를 탈피하여 하사가 경계 서는 모습을 그려내었던 것이다. 그 결과 그것을 부탁한 사람이 전시하기를 원치 않았기 때문에 그 세기적 작품은 창고 속에서 빛을 보지 못하게 되었다.

누가에게도 렘브란트와 같은 부분이 있다. 후기 전승을 보면 누가도 화가였다고 한다. 비잔틴 왕은 누가가 그린 마리아의 그림을 입수하려 했었다고 전해 내려온다. 이것이 사실이든 아니든 간에 누가는 화가들을 지키는 수호 성인(patron saint)이 되었다.

분명한 사실은 누가가 문필가였다는 것이다. 그는 아름다운 그림을 그리기 위하여 펜을 아주 솜씨 있게 휘둘렀다. 결과적으로 그는 참고했던 자료들을 근거로 해서 놀라우리 만큼 생명력이 있는 예수님의 초상화를 완성시켰다.

주제의 우선

우리는 누가가 "차례대로" 기술하려 했다는 말을(1:3) 그가 시간적인 순서에 따라 기록하려 했다는 의미로 받아들여서는 안 된다. 누가는 그의 복음서 기사를 대단히 조심스럽게 구성하였다. 연속된 이야기들을 주의 깊게 분석해서 확실한 사건들은 살려 주지만 그 외의 사건들은 제거해 버리고, 매우 의미심장하게 받아들여지는 항목에 관해서는 설명을 덧붙이기도 했다. 누가는 그의 본문을 기록할 때 유치하게 가위와 풀로 재편집하는 방법을 사용하는 어설픈 조작을 하지 않았다.

그렇다! 그는 예수님의 사역을 처음부터 생동감 있고 조심스럽게 빈틈없는 방법으로, 때로는 사실을 입증하기 위하여 강한 대조법을 사용하면서 기술해 나갔다.

이 사실은 특정한 예를 통하여 쉽게 확인될 수 있다. 우리는 예수님이 광야에서 시험을 받으셨던 사건 바로 뒤에, 즉 예수님의 사역이 시작되자마자 나사렛에서 그분이 배척을 받으신 사실을 먼저 마음에 떠올릴 수 있다.

누가는 여기서 나사렛에서의 사건이 최초로 발생한 것임을 강조하려고 하지 않았다. 그가 가장 우선적으로 고려한 것은 **주제**였다. 예수님께서 그분의 고향에서 배척을 당하신 사실을 통하여 언약의 백성이 어떻게 반응했는지를 강조하고 있는 것이다.

그러나 우리는 결코 누가의 예술가적인 요소만을 살펴보는 데 그쳐서는 안 된다. 누가복음은 실제로 매우 아름답게 기술된 책이지만, 그럼에도 불구하고 우리의 근본 관심사는 바로 메시지다.

4

주와 종(1:5-4:13)

예수님의 앞 길을 예비하는 자

세례 요한의 제자들이 에베소 지방에까지 거주했던 것으로 미루어 보아, 데오빌로는 아마 세례 요한의 이야기를 들었음에 틀림없다(행 19:1 이하). 누가가 예수님과 요한을 비교하면서 그의 복음을 시작하는 것도 이 때문일 것이다. 누가는 그의 독자들에게 예수님과 요한의 유사점과 차이점을 가르쳐 주고 있다. 우리가 여기에 나타난 표현 형식을 살펴보면 누가가 이야기한 것처럼 "차례대로" 기술되어 있음을 알 수 있다. 처음에는 요한의 출생이 제시되며, 그 다음에는 예수님의 탄생이 기술된다. 계속해서 두 사람의 사역이 다루어지며, 여기서는 종종 같은 표현이 사용되기도 한다.

누가는 먼저 세례 요한에 관하여 충분히 이야기를 한다. 그렇지만 헤롯 왕(바로 이 장면에서 나타난다)이 요한을 감옥에 가두고 예수님이 세례를 받으시고 난 뒤 강조점은 예수님, 곧 다윗의 집에 주어진 옛 언약을 성취하실 제사장이요 왕이신 주님에게로 옮겨진다.

아무도 빛을 잃고 사라져 버린 세례 요한, 오로지 그에게만 시선을 집중하고 있을 수는 없다. 다윗의 자손 예수는 빛으로서 이방인에게도 비취기 위하여 오셨다. 뿐만 아니라 심지어 성전에까지도 그를 찬미하는 소리가 울려 퍼지게 되었다(2:29 이하; 또한 사 40:5; 52:10; 42:6; 49:6, 9; 25:7; 46:13).

세례 요한	예수님
"주의 사자가 저에게(사가랴) 나타나… 선지라"(1:11)	"천사 가브리엘이 하나님의 보내심을 받들어…처녀(마리아)에게 이르니"(1:26-27)
"사가랴가 보고 놀라며 무서워하니 천사가 일러 가로되 '사가랴야 무서워 말라'"(1:12, 13)	"처녀가 그 말을 듣고 놀라… 천사가 일러 가로되 '마리아여 무서워 말라'"(1:29, 30)
"저가 주 앞에 큰 자가 되며"(1:15)	"저가 큰 자가 되고"(1:32)
"내가 이것을 어떻게 알리요?"(1:18) –표적이 주어졌다.	"어찌 이런 일이 있으리이까?"(1:34) –표적이 주어졌다(엘리사벳의 수태)
할례와 요한이라 이름지음(1:59 이하)	할례와 예수라 이름지음(2:21)
"아이가 자라며 심령이 강하여지며"(1:80)	"아이가 자라며 강하여지고, 지혜가 충족하며 하나님의 은혜가 그 위에 있더라"(2:40)

"요한이 요단 강 부근 각처에 와서 죄 사함을 얻게 하는 회개의 세례를 전파하니"(3:3)	"친히 그 여러 회당에서 가르치시매 뭇사람에게 칭송을 받으시더라"(4:15)

다윗의 왕위

데오빌로는 옛날 이스라엘에게 약속된 위로와 구원의 예언을 다소 알고 있었을 것이다(2:25, 38; 사 52:9). 누가가 "그 조상 다윗의 위"(1:32)와 다윗의 성, 다윗의 집, 그의 혈통(2:4, 11 이하) 등을 계속 언급하고 있는 것은 고대의 예언들을 기억나게 하려는 의도임에 틀림없다.

누가는 예수님의 탄생과 세례 요한의 사역을 언급할 때 모두 **로마 황제가 규정한 시간을** 따르는 역사 구조 속에서 기록하고 있다(2:1, 3:1).

각하여! 우리는 현재 위대한 시기 속에 살고 있습니다. 오늘날 유다 성전에서 일어난 일들은 전 로마 제국의 사건입니다!

아담의 자손, 그리스도, 성령을 전하는 자, 하나님께서 매우 기뻐하시는 아들 등 이 오랫동안 기다려 왔던 모습이 실제로 실현되어 나타났다. 그분의 오심을 알려 주기 위하여 그의 길을 예비하는 자가 보내졌다. 마지막 아담인 예수는 사단의 유혹을 완전히 물리치셨다. 그분은 이 때부터 지상에서의 사역을 시작하신다(4:11 이하). 이제 은혜의 빛 아래서는 아무도 그리스도에 대하여 중립을 지키고 있을 수 없다.

5

축제의 해가 시작됨(4:14-9:50)

기름부음 받은 자

누가는 그의 복음서 서두에 이미 예수님이 나사렛에서 배척받으셨던 사건을 다루고 있다. 그는 이로써 그 뒤 얼마 지나지 않아서 실제로 발생한 사건을 강조하고 있다(4:23과 4:31 이하를 비교하라). 이것은 감정적으로 아무렇게나 기술한 것이 아니라 이런 결정을 내리게 된 이유가 있었던 것이다.

나사렛 회당에서 예수님은 기름부음을 받은 자(그리스도)가 가난한 자들에게 복음을 전하고 주의 은혜의 해, 곧 빚을 탕감하고 징벌을 면제해 주는 축제의 해를 선포하는 이사야 61장의 첫 부분을 읽어 내려갔다. 그리고 나서 "책을 덮어 그 맡은 자에게 주시고 앉으시니 회당에 있는 자들이 다 주목하여 보더라. 이에 예수께서 말씀하시되 '이 글이 오늘 너희 귀에 응하였느니라'"고 하셨다(4:20-21).

우리가 누가복음을 읽어 가면서 반드시 명심해야만 하는 주제가 바로 이것이다. 예수님은 그리스도(기름부음을 받은 자)이며 사람들에게 나타나신 것도 이 역할을 완성하기 위함이었다. 그분은 단순히 기적만을 행하셨던 분이 아니며, 군사력으로 무장하신 분도 아니었다. 그러나 그분의 말씀과 행적은 축제의 해(희년, 레 25장), 은혜의 "오늘"(히 3:13), 구원의 날(고후 6:2)이 이미 임했음을 선포하였다.

가난한 자들에게 전해진 기쁜 소식

가난한 자들에게도 기쁜 소식이 전해졌음은 놀라운 일이다. 우리는 여기에서 경제적으로 **가난한 자**들을 생각해서는 안 된다. 누가가 언급한 **가난한 자**들이란 하나님의 위로를 기다리는 사람들을 뜻한다. 하지만 그렇다 하더라도 부요한 자들과 귀족들을 많이 포함하지는 않았을 것 같다. "하나님께서 세상의 약한 것들을 택하사 강한 것들을 부끄럽게 하려" 하신다는 것을 강한 힘을 소유한 데오빌로에게 깨우쳐 주시고 있는 것이다(고전 1:27).

누가 자신도 지식인이며 경제적으로도 넉넉한 편이었지만 그는 "화 있을진저 너희 부요한 자여 너희는 너희의 위로를 이미 받았도다"(눅 6:24)라고 경고한다. 또한 그는 큰 창고를 지은 어리석은 부자(12:13 이하)와, 부자와 거지 나사로의 이야기도 기록하였다(16:19 이하).

그러나 그가 부(富) 그 자체를 반대하는 것은 아니다. 실제로 그는 자기들의 소유로 예수님을 섬긴 여인들의 이름까지 기술하고 있으며, 그 여인들 중에는 헤롯의 청지기의 아내도 있었다(8:2-3). 분명히 그는 부 자체를 반박하지는 않았던 것이다. 하지만 그것을 오용하는 것은 단호히 반대하였다. 하나님 앞에서는 시편에 기록된 것처럼 부자라도 자신을 가난하고 억압받는 자처럼 여겨야 한다.

정치적 해석

누가는 첫 장에서 상당한 부분을 언약에 대하여 취급하고 있는데 이는 매우 인상적이다(1:55, 72-73). 물론 누가복음 전체에 걸쳐 언약이 강조되고 있다. "오늘 구원이 이 집에 이르렀으니 이 사람도 아브라함의 자손임이로다. 인자의 온 것은 잃어버린 자를 찾아 구원하려 함이니라"(19:9; 또한 13:16을 보라).

때때로 스가랴의 노래 같은 구절은 정치적 의미로 해석되기도 한다. "우리 원수에게서와 우리를 미워하는 모든 자의 손에서 구원하시는 구원이니라"(막 1:71). 이 **원수들**은 로마인들로, 그리고 **구원**을 로마인들의 속박에서 벗어나는 것으로 풀이되기도 한다.

그러나 이러한 해석은 절대로 용납될 수 없다. 스가랴의 노래는 언약을 배경으로 해석해야만 한다. 이 노래가 시편의 언어로 표현되었기 때문이다. 그리고 스가랴가 말한 "원수"는 언약 백성 중에 불충한 자들을 뜻한다. 그들은 주님을 기다리는 "가난한 자"를 압제하는 자들이다.

스가랴는 혁명을 목표로 하는 정치적 열심당에 입당하려고 노력하지 않았다. 그와는 달리 하나님의 신실하심을 입증하는 것과 그의 백성들을 구원하려는 것에 역점을 두었다. 혁명은 언약 백성의 지도자들이 시도해 보려고 했을 뿐이다.

누가는 예수님이 얼마나 이스라엘의 지도자들을 꾸짖으셨는지를 보여준다. 그분의 죽음과 부활은 언약을 성취하기 위하여 자신의 교회를 세우고 일으키시는 그분의 계획 중 일부다(24:46-47).

기쁜 소식이 받아들여지지 않음

예수님은 성령으로 기름부음을 받으셨다. 오순절 사건을 기록했던 누가는 성령에 관하여 지나칠 정도로 언급하고 있다. 그리스도께서는 성령과 함께 하시며, 그래서 **말씀**은 끝없이 전파될 것이다. 여기에, 누가가 계속 마음속에 지녀왔고 사도행전에서도 강조했던 또 다른 중요한 주제가 있다. 예수님은 복음을 통하여 활동하신다. 나아가 복음은 그분이 가져오신 기쁜 메시지다. 기쁨을 가져오는 주제가 누가복음 속에서 거듭 되풀이되고 있다.

불행히도 나사렛 사람들은 말씀으로 만족하지 못했다. 그들은 자신들과 함께 성장했던 예수님을 마치 한 유명한 마술사로 생각했으며, 그래서 그로부터 어떤 놀라운 기적을 원했다. 그들은 선지자들이 말한 것 그 이상을 기대했던 것이다. 누가는 나사렛 사람들이 주의 종의 말씀을 거절했던 사실이 전 이스라엘의 전형적인 모습임을 명백히 밝혀 준다.

이스라엘의 타락에 관한 문제

그러므로 여기서 또 다른 중요한 주제, 곧 대체의 법(the law of

substitution)이 언급된다. 엘리야와 엘리사가 이스라엘을 버려 두고 시돈의 과부와 수리아 사람 나아만에게 은혜를 베푼 것처럼, 이스라엘의 타락은 이방인의 구원으로 이어진다. 예수를 배척하여 산 낭떠러지에서 밀쳐 버리려 했던 나사렛으로부터, 후에 예수를 받아들였던 이방인에게까지 끊어지지 않는 하나의 선으로 연결되어 있다. 데오빌로는 이스라엘의 타락에 관한 문제를 놓고 고심했을 것이다. 그러나 누가는 로마서 9-11장을 쓴 사도 바울의 동역자로서 이스라엘의 완악함이 예언을 성취하기 위한 준비였음을 분명히 보여준다. 주의 종은 **이방의 빛**이 될 것이다(사 42:1 이하; 눅 2:32; 행 13:47; 26:18).

누구든지 유대의 후손인지, 좋은 일을 한 사람인지가 중요한 요인이 될 수는 없다. "지극히 높은 곳에서는 하나님께 영광이요 땅에서는 기뻐하심을 입은 사람들 중에 평화로다"(눅 2:14). 축제의 해에 주어질 참 평화는 오직 기뻐하심을 입은 사람들, 곧 **하나님의 은혜를 입은 사람들**에게만 주어진다.

갈릴리에서의 복음의 사역

9:51에 가면 구세주께서 갈릴리에서 일하시는 모습이 생생하게 표현되어 있다. 과정이 진행됨에 따라 이전에 언급되었던 주제들이 좀더 발전되어 나타난다. 이 소재들 중 많은 것이 이미 마태와 마가의 복음서를 통하여 친숙해졌지만, 누가의 배열과 설명은 특색이 있다. 그는 결코 여기저기 마태가 인용한 것으로 내용을 채우거나 마가가 기술한 것을 그대로 베껴쓰지는 않았다.

예수께 향유를 부었던 죄 많은 여인의 이야기에서처럼 치유에 관한 이야기들 속에서도 죄인을 향한 그리스도의 자비로운 마음이 돋보인다. 예수님은 멸시를 받던 여인들도 그분의 교회의 충성된 일원이 되도록 하셨다. 세리 레위도 예수님의 제자였다. 예수님을 만나게 되자 그는 기쁨에 넘쳤으며, 자신의 동료들을 예수님이나 그의 제자들과 마찬가지로 큰 잔치에 초대하였다. 이 또한 누가복음 속에서 또 다른 기뻐해야 할 주제다. 예수님은 이렇게 말씀하셨다. "내가 의인을 부르러 온 것이 아니요 죄인을 불러 회개시키러 왔노라"(5:32).

십자가의 조짐

그러나 바리새인들과 율법사들은 신랑의 오심으로 기뻐한다든가(5:33 이하; 7:32, 34), 죄 용서함 같은 것은 결코 원치 않았다(5:21 이하; 7:39 이하)－데오빌로 역시 유대인 디아스포라에서 얻은 지식으로 바리새인들과 율법사들에 대하여 알고 있었음에 틀림없다. 세례 요한의 때부터 이들은 하나님의 목적을 받아들이지 않았으며(7:30), 결국 더 심각한 양상을 띠게 된다.

예수께서 제자들과 함께 따로 기도하러 가셨을 때 말씀하신 대로 인자는 장로들과 대제사장들과 서기관들에 의하여 죽임을 당하실 것이다(9:18 이하). 그러므로 인자는 거기를 떠나 예루살렘으로 가셔야만 했다(9:31). "인자가 장차 사람들의 손에 넘기울 것이다"(9:44). 여기서부터 십자가의 조짐을 눈여겨 보아야만 한다.

6

예루살렘으로의 마지막 여행(9:51-19:27)

구원을 선포하는 자

9장 51절부터는 예루살렘으로의 여행을 언급하는 새로운 단원이 시작된다. 곳곳에 예수께서 예루살렘으로 가시는 여정이 기록되어 있다(9:51-52; 10:1; 13:22, 33; 14:25; 17:11).

이 단원에 기록된 예수님의 말씀 가운데는 다른 복음서에서 볼 수 없었던 것들이 많이 보인다. 일반적으로 어떤 사건이 기술될 때마다 그 사건을 서론으로 시작하여 자연히 **예수님의 말씀**으로 이어진다. 누가복음의 첫 단원에서 예수님이 **구원을 행하는 자**로 묘사되었다면, 이 단원에서는 **구원을 선포하는 자**로 나타난다.

예루살렘에서의 예언된 임무

이 단원에서 기록된 모든 것은 주님의 출애굽이 이루어질 예루살렘을 향하여 의도적으로 움직여 가고 있다. “인자가 많은 고난을 받고 장로들과 대제사장들과 서기관들에게 버린 바 되어 죽임을 당하고 제삼일에 살아나야 하리라”(9:22).

우리는 예수님이 때가 가까워짐에 따라 “예루살렘을 향하여 올라가기로 굳게 결심하시고”(9:51; 또한 마 20:17; 막 10:30을 보라)라는 문장을 읽을 수 있다. 이 문장의 원어 표현은 선지자들의 예언에서 사용된 표현–예루살렘 혹은 이스라엘을 향하여 주님이 그분의 **얼굴을 돌리신다**거나 어떤 선지자가 그의 **얼굴을 돌린다**는 표현–과 같다(렘 21:10; 겔 4:3, 7; 6:2; 13:17; 14:8; 15:7).

가야 할 길은 정해졌다. 예수님은 하나님의 성에서 자신의 예언된 임무를 완성한다. 어떤 바리새인들이 나아와서 헤롯이 주님을 죽이고자 하니 도망치라고 위협할 때 예수님께서 대답하신 것처럼, 사역은 **하나님의 필요에 따라** 진행되고 있는 것이다.

> 가라사대 가서 저 여우에게 이르되
> 오늘과 내일 내가 귀신을 쫓아내며 병을 낫게 하다가
> 제삼일에는 완전하여지리라 하라.
> 그러나 오늘과 내일과 모레는
> 내가 갈 길을 가야 하리니
> 선지자가 예루살렘 밖에서는
> 죽는 법이 없느니라.
> 예루살렘아 예루살렘아
> 선지자들을 죽이고

> 네게 파송된 자들을 돌로 치는 자여!
> 암탉이 제 새끼를 날개 아래 모음같이
> 내가 너희의 자녀를 모으려 한 일이 몇 번이냐.
> 그러나 너희가 원치 아니하였도다.
> 보라 너희 집이 황폐하여 버린 바 되리라.
> 내가 너희에게 이르노니
> 너희가 주의 이름으로 오시는 이를 찬송하리로다
> 할 때까지는 나를 보지 못하리라
> 하시니라(13:32-35).

누가는 예수님의 계획이 무엇이었는지를 알았으며, 그분이 그 정해진 계획을 어떻게 수행하셨는지를 보여주었다. 이 단원이 바쳐질 때쯤, 누가는 고난에 관한 예수님의 말씀을 다시 한 번 기술하고 있다. "보라 우리가 예루살렘으로 올라가노니 선지자들로 기록된 모든 것이 인자에게 응하리라"(눅 18:31; 또한 눅 18:32과 사 50:6과 사 53:1 이하를 비교하라).

죄인들의 구원주

이 단원을 보다 철저히 살펴보면 누가복음의 앞부분에서 제시된 모든 주제를 발견할 수 있다. 그 중 하나는 예수님이 죄인들을 위한 구세주로서 묘사된 것이다. 누가는 잃어버린 것에 관한 세 개의 비유를 기술하고 있다. 잃어버린 양, 잃어버린 드라크마(이것은 그 여인이 결혼할 때 남편에게서 받은 특별한 선물 중 일부일 것이다), 잃어버린 아들(15장을 보라) 이 세 가지다. 이 중 마지막 탕자의 이야기는 분명히 최고의 것이다.

19장 10절에서 누가는 인자가 잃어버린 자를 찾아 구원하기 위하여 왔다는 예수님의 진술을 기록하고 있다. 70인의 제자들을 보내신 것도 구원이 그 목표다. 바로 이를 위하여 그분의 자녀들에게 호소하셨던 것이다(10:16, 21 이하).

바리새인

예수님이 바리새인들의 행위를 책망하신 것은 그들이 시대의 표적을 깨닫지 못했기 때문이다. 그들은 예언의 말씀을 받아들이지 않았으며, 자신들도 지기 어려운 너무 가혹한 짐을 사람들에게 부과했다(11:14 이하, 37 이하).

바리새인들은 그들 자신이 고안한 평가 기준으로 척도를 삼았으며, 그들 자신이 만든 법으로 인하여 스스로 자기 함정에 빠지게 되었다(11:29 이하; 12:54 이하). 그래서 그들은 가난한 자들을 노예로 만들었다. 누가는 데오빌로가 이러한 사실을 확실히 알기를 원했다.

그들의 계략, 그들의 누룩, 그들의 위선을 조심하십시오!(11:54; 12:1) 바리새인들은 모든 것을 성경에 입각한 것처럼 보이도록 조작했습니다.

청지기직과 자비

빈곤과 부에 관한 주제가 나타난다. 왜 많은 사도들과 제자들이 물질과 같이 중요한 것에 그렇게나 관심을 기울이지 않았는가? 그것은 우리의 주인이 이에 관하여 영예로운 약속을 주셨기 때문이다(12:22 이하).

이것은 제자들이 물질에 관하여 소홀했었다는 뜻이 아니다. 그들은 청지기로 불렸다(12:35 이하). 청지기의 임무는 오직 "영적인" 부에만 해당되는 것이 아니다. 예수님은 제자들에게 "불의의 재물", 즉 물질을 적절하게 잘 취급하도록 가르치셨다(16:9). 물질은 많은 악의 원인이 되기 때문이다. 이는 많은 물질과 마찬가지로 적은 물질에도 해당된다. "지극히 작은 것에 충성된 자는 큰 것에도 충성되고 지극히 작은 것에 불의한 자는 큰 것에도 불의하니라"(눅 16:10). 주어진 물질에 부주의한 사람이 어떻게 영원한 상속물을 받을 수 있겠는가?

청지기의 임무에는 자비로운 행위도 포함된다. 누가복음만이 선한 사마리아인 비유와 부자와 거지 나사로 비유를 기록하고 있다(10:25 이하; 16:19 이하). 누가는 실력자 데오빌로에게 예수님이 결혼 잔치에서 자리를 정하는 것에 관하여 무엇이라 말씀하셨는지를 과감히 이야기한다(14:4 이하). 바울이 고린도에 보낸 첫 번째 편지에서도 같은 문제가 취급된다. 고린도 지방에서는 부요한 사람들은 자기들끼리만 그룹을 형성하려 했으며 가난한 사람들은 자기들의 그룹에서 제외시켜 버렸다(고전 11:17 이하).

예수님은 교회를 성도들의 모임으로 만듦으로써 배타적 계급 사회를 형성하려는 사고방식을 타파하신다. 가난한 자들을 잔치에 초대하는 사람은 복이 있다. 가난한 자들은 보답할 능력이 없기 때문이다. 주님께서 "의인들의 부활", 즉 "첫째 부활"(계 20:6) 때에 모든 것을 갚아 주실 것이다(14:12-14).

성령의 약속

누가 역시 기도에 관한 예수님의 말씀을 전해 준다(11:1 이하). 이 본문에서는 성령이 언급된다. 하나님 아버지께서 성령을 구하는 자에게 성령을 주실 것이다(11:13). 결정적 순간에 성령께서는 제자들에게 말해야 할 것을 가르쳐 주실 것이다(12:12).

사도행전을 보면, 누가는 사도들의 여러 설교를 기록하면서 성령의 도우심에 관한 실례들을 제공한다. 만약 당신이 이 설교들을 주의 깊게 읽는다면 예수님의 약속을 더 이상 성경을 탐구할 필요가 없다는 뜻으로 이해해 버리는 실수를 범하지 않게 될 것이다. 사도들의 설교 또한 완전히 구약을 인용한 것이다. 예수님은 기꺼이 말씀으로 살아가려는 그러한 사람들에게 성령의 도움을 약속하셨다.

여인들에게 주신 말씀

누가는 하나님의 말씀을 듣기 위하여 여인들이 어떻게 부름받았는지를 보여주는데, 이 또한 누가의 특징이다. 여인들은 회당에 얼씬거릴 수도 없었다. 예루살렘 유대 종파의 전통 지역인 동유럽 미쉐아림(Mea-Shearim) 회당에서는 아직도 여인들을 참석시키지 않는다.

예수님은 마르다가 마리아처럼 중심되는 일을 찾지 않았다고 꾸짖으신다. 마리아는 자신의 임무를 마친 뒤 다른 가사일을 돌보지 않았다. 그녀는 언니를 저버리고(문자적으로 본문이 의미하는 것이다) 예수님의 발 아래 앉았다(10:38-42). 예수님은 "한 가지만이라도 족하니라"고 단언하셨다. 그러나 이 이야기는 여성 해방 운동과는 전혀 관계가 없는 것이다. 예수님은 사람들의 생활 양식을 뿌리째 뽑으시려는 것이 아니라, 부르심에 따르기 위해서 무엇을 가장 우선순위에 두어야 하는지를 가르쳐 주셨다.

구원의 날

이 단원에서 우리가 읽을 수 있는 많은 치유 기사는 비록 이스라엘 지도자들이 인정하기를 거부했지만 분명히 축제의 해가 밝았음을 보여 준다. 그들은 이를 거부했기 때문에 말라 버린 무화과나무(13:6 이하)와 독수리가 모여드는 주검에 비유되었다(17:37).

이스라엘의 거부에도 불구하고 예수님은 계속해서 은혜를 말씀하신다. 그분은 구원을 생동감 있는 표현으로 되풀이하여 묘사하신다. 구속사적으로 중요한 여리고 성에 가까이 왔을 때였다. 예수님은 자신을 향해 "다윗의 자손이여"라고 외치는 한 소경을 고치면서 메시아로서의 칭송을 받아들이신다(18:35 이하).

더구나 여리고 지역의 세무를 총감독했던 세리 삭개오는 사람들로부터 멸시를 받던 자였지만 예수님을 그의 집에 손님으로 모실 수 있었다. 이는 기생 라합이 여호수아에 의해 구원받았던 사실과 흡사하다. 새 여호수아(예수님)가 삭개오에게 말한다. "오늘 구원이 이 집에 이르렀느니라"(19:9).

7

평화의 성에서 버림받으신 메시아(19:28-23:49)

너는 오늘날 평화에 관한 일을 알았더면 좋을 뻔 하였느니라(19:42).

예루살렘이 결정해야 할 때

예수님과 예루살렘에 절정의 날이 가까웠다. 얼마 지나지 않아 사람들이 예수님을 왕으로 맞아들이지 않으려 했음이 확실히 드러나게 될 것이다(19:27). 그분의 죽음 또한 우연이 아니었음이 밝혀졌다. "예수께서 이 말씀을 하시고 예루살렘을 향하여 앞서서 가시더라"(19:28).

그 성은 주님에 대하여 결정을 내려야만 했다. 그러나 평화의 성 예루살렘은 예수님께서 가져오실 평화에 관해서는 아무런 관심이 없었다(19:42; 또한 2:14을 보라). 그리하여 그 땅은 평화를 박탈당하게 된다(19:43-44; 또한 2:14; 계 6:4; 레 26:6을 보라). 일찍이 스가랴는 그렇게나 즐거워했지만, 그들은 위로부터 찬란한 태양이 비췰 시간에 대하여 아무런 관심도 기울이지 않았다(1:78; 또한 19:44을 보라).

성전의 파괴

이상하게도 성전에 관한 주제가 다시 기술된다. 복음을 전파하기 위해서도 성전은 정화되어야 했다(19:45 이하). 성전을 정화하자 곧 성전 지도자들과 서기관들은 예수님을 어떻게 처리해야 할지를 모색하게 되었다(19:47). 그들은 시편 118편, 즉 대 축제의 때에 사용하려고 고안된 성전의 노래가 전혀 주님께 해당되지 않는 것으로 생각했다(19:39, 38; 20:17).

모퉁이 돌을 버림으로(시 118:22 참조) 그들은 파멸될 것이다(20:18; 벧전 2:4, 7 이하). 성전에서의 예배는 심판 의식으로 바뀔 것이다. 보응의 날(호 9:7), 약속된 환난의 날(렘 5:29; 신 32:35), 기록된 모든 것이 이루어질 형벌의 그 날이 다가왔다(21:22). 하나님의 왕권이 인자를 거부했던 집을 파괴하게 되면 돌 위에 돌 하나도 남지 않게 될 것이다.

따라서 데오빌로는 그 영광스런 성전이 파괴되는 것이 주님께서 실패하셨기 때문이라고 생각해서는 안 된다. 그보다 성전의 파괴는 왕국이 임하였다는 사실의 일부다. 이스라엘의 **거부**는 이방인의 **선택**에 필요한 배경을 형성시켰다.

유대인들의 선고

누가는 예수님의 구금과, 또 헤롯 왕에게, 빌라도 총독에게, 산헤드린에게 심문받았던 사실을 감명 깊게 서술한다. 이제 로마 황제의 권세가 모습을 드러낸다. 누가는 예수님이 **산헤드린**에서 모욕받으셨던 사실을 분명히 보여줌으로써 데오빌로가 당연히 가졌던 호기심을 충족시켜 준다.

예수님은 스스로 자신을 하나님의 아들이라 일컬었기 때문에 비난을 받으셨다. 그러나 유대인들은 그분을 반역자로, 정치적 선동가로 빌라도에게 고소했다(23:3; 또한 20:20-26). 빌라도는 예수님에게서 아무런 잘못도 발견치 못했으나, 그럼에도 불구하고 결국 유대인의 요구에 따라 민란과 살인을 인하여 옥에 갇혔던 바라바를 풀어 주고 예수님을 죽이도록 넘겨 주었다(23:25). 그래서 예수님은 유대인의 왕으로서 바라바와 같은 생각을 갖고 있는 두 죄인과 함께 십자가에 못 박히셨다.

실제 정치범이요 테러 분자였던 두 죄인 중 하나는 예수님을 강하게 변호했으며 왕으로 인정하였다. 그리고 예수님이 죽고 난 뒤 로마의 백부장도 역시 그를 인정하게 되었다(23:39 이하). 그러나 이스라엘은 죄 없으신 왕을 버렸으며, 그 대신 반역자 바라바를 선택하였다.

이스라엘을 위한 기도

슬피 울면서 예수님을 따라 골고다로 갔던 여인들에게 예수님은 이와 같은 말씀을 하신다. "예루살렘의 딸들아, 나를 위하여 울지 말고 너희와 너희 자녀를 위하여 울라"(23:28). 예수님은 십자가의 무게 때문이 아니라, 하나님의 성에 임박했던 심판으로 인하여 허리를 펴실 수가 없었다(호 10:8; 계 6:16-17). 그분이 "아버지여, 저들의 죄를 용서하소서"라고 말씀하신 것은 십자가에 자신을 못 박았던 군인들만을 가리켜 말씀하신 것이 아니었다. 그분은 이스라엘에 다가올 심판을 마음에 두고 계셨다. 예수님은 오순절 이후의 은혜의 시기를 위하여 기도하셨으며, 그로 인하여 예루살렘의 유대인들에게도 그들이 무엇을 행했는지를 제대로 인식할 수 있는 기회가 주어지게 되었다.

예수님께서 옆에 못 박힌 자에게 낙원을 약속하셨을 때, 이 약속은 동시에 이스라엘의 광신자들이 검으로 낙원 찾는 것을 그만두고 너무 늦기 전에 참 메시아를 받아들이도록 부르짖는 호소였다.

오, 데오빌로 각하여! 예수님은 그의 백성을 위하여 심지어 십자가 위에서도 얼마나 고투(苦鬪)하셨나이까? 오늘날 예수님이 정치적 혁명가였다고 주장하는 자들은 사실 복음을 거부하는 것이다!

8

예루살렘에서부터 시작되는 승리(23:50-24:53)

교리 수업

영광으로 이끄는 길은 예수님의 무덤에서 시작된다. 산헤드린의 한 회원은 예수님의 시체를 가져가서 무덤에 넣을 수 있도록 빌라도에게 허락을 받는다. 갈릴리의 여인들도 뒤좇아 왔다(23:55; 8:2-3). 분명히 예수님을 추종하는 자들이 완전히 붕괴된 것은 아니었다.

안식일이 지나자 예수님은 무덤에서 일어나셨다. 누가는 부활 기사의 많은 부분을 구약과 예수님 자신이 말씀하셨던 내용들로 설명하고 있는데 이는 매우 인상적이다(24:6-8, 25:27, 44-47). 부활 이후 사람들에게 부활에 대하여 가르친 이 모습은 마치 문답식 교리 수업을 보는 듯하다. 이 교훈을 통하여 데오빌로가 배운 것은 예수님과 천사들이 가르쳐 준 증언 바로 그것이다.

데오빌로는 개인적으로 부활의 장소에 있지 않았지만 깊은 감명을 받았을 것이다. 여인들, 엠마오로 가는 두 제자, 열한 제자…, 이들이 보고 들었던 그 사실은 아직도 우리를 위한 복음이며 여전히 우리의 가슴을 뜨겁게 불태운다(24:32; 렘 20:9)!

교회를 위한 교두보

누가는 계획된 대로 그의 책 마지막 부분에 부활의 그리스도께서 하신 말씀을 기록한다.

> 또 이르시되
> 이같이 그리스도가 고난을 받고 제삼일에
> 죽은 자 가운데서 살아날 것과
> 또 그의 이름으로 죄사함을 얻게 하는 회개가
> 예루살렘으로부터 시작하여
> 모든 족속에게 전파된 것이 기록되었으니
> 너희는 이 모든 일의 증인이라
> (또한 사 43:10 이하와 44:8을 참조하라).
> 볼지어다 내가 내 아버지의 약속하신 것을
> 너희에게 보내리니
> 너희는 위로부터 능력을 입히울 때까지
> 이 성에 유하라 하시니라(24:46-48).

그리스도는 승리하셨다. 사형을 언도받았던 바로 그 도시에 성령이 부어졌다. 예루살렘은 교회를 위한 교두보가 되었으며, 각 나라에 교회가 설립되기 시작했다.

예루살렘 자신은 말씀을 듣지 않았다. 따라서 다른 사람들이 시내의 거리와 골목에서 잔치에 초대받게 되었다(14:21).

누가의 두 번째 책(사도행전)은 그 증언이 어떻게 전세계에 신속하게 울려 퍼져 나갔는지를 보여준다. 데오빌로 각하여! 하나님은 예루살렘에 대한 그분의 계획을 성취해 가고 있습니다. 우리의 대제사장께서는 축복의 손을 펴고 높은 곳으로 올라가셨습니다.

첫 번째 책은 시작할 때와 같은 모습으로 끝나지 않는다(24:50과 1:22을 비교하라). 사자 굴과 같았던 **성전**은 제자들의 찬송으로 가득 차게 된다. 이 점에 있어서도 마지막과 처음은 서로 연결된다(24:53과 2:28-38을 비교하라).

SEARCH THE SCRIPTURES

요한복음

1

직접 목격한 한 제자의 증언

예수께서 사랑하셨던 제자

누구든지 제4복음서를 주의 깊게 읽어 본 사람이라면 이 복음서가 팔레스틴 출신의 한 유대인 제자에 의해 두 눈으로 직접 목격되었던 사실을 그대로 글로 옮긴 것임을 깨달을 수 있을 것이다. 그리고 그 저자는 반드시 요한일 수밖에 없다는 피할 수 없는 결론에 이르게 된다. 그 저자는 시간(1:39)과 거리(6:19; 21:8) 등과 관련된 몇 가지 놀라운 사실을 우리에게 자세히 전달해 주고 있는데, 이로 보아 그는 팔레스틴에 대하여 매우 해박한 지식을 갖고 있음을 알 수 있으며(4:6, 11, 20, 35), 그러한 상세한 기술은 오직 눈으로 목격하지 않고는 가능하지 않은 것이다.

21장 20절을 보면 저자는 자신을 가리켜 "예수의 사랑하시는 그 제자"라고 기술한다. 예수님이 특히 가까이 지내셨던 제자는 베드로와 세배대의 두 아들 야고보와 요한, 이렇게 세 명이다. 그런데 여기서 베드로는 "그 제자"를 지적하면서 그에 관하여 질문하고 있으므로 분명히 제외되며, 결국 요한복음의 저자가 아님을 알 수 있다.

따라서 "그 제자"는 야고보가 아니면 요한임에 틀림없다. 그런데 야고보는 주후 44년 유대인의 심한 증오로 말미암아 순교의 잔을 마셨다. 결국 그 목격자이자 저자는 "우뢰의 아들"(문자적으로는 시끄럽게 떠드는 사람－noisemaker라는 뜻) 가운데 하나인 요한이 틀림없다.

다른 세 "복음서" 중에 우리는 간혹 열두 제자 중 하나인 요한에 관한 언급을 발견할 수 있다. 그렇지만 이 네 번째 복음서에는 그의 이름이 결코 언급되지 않는다. "요한"이라는 단어가 있다 하더라도 그것은 "세례"라는 말이 없지만 세례 요한을 의미한다. 이 네 번째 복음서의 저자는 단순히 "예수의 사랑하시는 그 제자"라고만 표현될 뿐이다.

그가 스스로에 대해 이러한 표현을 한 것은 자신을 높이고자 함이 아니라 그 기사 내용 가운데 어떤 종류든지 그에 대한 언급이 요구되었기 때문에 **부득불** 한 것이다. 우리는 유월절 예수님의 마지막 만찬에서 이 신비에 싸인 제자가 예수님과 편안하고 조용하게 담화하는 모습, 곧 "그의 사랑하시는 자가 예수의 품에 의지하여 누웠는지라"(13:23)는 기사를 읽을 수 있다. 또한 이 제자는 십자가 곁에도 있었으며(19:26), 부활 후에도 예수님을 따라갔다(21:20). 뿐만 아니라 우리는 그가 대제사장의 뜰에 베드로와 함께 있었으며(18:15 이하), 부활의 아침 예수님의 무덤에 베드로와 함께 갔던 제자(20:3 이하)임을 알 수 있을 것이다.

제4복음서 저자는 "그는 흥하여야 하겠고 나는 쇠하여야 하리라"(3:

30)고 했던, 그와 이름이 같은 세례 요한과 잘 연결된다.

고난의 잔

오래된 교회 전승에 따르면, 요한은 그가 1세기 말에 살았던 곳으로 추정되는 에베소에서 그의 복음서를 기술했다. 한편, 이 복음서의 저자는 사도 요한이 아니라 **장로 요한**으로 알려진 또 다른 요한이라는 전승도 있다.

후자를 지지하는 학설은 사도 요한과 그의 형제 야고보가 예수의 세례를 받고 예수의 잔을 마셔야 하리라는 예수님의 예언을 근거로 한다. 이 견해를 따르는 자들은 이 예언의 의미를 그들이 둘 다 순교자로 죽게 될 것이라는 뜻으로 생각한다. 따라서 야고보와 마찬가지로 요한도 반드시 비교적 일찍 세상을 떠나야 했다는 것이다(마 20:20 이하; 행 12:2을 보라).

우리는 이 논쟁을 살펴볼 때 요한이 다른 곳에서 말한 것들을 꼭 주시해야만 한다. 그는 예수 안에서 **환난**과 **나라**와 **참음**에 동참한다고 말하였다(계 1:9). 이것은 밧모 섬에서의 유배와 예수님의 그 말씀을 관련짓는 좋은 문장이다. 요한은 다가올 나라에서 예수님의 뒤를 이어 보좌에 앉게 되기를 열망했지만(계 3:21; 5:10; 20:6; 22:5), 그에 앞서 그는 먼저 그리스도의 남은 고난을 달성하기 위하여 예수님과 함께 세례를 받고 고난의 잔을 마셔야만 했다(골 1:24; 계 1:9). 우리가 여기서 기억해야 할 것은 크리스천이 그의 믿음을 위하여 생명을 바쳐야만 고난의 잔을 마시는 것이 아니라는 사실이다. 우리는 순교의 의미를 너무 강조한 나머지 십자가를 지고 어린 양 예수님을 따라가는, 여러 종류의 많은 고난의 모습들을 절대로 간과해서는 안 된다.

요한복음 21장 22절에서는 어떤 사람들은 요한이 결코 죽지 않을 것이라는 생각을 했으며, 또 심지어 후대에 가서는 그분이 무덤 속에서도 여전히 숨을 쉬고 계셨다는 전설을 만드는 역할을 했지만, 그럼에도 불구하고 이것이 고난의 가능성을 외면하고 있지는 않다. 요한은 교회에서의 임무와 성경 기자로서의 자신의 임무를 완수하기 위하여 베드로나 그의 형제 야고보보다도 오랫동안 살아야만 했다. 그는 우레와 같은 하나님의 음성(계시)을 전달하는 수단이 되어야 했다.

2

요한복음의 구약적 배경

복음의 "진화"

진화론은 성경을 포함한 거의 모든 곳에 적용될 수 있는 학설이기 때문에 다방면에 걸쳐 흥미롭게 이용된다. 이 학설은 모든 곳에 항상 발전, 향상이 있다는 견해가 그 기초를 이룬다.

진화론적 개념에 따르면, 이스라엘의 종교는 매우 원시 형태의 종교로부터 성장한 것이라고 한다. 처음에는 하나님에 관한 아무런 새로운 지식도 없었다. 나아가 신약에서는 보다 많은 발전된 단계들을 보여주고 있는데, 이것은 사람들이 "고등 종교"를 가지려고 노력했음을 입증해 준다.

그러므로 진화론자들에게 신약의 네 번째 복음서는 고도의 수준까지 발전된 모습을 보여주는 하나의 예로서 칭송을 받는다. 여기에 속하는 학자들은 요한의 복음서를 다른 세 개의 복음서보다도 훨씬 우위의 것으로 보며 바울 서신보다도 더 "영적인" 것으로 간주한다. 그리고 요한 역시 고도로 새로운 사상을 가진 저자로 표현된다. 이를테면 그는 모든 것을 파악하고 있었으며, 또한 그 전에 복음에 입혀져 있던 **유대적** 옷을 벗기고 그 대신 더욱 적합한 **헬라적**이고 **신비적**인 옷을 입혔다고 한다. 바로 이러한 점이 보다 모호한 다른 성경들과는 달리, 이 "복음서"가 더 발전되고 아름다우며 만족을 주는 이유라고 한다.

우리가 다음과 같이 말한다면, 여기에는 진화론이 개입되어 있는 것이다.

> 네 번째의 복음서는 훨씬 후기의 책이다. 인도인들에게는 그들의 언어로 쓰여진 책이 그들의 관심을 더 끌 것이다. 또 신비적인 장식이나 특색이 깃들여 있는 이 "복음서"가 그들의 기분을 상하지 않게 할 것이다. 명확히, 다른 복음서들에 있는 그들의 마음을 상하게 하는 요소들이 요한복음에서는 제거되어 있다.
>
> 우리는 확실히 사도 요한이 실존주의자들이 사용하는 언어와 유사한 언어를 구사하고 있다고 말할 수 있다. 그는 비위에 거슬리는 신화를 제거해 버리며, 보다 고차원적이고 실제적으로 핵심 문제가 되는 실재 사실들을 독자들에게 제시함으로써 복음을 "비신화화"한다. 결국, 요한의 메시지는 어떤 다른 위대한 종교들과 차이점이 없으며 이것들은 모두 동일하게 보다 **고등한** 종교로 향하고 있다.

내가 여기에서 이러한 접근을 기술하는 이유는, 여러분이 어떤 글을 읽거나 어떤 사람과의 대화를 통하여 매우 쉽게 진화론자들의 견해에 매혹되기 때문이다. 엄청난 숫자의 성경 주석가들이 이 견해를 이용하고 있으며, 따라서 성경을 공부하는 수많은 학생들이 점차 거기에 빠져 들어가고 있다. 사실 제4복음서는 정말 기이하며 "다른 것"이라고 말할 수 있다!

진화론자들의 접근 방식에 대한 반박

우리는 요한복음에 관한 이러한 견해에 대하여 언급을 회피하고 있을 수만은 없다. 다른 것과 마찬가지로 진화론적 주장(dogma)에 대해서도 반드시 변증이 필요하다. 따라서 나는 여러분에게 다음의 다섯 가지 사항을 마음속에 꼭 간직하고 있기를 부탁한다.

1) 요한복음이 1세기 말에 기술되었다는 사실은 확실하지 않다. 요한은 제법 일찍부터 그의 복음서 기사들을 기록했던 것 같다. 심지어 그는 아직 예수께서 이 세상에 계실 동안에도 몇몇 간단한 초안들을 작성했을지도 모른다. 그가 기록한 사실은 실제 진행되었던 모습을 매우 생생하게 알려 주고 있다(예를 들어, 6-9장에 기록된 논쟁들을 생각해 보라). 예수님의 행적에 대한 그의 기사들은 분명히 60년이 지난 뒤에 기록되었다고 보이지는 않는다. 성경은 성령의 영감으로 쓰여진 것이지만 기계적 또는 무의식적인 과정에 의한 것은 아니기 때문이다.

2) 요한은 역사에 관심이 있었던 것이 아니라 실제적으로는 **사상**에만 관심이 있었기 때문에 아무렇게나 그의 자료들을 모아 놓았다는 주장은 절대 거부되어야만 한다. 또 요한이 나이들었을 때 역사적 과정보다는 기사들의 배치에만 더욱 관심이 있었다는 견해도 사실과는 다르다. 실제로는 주님의 말씀을 기술하는 데 있어서 "구속사"가 그 기초가 된 것이다.

3) 요한이 유대적인 것을 모두 버렸다는 것 역시 사실이 아니다. 그는 자기 나라 사람들을 "유대인"이라고 불렀지만, 바울 역시 동일한 일을 한 사람이었다(살전 2:14-15). 요한이 가장 강하게 반대한 것은 **배교한 교회**였다. 그러나 이것은 그가 자신의 백성에게 역사하시는 하나님의 언약적 방법을 거부했다는 뜻이 아니다.

쿰란 사본의 발견으로 말미암아 한때 네 번째 복음서를 철학적(심지어는 신화적) 헬라 복음이라 낙인찍었던 많은 학자들은 어느 정도 그들의 입장을 돌이키지 않을 수 없었다. 거기에는 아마도 요한복음에서 유래된 것으로 보이는, 요한복음과 아주 유사한 표현과 용어들이 포함된 쿰란 목록이 있었다. 네 번째 복음서가 헬라적 사고로 적절하게 개작, 발전된 복음서라는 이론은 이미 그 기초가 무너지고 있다. 결국 이는 실제로 모든 학자들에게 확실한 것으로 인정되고 있다.

4) 요한복음 전체는 구약성경과 밀접히 연결되어 있으며 구약과 분리해서는 이해될 수 없다. 불행하게도 많은 신자들은 요한이 사용한 **진리, 생명, 빛, 말씀** 등과 같은 단어들을 오해하고 있다.

그것은 그들이 구약을 염두에 두지 않고 이 단어들의 의미를 숙고한 결과다. 이처럼 우리의 주해의 근거를 상실한 듯한 실례를 들어 본다면, 여러 영어 성경에서 번역한 것처럼 그리스도를 "실제의(true) 포도나무"로 이야기하는 것이다. 이렇게 표현한다면, 여러분의 정원에 있는 어떤 포도나무는 진짜가 아니라 단지 환상에 불과한 것이 되어 버린다. 그리스도께서 말씀하시는 핵심은 그분이 죽은 것이 아니라 열매를 맺는 진정한(genuine) 포도나무시라는 것이다(사 5:1 이하를 보라). 따라서 우리는 New English Bible이나 Today's English Version에서처럼 "참(real) 포도나무"로 이 구절을 번역해야 좋을 것이다.

5) 앤드류(Andrew)는 예수님을 가리켜 **유대적** 칭호인 **메시아**(Messiah)로 소개하고 있으며(1:41), 나다나엘은 그를 **이스라엘의 임금**으로 부르고 있다(49절). 바로 이것이 요한이 그의 책에서 그려내고자 했던 예수님의 초상(肖像)이다. 예수님은 성경에 기술되었던 **그리스도**이셨다(1:45; 5:46; 12:37 이하; 13:18; 19:28). 요한은 파스칼 같은 철학자나 학자들의 하나님이 아니라 아브라함과 이삭과 야곱의 하나님을 가리키고 있다. 족장들의 하나님은 역시 예수 그리스도의 하나님이시다.

예수님은 한낱 보편적인 인간의 종교를 가르치는 랍비가 아니셨다. 그분이 가르치셨던 것은 우리가 구약성경에서 발견하는, 명백히 유대적 특색이 담긴 말씀이었다. 비록 요한은 독수리라 칭할 만한 어떤 특징들이 있었음에도 불구하고 하나인 주님의 교회, 하나인 언약을 뛰어넘는 날개를 가지지 않았으며 그것을 벗어나지도 않았다. 그는 실존주의적 선택을 요구하는 복음을 전한 것이 아니라, 우리의 믿음을 요구하고 있다. 그는 모호한 보편적인 속죄를 선포하는 것이 아니라, 오직 하나님의 아들을 통해서만 구원이 있음을 엄숙히 선언한다.

3

요한복음의 독특성

그리스도를 믿는 믿음을 성장시킴

요한은 그의 기술 목적을 숨기지 않았다. 그는 이용 가능한 많은 소재 가운데서 어떤 사건들과 말씀들을 선정하여 기술했는데, 그것은 "너희로 예수께서 하나님의 아들 그리스도이심을 믿게 하려 함이요 또 너희로 믿고 그 이름을 힘입어 생명을 얻게 하려 함"이었다(20:31). 이를테면 그는 그의 독자들이 예수께서 하나님의 아들이시요, 메시아이시며, **그리스도**시라는 사실을 완전히 확신하기를 원하였다. 따라서 그는 예수님이 이러한 분이심을 믿지 않는 회당으로부터의 공격에 대하여 그의 독자들이 무장하여 방어하기를 바랐던 것이다. 아마 최초의 독자들에는 유대 사회로 넘어온 "하나님을 경외하는" 이방인들뿐만 아니라 유대인들 역시 포함되었을 것이다. 다시 말해, 요한은 예수님을 하나님의 아들과 메시아로 믿는 믿음을 강화시키려는 기술 목적을 마음에 깊이 새겨 두고 그의 소재를 조심스럽게 선택한 것이었다. 예를 들면 안드레(1:40-41), 나다나엘(49절), 세례 요한(27절 이하), 사마리아 여인과 사마리아인들(4:28-29, 42), 베드로(6:69), 예수님께서 고치신 날 때부터 소경인 자(9:38), 마르다(11:27), 도마(20:28) 등을 들 수 있다. "보지 못하고 믿는 자들은 복되도다"(20:29).

또한 하나님의 아들 그리스도를 믿는 믿음을 성장시키기 위하여 요한은 예수님의 신원을 밝혀 주는 표적이 되는 일곱 개의 기적을 기록하였다-그 기적들은 물을 포도주로 만드심(2:1 이하), 왕의 신하의 아들를 고치심(4:46 이하), 안식일 날 38년 된 병자를 고치심(5:1 이하), 오천 명을 먹이심(6:1 이하), 물 위를 걸으심(6:16 이하), 태어날 때부터 소경인 사람을 고치심(9:1 이하), 나사로를 죽음에서 소생시키심(11:43-44)이다.

설교와 논쟁

표적으로서 주어진 기적은 종종 오해를 낳기도 하고 예수님의 말씀에 대한 논쟁의 원인이 되기도 했다. 그래서 요한은 예수님의 말씀과 논쟁들을 많이 기록하고 있다. 바로 이 점이 그의 책을 그렇게나 독특하게 만들어 주고 있는 것이다. 무엇보다 이러한 말씀과 논쟁들은 유대인이 예수님을 **거부**한 사실을 언급하고 있으며, 또한 예수님께서 점차 고조되어 가는 반대에 어떠한 방법으로 대처해 나가셨는지를 가르쳐 준다.

우리는 또한 12장 1절 이후부터 예수님의 죽음의 준비였던, 오직 제자들에게만 주어지는 말씀들을 발견하게 된다. 예수님은 하늘로 승천하신 뒤 제자들이 수행해야 할 임무를 위해 그들을 훈련시키고 계셨다. 따라서 요한복음의 이 부분은 제자들 앞에 놓여 있는 전투들을 준비시키는 데 많은 관심을 집중시키고 있다. 그들을 보살피시는 보혜사(Advocate, Paralete)가 되시는 그리스도께서는 그들에게 또 다른 제2의 보혜사를 보내서 마땅히 교회가 싸워야만 하는 엄청난 (합법적인) 전투에서 그들을 돌보아 주겠다고 약속하셨다.

요한의 연대 기술

요한이 유대의 달력(곧, 명절)을 이용하여 거듭 특정한 연대를 언급하고 많은 날짜를 기술하고 있음은 의미심장하다. 그가 5장 1절에서 "명절"(a feast)을 기술할 때 – 본문상 "그 명절"(the feast)이 되어야 한다 – 그것은 아마 그 해의 마지막 축제, 즉 초막절(the Feast of Tabernacles)을 이야기한 것 같다.

우리는 모든 시간이 언급되는 기사들을 함께 살펴볼 때 다음과 같은 연대기적 구조를 발견할 수 있다. 예수님의 사역의 첫 해: 2:13-3:21에서 유월절을 다루고 있다. 5:1-46에서는 초막절을 언급하고 있는 것 같다. 둘째 해: 유월절이 6:4-71에 기술되어 있다. 초막절을 배경으로 하여 7:1-10:21이 기록된다. 10:22부터 수전절이 시작된다. 마지막 셋째 해: 12:1부터 다시 유월절이 기술됨을 볼 수 있다.

하나님의 어린 양

우리는 처음과 마지막, 그리고 그 사이에 유월절이 기술된 것을 발견하게 된다. 다시 한 번 처음 부분을 살펴보자. 세례 요한은 2회에 걸쳐 계시록에서도 나타나는 **하나님의 어린 양**이라는 명칭으로 예수님을 언급한다(1:29, 36). 이 이름을 사용한 것은 요한이 삼 년 동안 연이어 유월절을 기술한 사실과 어떤 관계가 있는 것이 아닐까?

우리는 여기에서 다시 요한이 그의 책을 조심스럽게 구성했음을 볼 수 있다. 또한 우리는 이 요한복음이 얼마나 풍부한 메시지를 포함하고 있는지를 볼 수 있다. 요한은 메시아이신 하나님의 아들을 **하나님의 어린 양**으로 기술하였다(계 5:6 이하를 보라). 그의 "복음"은 결코 다른 복음이 아니며 그것은 옛 복음이요 동일한 복음이다.

요한은 그의 글을 호소력 있게 표현하기 위하여 예수께서 사역하셨던 시간의 틀(frame work)을 서두에 기록했으며, 그 명절을 언급함으로 말미암아 특정 시간을 지적하고 있다. 이는 유대인들에게 구세주가 살륙당한 어린 양이 됨으로 말미암아, 그의 사역을 통하여 유월절이 완성되었을 뿐만 아니라 회당과 성전을 반대해야만 한다는 그러한 복음에 접촉할 수 있도록 만드는 것이다. 이 구세주는 마지막 축제인 새 시대의 초막절을 거행하셨다(흰 옷을 입고 종려가지를 든 큰 무리가 나오는 계 7:9과 슥 14:16 이하의 말씀을 생각해 보라).

공관복음과의 조화

세 권의 공관복음서는 우리에게 예수님의 말씀을 소개하고 난 그 후에야 예루살렘으로의 여행을 서술하고 있지만, 요한복음은 그 거룩한 도시와 주요한 축제들을 정규적으로 언급하고 있으며, 그 전후 관계 속에 예수님의 말씀과 행적들이 기록되어 있다. 요한의 기술 목적은 **하나님의 아들**인 예수님을 믿는 믿음을 일깨우려는 것이다. 이러한 이유 때문에 그는 주님께서 자신을 하나님의 아들로 계시하셨던 사실을 그처럼 많이 언급하고 있는 것이다.

더욱이 우리가 그의 책에 기록된 주님의 말씀을 보면 마치 요한이 속기사였던 것처럼 예수님의 말씀이 정밀하게 기술되어 있다는 사실을 잊지 말아야 한다. 요한은 예수님의 말씀을 받아들이기 위한 특수한 안테나를 가졌던 것처럼 보인다. 사랑받던 제자 요한은 그의 증언 속에서 주님의 말씀을 매우 정확하게 재생시키고 있다. 그것은 마치 주 예수님의 표현 방식이 거의 요한 그 자신의 것이 되었던 것과 같이 보인다.

다음 몇 가지 실례로부터 우리는 요한의 책에 기술된 예수님은 그 전에 바로 마태, 마가, 누가복음에 기술된 예수님과 꼭 같은 분임을 쉽게 간파할 수 있을 것이다.

요한복음	공관 "복음서"
"진실로 진실로 네게 이르노니 사람이 거듭나지 아니하면 하나님 나라를 볼 수 없느니라"(3:3).	"진실로 너희에게 이르노니 너희가 돌이켜 어린아이들과 같이 되지 아니하면 결단코 천국에 들어가지 못하리라"(마 18:3).

"아들을 공경치 아니하는 자는 그를 보내신 아버지를 공경치 아니하느리라"(5:23).	"누구든지 사람 앞에서 나를 부인하면 나도 하늘에 계신 내 아버지 앞에서 저를 부인하리라"(마 10:33).
"나를 저버리고 내 말을 받지 아니하는 자를 심판할 이가 있으니"(12:48). "나를 미워하는 자는 또 내 아버지를 미워하느니라"(15:23).	"나를 저버리는 자는 나 보내신 이를 저버리는 것이니라"(눅 10:16).
"나의 보낸 자를 영접하는 자는 나를 영접하는 것이요 나를 영접하는 자는 나를 보내신 이를 영접하는 것이니라"(13:20).	"너희를 영접하는 자는 나를 영접하는 것이요 나를 영접하는 자는 나 보내신 이를 영접하는 것이니라"(마 10:40).

4

요한복음에 기술된 "세상"의 의미

지리학적 존재가 아니다

우리는 우리의 흥미와 관심이 전 세계에 미치는 시대, 이른바 지구시대(a global age)에 살고 있다. 우리는 대륙적인 견지에서 생각하고 있으며 심지어 우주 여행을 언급하고 있을 정도다. 따라서 우리는 요한복음에서 "세상"(world)이란 단어를 읽을 때 지리학적 존재인 "이 세상"(this earth, 이 지구)을 생각하기가 쉽다.

우리가 그가 말하는 **세상**이 무엇을 의미하는지 문제를 제기한다면 당연히 유대인들이 사용했던 "세상"에 해당하는 히브리어 **올람**의 의미를 숙고해 보아야 할 것이다. 이 히브리 단어는 **세대**(age)라는 의미로서의 세상을 뜻한다. 그러므로 요한이 "이 세상"을 이야기할 때, 그가 나타내고자 했던 의미 중 일부는 "이 세대"이다.

이 "세상" 또는 "우주"는 하나님께서 창조하신 것이다. 그러나 죄는 대격변을 야기시켰다. 그 결과 사단이 "이 세상의 임금"이 되었다(12:31; 14:30; 16:11). 사단은 특히 유대 민족 가운데 자리를 잡았으므로 그들은 "이 세상"이 된 것이다.

요한이 핵심이 되는 세 구절에서 **세상**이라는 단어를 어떻게 사용하고 있는지 살펴보라. "**세상**은 그로 말미암아 지은 바 되었으되 **세상**이 그를 알지 못하였다"(1:10). 뿐만 아니라 예수님께서도 그의 제자들에게 다음과 같이 말씀하셨다. "**세상**이 너희를 미워하면 너희보다 먼저 나를 미워한 줄을 알라. 너희가 **세상에 속하였으면 세상**이 자기의 것을 사랑할 터이나 너희는 **세상에 속한 자**가 아니요 도리어 **세상에서** 나의 택함을 입은 자인고로 세상이 너희를 미워하느니라. 사람들이 너희를 출회할 뿐 아니라…"(15:18-19; 16:2). 그리고 제자들을 위한 기도 속에서도 예수님은 "내가 아버지의 말씀을 저희에게 주었사오매 세상이 저희를 미워하였사오니 이는 내가 세상에 속하지 아니함같이 저희도 세상에 속하지 아니함을 인함이니이다"라고 하셨다(17:4).

언약의 백성

이러한 본문들로부터 예수께서 "세상"이라고 말씀하셨을 때 보편적인 사람들이나 지구를 의미한 것이 아님이 분명해진다. 또한 그것은 제자들이 오순절 훨씬 이후에도 팔레스틴에 제한하여 복음을 전파했으며 오직 자신의 백성들만 접촉하려 한 것에서도 드러나는 사실이다. 예수님이 "세상"에서 선택을 받았다고 하셨을 때 그분은 **유대 백성들에서**

를 의미하셨던 것이다. 주님과 마찬가지로 그분의 제자들도 **유대인**들과 다투어야만 했다. 그렇다면 요한복음에서 **세상**이란 단어는 유대인, 곧 언약의 백성을 가리키고 있는 것이다!

여러분은 이 **세상**이란 단어의 특이한 용법을 마음속에 새겨 두어야만 한다. 만약 그렇지 않으면 당연히 그 유명한 요한복음 3장 16절의 의미를 제대로 파악하지 못하게 된다. “하나님이 세상을 이처럼 사랑하사 독생자를 주셨으니 이는 저를 믿는 자마다 멸망치 않고 영생을 얻게 하려 하심이니라.” 우리가 **세상**이란 용어를 **변절한 언약의 백성**들에게 적용시킬 때에만 이 본문은 심오한 의미를 갖추게 되며, 하나님께서 바로 이 백성들에게 고귀하신 인자를 보내셨던 것이다.

새 시대에서의 생명

이 본문 속에서 예수께서 말씀하신 “영생”은 끝이 없는 실존을 의미하는 것이 아니라 오는 시대, 즉 메시아 시대의 생명을 나타낸다. “세상”은 진리의 영을 받아들일 수 없다(14:17). 그러므로 이 세상은 모든 대립과 적의의 선언에도 불구하고 그리스도께서 승리하신 세상이요 정복하신 세상이다(16:33).

세상에서 예수 그리스도를 믿는 사람은 누구나 새 시대의 생명의 기쁨을 누리며 사망에서 생명으로 옮겨졌다(5:24). 무엇보다 사람들로 하여금 믿고, 그래서 생명 곧 메시아의 이름으로 주어지는 참되고 충만하고 풍부한 삶을 받게 하려는 것, 바로 이것이 요한복음의 목적이다(20:31). “세상”과 “메시아적 시대의 생명”은 요한복음에서 급격한 대조를 이룬다.

5

요한의 서문

또 다른 태초

성경은 "태초에"(in the beginning)라는 말씀으로 시작한다. 마태는 예수 그리스도의 **출생**(세계, 시작)과 함께 복음서를 시작하며, 마가는 서두에 "예수 그리스도의 복음의 **시작**이라"고 기술한다. 누가는 "**처음부터** 말씀의 목격자 되고"라고 이야기한다. 사도행전에서 누가는 그의 첫 번째 책이 "예수의 행하시며 가르치시기를 **시작하심**부터" 기술한 것이라고 말했다. 요한 역시 "**태초에**…"라는 동일한 주제를 기록하면서 그의 책을 시작하고 있다.

우리는 반드시 이 서문이 기술된 비범한 문체에 주의를 기울여야만 한다. 여기에는 상당한 양이 중복되고 있지만 구구절절이 새로운 사상이 소개되고 있다. 요한의 사상은 나선형 모양으로 발전되어 갔다.

시적인 구절

우리는 요한복음의 구절들이 구약성경의 몇몇 시가(詩歌)처럼 짝을 이루고 있으며, 뒷 구절은 첫 구절을 발전시키거나 되풀이하고 있음을 찾아볼 수 있다. 예루살렘 성경(Jerusalem Bible)에서는 요한복음의 서두가 시의 형태로 인쇄되어 있다. 만약 다음과 같이 각 구절을 배열해 보면 분명히 구약과 형태가 유사하다는 사실을 쉽게 알 수 있을 것이다.

> 태초에 말씀이 계시니라.
> 이 말씀이 하나님과 함께 계셨으니
> 이 말씀은 곧 하나님이시라.
> 그가 태초에 하나님과 함께 계셨고
> 만물이 그로 말미암아 지은 바 되었으니
> 지은 것이 하나도 그가 없이는
> 된 것이 없느니라.
> 그 안에 생명이 있었으니
> 이 생명은 사람들의 빛이라.
> 빛이 어두움에 비취되
> 어두움이 깨닫지 못하더라.

이 비범한 문체는 몇몇 시편들뿐만 아니라 요한 서신 또한 생각나게 하며, 이 속에는 심오한 사상이 훌륭하게 담겨져 있다. 우리는 마찬가지로 이러한 문체를 예수님의 말씀 속에서도 발견할 수 있는데, 이는 놀라운 것이 아니다. 무엇보다 요한은 예수님께 가장 사랑받던 제자가 아니었던가?

창조와 재창조

이 서문의 내용 역시 놀랍다. 막 시작하면서 요한이 언급한 "말씀"(Word, 로고스)은 그가 '로고스'라는 헬라 개념을 자유롭게 이용하여 거기에다 기독교적 내용을 채워 넣었다는 가정하에 모든 종류의 이질적인 이론 및 교리들과 동일시되어 왔다. 그러나 만약 그의 서문 처음에 나오는 다른 단어들이 창세기와 관련된 것이라면, 이 "말씀" 역시 창세기와 무언가 관계가 있을 것이라고 생각되지 않는가? 창세기에서 하나님이 "빛이 있으라"고 하셨음을 읽을 수 있다. 어거스틴은 단언하였다. **"당신은 말씀하셨고, 그것들은 만들어졌습니다.** 당신은 오직 당신의 말씀으로 그것들을 창조하셨습니다."

재창조는 창조와 동일하다. 다시 어둠이 이 땅을 덮었다. 그러나 하나님은 그분의 아들을 통하여 말씀하셨으며, 마치 창조의 아침처럼 다시 한 번 빛과 생명이 있게 되었다(고후 4:6을 보라). 예수 그리스도는 **말씀**이시다.

이것은 요한복음의 나머지를 지배하는 주제다. 이 때문에 요한복음 속에는 그렇게나 많은 예수님의 말씀들이 기록되어 있다. 예수님은 **말씀**을 하시는 분으로 묘사된다. 말씀의 생명을 주시는 능력과 빛나는 영광이 표적을 통하여 눈에 보여지게 되었다.

이 복음서는 하나의 근본적인 질문 아래 진행된다. "당신은 창조의 시기처럼 예수 안에서 육신이 되시고 모든 것을 완성시킨 그 **말씀**을 믿는가?"(17:4; 19:30; 창 2:1). 말씀은 시작과 끝이요, 알파와 오메가이며, 처음과 나중이다(사 44:2, 6; 48:12; 계 1:17; 2:8; 22:13). 이러한 관점에서 요한복음의 나머지를 읽도록 노력해야 한다!

6

진리란 무엇인가?

구약의 성취

요한의 서문 마지막 부분에 가면 다음과 같이 기술되어 있다. "율법은 모세로 말미암아 주신 것이요 은혜와 진리는 예수 그리스도로 말미암아 온 것이라"(1:17). 여기서 "진리"가 무엇인가 하는 문제가 제기된다. 과연 요한이 말한 **진리**의 의미는 무엇인가?

구약에서처럼 이 서문에서도 진리는 메시아이신 예수님 안에서 빛을 발하게 된 하나님의 언약의 신실함을 뜻한다. 우리는 이 1장 17절을 모세와 그리스도를 서로 **대립**시켜서 읽어서는 안 된다. 구약과 신약 사이의 차이점을 강조하기 좋아하는 자들은 언제나 그와 같은 방법으로 읽지만, 그보다 우리는 모세의 법을 장차 다가올 구원의 기초와 그림자로 간주해야만 한다. 유월절 어린 양에 관한 것들도 좋은 예이다. 모형은 예수 그리스도로 말미암아 성취된다. 바로 이것이 요한이 말한 "은혜와 **진리**는 예수 그리스도로 말미암아 온 것이다"라는 의미다. 따라서 "진리"는 구약의 청사진이 예수 그리스도 안에서 구속 사건으로 **실현**된 것이다.

우리가 "하나님은 영이시니 예배하는 자가 신령과 진정(truth)으로 예배할지니라"라는 4장 24절 본문을 읽을 때, 여기에서 요한이 구약의 예배를 비판했다고 판단해서는 안 된다. 요한은 신약이 형식에 구애받지 않는 "영적" 예배를 가르치고 있음에도 불구하고 구약의 예배 형태가 저급하고 세속적이라는 뜻으로 말한 것이 아니다. 요한이 의미하는 바는 그리스도로 말미암아 도입된 새로운 예배가 구약에서 예시된 것의 성취에 기인한다는 것이다. 성령은 "진리의 영"이시며(14:17), 제자들에게 모든 진리로 나아가는 길을 보여주셨다(16:13). 이 진리란 오래 전에 만들어진 계획의 완전한 실현인 것이다.

성전이 필요치 않음

예루살렘 성전의 합법성에 관한 유대인과 사마리아인 사이의 논쟁은 "구원이 유대인에게서"(4:22) 유래되었기 때문에 유대인들이 옳았다. 하지만 그리스도께서 구약의 모형을 완성시키심으로 말미암아 경쟁이 되었던 예루살렘과 세겜의 성전들은 불필요한 것이 되고 말았다. 이제 "진리"는 예수 그리스도 안에 나타났으며, 예루살렘 성전에서의 직무는 더 이상 필요치 않게 되었다. 성전보다 더 크신 분이 여기 계시기 때문이다.

그러므로 그리스도 예수 안에 나타난 "진리"는 내적 예배를 위한 여분이 남겨진 보다 고차원적인 시간을 초월한 실체가 아니라 단지 이미 예시되었던 것의 성취에 불과하다. 벨기에 신앙고백서 제25장에서는 이에 대하여 정확히 가르쳐 주고 있다. "율법의 예식과 상징은 그리스도께서 오심으로 말미암아 정지되었다… 그러나 그들의 **진리**와 **본체**(truth and substance – 저자의 삽입어임)는 예수 그리스도 안에서 우리와 함께 남아 있다."

예수님은 "진리의 영"을 통하여 제자들을 모든 약속들이 성취된 "진리"로 이끄셨다(16:13). 따라서 우리는 하나님께서 모든 진리로 우리를 안내해 주시도록 기도할 필요가 없다. 이미 제자들은 그들의 설교를 통해 모든 구약의 모형이 실현되었다는 증거를 제시하고 있다. 신약성경은 바로 이 증거와 설교로 이루어져 있다. 그 대신 우리는 반드시 이 "진리"를 이해할 수 있도록 기도해야 할 것이다.

7

예수님에 대한 초기의 반응(1:19-2:12)

우리가 그 영광을 보니 아버지의 독생자의 영광이요 은혜와 진리가 충만하더라(1:14).

예수에 관한 초기 증언

네 번째 복음서를 기록한 요한은 원래 세례 요한의 제자였다. 그래서 그는 자신의 이전 스승인 세례 요한의 증언을 중요한 자리에 위치시키고 있으며, 세례 요한의 제자들이 교회와의 투쟁을 단지 바라만 보고 방관할 아무런 권한이 없다는 사실을 보여준다. 아니, 오히려 세례 요한 바로 그가 예수에 관하여 직접 증거하였다(1:15, 23 이하, 36; 3:27-36). 자신이 단지 앞서가는 자에 불과하며 예수께서 **주**가 되시고 **하나님의 어린 양**이시며 **신랑**(계 1:15; 5:6; 19:7)이시라고 명백히 밝혔다.

세례 요한의 가르침은 예수님의 계시로 대체된 것이 아니라 오히려 그것에 의해 **입증**되었다. 요한은 예수께서 하나님의 아들이시라고 증언했다(1:34). 그는 성령이 내려오는 것을 보았으며 하늘로부터 음성을 들었기 때문이다. 그는 실제 경험을 근거로 해서 말했던 것이다.

요한복음의 저자가 거듭 예수께서 하나님의 아들이심을 강조하고 있을 때, 실상 그는 요단 강에서 그의 원래 스승이 한 말씀을 공포하고 있었던 것이다. 세례 요한의 추종자들은 요한을 예수님과 동일한 수준으로 취급할 아무런 권한도 없었다.

세례 요한의 증언에 덧붙여 사도 요한을 포함한 예수님을 따르는 최초의 제자들의 증언 역시 기록되었다. 예수님은 메시아로서, 진정 하나님의 아들로서 사람들에게 인정되었던 것이다.

메시아에 대한 제한된 개념

예수님을 확실히 믿었을 뿐만 아니라 최초의 제자였던 세례 요한의 모습이 다른 복음서에 묘사되었던 사실과 일치하고 있는가? 우리는 앞서 세례 요한이 감옥에서 예수님에 대하여 약간 의심을 품었던 사실을 본 바 있다(마 11장). 더욱이 거의 예수님의 사역 마지막에 가서야 제자들이 처음으로 그분을 메시아로 고백하지 않았는가? 그러고 나서도 제자들은 여전히 주님을 국수주의적 견지에서 세속적으로만 생각했다. 요한은 혹시 역사적으로 훨씬 후에 실제로 어떤 사건이 진행되었는지를 알고 난 뒤 그에 따른 관점에서 과거를 돌아보아 이야기를 함부로 변경시킨 것이 아닐까?

마태는 단지 세례 요한이 의심했던 것만을 기록한 것이 아니다. 그는 역시 요한이 예수님보다 훨씬 더 세례가 필요했다는 사실을 인식하고 있었음을 기술하였다. 결국 이 요한 편에서의 인식(1:29)은 변절한 언약 백성의 죄를 용서하고 세상의 죄를 씻어 줄 하나님의 어린 양이 바로 예수님을 믿는 일종의 신앙고백이었다. 예수님의 신발 끈 풀기도 감당치 못하겠다는 요한의 진술은 요한복음 1:26-27과 함께 누가복음 3:16에도 기록되어 있다. 다른 복음서 저자들도 역시 예수님에 관한 세례 요한의 증언을 기록했던 것이다.

요한 자신의 증언

그러면 요한은 어떠한가? 요한복음은 제자들이 예수님을 인정했음에도 불구하고(6:68-69) 잘못된 견해들로 꽉 차 있었다고 우리에게 전해준다. 예수님과 헤어질 시간이 되었을 때 제자들이 했던 질문을 보면 분명히 그들이 오해하고 있었음을 알 수 있다(13:36; 14:5, 8, 23).

요한은 가룟 유다의 배신이나 베드로의 부인을 삭제하든지 해서 제자들을 이상적인 인물로 보이게 하지 않았다. 그러므로 우리는 요한의 기사가 다른 세 복음서와 일치하지 않는 것이 있다고 해서 서로 현저하게 차이가 난다고 이야기해서는 안 된다. 하지만 요한은 마태, 마가, 누가와는 다른 관점에서 예수님의 초기 사역과 그 영향을 기술하고 있다. 우리는 그분의 빛나는 **영광**(doxa)을 본다. 세례 요한은 빛이 아니었으며, 빛은 오직 예수님이셨다. 그 진리는 견고하며 흔들리지 않았다.

예수께서 갈릴리 가나에서 물을 포도주로 변화시킴으로 결혼 축제를 도와주었을 때 명백히 예수님의 영광이 나타났다. 마리아의 공적 요청은 그분의 "때"(hour), 즉 하나님의 어린 양으로서의 그분의 때가 아직 오지 않았기 때문에 즉석에서 거부되었다.

여기서 우리는 거의 책 전체의 제목으로도 사용될 수 있는 "때"라는 주제를 발견하게 된다(7:6; 12:23; 13:1; 17:1). 마리아는 메시아적 때에 관해 아직 많은 것을 이해하지 못했었다. 제자들은 어떠했는가? 그들은 예수님의 영광을 보았고 그분을 믿었다(2:11).

8

성전 정화와 새 생명(2:13-3:21)

성전 정화

어떤 이탈리아 미술가가 그리스도께서 성전을 정화하시는 모습을 그릴 때, 그는 원광(圓光)을 주님의 머리 주위에 그리지 않고 성전을 깨끗하게 쓸어내는 빗자루 주위에 그렸다. 모든 행적, 특히 이 행적에서도 예수님은 그분의 영광을 드러내셨다.

성전의 정화 또한 그리스도의 고난을 어느 정도 드러낸다. 메시아적 시편들 가운데서 다음을 읽을 수 있다.

> "주의 집을 위하는 열성이 나를 삼키고 주를 훼방하는 훼방이 내게 미쳤나이다"(시 69:9).

이 시편은 제자들에게도 이루어져야 했다. 주의 집을 위한 예수님의 열성 때문에 그의 적들은 그분을 삼킬 것이다. 예수님은 그분의 능력의 크기를 가늠하게 하는 표적으로 다음과 같은 신비한 말씀을 들려주셨다. "너희가 이 성전(즉, 예수님의 몸)을 헐라. 내가 사흘 동안에 일으키리라"(2:19). 2년 뒤 유월절 축제를 위하여 다시 예루살렘에 가셨던 예수께서 다시 한 번 성전에서의 매매 행위를 중지시켰을 때, 사람들은 이 진술을 기억하고 인용하면서 그분을 공격했다. 또 예수께서 심문받으실 때도 이 진술은 왜곡된 형태로 예수님을 반박하기 위한 증거로 사용되었다(마 26:61). 그렇다면 예수께서 그 "때", 즉 결정적인 사건이 될 다가올 유월절을 **유월절** 축제의 날에 비밀스럽게 공포하셨던 것이다.

거듭남의 필요

그 동일한 유월절 축제 기간 동안 예수님은 흥미 있는 개념을 도입하여 유명한 랍비(교사) 니고데모를 가르치셨다. 예수님은 하나님의 나라를 보고 거기에 들어가기 위해서는 회심 또는 거듭나는 것이 필요하다고 말씀하셨다. 니고데모는 이렇게 질문했다. "사람이 늙으면 어떻게 날 수 있삽나이까. 두 번째 모태에 들어갔다고 날 수 있삽나이까?"(3:4). 당시 율법 교사들은 율법을 행함으로써 구원을 얻을 수 있다고 지나치게 강조했기 때문에 회심에 대한 선지자의 요구는 완전히 사람들의 관심에서 사라지고 말았다. 따라서 니고데모는 당황했다.

어떻게 이 거듭남이 가능한가? 예수님은 들려 올려져야만 하는 인자를 가르침으로써 이 질문에 대답하셨다. 그분은 십자가에 못 박혀야만 하늘로 올라가실 수 있었다. 생명을 주는 영의 음성에 귀를 기울여라!

마치 모세의 날에 구리 뱀을 보았던 자들이 모두 구원을 받았듯이, 아들을 믿는 자들은 모두 구원을 받게 될 것이다. “중생”(regeneration)에 관해서는 수많은 논란이 있어 왔다. 여러분은 이 문제를 고려할 때 어떻게 다시 태어남이 가능하냐는 니고데모의 질문에 대한 대답인 요한복음 3장 16절, 그 유명하고 사랑스러운 구절을 기억하라. 믿는 자들은 메시아 시대의 생명, 즉 중생을 즐기게 된다!

9

유대인들과 사마리아인들에게 전파하심(3:22-5:47)

사마리아에서의 추수

요한은 신앙을 가졌던 자들이 예수께 어떻게 나아왔었는지를 우리에게 알려 준다. 먼저, 평판이 좋지 못했던 사마리아 여인이 소개된다. 그녀는 세겜과 그리심 근처에 있는 야곱의 우물가에서 예수님을 만났다. 거기서 예수님은 그녀에게 생명의 물에 관하여 말씀하신다.

사도행전 8장 14절과 25절로부터 우리는 후에 요한이 "배역한 이스라엘"(렘 3:6 이하)이 살았고 멸시받던 사마리아인들의 땅이었던 그 "밭"에 열매를 맺을 수 있도록 이 지역을 방문했음을 추정할 수 있다. 예수께서 당시 관습을 어기면서 사마리아 여인에게 전하셨던 그 심오한 말씀은 그 여인으로 하여금 주님을 "세상"의 구세주로 믿도록 만들었다.

우리는 이미 서문(1:17)을 설명하면서 신령과 진정으로 예배하는 것에 관하여 이야기하였다. 또한 세례 요한이 살렘 가까운 애논에서 세례를 주었으며(3:23) 거기서 예수님을 증거한 사실도 눈여겨 볼 만하다. 이 이야기는 사마리아 여인의 기사 바로 직전에 소개된다. 애논은 분명히 세겜 부근의 어느 장소가 되어야 하므로 우리는 다음의 예수님의 말씀 가운데서 그분이 의미하셨던 바를 깨달을 수 있다. "내가 너희로 노력지 아니한 것을 거두러 보내었노니 다른 사람들은 노력하였고 너희는 그들의 노력한 것에 참예하였느니라"(4:38).

따라서 세례 요한의 활동 역시 사마리아에서 추수를 하는 데 있어서 어느 정도 역할을 담당하였다. 사도들은 완전히 백지 상태에서 사역한 것이 아니다. 이미 예비 사역이 시행되었으며, 그들은 그것을 이용하고 그 위에 씨를 뿌렸던 것이다(바울을 생각해 보라. 그는 이미 회당이 구약성경을 근거로 해서 가르쳤던 바로 그 곳에서 끊임없이 호소하였다).

갈릴리에서의 추수

요한복음 4장 46-54절은 예수께서 갈릴리 가나에 두 번째 방문하셨을 때 무엇이 추수되었는지를 이야기해 준다. 다시금 믿음은 구원으로 이끌었다. 왕의 신하가 예수님을 만나기 위하여 가버나움에서 가나로 왔다(가나는 언덕 위에 위치한 반면, 가버나움은 해발고도보다 약 200미터 낮은 지역에 위치한 곳이었다). 그는 예수께 열병으로 죽게 된 자신의 아들을 고쳐 달라고 간청하였다.

이 헤롯의 신하가 보여준 행동에서 믿음은 가장 중요한 요인이었다.

비록 예수께서 그와 함께 가시지는 않았지만, 그 고급 관리의 아들은 고침을 받았으며 그의 모든 가족들이 예수님을 인정하게 되었다.

예루살렘에서의 예수님

예루살렘에서 한 축제의 날에(아마 초막절을 가리킬 것이다) 예수님의 명령을 믿음으로 따르면 구원에 이르게 된다는 사실이 다시금 분명하게 밝혀졌다. 이번에 은혜를 받은 사람은 38년 동안 불구로 있었던 자였다(5:8; 또한 4:50을 보라). 오라! 그리고 주님께서 무엇을 행하시고 있는지를 보라!

반면, 거룩한 성에서의 태도는 악의없이 잘 받아들였던 사마리아와 완전히 달랐다. 유대인들은 예수님이 안식일 날 병자를 고친다고 비난했으며 그분에게 이에 대한 답변을 강요했다. 예수님은 대답하면서 아버지와 아들 사이의 협력을 강조하셨다.

믿음의 요구

베데스다로 알려진 휴양지에서의 예수님의 사역도 나중에 그분이 성취해야 할 것에 비교하면 대수롭지 않은 것이었다. 심판과 부활이 완전한 권위를 가진 아들에게 맡겨졌다. 치유받기 위해 38년 동안(이 기간은 초막절에 기념되었던, 이스라엘이 광야에서 방랑했던 기간과 대략 일치한다) 기다렸던 그 만성 환자를 낫게 하심은 예루살렘으로 하여금 믿음을 가지도록 호소하는 역할을 한다.

세 가지 방법을 통하여 이스라엘이 예수님을 하나님의 아들과 인자로 인정하도록 요구되었다. 첫째로 세례 요한이 그분에 관하여 증거했으며(5:33-35), 둘째로 그 자신을 위한 그분의 사역이 증거했다. 아버지께서 이러한 일들을 하도록 허락하셨다(36절). 셋째로 아버지의 말씀이 그분을 증거했다. 그들이 바랐던 모세가 그들을 고소하는 자였다(37절 이하). 예수를 믿지 않는다는 것은 다른 사람, 곧 이스라엘을 불행에 빠뜨리는 자를 믿는다는 것을 의미하였다(5:43).

10

성만찬을 통하여 자신을 나타내심(6:1-71)

마침 유대인의 명절인 유월절이 가까운지라(6:4).

하나님의 어린 양이 모습을 드러내심

예수님은 유월절 시기에 엄청난 주의 군중들을 먹이셨다. 곧 메시아를 열망하는 마음이 불타 올랐다. 군중들은 예수님을 자유를 위해 투쟁하는 민중의 지도자로 세우기를 원하였다. 예수님은 물러나신 후에 제자들이 탄 배를 향해 물 위를 걸어오셨으며, 그러고 나서 가버나움의 회당에 모습을 드러내셨다(6:59).

6장은 하나님의 유월절 어린 양이 홀로 정상을 지키고 있는, 마치 일종의 피라미드와 같다고 볼 수 있다. 본 장은 약 5,000명의 대 무리에서 시작된다. 그 뒤 가버나움의 해변에서 한 무리가 모인다(22절). 이 무리 가운데 일부는 예수께서 가버나움 회당에서 말씀하실 때 명백히 거기에도 있었음에 틀림없다. 그러나 그분이 말씀을 마치자 그의 제자들이 많이 가 버렸다(60절 이하). 결국 열둘이 남게 되고 그 중에서도 한 명은 예수님을 배반하도록 되어 있었다(70-71절). 또한 우리는 베드로가 그의 신앙고백에도 불구하고 나중에 했던 일을 잘 알고 있다.

보다 큰 표적이 요구됨

예수님은 그분의 가르침 속에서 떡의 기적과 유월절을 언급하셨으며, 또 만나에 관한 성경 구절들(출 16장)과 만나에 대한 이스라엘 사람들의 불평(민 11장), 그리고 당시 "교회 시기"(church year)에 읽혀졌을 구절 등을 언급하신다. 유대인들은 하나님께서 광야에서 주셨던 만나를 경멸했던 것처럼, 이제는 그와 같이 예수님을 경멸한다.

유대인들은 작은 떡으로 대 군중을 먹이신 그 기적보다 더 큰 징조, 즉 하늘로부터 온 떡을 원했던 것이다. 예수님은 대답하실 때 유명한 "나는 ~이다"라는 표현을 사용하셨다. "내가 곧 생명의 떡이니 내게 오는 자는 결코 주리지 아니할 터이요 나를 믿는 자는 영원히 목마르지 아니하리라"(6:35). 그 뒤 그분은 자신에게 오는 것이 무엇을 의미하는지 다음과 같이 설명해 주셨다. "나를 보내신 아버지께서 이끌지 아니하면 아무라도 내게 올 수 없으니"(44절).

이 본문을 통하여 어떤 주석가들은 마치 우리가 제비를 뽑거나 추첨에서 임의로 번호를 선택하듯이 그러한 방법으로 구원이 "주어져야만" 한다고 해석하기도 한다. 그러나 예수님은 "아버지께 듣고 배운 사람마다 내게로 오느니라"고 그 뜻을 명백하게 밝히셨다(45절; 사 54:13 역시 참조하라). 이 말씀을 볼 때 구원을 순전히 우리 편에서 수동적인 것으로만 생각하는 사고는 배제되어야 한다. 복음이 선포될 때, 아버지께서는 이미 우리를 쉬지 않고 이끌고 계신다.

생명의 떡

예수님과 적의에 찬 유대인들의 이 만남에서 자신을 가리켜 하늘에서 내려온 산 떡이라고 하신 예수님의 말씀을 유대인들은 단순히 받아들이지 않았을 뿐이지만, 그것은 가장 최악의 것이었다. 유대인들은 예수님의 지도 아래 출애굽을 할 의향이 전혀 없었다. 예수님은 인자의 역할을 맡을 만큼 강한 영향을 주시지 못했다. 예수께서 "내 살은 참된 양식이요 내 피는 참된 음료로다"(55절)라고 하셨을 때, 그것은 모세보다 더 크신 그분과 그분의 사역의 결과 주어지는 결코 아무도 죽지 않을 완전한 음식을 가리키신 것이었다.

그리고 예수님의 선언은 일종의 마샬(Mashal)이었다. 마샬은 그 사실에 대해 참으로 더 깊게 알려고 하는 자들에게는 마음을 강팍케 하는 신비스러운 언사(言辭) 또는 비유다. 하나님의 어린 양을 자신의 실체로 유월절 기간에 명백히 드러내신 것이다.

우리가 후에 발생된 모든 사실을 동원하여 이 장면을 새롭게 조명해 보면 주님의 성만찬과 생명의 떡에 관한 예수님의 말씀들이 서로 연결됨을 알 수 있다. 그러나 우리는 요한이 어떻게든 성만찬 설교를 예수님이 한 것처럼 삽입했다는 가정을 절대 용납해서는 안 된다. 베드로는 이 유월절 설교의 중요성을 매우 잘 인식하였다. 그는 예수님께 이렇게 말하였다. "주여, 영생의 말씀이 계시매 우리가 뉘게로 가오리까. 우리가 주는 하나님의 거룩하신 자신 줄 믿고 알았삽나이다"(68-69절).

11

예수께서 예루살렘에서 가르치심(7:1-10:42)

또 저가 수정같이 맑은 생명수의 강을 내게 보이니 하나님과 및 어린 양의 보좌로부터 나서 길 가운데로 흐르더라. 다시 밤이 없겠고 등불과 햇빛이 쓸데없으니 이는 주 하나님이 저희에게 비취심이라(계 22:1, 5). 이는 보좌 가운데 계신 어린 양이 저희의 목자가 되사(계 7:17).

초막절의 예수님

7장의 서두는 약간 이상한 생각을 자아낸다. 예수님의 형제들은 예수님이 그분을 떠났던 보다 넓은 범주의 제자들에게도 그 자신을 나타내실 것을 기대하면서 초막절 축제에 참석하시기를 부탁하였다. 예수님은 자신의 "때"가 아직 이르지 않았다고 설명하면서 이를 거절하셨다. **유월절**이 되어야 그분은 하나님의 어린 양으로서 고난을 받을 것이고 자신을 나타내실 것이다.

그러나 일단 초막절은 진행중이었고 어떻든 간에 예수님도 거기에 가셨다. 여기에 모순이 존재하지 않는가? 그러나 모순은 찾아볼 수 없다. 예수님은 거기에 나타내지 않고 비밀리에 가셨기 때문이다. 더 나아가 그분은 메시아의 직무에 관하여 토론하고 있던 군중들 사이에도 끼어드셨으며(7:10-13, 25-36, 40-43) 더욱 고조되어 가는 지도자들의 반대에도 부딛히셨다(7:19, 30, 32, 45 이하). 예수님은 신적 권위로써 자신의 가르침을 정당화하기 위하여 하나님의 성전에 오셨으며, 일종의 교사로서 무리들에게 나타나셨던 것이다(7:14절 이하).

지난 명절, 사람들은 예수님이 안식일 날 베데스다에서 병자를 고쳤기 때문에 그분을 박해하려 했었다(5:16). 사람들은 그 명절 동안에(아마 초막절일 것이다) 행해졌던 그분의 행위를 여전히 기억하고 있었음에 틀림없다(7:19 이하; 25, 30, 45 이하; 18:20).

이번 경우 예수님은 완전히 가르치는 데만 집중하셨다. 그분의 "때"가 아직 오지 않았기 때문이다. 지금은 세 번째 유월절이 아니다(7:30; 8:20; 12:23; 13:1). 그러나 특히 그의 "가르침"과 관련된 전선(戰線)은 점차 분명히 드러나게 되었다.

생수

예수님은 십자가에 못 박히시기 전 마지막 초막절에 "교회 시기"의 이 마지막 대 축제를 **성취**시키고 **의미를 부여하는** 자로서 자신을 나타내셨다. 초막절 축제가 거행될 때마다 제사장은 번제를 드리는 제단 서쪽 편에 실로암에서 떠 온 물을 부었다(그 물은 기혼 샘에서 바위를 가로지르는 통로를 거쳐 이 못으로 들어온 것이다). 이 물은 금 주전자로 떠 와서 제단 옆에 있는 두 개의 은 대접에 부어졌다. 그 물이 바위를 거쳐 흘러들어오는 것은 광야를 지나온 여행을 상징한다. 또한 동시에 이것은 물과 관련된 수많은 약속들을 간직한 메시아 시대를 갈망하는 것을 상징한다(사 12:3; 35:6-7; 44:3; 겔 47:1 이하; 3:18; 슥 14:8; 계 22:1, 17). 한편, 여인의 뜰에서는 불기둥을 기념하는 거대한 횃불이 빛을 발하였다.[1] 바로 이 거대한 명절날, 예수님은 생수를 흘러보내는 자로서 자신을 나타내셨다. 그분은 "누구든지 목마르거든 내게로 와서 마셔라"(If anyone is thirsty let him come to me; whoever believes in me, let him drink~7:37 NEB)고 외치셨다.

세상의 빛

예수님은 생수가 솟아나오는 반석이시다(고전 10:4을 보라). 그분은 또한 세상의 빛이시다(8:12). 예수님은 신랄한 논쟁을 통하여 자신을 믿지 않던 반대자들을 독사의 자손으로 부르셨으며 스스로 아브라함의 영적 자손으로 부를 수 있는 권한이 그들에게는 없다고 하셨다. 그 후에 그분은 눈먼 소경을 고치셨는데, 그것은 자신이 세상의 빛(즉, 사단에 얽매여 있는 변절한 유대 사회에 보내진 메시아의 빛)이라는 것을 입증하는 사건이었다(9:5 이하).

예수님이 날 때부터 소경이었던 그 사람을 실로암 못에 보내신 사실

1) 이 축제는 열광적인 행위를 야기시켰다. 7:53에서 8:11에 나오는 간음한 여인이 붙잡혀 왔던 경우는 아마 특이한 사례가 아닐 것이다. 이 구절은 보다 많은 오래된 사본들에 기록되어 있지 않다. 그러나 설사 요한 외에 누군가가 삽입했다 할지라도, 우리는 이 본문을 경외의 것으로 거부할 필요가 없다. 이 본문은 이미 150년경에도 사도적 전승의 일부로 알려져 있었기 때문이다.

을 주목하라. 이 못은 초막절에 중요한 역할을 하였다. 안식일에 행한 이 기적은 초막절을 완성했다는 예수님의 진술에 더욱 밝은 빛을 비추어 주고 있다. 한편, 여기에는 날카로운 대립 또한 존재한다. 이로부터 우리는 어떤 사람에게는 예수님의 사역과 말씀이 더욱 마음을 **강퍅하게 한다는** 사실 역시 발견할 수 있다. 예수님은 이렇게 말씀하셨다. "내가 심판하러 이 세상에 왔으니 보지 못하는 자들은 보게 하고 보는 자들은 소경 되게 하려 함이라"(9:39).

선한 목자

다음에는 "선한 목자"에 관한 이야기를 들려주신다. 결코 이 아름다운 말씀을 하나만 분리시켜서 읽어서는 안 된다. 이 말씀은 바리새인들에게 한 질문과 연관되어 있다. 바리새인들은 어떠했는가? 그들은 완전히 눈 먼 소경들이었는가?

10장 1-21절에는 이스라엘의 어리석은 목자와 대조되는 훌륭한 목자로서의 예수님에 관한 세 개의 비유가 기술되어 있다.

(1) 1-5절에서 예수님은 선한 목적을 가지고 왕의 길로 들어서셨음을 분명히 밝히고 있다. (2) 7-10절에서 예수님은 양의 문임을 말씀하신다. (3) 11-18절에서 예수님은 이리가 올 때 양을 위하여 목숨을 버리는 진정한 목자임을 말씀하시고 있다. 그분은 온 세상에서 교회를 모으시는 사역을 계속하신다. 절대로 양떼를 흩지 않으시며, 참으로 모으고 계신다(7:36; 10:11; 11:52; 12:20 이하).

진리를 아는 자들은 반드시 성경에 의해 살아가며 그분의 음성에 주의를 기울인다. 예수님은 맨 먼저 완전히 이교도들보다는 구약의 약속들에 의해 살아갔던 디아스포라에 있는 유대인들과 이방인들을 고려하셨다. 이들은 요한이 그의 책에서 의도했던 독자들이었다.

곧 이어 예수님은 수전절(Temple Dedication)[2]에 참석하신다. 다시 한 번 그분은 목자의 음성에 귀를 기울이는 양(羊)의 주제를 언급하셨다. 유대인들은 그분의 말을 듣고 그분을 죽이려고 했다. 그러나 예수님은 하누카(Hanukkah)의 축제에 죽으실 수는 없었으며, 아울러 그 때문에 유대의 자유의 투사인 마카비와 그의 이름이 같이 취급되실 수는 없었다.

---

2) 수전절 혹은 하누카의 축제는 빛의 축제(Feast of Lights)라고도 불린다. 이 축제는 8일 동안 지속되었다. 후대에 그 축제의 날에 여덟 개로 갈라진 촛대에 매일 하나씩 불을 밝히는 것이 관례가 되었다. 그 촛대는 주전 168년 시리아의 왕 에피파네스(Antiochus Epiphanes)가 유대의 성전을 짓밟고 대신 우상을 섬기는 장소로 삼았던 사건을 상기시켰다. 주전 165년 12월 25일 마카비(Judas Maccabaeus)의 지도 아래 그 성전은 다시 봉헌되었다. 초막절은 10월에 거행되었지만, 성전의 복원(하누카)은 12월의 크리스마스와 같은 기간에 기념되었다.

12

부활이 가까움을 보여주는 다섯 개의 전조

나사로가 죽음에서 일어남

마침내 예수님은 자신이 출발했던 곳으로 돌아오셨다. 그분은 활동을 시작했던 요단으로 물러서신다. 이어서 예루살렘 가까운 베다니에 살던 그분의 친구 나사로의 부활이 뒤따른다.

이 사건은 하나의 전조였다. 이 사건은 예수님의 영광을 드러낸 것이었으며 죽음으로부터 그분의 부활을 예시하는 것이었다. 동시에 우리는 나사로의 누이 마르다의 고백에 반드시 귀를 기울여야 할 것이다. "주는 그리스도시요 세상에 오시는 하나님의 아들이신 줄 내가 믿나이다" (11:27).

이 기적을 계기로 산헤드린은 예수님을 죽이려고 모의하게 되었다. 한 사람이 언약 백성을 위하여 죽는 것이 온 민족이 망하게 되는 것보다 더 낫다(11:50).

예수님에게 경의를 표함

예수님은 잠시 물러서신 후에 마지막 주간을 친구들과 함께 보내기 위하여 다시 베다니에 나타나셨다. 일몰과 함께 안식일이 끝나자, 그날 저녁 유대인의 관습대로 잔치가 베풀어졌다. 마르다의 동생 마리아는 값비싼 향유로 주님께 경의를 표하는 기회를 갖게 된다. 예수님은 이 행위를 이해하셨다. 이것은 그분의 장사를 위한 준비였으며, 아울러 두 번째 전조였다(12:7).

예수님은 스가랴 9장 9절의 모습대로 '호산나'라는 환호를 들으며 예루살렘으로 승리의 입성을 하신다. 이 역시 하나의 전조였으며 그리스도께서는 이를 결코 억제시키지 않으셨다. 헬라인 몇이 예수님께 문안드리러 왔을 때 예수님은 네 번째 전조를 보이신다(12:20 이하). 그분은 이미 전 인류에 시행될 최후의 추수를 마음속에 그리실 수 있었다.

이 헬라인들을 완전히 이방인이라고 말할 수는 없다. 그들은 아마 회당에 참가했던 "하나님을 경외하는" 이방인들이나 아니면 심지어 귀화했던 유대인들일지도 모른다. 하지만 예수님에 대한 그들의 관심은 분명히 유대인들과 이방인들 사이를 가로막고 있는 벽이 무너지게 될 예시였다. 그럼에도 불구하고 유대인에 관해서는 여전히 이러한 질문을 하지 않을 수 없다. "주여, 우리에게 들은 바를 누가 믿었었나이까?"(12:38; 사 53:1; 롬 10:16).

하늘로부터 소리가 들려왔다. 이 하늘의 환호성은 마지막 전조가 되었다. 예수께서 "아버지여, 아버지의 이름을 영광스럽게 하옵소서"라는 기도를 하자, 응답의 소리가 울려퍼졌다. "내가 이미 영광스럽게 하였고 또다시 영광스럽게 하리라"(12:28). 이사야 53장의 어린 양은 고운 모양도 없고 풍채도 없으나 그분을 보는 자마다 그분을 보내신 자를 본다(45절).

13

행동과 말씀과 기도로 작별을 고하심(13:1-17:26)

작별의 말씀

마침내 그 "때"가 왔다. 우리가 이 단락을 올바르게 이해하기 원한다면 13장과 14장은 유월절 만찬 동안 일어났던 일들을 다루고 있는 하나의 글임을 염두에 두어야만 할 것이다. 그 다음에 나오는 석 장은 13장과 14장과 밀접하게 연결되어 있으며, 우리에게 유월절 만찬 후 예수께서 하셨던 말씀을 전해 준다(14:31).

이 예수님의 말씀은 무엇보다 제자들에게 들려졌다는 사실을 기억하라. 예수께서 그들을 모든 진리로 이끌겠다고 약속하셨을 때, 결코 이 약속이 우리에게도 적용된다고 해석할 수는 없다. 신약성경은 우리에게 완전한 진리의 확립, 즉 선포된 사실의 성취를 보여준다. 사도들은 포도나무의 가지이며 그 가지의 열매는 말씀을 받아들이는 교회에서 무르익는다.

사랑의 표현

우선 예수님은 자신이 선택한 제자들을 어떻게 끝까지 사랑하는지를 보여주셨다. 그분은 수건을 허리에 두르시고(삼하 6:14, 20 이하를 보라) 제자들의 발을 씻기셨다. 누구든지 으뜸이 되고자 하는 자는 반드시 모든 사람의 종이 되리라.

예수님은 이 상징적 행위를 통하여 자신 안에 사랑의 계명을 세우셨다. 이러한 행위는 로마 가톨릭에서처럼(매년 성 금요일 교황이 열두 명의 걸인들의 발을 씻긴다) 공중 앞에 재현된다거나 성례의 하나로 모습이 바뀌어져서는 안 된다. 그 다음에 이어지는 말씀 속에서는 유다의 배신과 베드로의 부인이 언급된다. 예수님은 돌이켜 말씀하셨다. "새 계명을 너희에게 주노니 서로 사랑하라"(13:34).

보혜사 초서의 성령

예수님의 말씀은 네 가지 질문(또는 요청)을 하게 만들었다. 시몬 베드로가 질문했다. "주여, 어디로 가시나이까?"(13:36). 또한 도마가 질문했다. "주여, 어디로 가시는지 우리가 알지 못하거늘 그 길을 어찌 알겠삽나이까?"(14:5). 빌립 역시 말한다. "주여, 아버지를 우리에게 보여주소서. 그리하면 족하겠나이다"(8절). 유다(가룟 유다가 아님)가 의문을 나타냈다. "주여, 어찌하여 자기를 우리에게는 나타내시고 세상에게는 아니하려 하시나이까?"(22절).

예수님의 말씀 속에서 그분이 자신의 교회를 위한 직무를 감당하기 위하여 아버지께로 가심이 분명하게 드러났다. 그 자신은 아버지께로 가는 "길"이다. 더욱이 그분은 자신의 영(즉, 성령)을 그들에게 보냄으로써 그의 백성에게로 돌아오실 것이다.

그 영(즉, 성령)은 "보혜사"(Counselor, Paraclete)로 불린다. 이 단어를 킹 제임스 성경(King James Version)은 위로자(comforter)로 번역한다. 요한일서 2장 1절을 보면 그리스도에 관하여 이와 동일한 헬라어가 사용되었는데, 거기서는 대언자(advocate)로 번역되었다.

성령은 교회의 합법적인 조언자요, 간청자요, 대언자이시다. 예수님은 성령을 통하여 그분의 백성들에게 자신을 나타내신다(14:21). 이 말씀은 "세상", 즉 변절한 유대 사회를 자연스럽게 제외시키는 어떤 비밀스러운 가르침이 아닐 것이다. 그렇다. 예수께로, 아버지께로, 우리의 대언자인 성령께로 나아가는 길은 예수님의 말씀을 지키는 모든 자들에게 열려 있다(23절).

세상의 핍박

유월절 만찬을 마친 뒤에도 예수님의 말씀은 더 계속되어야만 했다. 15장 1절부터 시작되는 말씀은 먼저 이야기되었던 주제들이 확장된 것이다. 사랑이라는 주제가 그리스도이신 포도나무에 붙어 있는 가지로서 그 안에 거하라는 명령으로 표현된다.

이제 "세상"이 주는 핍박이 특별히 강조된다. 이 핍박에 직면하여 그리스도는 보혜사의 도움을 약속하신다. 보혜사는 "세상"과 회당에 다음의 사실을 확신시킬 것이다. (1) 메시아를 거부한 죄, (2) 메시아를 들어 올리신 하나님의 의, (3) 하늘에서 추방된 사단이 징벌로서 **심판**을 받음 (16:8 이하; 또한 12:31; 14:30; 계 12장을 보라). 예수님께서 성령이 세상을 "확신"시킬 것이라고 말씀하신 것은 회심을 말하는 것이 아니라, 재판의 의미에서 인정하게 만드는 것을 의미한다. 성령께서는 부인 못할 강력한 증거를 제공함으로써 그 **죄**를 인정하게 만드실 것이다.

우리가 사도행전 2장에서 베드로의 오순절 설교를 읽게 될 때, 요한복음 16장에서 이미 예수님이 그 오순절의 주제를 거론하셨음을 알게 된다. 사도들은 발생되었던 일 때문에 놀라거나 당황할 수는 없었다. 예수님이 약속하신 대로 만약 그들이 예수님의 말씀 안에 거한다면 놀라운 은혜를 받고 그들의 직무를 수행할 수 있을 것이다. 사도들은 오직 말씀과 성령의 능력을 통해서만 회당에 반대하여 증인으로서의 역할을 감당할 수 있을 것이다.

예수님의 기도

이 말씀의 마지막은 일반적으로 "대제사장의 기도"로 알려져 있다. 그러나 이 기도는 선지자적인 요소와 왕적 요소도 포함하고 있다. 이 기도는 세 부분으로 구성되었다. (1) 예수님은 자신이 완성시킨 사역을 말하고 약속대로 영화롭게 해주시길 아버지께 기도드리신다. (2) 예수님은 제자들을 위한 중재를 하신다. 그분은 그들이 비록 세상에 있지만 세상에 속하지 않도록 기도하시며, 또한 그들이 말씀을 수호함으로 말미암아 하나로 남아 있도록 간구하신다. 벌써 여기에서 우리는 아버지와 아들 사이에 존재하는 높고 거룩한 하나됨(unity)에 기초한 연합의 동기를 발견할 수 있다. 17장 22절에서 예수님은 "**우리가 하나가 된 것** 같이 저희도 하나가 되게 하려 함이니이다"라고 기도하신다. (3) 예수님은 후에 사도들의 말을 통하여 자신을 멀리하게 될 사람들을 위하여 기도하신다. 그분은 아버지와 아들의 하나됨에 기인하여 그들이 사도들과 하나가 되기를 기도하신다.

예수님은 "에큐메니칼"(ecumenical) 운동처럼 말씀에 근거하지 않는 모호하고 잘못된 연합에 관해서 말씀하시지 않았다. "세상"에 양보한다는 것은 절대 있을 수 없다. 이 한결같은 신앙고백에 직면할 때만 "세상"(즉, 변절된 교회)은 믿음으로 이끄는 호소를 듣고 말씀을 받아들이게 될 것이다. 이 기도의 마지막 구절들(22-26절)은 또다시 교회의 기초인 사도들에게 초점을 맞춘다.

14

예수님의 높아지심과 영화롭게 되심(18:1-21:25)

직접 목격한 기사

네 번째 복음서의 저자는 목격자였기 때문에 결코 자료들에 얽매이지 않았다. 이는 예수님의 구금에 관한 묘사와 빌라도 앞에서의 담화를 보면 명백해진다(여기서 예수님은 "나는~이다"라는 선언을 하신다. "내가 왕이다"). 이것은 요한이 무조건 다른 복음서 저자들을 비판했다거나 그들의 작품을 수정했다는 것을 의미하지 않는다. 그의 기술 목적이 "너희로 예수께서 하나님의 아들 그리스도이심을 믿게 하려 함"이었음을 기억하라(20:31). 이 목적 때문에 확실한 사실들이 기록되어야 했다. 따라서 우리는 베드로에 의해 귀가 잘렸던 대제사장의 종의 이름도 알 수 있다. 한편, 의사 누가는 예수께서 상처받은 종을 치유하신 사실을 전해 주었다. 우리는 전(前) 대제사장 안나스 앞에서의 심리에 관해서는 읽을 수 있지만 가야바 앞에서의 심리는 전혀 찾아볼 수 없다.

빌라도의 역할

그날 밤 빌라도의 행동이 많은 분량으로 다루어져 있다. 빌라도의 역할을 고려해 볼 때, 우리는 자신을 더럽히지 않으려는 유대인들은 법정의 이방인석 바깥에 머물러 있었음을 염두에 두어야만 한다. 따라서 빌라도는 예수를 심문할 때는 건물 안에 있었지만 유대인들과 이야기하기 위해서는 거듭 밖으로 나와야만 했다(18:29, 38; 19:4, 12에서 유대인들이 율법에 충실했기 때문에 빌라도가 밖으로 나오는 모습을 보게 된다). 빌라도가 밖에 나올 때마다 새로운 국면이 진행되었다. 우리는 18:33(19:1)과 19:9에서 그가 안으로 들어가는 모습을 본다.

처음에 빌라도는 예수님을 심문하지 않기 위하여 유대인에게 그들 스스로 예수님을 재판하라고 요구했다(18:31). 그 다음에 그는 예수님에게 아무런 죄가 없다는 것을 알고서 그분을 바라바와 함께 사면 대상자로 추천했다(39절). 군중들이 바라바를 선택함으로써 그 일이 잘 되지 않자, 그는 자색옷과 가시 면류관을 씌워 예수를 모욕함으로써 약간의 동정심을 불러일으키려고 노력했다(19:4 이하). 빌라도는 유대인이 불충하다는 비난으로 자신을 위협하자 그 때서야 비로소 거기에 굴복하여 예수님에 대한 선고를 내렸다(13절 이하).

요한의 상세한 기록

여러분은 예수님이 처형당하신 기사를 읽게 될 때 다른 복음서에서 보지 못한 매우 상세한 내용 때문에 무척 놀라게 될 것이다. 예를 들면 천을 잇지 않고 통으로 짠 속옷[3], 십자가 곁에 선 마리아, 예수님의 옆구리를 찌른 사실과 같은 내용들이다(여기서 피와 물은 두 가지 성례가 있음을 가리키는 것이 아니라 단지 예수님이 실제로 죽으셨음을 증명하는 것이다).

예수님이 사랑하시던 제자 요한은 목격자로서 십자가 곁에서 이를 주시하고 있었던 것이다. 그는 예수님의 뼈가 꺾이지 않고 성경이 성취되는 모습을 지켜보았다(19:24, 28, 36-37). 유월절 어린 양은 "그 묘실이 부자와 함께" 된다(사 53:9). 니고데모가 사용한 향유는 일찍이 마리아가 사용한 것보다 약 100배의 가치가 있는 것이었다!

부활절 아침의 사건에 관해서 요한은 자신이 베드로와 함께 무덤에 갔던 사실과 마지막 아담으로서 예수님이 막달라 마리아에게 나타나셨던 사실을 기록하고 있다. 마리아는 혼자 예수를 붙잡아 두려 했다. 요한은 아울러 "나의 주시며 나의 하나님이시니이다!"라는 도마의 부활의 고백을 들려준다.

---

3) 이 통옷은 교회가 의무적으로 유지해야 하는 통일성(unity)을 상징하는 것으로 이용되어 왔다. 로마 가톨릭의 추기경이자 비숍인 사돌레토(Sadoleto)는 1539년 (칼빈이 없는 동안) 개혁을 포기하고 로마 가톨릭으로 돌아오라고 제네바 시민을 설득하기 위한 글을 작성할 때 이 통옷을 언급하였다. 사돌레토가 이 본문을 이용한 것은 올바른 해석이 아님이 분명하다. 그것은 순전히 영해 또는 알레고리에 불과하다.

마지막과 새로운 시작

이 책의 결론으로 보이는 본문(요한이 자신의 기록 목적을 기술한 구절) 뒷부분에는 부록 또는 끝맺는 말(에필로그)이 기록되어 있다. 우리는 여기에서 예수님이 어떻게 디베랴 바다에서 고기를 잡던 여섯 제자("세베대의 아들", 즉 야고보와 요한이 포함됨)에게 나타나셨는지를 살펴볼 수 있다. "사람을 낚는 어부"가 물고기를 잡고 있었다. 그리스도를 세 번이나 부인했던 베드로는 양떼를 돌보라는 임무를 세 번 부여받는다. 이로써 네 번째 복음서의 저자와 베드로는 새로운 미래를 맞이하게 된다.

따라서 예수님의 구속 사역과 후대의 교회 역사는 분명히 연결되어 있음에 틀림없다. 이 모든 것은 요한의 증거를 믿게 하려는 실제적인 목적을 위하여 기록었다. 예수님을 따랐던 자들은 "우리는 그의 증거가 참인 줄 아노라"는 요한의 말을 선포하였다(21:24).

EARCH THE SCRIPTURES

사도행전

1

예수에 관한 책

예수 그리스도는 어제나 오늘이나 영원토록 동일하시니라(히 13:8).

제1권의 연속

예수에 관한 누가의 책 제2권 역시 데오빌로에게 헌정된다. 사도행전에서는 "각하"(most excellent)라고 소개되지 않는 데오빌로는 그 이름이 하나님의 친구라는 뜻이다. 제1권은 예수께서 행하시고 가르치시기를 **시작한** 내용을 다루었다. 누가는 이제 부활하시고 승천하신 주(Lord)로서, 그분의 성령을 통하여 자신이 선택한 자들에게 분명한 명령을 전달하시는 그리스도의 사역에 참여하게 된다.

누가는 데오빌로에게 주님이 완고한 백성들을 향하여 여전히 그분의 팔을 계속 펼치고 계심을 분명하게 보여준다. 제1권에서 예수님의 말씀을 전해 주었던 것처럼 제2권에서는 사도들의 말씀을 들려준다. 이 사도들의 말씀은 아브라함의 후손에 대한 주님의 고소(告訴)와 연결된다.

증인이라는 단어의 계속된 사용은 "예루살렘"과 또한 그 광신자들과의 "정당한 싸움"이 존재하고 있음을 가리킨다.

예루살렘이 강조됨

누가가 제1권에서 취급했던 다양한 주제들이 제2권에서도 다루어진다. 처음부터 활동이 시작되는 **예루살렘**이 대단히 강조된다. 예루살렘은 사도들이 "아버지의 약속하신 것", 즉 성령의 임하심을 기다려야 했던 장소였다(1:4; 또한 눅 24:49을 보라). 그들은 예루살렘에서, 그리고 온 유대와 사마리아와 땅 끝에 이르기까지 예수님의 부활을 증거하는 자가 되어야 했다(1:8). 그들이 직접 자신의 눈으로 부활하신 주님을 목격했으며 자신의 귀로 그분의 음성을 들었기 때문이다.

예수님은 예루살렘으로부터 하늘로 올라가셨다(11절). 오순절 사건 역시 이 도시에서 발생되었다. 누가는 예루살렘을 일상적인 헬라 명칭으로 언급할 뿐만 아니라(4절), 예루살렘이 성스러운 언약의 도시였음을 강조하기 위해 히브리식 철자를 사용하여 기술하기도 한다(8, 12, 19절). 예루살렘은 후에 사도들이 증거했던 곳이며, 또 거기에서 그들이 체포되었고, 회중이 발생했으며, 또한 베드로가 수감되었다가 풀려났던 곳이기도 하며, 야고보가 순교의 잔을 마셨던(12장) 뜻 깊은 곳이었다.

12장 이후는 바울과 바나바가 세계로 나아가는 새로운 단원이 시작된다. 그러나 그 때도 "예루살렘"이 잊혀지는 것은 아니었다. 그 "선교사들"은 언약의 백성을 저버리지 않고 항상 **회당**에서 말씀을 선포하기 시작했다. 그리고 새 이스라엘인 예루살렘 교회와도 정규적인 접촉이 있었다(15:1 이하; 21:15 이하).

성전과 왕직

우리는 사도행전에서 역시 성전에 관한 주제를 발견할 수 있다. 메시아 시대의 징조로서 앉은뱅이가 치유된 사건 뒤에 성전에서 복음이 전파된다. 그 뒤를 이어 성전의 권위자들이 반발하는 이야기가 주어진다(3장에서 시작됨). 이제 예수께서 말씀을 선포하셨던 솔로몬의 행각이(요 10:23) 예배의 장소로 사용된다(3:11; 5:12). 성전의 파멸이 스데반에 의해 암시된다(6:13; 7:48). 누가복음과 마찬가지로 성전은 시작뿐만 아니라 마지막에서도 강조되고 있다. 바울은 성전에서 체포되었으며, 거기서 이스라엘을 향하여 만민 앞에 설교를 하였다(21:27 이하). 그는 성전을 경외하지 않았다는 이유로 체포되었다.

사도행전에서는 왕직 문제 역시 두드러지게 표현된다. 예수님은 부활 후 그의 조상 다윗의 위를 소유한(눅 1:32-33) 그분의 제자들에게 하나님의 나라에 관해 말씀하셨다(1:3). 바울이 로마에 도착해서 첫 번째로 한 일은 유대 지도자들과의 모임을 만든 것이었다. 바울이 거기서 그들과 다루었던 주제는 하나님의 나라였다.

그는 그들이 받아들이기 쉬운 어떤 추상적인 믿음을 전하려 하지 않았으며, 예수 안에서 완성된 하나님의 법칙에 관해 이야기하였다. "바울이 아침부터 저녁까지 강론하여 하나님 나라를 증거하고 모세의 율법과 선지자의 말을 가지고 예수의 일로 권하더라"(28:23).

승천하신 주님의 사역

사도행전에는 감명 깊게도 승천하신 주님의 사역이 기록되어 있다. 제1권에서와 마찬가지로 제2권에서도 동일한 구세주가 사역하시지만 이제 그분은 그의 교회를 통하여 활동하시고 있다. 이 책의 이름은 **사도행전**(Acts of the Apostles=사도들의 활동기)이지만, 마찬가지로 말씀과 성령을 통한 **승천하신 구세주의 활동기**(Acts of the Ascended Savior)라 부르는 것도 좋을 것 같다. 예수 그리스도 바로 그분이 말씀과 증언으로, 또한 표적과 기적을 통하여 지고(至高)의 권위를 드러내시는 분임을 되풀이하여 강조하고 있다.

이 책의 시작 부분을 보면 감람산에서 제자들이 예수께 이런 질문을 한다. "주께서 이스라엘 나라를 회복하심이 이 때니이까?"(1:6). 이 물음에 대한 해답이 이 책 나머지 부분 전체에 걸쳐서 자세하게 주어진다. 승천하신 주님은 성령을 부어 주셨으며(2:33), 치료가 필요한 자를 치료해 주셨고(3:6, 16; 4:10; 9:34; 14:3), 또 스데반에게 하늘을 열어 주셨으며(7:55 이하), 베드로에게는 옥 문을 열어 주셨고(12:11), 루디아의 마음을 여셨다(16:14). 그리고 빌립을 에디오피아 내시에게 보내시고, 베드로를 고넬료에게 보내시며(8:29; 10:19 이하), 바울과 실라를 부르시고(13:12), 그들이 가야 할 여로를 준비하시며(16:6 이하; 20:22 이하) 감독자를 임명하신 분도 바로 예수의 영이셨다(20:28). 베들레헴에서 나사렛과 가버나움을 거쳐 예루살렘으로 가셨던 제1권의 예수 그리스도가 역시 제2권의 예수 그리스도이셨던 것이다.

2

새 이스라엘이 선택한 도(道)

따라가야 할 새 길

구약에는 "주의 도"가 무수히 언급되어 있다. "여호와여 주의 도를 내게 보이시고 주의 길을 내게 가르치소서"(시 25:4). 잠언은 올바른 도를 따라가라는 훈계로 가득 차 있다. 이스라엘을 부르심은 거짓 선지자들의 가르침에 따라 좌로나 우로 치우치지 말고 오직 주의 도를 계속 행하라는 것이었다(신 5:32-33; 9:16; 13:5; 28:14; 왕상 3:14).

우리는 사도행전에서도 주 예수의 사역이 "도"로 언급되고 있음을 본다(9:2; 19:9; 22:4; 24:14, 22). 주의 도를 함부로 변경시키는 자는 궤계와 악행이 가득한 마귀의 자식이요, 모든 의의 원수이며, 그에게 주의 징계의 손이 함께할 것이다(13:10-11). 따라서 새 이스라엘이 선택한 도는 예수 그리스도에 대한 세례 요한의 고백과 조화를 이룬다(13:

24-25).

이 "도"를 따라가노라면 고난에 부딪히기도 한다. "우리가 하나님 나라에 들어가려면 많은 환난을 겪어야 할 것이다"(14:22). 그 "도"를 따라가던 자들을 박해했던 바울은 하나님의 부르심에 신실하기 위해서 많은 여행을 해야만 했다. 성령이 그를 강권(强勸)하셨다. 그것은 하나님이 필요로 하신 것이었다(9:15; 13:2; 16:6 이하; 19:21; 23:11).

예수님은 이사야가 말했던 "주의 종"이었다. 그분은 하늘에 오르셔서 "도"와 "이방의 빛"이었던 자신의 사역을 계속하기 위해 인간을 도구로 사용하셨다. 바울이 부름받았을 때, 그에게는 메시아적 임무가 주어졌다. 그는 "그들의 눈을 뜨게 하여 어두움에서 빛으로, 사단의 권세에서 하나님께로 돌아가게" 해야만 했다(26:18; 사 35:5; 42:7, 16; 61:1).

주의 종에 관한 이사야 42, 49, 61장의 글이 그리스도 안에서 **성취**되었다. 한편, 그리스도께서는 교회를 사용하여 그의 직무를 수행하도록 하는 방법을 쓰셨다. 이것은 교회를 위한 고난을 포함한다. 교회는 많은 전도 여행이 없이는 그 임무를 수행할 수 없었다. 성전과 회당이 말씀을 받아들이지 않았기 때문에 당연히 여러 번 실망이 되풀이되지 않을 수 없었다.

이는 예루살렘에서(1-7장), 온 유대와 사마리아에서, 로마에 이르기까지(13-28장) 새 이스라엘이 선택했던 그 도다.

3

오순절과 언약의 백성에 대한 호소

여호와께서 자기 백성과 쟁변하시며 이스라엘과 변론하실 것이라(미 6:2).

다른 종류의 회복

"주께서 이스라엘 나라를 회복하심이 이 때니이까?"(1:6) 당시 제자들은 여전히 옛 왕국의 회복을 기대하고 있었다. 실제로 회복은 있었지만, 유대인들이 생각하고 있었던 어떤 국가주의적인 의미에서의 회복은 아니었다. 왕국은 교회를 통한 메시아적, 신정(神政)적인 의미에서의 회복이었다.

사도행전을 보면 그리스도의 지시대로 제자들이 예루살렘에서 돌아와 성령을 보내신다는 위대한 약속이 성취될 것을 기다리는 모습이 기술된다. 이미 선지자들은 성령이 함께하는 교회가 메시아의 시대에 즐길 특별한 선물을 이야기하지 않았는가?(사 32:15; 44:3; 겔 11:19; 36:27; 39:29; 2:28 이하). 또한 오래지 않아 성령으로 제자들이 정결케

될 것을 예수님이 약속하시지 않았는가?(1:5; 11:16; 눅 3:16) 성령의 부으심으로 인하여, 그들은 자신들의 증거를 이스라엘에 전파할 수 있었다.

유다를 대체시킴

그들은 예수를 배반한 뒤 자살해 버린 가룟 유다를 대체시킴으로써 모자란 구성원을 채우고 직무를 위한 준비를 해야 했다. 그들은 추천된 두 명의 후보자 중에서 맛디아를 제비로 선택하였다.

어떤 주석가들은 이 과정을 베드로가 제안했으며, 베드로에 의한 독단적인 계획이었다고 보기도 한다. 또한 그들은 바울이 실제로는 열두 번째의 사도였다고 주장한다. 이제 우리는 요한의 형제 야고보가 죽은 뒤에 바울이 사도로 등장하게 되는 사실은 잠시 제쳐두고, 열두 사도가 있어야 함을 주장하는 베드로의 성경적 근거를 고려해 보자.

시편 69편의 고난받는 메시아의 저주가 성취되었다. 예수님의 갈증으로 이 시편이 성취된 것이 아닌가? 그렇다면 마찬가지로 그를 대항한 자들(예를 들면, 유다)이 받은 형벌 역시 이 시편의 성취가 아닌가? 왕국의 회복은 다윗의 시편이 성취될 것을 요구한다(시 109:8; 41:10-11; 눅 22:21; 막 14:18; 요 13:18을 보라). **의인**이 고난받는 것처럼 그의 원수들도 형벌을 받는다. 따라서 유다가 대체된 것은 무서운 실례이며 이스라엘에 대한 경고다!

유다 왕국의 백성들이여! 만약 여러분이 회개하지 않는다면 유다(가룟 유다)의 운명처럼 고난을 면치 못할 것이요, 대체되고 말 것입니다.

오순절의 이해

오순절 아침은 다음과 같이 소개된다. "오순절 날이 이미 **이르매**(had come)…." 누가가 실제로 이야기하는 바는, 단지 **오고 있다**는(coming) 것이 아니라 **성취**(fulfillment)를 가리키는 것이다. 마찬가지로 그는 이어서 급하고 강한 바람 같은 소리가 온 집에 가득하며(filled – 과거 시제임), 저희가 다 성령의 충만함을 받았다(filled – 역시 과거 시제임)고 기술하고 있다(2:1-2, 4).

오순절 사건과 관련된 여러 가지 잘못된 이해 때문에 여기서 가장 많이 제기되는 몇 가지 질문을 생각해 보고자 한다.

(1) 오순절 표적의 의미는 무엇인가? 2장 6절에서는 **소리**에 관해 기술되어 있다. 불의 혀, 소리, 방언으로 말함, 또한 각 사람이 베드로의 말씀을 자신들의 모국어로 듣게 됨, 이 모든 것들은 말씀의 능력을 가리킨다. 이 현상은 그 날부터 공격적인 태도를 취하기 시작한 복음의 능력을 설명해 준다. 또한 성령은 이를 통하여 자신이 음성, 즉 **말씀**을 통하여 활동하시는 분이라는 것을 알렸던 것으로 보인다.

(2) 베드로의 오순절 설교를 들었던 사람들은 누구였는가?

예루살렘에는 과거에 다른 나라에서 살았지만 이제 마지막 여생은 예루살렘에서 보내고 거기에 묻히고 싶어하는 유대인들이 많이 살고 있었다. 이들 유대인들 가운데는 너무나 완벽하게 자기들이 살던 나라에 동화되어, 심지어 그 나라의 언어를 이어받고 히브리어를 알지 못하는 자들도 있었다. 따라서 그들은 예루살렘에 그들의 회당을 설립해야만 했다. 그렇지만 그들은 여전히 유대인들이었다. 그리고 유대인들과 결합했던 개종자들 또는 전향자들 역시 유대인들에 포함되었다. 그러므로 베드로의 오순절 메시지를 들었던 사람들은 이교도들이 아니라 언약의 백성들이었다.

(3) 베드로의 설교와 그 후에 발생되었던 일들은 정말 예외적이었는가?

그 설교는 요엘서에서 인용한 본문을 기초로 하여 작성된 것이다. 그 다음에 세례와 교인들의 증가, 성만찬 예식, 교제 등이 뒤따랐다. 따라서 "예외적인" 오순절의 기사(奇事)는 "일상적인" 교회 생활을 소개하는 데 공헌하고 있다. 거기에는 이상한 황홀경(ecstasy)을 표현한 곳도 없으며, "감정에 의한 증거"도 없었다. 예배의 주요 부분은 성경 본문에 근거한 일상적인－따라서 매우 특별한－설교 바로 그것이었다.

(4) 베드로는 요엘서 본문을 어떻게 해석했는가?

그는 그 본문을 하나의 좌우명이나 널리 알려진 격언으로, 혹은 그가 표현하기 원했던 그 자신의 사상을 펴내는 출발점으로 이용한 것이 아니다. 그보다 그는 그 표적을 증거로 요엘의 예언이 성취되었음을 보여주고 있다. 무엇보다 요엘은 불과 성령의 부으심을 말했었다. 누가복음의 서두에서 예수님이 그날 청중들이 **듣는 중에** 이사야 61장이 성취되었다고 나사렛 회당에서 선포하셨던 것처럼, 사도행전 서두에서도 모인 사람들의 **목전에서** 요엘서 2장 28절 이하의 말씀이 성취되었다고 선포하고 있다.

이 성취는 메시아가 실제로 오셨음을 보여주는 것이다. 베드로는 얼마 전 십자가에 못 박히셨던 예수님이 바로 메시아였으며, 또한 오순절 역사는 예수께서 그의 우편에 앉아서(시 110편) "너희 보고 듣는 이것을 부어 주신" 하나님의 놀라운 표적이라고 선언하였다(2:33).

베드로는 다음과 같은 선포로써 결론을 맺는다. "그런즉 이스라엘 온 집이 정녕 알지니 너희가 십자가에 못 박은 이 예수를 하나님이 주와 그리스도가 되게 하셨느니라"(36절).

(5) 베드로의 설교에 대한 응답은 어떠했는가?

엄청난 두려움이 있었다. 만약 정말 예수가 메시아였다면, 그분이 다시 오셔서 예루살렘과 이스라엘 위에 약속된 분노를 터뜨리실 것이다. 오순절 기사(奇事)는 다가올 **메시아적 분노**, 즉 피와 불과 구름 기둥의 예고로써 이해되었다.

(6) 베드로는 그의 본문을 어떻게 청중들에게 적용했는가?

누구든지 주 예수 그리스도의 이름을 부르는 자는 구원을 얻을 것이며, 아울러 그는 약속된 대로 성령을 선물로 받을 것이다. 베드로의 청중들에게 요엘의 약속이 적용된다. "이 말씀을 너희와 너희 **자녀**와 모든 먼 데 사람, 곧 주 우리 하나님이 얼마든지 **부르시는** 자들에게 하신 것이라." 베드로는 다시금 요엘서 2장을 인용하여 확인하였다(2:39).

또한 종종 세례 의식에 사용되는 이 본문은 우리와 우리 자녀들에게 한 이 "약속"이 무엇보다 "천국"의 약속이 아님을 보여준다. 부름을 받고 기름부음을 받은 자들은 언약의 선물, 즉 우리가 이로써 모든 것을 할 수 있게 되는 성령의 선물을 약속받는다.

(7) 베드로는 마지막에 가서 자신의 메시지를 어떻게 요약하였나? “너희가 이 패역한 세대에서 구원을 받으라”(2:40). 여기서 그는 다시 한 번 요엘서를 회고한다. “누구든지 여호와의 이름을 부르는 자는 구원을 얻으리라”(2:32, 또한 롬 10:13을 참조하라). 동시에 그는 모세의 마지막 노래를 가리키고 있다. 이 노래는 오래지 않아 성전에서 울려 퍼져야만 했다.

> 그들이 여호와를 향하여 악을 행하니
> 하나님의 자녀가 아니요
> 흠이 있는 사곡한 종류로다(신 32:5; 20도 참조하라; 시 12:2, 8).

이스라엘이 직면한 선택

여러분이 사도행전을 더 읽어 나가면, 누가가 어떻게 이스라엘이 선택에 직면했는지를 보여주고 있음을 알 수 있다. 이스라엘은 상승과 파멸의 기로에 있었다. 이스라엘은 구세주로부터의 용서와 구원을 구하지 않으면 언약된 대로 진노로 인하여 파괴되어야 했다.

복음은 결코 우리의 여린 마음을 자극하기 위한 감상적인 이야기가 아니다. 신약성경은 어떻게 하나님께서 자신의 백성들과의 분쟁을 처리해 나가시는지를 보여준다.

계속되는 호소

신약 교회의 형성은 이스라엘에 대한 교훈이 되었다(2:41-47). 베드로와 요한이 앉은뱅이를 고쳤을 때, 그들의 행동도 동일한 조명 아래 고려되어야만 한다.

사도들이 저녁 기도에 참석하기 위하여 성전을 방문했던 것은 전혀 놀라운 일이 아니다. 이미 그리스도께서 모든 의식법(ceremonial laws)을 완성하셨음에도 불구하고, 명백히 "비참한 신성모독"의 흔적이 없는 한 새 이스라엘은 유대의 울타리 속에 남아 있어야 했다. 교회가 그 나름대로 독특한 발전을 향해 움직여 나가는 데 있어서 예루살렘의 타락은 교회사에서 실로 중요한 시점이었다.

복음이 아직 모든 곳에서 유대인들에게 회개하고 메시아를 인정하도록 요구하지 않았기 때문에 그 동안 성전은 여전히 존재해야만 했다. 하나님께서는 성전에서 사도들을 통하여 자신의 백성들과의 논쟁을 계속하셨다. 베드로와 요한은 성전에서 예배 참가자들과, 또 진보적이고 좌파이며 신화를 제거하려고 노력했던 사두개인들과, 배후에서 앉은뱅이를 치유하도록 도움을 준 십자가에 못 박히신 주님에 대해 자유롭게 이야기하였다.

베드로가 성전에서 설교를 할 때 언약이란 주제를 강조하고 있음을 주시하라(3:25). 그는 주님의 종의 이름으로 그들에게 축복의 전망을 제시했을 뿐만 아니라(3:26), 또한 그들이 선지자 예수를 받아들인다면 그들 앞에 유쾌하게 되는 날이 있게 될 것을 선포하였다(19절 이하). 우리는 멀리 심판의 광경을 바라본다. 만약 복음을 거부한다면 극한 상태에 이르게 될 것이다.

반발이 거세짐

오래지 않아 열두 사도는 모두 성전에서 체포당하고 만다. 충돌은 보다 심화되었다. 가말리엘이 사도들을 놓아 주려고 했던 사실을 기억한다 할지라도 그의 중립은 놀랄 만한 것이 아니다. "제3의 방법"은 가능하지 않다. 사도들은 채찍을 맞은 뒤 공중 앞에서 이야기하는 것이 금지되었다. 이것은 결코 중립이라고 할 수 없다. 산헤드린은 예수를 대항하는 쪽을 선택했던 것이다.

그 기도 속에서 교회는 시편 2편을 올바르게 인용했다. 시편 2편은 메시아적 왕이 그의 왕좌에 앉아 있음에도 불구하고 전 세계적인 반역을 이야기하고 있다. 이스라엘의 지도자들은 빌라도와 헤롯을 지지하였다. 그들과 항쟁하기 위해서 제자들은 주의 종에 관해 과감하게 증거해야만 했다.

두 편 사이의 대립은 더욱더 격렬해졌다. 얼마 있지 않아 스데반에게 돌을 던지는 사건으로 확장되었다(스데반은 왕관이라는 뜻이다). 그는 자신의 구원주와 동일한 죄, 즉 성전을 더럽힌 죄로 고소당했다. 그가 처형당할 때 한 말은 예수님이 생각나게 한다(7:59-60; 또한 눅 23:34, 46; 시 31:6을 보라). 종이 그 주인보다 낫지 못하다.

할례받지 못한 귀

스데반은 산헤드린 앞에서 역시 주님의 발자취를 따르는 말을 하였다. 그는 어떻게 요셉과 모세와 같은 구원자들이 그들의 백성들에 의해 배척당했는지를 보여 주었다. 선지자들을 죽였던 이스라엘은 할례받지 못한 이교도들보다 더 나쁘다. 이스라엘은 마음과 귀에 할례를 받지 못하였다(7:51). 이것은 우리에게 이상한 표현으로 보일지 모르지만, 선지자 예레미야 역시 성전을 향한 설교(렘 7:1 이하)를 하기 바로 직전에 할례받지 못한 귀에 대해 이야기하고 있다.

> 보라 그 귀가 할례를 받지 못하였으므로
> 듣지 못하는도다.
> 보라 여호와의 말씀을
> 그들이 자기에게 욕으로 여기고
> 이를 즐겨 아니하니
> 그러므로 여호와의 분노가 내게 가득하여
> 참기 어렵도다(렘 6:10-11, 또한 9:26을 보라).

예레미야와 그리스도가 둘 다 피상적이고 순전히 형식적인 성전 예배를 비난했던 것처럼, 성령은 스데반이 그와 동일한 주장을 계속하도록 인도했다(렘 7:11; 눅 19:46). 종은 그의 주인과 꼭 같은 말을 한다.

4

기독교 공동 사회

청지기 정신

누가는 그의 첫 번째 책에서 예수님의 "불의한 재물"에 관한 말씀에 특별한 관심을 보였다. 그의 두 번째 책에서도 그는 역시 재정적인 문제에 대해 상당히 주의를 기울이고 있다.

예루살렘의 회중 가운데 어느 정도는 외부에서 온 유대인들로 구성되어 있었다. 그들은 거룩한 도시에 몸을 묻기 위하여 그 곳으로 왔던 자들이었다. 그들 중 많은 수는 그 곳에 묻히기 위한 은밀한 계획들을 가지고 있어야 했다. 그러나 일단 그들이 메시아가 이미 오셨다는 그 복음을 받아들이기만 하면 상황은 달라졌다. 부자는 그들의 부를 덜 중시하게 되었으며, 가난한 자들은 이전보다 부를 위해 더 노력해야만 했다. 왜냐하면 가난한 자들을 도왔던 회당의 "집사"들은 일단 그들이 "다른 회당", 즉 "나사렛" 당 또는 "그 도"를 따르는 자들에게로 넘어가기만 하면 더 이상 그들을 도와주지 않았기 때문이다.

이것은 교회가 특별한 수난을 가져야만 했음을 의미한다. 그 방법들은 종종 오해를 받기도 했다. 그것은 모든 재산이 교회의 손에 들어가 공공의 소유가 되었기 때문에 사유재산이 갑자기 폐지되고 모든 재산이 공유물이 되었으며, 그 결과 아무도 다른 사람보다 더 많이 가지지 않게 되었다는 그러한 의미가 아니었다. 그렇다. 예루살렘 교회의 구성원들은 하나의 성령에 의해 공동 사회를 형성했으며, 거기에서는 사유재산이 최고의 것으로 또는 절대적인 것으로 간주되지 않았을 뿐만 아니라 훌륭한 청지기적 정신으로 운영되었으며, 공동 사회 내의 가난한 자들의 필요에 따라 자유롭게 충당되었다.

그러나 최초의 기독교 공동 사회에서는 결코 사유재산이 폐지되지 않았다. 예를 들어, 누가는 요한 마가의 어머니인 마리아가 예루살렘에 주택을 소유하고 있었음을 기술하고 있다(12:12).

아나니아와 삽비라

아나니아와 삽비라는 그들이 땅을 판 돈의 전부를 교회에 바친다고 진술했지만 실상은 그 중 얼마를 비밀리에 숨겨 두었었다. 베드로는 그들에게 이렇게 말하였다. "땅이 그대로 있을 때에는 네 땅이 아니며 판 후에도 네 임의로 할 수가 없더냐?"(5:4). 따라서 2장 44-45절과 4장 32절 이하와 같은 본문들은 결코 예루살렘의 초대 기독교인들이 "내 것이 너의 것이고 나의 것이다!"라는 표어 아래 의무적으로 전 세계적 공산주의를 실현시켰다는 견해를 뒷받침하는 것으로 이용될 수 없다. 누가가 이 재정적인 제도와 연결하여 우리에게 보여주고자 하는 것은 초대 교회가 어떻게 재물과 재산에 관한 예수님의 말씀들을 진지하게 지켜 나갔었는가 하는 것이다. "너희 중에 누구든지 자기의 모든 소유를 버리지 아니하면 능히 내 제자가 되지 못하리라"(눅 14:33).

누가는 또한 우리에게 사단이 교회가 그 내부에서부터 파괴될 것을 기대하면서 이 상황이 발전되어 가는 모습을 얼마나 주의 깊게 지켜보았는가를 보여준다. 아나니아와 삽비라의 행동은 분명히 이를 예증해준다.

이때 내려졌던 징계 처분은 보는 사람들에게 매우 무서운 영향을 미쳤다(5:5 이하, 13). 아론의 두 아들이 제사장으로서 첫 번째 봉헌에서 죄악을 저질렀을 때 주님께서 이를 제거하셨던 것처럼, 또 여리고를 점령하면서 아간이 죄를 저질렀을 때처럼, 엘리야의 뒤를 이은 엘리사를 조롱한 소년들에게 역사하셨던 것처럼, 이제 다시 한 번 주님께서는 죄악을 제거하시는 심판의 능력을 여기서도 입증하셨다(레 10장; 수 7:11; 왕하 2장).

집사들의 임명

누가는 또한 분명히 그들 사이에 자발적인 구제 활동이 적절하게 이루어지지 않았을 때, 가난한 자들을 돌보아 주기 위하여 "집사"라 불리는 특별한 종들을 어떻게 교회가 임명했었는지를 보여준다. 돌에 맞아 처형된 스데반과 빌립(사도 빌립과는 다른 인물임) 역시 집사였다.

어떤 주석가들은 사도행전 6장이 전혀 집사직의 제정을 언급하고 있지 않다고 주장하기도 한다. 그 반대로 오늘날은 집사직을 사회적 요구와 문제들에 기여하는 독립적인 사회 제도로 환원시키려는 경향도 있다. 그러나 사도행전을 보면 집사들이 **개교회 회중들**, 즉 오늘날 **세상적인 집사직을** 부르짖는 사람들의 필요에 주의를 기울이기 위하여 임명 되었음을 알 수 있다.

5

씨앗이 멀리 넓게 뿌려짐(8:1-12:25)

새로운 "디아스포라"

스데반의 처형을 지지했던 사울이라는 인물이 마찬가지로 교회의 다른 구성원들도 학살하려는 준비를 하고 있었다(후에 바울이라는 라틴어 이름-"작은 자"라는 의미-으로 만나게 될 것이다). 여기서 우리는 결코 스데반의 죽음을 매우 비정상적인 예외 또는 극단적인 사례로 간주해서는 안 된다. 수많은 교회 신자들이 그들의 신앙으로 인하여 고난을 받았으며, 그 결과 많은 사람들이 예루살렘을 떠나 다른 곳으로 주거지를 옮기는 사태가 발생했다.

이 "디아스포라" 또는 분산은 큰 무리의 모임을 야기시켰다. 그것은 예루살렘에서 쫓겨난 크리스천들이 가는 곳곳마다 예수가 메시아라는 복음을 전파했기 때문이다. 누가는 그들의 전파에 관한 몇몇 실례들을 기록하였다. 동시에 그는 하나님 바로 그분께서 이 전파자들의 발걸음을 인도하셨음을 보여준다(8:26; 9:1 이하; 10:1 이하). 그렇다. 누가는 어떻게 하나님께서 이스라엘과 이방인 사이를 가로막은 담을 흔들어 놓으셨는지를 보여준다.

사마리아에서의 전파

예루살렘을 벗어난 첫 지역은 세겜에 자신들의 성전을 두었던 이단 사마리아인들의 본거지인 사마리아 성이다(1:8). 예루살렘을 떠났던 빌립 집사가 거기서 복음을 전파하고 시몬이라는 마술사에게 세례를 주었었다. 베드로와 요한이 예루살렘을 떠나 교회 시찰자로서 그 곳을 방문했을 때 이 사마리아의 파우스트는 성령의 능력을 돈으로 사려 했다(오늘날까지 시모니<Simony>라는 말은 성직자의 직책과 은사를 사고파는 것을 언급할 때 사용된다).

베드로는 모세의 다섯 번째 책을 지적하면서 자신과 이름이 같은 시몬에게 판결을 내렸다. "내가 보니 너는 악독이 가득하며 불의에 매인 바 되었도다"(8:23; 또한 신 29:18; 히 12:15을 참조하라). 여러분이 베드로의 행동 과정을 고려할 때, 사마리아인들도 사두개인들과 마찬가지로 단지 모세오경만을 권위가 있는 것으로 받아들였음을 명심하라.

사도들은 명성을 얻기 위해 전혀 노력하지 않았으며 영지주의(Gnosticism)나 이교도들과의 어떠한 타협도 반대하였다. 누가는 교회에 침투하려고 노력하는 많은 이단들이 있었음을 철저하게 잘 알고 있었다.

에디오피아인에게 전파함

분산된 신자들이 복음 전파를 한 두 번째 실례(實例)는 이해도 못하면서 이사야 53장을 열심히 읽고 있었던 "하나님을 경외하는" 에디오피아 내시와 빌립의 이야기다. 이 국고를 맡은 흑인 내시는 이스라엘 성전의 뜰에는 들어갈 자격조차 없었다(신 23:1). 그러나 성경은 그와 그의 백성들을 위한 영광스러운 약속들도 얼마만큼 포함하고 있다(사 56:3-5과 시 68:31을 생각해 보라. "구스<에디오피아>인은 하나님을 향하여 그 손을 신속히 들리로다"). 빌립이 이 사람에게 예수님이 하나님의 어린 양이시라고 설명했을 때, 그의 반응은 이와 같다. "보라, 물이 있으니 내가 세례를 받음에 무슨 거리낌이 있느뇨?"(8:36; 역시 10:47도 참조하라). 그리하여 세례를 받은 에디오피아인은 옛 블레셋 지역인 가사와 아스돗을 지나 자신의 땅으로 돌아갔다. 우리는 내시가 "흔연히"(rejoicing, 기쁘게) 그의 길을 갔다는 표현을 볼 수 있는데(8:39), 이는 누가에게도 기쁨을 가져다 주는 동기가 되었다.

베냐민 출신의 "탐욕스러운 늑대"

흩어진 신자들이 복음을 전파한 세 번째 실례는 베냐민 지파(창 49:29)의 "탐욕스러운 늑대", 즉 다소 사람 사울의 이야기다. 그는 방어할 힘이 없는 크리스천들을 박해하기 위하여 다메섹으로 가던 도중 예수님께 부름을 받게 된다. 오늘날 이 바울의 회심은 우리가 믿음에 대해 토론하기 위하여 모였을 때 흥미로운 대화의 주제가 된다. 그러나 우리의 열광 속에서 종종 누가가 묘사하고자 했던 최고의 것을 간과하기가 쉽다. 우리는 누가가 이 글을 기록한 것이 단순히 어떤 회심의 이야기를 들려주려는 것이었다고 단정지으려는 경향이 있다. 사울이 바울로 탈바꿈한 것을 예수 그리스도를 믿는 믿음으로의 바람직한 회심 방법이라고 간주한다면, 그 사람들은 다메섹으로 가는 사울의 이야기에서 핵심을 간과하고 있는 것이다.

누가는 주님께서 온 세상에 복음을 전파하기 위한 그분의 계획의 일환으로서 어떻게 이 탐욕스러운 늑대를 이용하셨는가 하는 바로 그것을 보여 주고 있는데, 그 이유는 무엇일까? 바울은 그가 **보고 말한 것을 들었던** 예수 그리스도의 증인이 되어야만 했다(22:15; 23:11). 그는 바로 이 때문에 그러한 특별한 방법으로 구속사적인 임무를 수행하도록 부름 받은 것이다. 바울은 복음을 듣고 헬라 세계에 들어가야 했다. 이것이 부활하신 주님이 부활의 모습을 바울에게 보여준 이유였던 것이다. 여러분이나 나는 바울과 꼭 같은 임무를 받지 않았다. 그러므로 우리는 부활하신 주님이 우리 앞에 직접 나타나서 우리에게 직책을 맡기시는 특별한 회심의 경험을 기다릴 필요가 없다.

믿음을 가르침

다윗의 자손(예수님)이 이 탐욕스러운 늑대에게 나타나신 이후 새롭게 회심한 바울은 일반적인 방법을 통하여, 즉 다메섹에서 아나니아라는 크리스천으로부터 믿음을 받아들이게 되는데 이를 반드시 주목해 볼 필요가 있다. 바울의 경우에도 역시 주님께서는 그분의 사역을 위한 종들을 훈련시키기 위하여 말씀의 활동을 사용하셨다. 바울의 회심에 관하여 장황하게 이야기하기를 좋아하는 사람들은 그보다 이방인들에게 복음을 전파한 위대한 사도가 했던 계시된 말씀(예수님)에 대한 어린아이 같은 순종을 말해야만 할 것이다.

사도행전에서 1장 8절이 주제가 되었던 것처럼, 바울에게 믿음을 가르쳤던 아나니아에게 주어진 주님의 메시지는 사도행전의 나머지 부분의 주제로 간주될 수 있다. 소문에 의해 사울을 이미 알고 있던 아나니아는 그와 어떤 관계를 맺기를 거부했으나 주님은 그에게 말씀하셨다. "가라, 이 사람은 내 이름을 이방인과 임금들과 이스라엘 자손들 앞에 전하기 위하여 택한 나의 그릇이라. 그가 내 이름을 위하여 해를 얼마나 받아야 할 것을 내가 그에게 보이리라"(9:15-16).

사울[1])이 속박을 받고 곧 이어 고침을 받게 되는 이 사건은 그가 많은 사람들에게 빛으로서의 주의 종(예수님)을 나타내게 될 것을 약속하는 상징이 되었다(13:47; 26:18; 사 35:5; 42:7, 16; 눅 18:35 이하; 요 8:12; 9:5). 바울은 즉시 다메섹에서 복음을 전파하기 시작했다. 얼마 지나지 않아 산헤드린의 옛 사도는 그리스도를 위하여 고난을 받는다는

---

1) 9:7을 보면 바울과 함께 있던 자들이 소리(voice)는 들었으나 아무도 보지는 못했다고 기술되어 있다. 22:9에 가면 바울은 그와 함께 있던 자들이 그에게 말한 소리는 듣지 못했으나 빛은 보았다고 서술하였다. 이 명백한 불일치에 직면하여 우리는 고대 역사가로서 누가가 동일한 사건에 대한 상반되는 두 의견을 신실하게 그대로 기록했다고 주장할 수 있다. 이것은 마치 현 역사가가 어떤 다른 사본에 근거하는 이문(異文)을 제시하거나 또는 어떤 사건의 상반되는 견해를 '각주'(footnote)에 기록해 주는 것과 같다고 볼 수도 있다. 그러나 여기서 우리는 비록 표현의 차이는 있다 하더라도 모순 또는 대립을 이야기할 필요가 없다. 9:7에서 말하고자 하는 바는 바울과 함께 있던 자들이 소리는 들었으나 어떤 사람을 보지 못했다는 것이며, 11:29에서는 사람이 아니라 빛은 보았으나 어떤 명확한 말씀(words)은 듣지 못했다는 것이다.

것이 무엇을 의미하는지를 발견하게 되었다. 그 역시 예루살렘에 나타났다. 후에 등장하게 될 바나바가 거기에 있던 사도들에게 그를 소개하였다.

유대의 금기를 타개함

누가는 룻다와 욥바에서의 베드로의 사역을 이야기하면서 또다시 예루살렘 바깥에서의 교회의 활동 사례를 우리에게 전해 준다. 욥바는 옛날 요나가 이방 앗수르에 말씀을 전파하라는 명령에 순종하지 않고 피신하기 위해 선택한 곳이기도 하다. 이제 이 곳은 베드로가 "하나님을 경외하는" 로마 관리를 성공적으로 방문하도록 만든 환상을 본 장소가 되었다. 베드로는 이 로마인과 그의 가족들에게 말씀을 전파해야만 했다.

여전히 유대의 금기들에 묶여 있었던 베드로는 유대의 결례법이 허용치 않는 이방인의 가정에 들어갈 수 없었다. 그러나 주님은 그에게 이를 억지로 시키셨으며, 또 누가로 하여금 로마의 관리 곧 회당에서 "하나님을 경외하는" 이방인 고넬료에게 복음이 선포된 사실을 기록하는 기회도 제공하셨다.

물론 누가는 이 이야기를 기록할 때 그의 첫 독자인 데오빌로를 늘 마음에 두었을 것이다. 데오빌로는 자신의 경험에 비추어 보아 고넬료의 어려움도 알았으리라. 따라서 누가는 상당히 긴 부분에 걸쳐 그 이야기를 기술하였다. 그는 또한 베드로가 예루살렘에서 이를 보고한 사실에도 대단한 관심을 보였는데, 데오빌로에게는 그것에 대한 교회의 반응이 어떠했는가 역시 중요했을 것이다.

하나님 안에서는 분리가 없음

누가는 모든 문제를 숨겨 두려고만 하지 않았다. 교회가 잘못되어 가고 단점이 숨겨진다면 교회가 찾던 복음의 대상자들을 적절히 설득시키지 못한다는 사실을 잘 인식하고 있었기 때문이다. 그러나 그는 베드로를 반대하던 자들이 결국은 생각을 바꾸게 되었음을 명확하게 밝히고 있다. 에디오피아 내시처럼 그들은 베드로의 전례를 따라 아무 것도 자신들을 막을 수 없음을 알았다(8:36; 10:47; 11:17). 하나님 안에서 분리는 없다. 그는 결코 어떤 "으뜸 종족"(master race)도 인정하지 않는다. 베드로는 이렇게 말하였다. "내가 참으로 하나님은 사람의 외모를 취하지 아니하시고(God does not show favoritism=편애를 보이지 않으시고: N.I.V) 각 나라 중 하나님을 경외하며 의를 행하는 사람은 하나님이 받으시는 줄 깨달았도다. 만유의 주 되신 예수 그리스도로 말미암아 화평의 복음을 전하사 이스라엘 자손들에게 보내신 말씀…을 너희도 알거니와"(10:34-36).

사도행전의 이 단락은 야고보의 죽음으로 결론을 맺게 된다. 야고보는 예수와 함께 세례를 받고 예수께서 마셨던 것과 동일한 고난의 잔을 마시게 되었다(막 10:39; 골 1:24). 베드로는 유월절 기간 동안 수감되었었지만, 주님께서는 천사를 통하여 헤롯의 능력에서 그를 자유롭게 만드셨다. 예수님의 형제 야고보가 예루살렘에서 직무를 수행하게 되었다. 그 뒤 베드로는 예루살렘이 너무 지나칠 정도로 소동하게 되자 다른 곳으로 갔다. 주님은 이 상황을 이용하여 복음이 더욱더 멀리 전파되도록 하셨다.

수리아의 안디옥

수리아의 안디옥(전설에 의하면 여기서 누가가 태어났음)에는 이미 교회가 있었다. 원래 구브로 출신이었던 바나바가 이 교회에 보내졌다. 바나바는 이를 기회로 바울을 천거하는데, 바울은 거의 길리기아 지경에 속한 고향 다소에서 얼마 동안을 지내고 있었다.

우리는 여기서 교회가 복음을 전파할 전도자를 파송하게 될 때 누가 가장 그 지역에 적합한 인물인지를 고려하여 선별했던 것을 알 수 있다. 디아스포라의 유대인이었던 바나바는 헬라인들과 함께 지내는 방법을 알고 있었다. 이 때문에 그는 이미 교회 내에 헬라인들이 있었던 안디옥으로 파송되었던 것이다. 이로써 유대인들과 이방인들 사이를 가로막고 있는 벽이 타개되었다(11:20-21). 예수를 따르는 자들이 최초로 **크리스천**, 즉 그리스도 일당이라고 불리게 된 장소가 바로 오론테스(Orontes) 강에 위치했던 이 강대한 도시였다(11:26). 다음에 언급되겠지만, 안디옥은 **복음 사역**에서 무엇이 필요한가를 빈틈없이 조사했을 뿐만 아니라 **가난한 자**와 **없는 자**를 돌보아 주는 일에도 매우 민감했던 살아 있는 교회였다. 누가는 안디옥 교회가 예루살렘에 큰 기근이 발생했다고 전해졌을 때 거기에 선물과 함께 바울과 바나바를 보냈던 일 역시 기술한다(11:27 이하).

안디옥뿐만 아니라 베니게(Phoenicia, 두로와 시돈–21:1-5과 눅 10:

13-14을 보라)와 구브로에서도 교회가 세워졌다. 마치 식물들이 사람들과 동물들 그리고 심지어는 바람까지 이용해서 자신의 씨앗을 옮기는 것처럼, 이와 같이 해서 복음의 씨앗도 멀리 그리고 넓게 퍼져 나갔다.

6

먼저는 유대인에게, 다음은 헬라인에게(13:1-14:28)

"선교사" 초서의 바울

일반적으로 사도행전 13장과 14장에 묘사되어 있는 여행을 우리는 "바울의 첫 번째 선교 여행"으로 부른다. 이 명칭은 완전히 정확한 것은 아니다. 무엇보다 바나바 역시 이 여행에서 매우 중요한 역할을 담당하였다. 더욱이 이 여행을 복음 전도자로서 바울의 첫 번째 사역이라고 할 수 있는가? 그는 부름받은 뒤 다메섹과 예루살렘으로 갔으며(9:19 이하), 나아가 그의 고향 다소에까지 가서 복음을 전파하지 않았는가? (갈 1:21, 23) 갈라디아서는 바울이 아라비아, 수리아, 길리기아에서도 복음을 전파했음을 보여주고 있다. 그러므로 바나바와 함께 넓은 세계로 복음을 전파하기 위하여 안디옥을 떠났던 바울은 결코 교육받지 않은 일꾼이 아니라 이미 복음을 전한 경험과 훈련을 쌓은 사람이었다. 결론적으로 우리가 "선교 여행"이라 하면 어떤 사람은 이교도들 사이에서 영혼을 구하려 하는 작업이라고 생각하는 경향이 있다. 그러나 그것은 바울에게 첫 번째 목적이 아니었다.

선교 사역을 이야기할 때 우리는 누군가가 깊은 밀림에 둘러쌓인, 아무도 가 보지 않은 원시 지역에 들어가는 것을 생각한다. 우리가 바울과 바나바의 여행을 이러한 기준으로 측정해 본다면 매우 실망할 수밖에 없다. 결국 우리는 이것이 결코 선교 여행이 아니라는 결론에 다다르게 된다. 13장 5절을 예로 들면, 두 사람이 구브로에 왔을 때 유대 회당에서 하나님의 말씀을 전파했음을 볼 수 있다. 그들은 비시디아 안디옥(수리아의 안디옥이 아님)에서도, 또 이고니온에서도 마찬가지였다(13:14; 14:1).

유대적인 기초를 이용함

첫 번째는 언약의 백성에게 선택이 주어졌다. 먼저 존재하고 있던 "교회"가 그 자신을 개혁하기 위하여 부름을 받았다. 유대인들이 받아들이기를 거절했기 때문에 복음 전파자들은 "헬라인"에게로 고개를 돌려야 했던 것이다. 더구나 많은 경우에 이 헬라인들도 역시 복음에 전혀 생소한 사람들은 아니었다. 그들 중 많은 사람들이 회당에 참석했던 "하나님을 경외하는" 이방인들이었다. 그래서 그들은 이미 구약 성경에 기록된 메시아의 약속들과 친숙해 있었다.

알렉산더 대제 이후 많은 유대인들은 소아시아의 도시로 이주해 가도록 당국으로부터 권고를 받아 왔다. 그것은 국가에 신실한 유대인들로 하여금 이미 소아시아에 살고 있던 자유를 존중하는 헬라 이주자들에 대응하는 친 국가 단체를 형성시키려는 의도였다(분명히 토착민들은 중요한 위치를 차지하지 않았다).

유대인의 이주와 함께 교회의 성장이 뒤따랐다. 교회는 이미 여러 방법으로 증대되어 있었던 "헬라인"과 "회당" 사이의 접촉을 정규적으로 이용하면서 자라났다. 마음속에 명심해야 할 것은 복음이 확장되고 교회가 성장하기 위한 확실한 프로그램에는 **예루살렘**에서 **시작**해서 말씀이 **이미** 사역 중인 장소로 옮겨가는 이 계획이 포함되어 있었다는 것이다. 복음은 유대의 기초에서 시작하여 더욱더 넓은 범주의 사람들에게로 언제나 퍼져 나갈 것이다. 복음은 처음에는 유대인들에게 선포되었으며, 그 다음에는 "헬라인"에게였다. 얼마 있지 않아 "야만인들"(barbarians, 헬라인들이 비헬라인을 가리켜 불렀던 명칭)에게도 차례가 주어졌다.

바울과 바나바는 "미개발 국가들"을 돕기 위하여 수십만 달러를 모금하지도 않았으며, 식민지 통치나 황제의 권력에 대하여 저항하거나 개혁을 부르짖지도 않았다. 그보다 그들은 유대인, 헬라인, 로마인들의 이주와 식민지화에 의하여 만들어진 사회 양식들을 인정했었다. 그들은 이미 발전되었던 양식들을 기초로 말씀을 통하여 지중해 연안 지역으로 나아갔다. "선교 사역"이 "교회를 개혁"하는 사업과는 별개의 것으로 이해되어 어떤 특별한 종류의 모험으로 변하게 된 것은 훨씬 이후의 일이며, 따라서 오늘날 복음 전도자는 선교란 어떤 먼 지역에서 행해지는 일이라는 잘못된 오해를 불러일으키게 해서는 안 된다.

바울과 바나바가 파송됨

안디옥(수리아)에는 죄악의 온상인 국제적인 아편굴이 있어서, 거기에서 어린이들과 성인들이 아스다롯(Astarte) 여신에게 제물로 바쳐졌다. 바로 여기에 교회가 세워져 꽃을 피웠던 것이다. 뿐만 아니라, 그 곳에는 여러 곳에서 몰려 온 유명한 선지자들과 교사들(그 중에는 헤롯 안디바와 젊었을 때 친구였던 사람들도 있었다)이 자신들의 일에 열중하고 있었다. 따라서 그 곳은 분명히 특이한 장소였으며, 특이한 교회였다. "내가 불러 시키는 일을 위하여 바나바와 바울을 따로 세우라"(13:2). 따라서 예수 그리스도의 성령께서 일을 시작하셨음이 분명하다!

이제 누가는 바울과 바나바가 요한 마가와 함께 수행했던 이 "선교 여행"의 사건을 그의 우아한 양식의 글로 기술한다. 여러분은 교회에 의하여 파송된 이들이 지나갔던 발자취를 잘 이해하기 위하여 지도를 함께 살펴볼 필요가 있다.

유대인의 반발

유대인의 반발의 기미는 항상 존재했다. 우리는 유대의 거짓 선지자 바예수를 통해서도 이를 인식할 수 있다. 바예수라는 이름은 **여호수아의 아들**이라는 뜻이다. 애굽의 마술사들이 바로의 궁정에서 모세를 대항했듯이, 총독 서기오 바울의 궁정에서 바울과 바나바를 대항하였다. 결국 그는 얼마 동안 애굽의 흑암에 휩싸이게 되었다. 유대의 반발의 기미는 역시 바울이 회당에서 진정한 구속사적 설교를 했던 안디옥(비시디아)에서도 존재하였다. 그것은 이고니온과 루스드라와 더베에서도 마찬가지였다.

루스드라에서 기록한 디모데에게 보낸 그의 마지막 편지에서 바울은 안디옥과 이고니온과 루스드라에서 고난받을 때와 "어떠한 핍박"을 받을 동안 호의적으로 지원해 주었던 디모데에게 고마움을 표하고 있다. 그는 계속해서 "주께서 이 모든 것 가운데서 나를 건지셨느니라. 무릇 그리스도 예수 안에서 경건하게 살고자 하는 핍박을 받으리라"고 말한다(딤후 3:11-12; 살전 2:15-16도 참조하라).

유대인들에게는 예수를 메시아로 기꺼이 받아들이려는 어떠한 흔적도 보이지 않았다. 더욱이 그들은 바울이 이방인들을 완전히 받아들였을 때 매우 감정이 상했었다. 우리는 유대인들이 "새 교리"를 전파하는 자들을 거듭거듭 방해하고 있음을 볼 수 있다. 바울은 심지어 루스드라에서의 사건 이후 비록 생명은 건졌지만 돌에 맞기도 했다(14:19; 고후 11:25도 참조하라).

회당에서의 설교

안디옥 회당에서의 바울의 설교는 그의 설교의 표본이 된다. 어떻게 그가 청중들을 불렀는지를 주목해 보라. "이스라엘 사람들과 및 하나님을 경외하는 사람들아, 들으라." 그러므로 데오빌로는 바울의 설교가 역시 자신에게도 해당된다고 생각했을 것이다.

이 설교의 내용 또한 인상적이다. 여기에는 감정주의적인 것도 없으며 복음을 단순화시킨 흔적도 없다. 바울이 행한 것은 청중들에게 **성경**

을 **폭로한 것뿐**이다.

그의 말씀 전파에 의한 결과 역시 주시해 보라. 유대인뿐만이 아니라 특히 하나님을 경외하는 이방인들도 그의 복음을 다시 듣고자 했다. 그 다음 안식일에 말씀의 종이 다시금 전파했을 때 회당은 이방인들로 가득 찼다. 이것은 희석된 설교는 교인들을 성장시키지 못한다는 것을 보여준다. 오직 율법과 선지자들의 말을 그리스도의 빛 아래 설명하는 것만이 이방인들을 깨우칠 수 있었다.

루스드라에서의 설교

누가는 바울의 설교의 두 번째 표본을 제시한다. 이 두 번째 설교는 주위 환경 때문에 어느 정도 심각한 오해를 불러일으켰다(루스드라에서 바울과 바나바는 제우스와 헤르메스<쓰스와 허메> 신이 시찰을 나온 것으로 오인되었다[2]).

---

2) 오비드(Ovid)가 기록한 고대 이야기에 따르면(Metamorphoses, Ⅷ, 610-714), 주피터 신과 머큐리 신(헬라어로는 제우스와 헤르메스 신으로 불림)이 신분을 숨긴 채 인간들을 방문하였다. 그러나 오직 빌레몬(Philemon, 성경을 통하여 잘 알려진 이름이다)과 그의 아내 바우시스(Baucis)만이 그들을 환영했을 뿐이었다(이들은 심지어 손님들을 위하여 당시 "집을 지키는 개"로 이용되었던 자신들의 거위까지 잡으려 했었다). 그 불친절했던 이웃들의 땅은 늪으로 변하고 말았지만, 그들의 집은 무사히 남아 성전이 되었다. 결국 빌레몬과 바우시스는 목숨을 구했으며 거룩한 나무들(오크나무와 보리스)이 되어 성전 마당 위에 서 있게 되었다. 아직 그렇게 심하게 헬라화되지는 않았던 루스드라 사람들은 아마 이 신화의 영향을 받았을 확률이 높다(그들은 그 때까지도 자신의 집안에서 Lycaonian 언어로 이야기하길 좋아했다).

바울이 신들의 사자(使者, messanger)인 헤르메스 신으로, 또 기적을 행하지 않았던 바나바가 최고의 신인 제우스 신으로 인정되었던 것은, 우리가 그 당시 세계에서 권세를 가진 자는 항상 중개인을 통하여 이야기했던 사실을 이때 바울이 선포했던 설교는 안디옥 회당에서의 설교와 매우 다르다는 사실을 주목할 필요가 있다. 그는 단순히 구약을 인용하는 것이 아니라 그 이교도들이 이미 알고 있었던 사실들을 수사학적으로 이야기하기 시작했다. 따라서 때때로 설교야말로 참된 "선교 설교"라고 주장되기도 한다.

그것이 사실이라 할지라도, 바울이 그러한 상황 속에서 진정 하고자 했던 것은 무엇이었을까? 루스드라에서 그는 성경에는 무지하나 완전히 이교적인 전설에는 정통한 청중들에게 이야기하게 되었다. 그래서 그는 안디옥에서 전파했던 그대로 말씀을 전할 수가 없었다. 그러나 만약 여러분이 14장 15절과 17절을 시편 146편 6-7절과 예레미야 5장 24절과 비교해 본다면 이 위기 상황 속에서도 그는 성경 말씀을 반영하려고 노력했음을 알 수 있을 것이다. 누가는 바울이 어떻게 구약을 가지고 그의 청중들을 헛된 이교 생활에서 돌이키도록 호소했는지를 우리에게 보여 주고 있다.

생각해 볼 때 충분히 이해할 만하다. 이는 자연히 신들의 세계에서도 인정되었다.

7

이방 기독교인들에게 불필요한 멍에가 아님(15:1-35)

할례에 대한 논쟁

최종적으로 바울과 바나바는 안디옥으로 돌아왔다. 몇몇 유대에서 온 사람들이 이방 기독교인들에게도 할례가 필요하다고 가르쳤다. 그 때문에 교회 지도자들과 의논하기 위하여 바울과 바나바가 예루살렘으로 보내졌다.

예루살렘에서 그들은 바리새인들 중 믿는 어떤 사람들로부터 강한 반대에 부딪히게 되었다. 그러나 베드로는 이방 기독교인들도 할례를 받아야 한다는 주장에 반대했으며, 야고보(예수님의 동생)는 이방인의 회심이 다윗의 무너진 장막을 재건하리라는 하나님의 약속의 성취인 것으로 이야기하였다(암 9:11).

이방인 중에서 하나님께로 돌아오는 자들에게 율법의 멍에를 지우지 않기로 결정이 났다. 그러나 그들은 유대 기독교인들과의 교제를 어렵게 만들지 않으려고 우상에게 바쳐진 음식이나 유대적 의식에 따라 도살되지 않은 고기를 먹는 것과 피를 먹는 것(레 17장), 또 음란한 행위와 관련된 것(여기에는 아마 레 18장에 약술된, 결혼이 금지된 범주의 사람들과의 결혼도 포함될 것이다) 따위는 금지시켰다.

그러나 이방 기독교인들은 할례를 **받지 않아도** 되었으며, 그들이 행치 않았던 경우 때문에 처벌 대우를 받지 않아도 되었다.

필요 없는 장애가 아님

그 문제를 해결하는 데 있어서 주안점은 어떠한 방법으로든 교회 내의 보다 약한 사람들이 죄를 범하지 않도록 하려는 것이었다. 이것은 모든 사람들로 하여금 음행과 피와 부적절하게 준비된 고기를 멀리하도록 함으로써 성취하려고 했다. 제도를 개혁한다거나 지키지 않도록 교회가 영향을 미칠 수는 없었다. 이 방법을 통하여 유대 기독교인들과 이방 기독교인들이 동일한 식탁 위에 앉아서 음식을 먹을 수 있게 되었다.

유대인들은 "하나님을 경외하는" 이방인들이 회당에 소속되어 살아갔던 것처럼, 교회에 소속된 이방 기독교인들의 삶에 대하여 양심적으로 아무런 괴로움도 겪지 않아야만 했다. 그리고 여러 나라에서 모인 기독교인들 역시 필요 없는 할례의 멍에에서 벗어날 수 있어야만 했다. 이로 보아 교회는 예루살렘에서 출발하면서부터 포괄적인 특성을 지지하고 있었다!

각 교회 사이의 협력

바울과 바나바와 함께 유다와 실라도 이 결정이 설명된 편지를 가지고 여러 교회를 방문하도록 임무를 부여 받았다. 여기서 우리는 성직자들의 조직이 활동 중임을 알 수 있다. 그러나 사도행전 15장에 묘사된 모임을 당연히 "노회"로 규정지을 수는 없다. 이 모임은 실제로 안디옥에서 온 두 사람의 대표가 조언을 목적으로 함께 참석한, 초대 교회의 사도들과 장로들의 회의 그 이상도 그 이하도 아니다. 그러나 이 이야기는 교회들 간에 어떤 종류의 연결이 지속되고 있었음을 분명히 밝혀 준다. 개개의 교회들은 서로 접촉을 유지하려 했으며 그들의 관심을 표현하려 했다.

이 모임을 통하여 바울의 사역이 공식적으로 인정되었다. 더욱이 고넬료 사건은 베드로로 하여금 의식법에 관한 태도를 변화시키게 만들었으며, 교회는 이를 근거로 원리를 채택하게 되었다. 결의된 사항은 디아스포라의 "하나님을 경외하는" 이방인들과 유대인들 사이에서 발생되었던 더 큰 일에도 적용되었을 것이다. 잘 알려진 대로 율법에 많은 공헌을 했던 야고보가 이끄는 예루살렘은 선지자들이 예언했던 메시아적 영광의 실현, 즉 이방인들에게 복음이 전파되는 그러한 결실을 목격할 수 있었다.

8

헬라의 도시로 복음이 전해짐(15:36-19:41)

마게도니아촌

이사야는 여러 번 "섬들"을 이야기한다(어떤 번역에서는 그 대신 "연안"을 말하기도 한다). 이는 야반의 아들들이 통치했던 땅(즉, 이오니아와 헬라)을 의미하였다.

이 용어는 여러 차례 주님의 말씀, 즉 토라를 디아스포라에 선포하기 위하여 부름받았던 주님의 종과 연결되어 사용되는데, 이것은 의미 심장하다(사 24:15; 51:5; 60:9-10). 그런데 예수 그리스도가 바로 "주님의 종"이다. 그렇다면 그리스도에 의해서 이사야 42장 1-9절과 49장 1-7절의 계획을 수행하도록 명령을 받은 바울이 성령에 의해 소아시아의 서쪽 지역과 헬라로 보내졌음은 결코 놀라운 일이 아니다! 무엇보다 예언이 성취되었던 것이다.

먼저 여행에서 바울을 버렸던 마가와의 의견 차이 때문에 바울은 안디옥에서 실라를 데리고 새 여행을 떠났다(실라는 로마 시민이며 벧전 5:12에서 라틴 이름 **실루아노**로 소개된다). 루스드라에서 디모데가 그들과 합류한다. 성령은 그들을 현재 터키 지역의 내부를 통과해서 해안으로 인도하였다. 드로아[3]에서 바울은 마게도냐인이 "마게도냐로 건너와서 우리를 도우라"(16:9)고 부르짖는 환상을 보게 된다. 무엇보다 연안과 섬들이 율법의 교훈을 앙망하고 있었다(사 42:4).

빌립보에서의 바울

그들이 사역하러 갔던 첫 번째 도시는 빌립보였다. 루스드라와 안디옥(비시디아)과 마찬가지로 빌립보는 퇴역 로마 군인들이 살고 있었던 로마의 식민지였다. 복음 전도자들은 이미 만들어진 회당의 기초 위에 집을 지으려 했다. 나아가 말씀을 통해 여인(루디아)의 마음이 열렸으며, 그녀는 자신의 집을 선교사들에게 공개하게 되었다. 누가도 역시 거기에서 묶게 되었다. 그렇다면 누가가 빌립보에서의 사건을 기록할 때 직접 눈으로 목격한 자로서 이야기했던 것이다. 빌립보에서는 어떤 것이든 쉽게 타인의 도움을 받아들이지 않았던 바울도 회중들의 도움을 허용하였다.

이와 같이 빌립보에서도 교회가 시작되었다. 그러나 사단의 모습도

---

3) 유적으로 미루어 보아 다다넬스 해협과 고대 트로이로부터 멀리 않은 해안에 위치한 전력의 요충지였던 이 도시는 분명히 거대한 도시였다. 줄리어스 시저(Julius Caesar)와 콘스탄틴 대제는 둘 다 드로아를 그 제국의 수도로 만들려는 생각을 했었다. 누가는 의사로서 한때 거기에서 사역을 했던 것이 아닐까?

역시 보인다. 여러분은 파이턴(Python)이라는 뱀의 이름을 들은 적이 있을 것이다. 이 이름은 파이턴이라는 용이 아폴로에게 격퇴된다는 그리스 신화로부터 기인된다.

델피에는 피티아(Phthia)라 불리는 여제사장을 통하여 전해지는 신탁이 있었다. 마찬가지로 빌립보에는 그 고대 파이턴의 영과 교제하는 여종이 한 명 있었다. 그녀의 능력의 근원이 어떻든 간에 그녀는 미래를 예언할 수 있었다. 이 여종은 바울과 그의 동료를 따라와서 외쳤다. "이 사람들은 지극히 높은 하나님의 종으로 구원의 길을 너희에게 전하는 자라!"(16:17). 누가는 어떻게 사단이 하나뿐인 구원의 길을 여러 구원의 길 가운데 하나에 불과한 것으로 변형시키려 하는지를 지적한다.

바울은 그러한 사단의 선전을 원치 않았기 때문에 그 여인에게서 악한 귀신을 내쫓았다. 그 때문에 그녀의 주인들(마게도니아인)은 미래를 말하는 그녀의 능력을 이용하여 더 이상 돈을 벌어들일 수 없게 되었다. 이로 인하여 바울과 실라는 곧 매를 맞은 뒤 감옥에 갇히게 되었다. 밤중에 그들은 시편을 노래했다(아마 시 18편과 99편일 것이다). 얼마 뒤 지진이 일어나게 되고 간수가 복음을 받아들이는 역사가 연출된다. 다음날 아침 로마 정부의 관리들은 로마 시민인 바울과 실라를 잘못 대우한 것을 사과하고 두 사람을 성 밖까지 호위해 주었다.

이러한 일을 당했을 때 바울은 빌립보 교회를 위하여 자신의 권리를 주장하였다. 온 도시가 이상하게도 로마 행정관과 관리들의 호위 속에 떠나는 그들의 모습을 주시하였다. 얼마 동안 빌립보의 회중들은 로마의 권위에 대하여 아무런 두려움도 갖지 않았을 것이다.

만약 바울이 이 상황 속에서 산상보훈의 말씀을 따랐다면 이와 달리 행동해야 했을 것이다. 이 실례는 우리에게 바울의 강한 판단력과 회중을 보호하려는 욕망을 보여준다.

데살로니가와 아덴

그 다음에 머무른 장소는 데살로니가다. 후에 바울은 여기에 세워진 교회로 두 통의 편지를 보낸다. 우리가 그 편지들을 적절히 이해하기 위해서는 그가 처음 도착했을 때 유대인들이 그에게 매우 적대적이었으며(살전 1:6 이하; 2:14; 살후 1:14 이하; 2:1 이하를 보라), 심지어 그들은 그가 다른 도시에 있었을 때도 혼란을 불러일으켰다는 사실을 염두에 두어야만 한다.

아덴(Athens=아테네)에서는 어떻게 바울이 헬라의 지성인들에게 복음을 전했는지 그 모범을 찾아볼 수 있다. 그는 아레오바고로 소환되었다. 아레오바고는 아마도 판테온(Pantheon)이라고 불리는 언덕이 아니라 시장터(Agora)에서 모이는 공회의를 일컫는 것일 것이다. 그 공회의는 아덴에서 바울의 복음 전파를 허용할 것인지의 가부를 결정하고자 했다.

바울의 말을 들었던 그들의 태도와 견해는 매우 다르게 나타났다. 혹자는 그가 복음을 단순화시키고 이교도 철학자들로부터 빌려온 어떤 사상을 삽입함으로써 자신의 고귀한 청중들에게 동조했다고 주장하기도 한다. 물론 이 설교가 안디옥 회당에서의 설교(13장)와 다르다는 것을 부인할 수는 없다. 바울은 닥치는 대로 공격하는 난폭자가 아니었다. 그러나 만약 당신이 그의 설교를 주의 깊게 읽어 본다면, 거기에는 완전히 구약의 표현으로 가득 차 있음을 발견할 수밖에 없을 것이다.[4)]

아덴의 지성인들은 그들의 사악한 무지 때문에 비난을 받아 마땅했다. 그들은 알지 못하는 신(17:23), 즉 명확하지 않은 그 무엇에게 경배하였다. 여기서 바울은 하나님은 알 수 없는 분이라고 믿었던 에피큐로스 학파와 신들의 형상과 성전에서의 어리석은 짓에 대해서는 아무런 제재도 하지 못했던 스토아 학파의 허무주의를 넌즈시 언급했다.

바울은 자신을 밝히시는 하나님을 그들에게 선포하였다. 그는 하나님께서 "정하신 사람으로 하여금 공의로 심판할 날을 작정"하셨다고 설명하면서 회개하고 용서를 구하도록 그들에게 호소하였다. 하나님은 이에 대하여 이미 "저를 죽은 자 가운데서 다시 살리신 것으로 모든 사람에게 믿을 만한 증거를" 주셨다(17:31).

바울은 이 이교도들에게 참 성경적 복음을 뛰어난 방법으로 전달하였다! 디오누시오는 아마 바울이 아덴에서 무엇을 말했는지를 누가 대신에 기록해 두었던 자였으리라(17:34).

---

4) 이 설교의 다음 표현과 지시한 구약 구절을 비교해 보라.
24절, "우주와 그 가운데 있는 만유를 지으신" – 창 1; 출 20:11; 시 146:6; 사 42:5; 66:2.
24절, "손으로 지은 전에 계시지 아니하시고" – 왕상 8:27; 사 66:1.
25절, "사람의 손으로 섬김을 받으시는 것이 아니니" – 시 50:8-12.
25절, "호흡을…주시는" – 창 2:7; 시 104:29; 사 42:5; 단 5:23.
26절, "한 혈통으로 만드사" – 창 1:27; 2:21-22; 말 2:10.
27절, "하나님을 혹 더듬어 찾아 발견케 하라" – 신 4:7, 29; 시 145:18; 사 55:6.
28절, "그를 힘입어 살며" – 단 5:23; 시 115:4; 135:15; 사 40:18 이하; 44:9-20; 46:5 이하; 렘 10:3 이하.
31절, "천하를 공의로 심판할" – 시 9:9; 96:13; 98:9.
31절, "날을 작정하시고" – 암 5:18, 20; 욜 2:1 이하.

고린도에서의 바울

바울은 거대한 고린도 항구의 회당과 접촉하게 되었으며, 이는 분쟁을 야기시켰다. 교회가 회당과 나란히 두각을 나타내게 되자 이 분쟁은 더욱 심화되어 갔다. 환상 가운데 바울은 임마누엘을 약속받았다. “이 성 중에 내 백성이 많음이라”(18:10).

여기서 데오빌로에게 글을 썼던 누가는 스토아 학파의 철학자 세네카의 형제였던 갈리오 총독이 유대인들에게 기독교를 차별하고 묵인된 종교로서의 위치를 박탈하는 것을 허용치 않았던 사실을 기록한다. 그리스보의 뒤를 이어 회당장이 된 소스데네(후에 크리스천이 됨)는 심지어 복음을 반대한 결과로 매까지 맞게 되었다. 누가는 “갈리오가 이 일을 상관치 아니하리라”(18:17)고 기록하는데, 이것으로 교회의 제1의 적은 국가가 아니라 변절된 교회임을 데오빌로에게 분명히 해주고 있다.

고린도로 보낸 바울의 편지를 적절히 이해하기 위해서 우리는 교회가 전적으로 이방인들로만 구성된 것이 아니라 실제로는 회당에서 **탈퇴한** 사람들로 인하여 설립되었다는 것을 기억해야만 한다. 따라서 고린도 교회는 회당과는 영원히 대립 상태로 존재했다.

에베소에서의 바울

바울은 육로를 통하여 에베소를 지나 소아시아의 중심지 안디옥으로 돌아오게 된다. 에베소에서도 역시 교회는 회당에서 나온 사람들로 인하여 탄생되었다.

바울은 이 도시에서 오랫동안 사역을 한다. 2년 동안 그는 두란노라는 사람의 서원(학교)에서 가르쳤다. 그 사람은 아마 수사학 교사였을 것이다. 고대 사본에 따르면, 바울은 오전 11시에서 오후 6시 사이에 강의를 하였다(이 시간은 낮잠 시간과 중첩되기 때문에 선택하기에 가장 좋은 시간이라고 볼 수는 없다).

주의 말씀은 힘이 있어 흥왕하여 세력을 얻었다(19:20). 마술사들의 책들이 불에 태워졌다. 온 세공자 협회가 일으켰던 소동은 얼마나 엄청나게 복음이 진전되었는지를 보여준다. 아데미(고대의 아스다롯 여신)를 섬기는 일은 쇠퇴해 갔다.

9

오순절에서 오순절까지(20:1-21:16)

네 성문이 항상 열려 주야로 닫히지 아니하리니 이는 사람들이 네게로 열방의 제물을 가져오며(사 60:11).

이교도들로부터의 수확

누가는 자신의 두 번째 책 서두에서 오순절에 관하여 기술했다. 우리는 이제 이 책의 마지막이 가까워지면서 다시 오순절에 관한 이야기를 접하게 된다. 바울은 오순절을 기념하기 위하여 제 시간에 예루살렘에 도착하려고 했다(20:16). 첫 번째 오순절이 오직 유대인들과 그들의 추종자들에게서만 수확을 할 수 있었음을 생각할 때, 이 마지막 경우는 처음보다는 더 발전된 모습을 보여준다. 사도행전의 마지막 부분에서 바울은 **회심한 이교도들**과 함께 예루살렘 교회의 성도들을 위하여 연보를 모아 예루살렘으로 갔다(24:17; 또한 고전 16:1 이하; 고후 8-9장을 참조하라).

바울은 "섬들"(또는 연안)에 세워진 교회들의 대표를 동반했다. 이사야 60장이 성취되었다. 만방이 주의 전의 산으로 몰려 들었다(사 2:2 이하, 막 4:1 이하). 이교도들이 주의 종의 소리에 순종할 때 유대인들은 질투할 것인가?

바울의 동반자들은 그들의 출신지로 보아 이교도들로부터의 수확을 나타낸다. 그와 함께 했던 자로는 소바더(뵈뢰아 사람, 마게도니아에 위치함). 아리스다고와 세군도(데살로니가 사람, 역시 마게도니아), 가이오(더베 사람, 소아시아의 동부), 디모데(루스드라 사람, 역시 소아시아의 동부), 두기고와 드로비모(에베소 지역 사람, 소아시아의 서부)가 있었다(행 20:4).

불길한 제2의 예루살렘 여행

누가의 첫 번째 책과 마찬가지로 두 번째 책에서도 선지자들을 학대하고 죽였던 도시 예루살렘으로의 여행이 많은 지면에 걸쳐 기술되어 있다. 누가복음에서 그리스도가 자신에게 주어질 고난에 관하여 세 번 언급한 것과 동일하게 바울 역시 그의 다가올 고난에 관해 세 번 언급하였다(20:22-23; 21:4, 11).

수확의 명절인 오순절에 검은 그림자가 드리워졌다. 바울은 자기 앞에 놓여진 길을 반드시 가야만 한다는 사실을 잘 알고 있었다(20:21). 위험은 외부적인 것만이 아니다. 내적인 것 역시 존재한다. 이단이 그의 추한 머리를 치켜들 것이다(29절). 이 위험을 앞두고 바울은 다음과 같은 선언으로 모범을 보인다. "나의 달려갈 길과 주 예수께 받은 사명 곧 하나님의 은혜의 복음 증거하는 일을 마치려 함에는 나의 생명을 조금도 귀한 것으로 여기지 아니하노라"(20:24). 바울과 그의 동료들(누가도 포함됨)은 "주의 뜻대로 이루어지이다"(21:14)라는 주기도문의 세 번째 간구에 의하여 살아간다. 그 뜻에 입각하여 섬들(또는 연안)에 있는 교회로부터 온 대표들은 시온으로 나아간다.

10

공격을 받는 복음(21:17-26:32)

패역하고 더러운 곳 타락한 그 성읍이 화 있을진저(습 3:1).

유대 극단주의자

바울이 예루살렘에 도착했을 때, 기독교인들은 이교도들에게 일어났던 사역의 결실에 관한 이야기를 듣고 하나님을 찬양하였다. 바울이 유대인들에게 더 이상 토라에 의하여 살지 말라고 권고했다는 몇몇 사람들의 이야기 때문에 예루살렘의 지도자들은 그 소문을 일축시키기 위하여 다른 네 명의 유대 기독교인들과 함께 나실인의 서원을 지키도록 요구하였다. 바울은 그의 원리를 희생함이 없이 이 권고를 따랐다.

18장 18절에도 그러한 서원이 이미 언급되어 있다. 그리고 어머니가 유대인인 디모데는 유대인들을 위하여 할례를 받는 데 동의한다(16:3). 따라서 바울과 예루살렘의 장로들 사이에는 아무런 의견의 차이가 없었다. 칼빈이 지적한 것처럼 바울은 이 상황에서 의식적으로 행동하지 않았다. 그는 유대 극단주의자들을 위하여 양보한 것뿐이다. 그가 한 모든 것은 불공정한 비난으로부터 자신을 해방시키려는 것이었다.

예루살렘의 거절

이 안전 조치는 바울의 구금으로 발전되어 갔다. 그는 예루살렘에서 에베소의 드로비모와 동행했다. 후에 소아시아의 에베소 부근에서 온 유대인들이 성전에서 바울을 보았을 때, 그들은 드로비모도 틀림없이 그와 함께 있었을 것이라고 확신했다. 이방인들은 이스라엘인의 뜰로 알려진 성전 안의 뜰로 들어오는 것이 엄격히 금지되어 있었다. 그것은 성전을 더럽히는 행위였기 때문이다.

드로비모가 실제로 바울과 함께 성전 안에 있었다고 확신했던 유대인들은 이 신성모독을 모세의 율법을 파격적으로 부인했던 바울의 원래 모습이 드러난 것으로 간주했다. 이것은 거대한 소동을 야기시켰다. 근처 로마의 안토니아 막사로부터 군인들이 어떤 테러리스트 두목이 풀려난 것으로 믿고 달려왔다. 군중들로부터 바울을 구해낸 그들은 그를 체포했다.

바울은 끌려 나가기 전, 성전의 유대인들에게 그들의 언어로 이스라엘에 대한 마지막 공적 증언을 하도록 허락받았다. "부형들아, 내가 지금 너희 앞에서 변명하는 말을 들으라"(22:1). 이전에 산헤드린의 재판장이었던 바울은 자신의 인생을 회상하며 주님이 이방인들에게 복음을 전파하라고 말씀하신 곳이 성전 안이었다고 밝힌다(17절 이하). 또다시 예루살렘은 듣기를 거절했다. "이러한 놈은 세상에서 없이 하자. 살려 둘 자가 아니라"(22절).

산헤드린에서 바리새인들은 바울의 편을 들었다. 예수님이 밤에 바울에게 나타나서 말씀하셨다. "담대하라, 네가 예루살렘에서 나의 일을 증거한 것같이 로마에서도 증거하여야 하리라"(23:11). 예루살렘이 듣기를 거부했기 때문에 바울은 황제에게 호소해야만 했다. 바울을 헤치려는 음모가 꾸며졌다. 고위 제사장들 속에는 사두개인들이 포함되어 있었다. 누가는 이 사건이 발생했을 때 예루살렘에 있었으며, 예루살렘이 자신에게 파송된 선지자들을 죽여 왔던 습관을 아직 버리지 않았음을 다시 한 번 밝힌다.

로마 관리에게 호소함

바울은 엄한 경호 속에 로마 총독 벨릭스가 거주했던 해변 도시 가이사랴로 이송되었다. 바울은 그 "도"에 대해서 상당히 많이 알고 있었던 이 총독 앞에서 자신의 행동을 변호하였다(24:1). 이 사건은 벨릭스가 뇌물에 좌우되었기 때문에 2년이란 세월을 소비하게 된다.

벨릭스의 뒤를 이어 보르기오 베스도가 부임하자 유대인들은 도중에 바울을 살해할 목적으로 그를 예루살렘으로 데려가려고 노력했다. 분명히 음모자들은 그 바울을 죽이기까지 먹지도 않고 마시지도 않겠다는 맹세를 일시적으로 보류하고 있었음에 틀림없다(23:12).

바울의 전략은 황제에게 호소하려는 것이었다. 바울에게 지방 고위 인사들 앞에서 그의 사건을 취급하는 기회를 주기 위하여 한 특별한 회의가 추진되었다. 물론 베스도는 그의 상관 네로 황제에게 바울에 관하여 무엇을 보고할지 어떤 아이디어를 얻어야만 했다. 새 총독을 환영하기 위하여 온 분봉왕 헤롯 아그립바도 역시 그의 누이 버니게를 동반하고 그 회의에 참석하였다.

바울의 변명

누가가 바울의 변명을 들었을 가능성은 매우 높다. 숙련된 보고자인 누가는 마치 그 절차를 하나도 빠짐없이 기록한 듯하다. 그가 장황하게 기술한 로마 관리의 관대한 행위와 유대인들의 증오와 음모는 날카로운 대조를 이룬다. 데오빌로는 높은 지위에 있는 다른 "각하"가 그런 경우에 어떻게 했었는지 틀림없이 흥미를 가졌을 것이다.

바울은 당시 예루살렘의 대제사장을 임명하는 권리를 가졌던 갈릴리 지역의 통치자 "유대의 왕" 헤롯 아그립바를 제일 먼저 부르면서 연설을 시작한다. 사도행전 26장이 사도행전 9장과 22장과 함께 바울의 "회심 이야기"를 다루고 있지만, 사도행전 26장을 다른 두 개의 장에서 이미 우리에게 전해 주었던 내용을 쓸데없이 반복하고 있는 것으로 간주해서는 안 된다. 여기서 누가가 우리를 위하여 기술한 것은 예수님께서 이스라엘 땅에 부활하신 주님으로 소생(蘇生)된 사실에 대한 마지막 증언이다. 마지막으로 권세자들은 성경을 통하여 들려지는 하나님의 음성에 귀를 기울이라는 호소에 접하게 되었다.

> 이제도 여기 서서 심문받는 것은 하나님이 우리 조상에게 약속하신 것을 바라는 까닭이니, 이 약속은 우리 열두 지파가 밤낮으로 간절히 하나님을 받들어 섬김으로 얻기를 바라는 바인데, 아그립바 왕이여 이 소망으로 인하여 내가 유대인들에게 송사를 받는 것이니이다. 하나님의 도우심을 받아 내가 오늘까지 서서 높고 낮은 사람 앞에서 증거하는 것은 선지자들과 모세가 반드시 되리라고 말한 것밖에 없으니 곧 그리스도가 고난을 받으실 것과 죽은 자 가운데서 먼저 다시 살아나사 이스라엘과 이방인들에게 빛을 선전하시리라(26:6-7, 22-23, 또한 사 42:6; 49:6을 참조하라).

바울의 청중들은 아무도 "크리스천"이 되려는 걸음을 내딛으려 하지 않았다. 그러나 바울이 무고하다는 것이 일반적 견해였으며, 아마 이 사실은 황제에게 전해졌을 것이다(우리는 여기서 예수를 고소한 것에 관한 빌라도의 견해를 생각지 않을 수 없다). 베드로는 유대인의 부탁을 거절하고 바울을 그들에게 넘겨 주지 않았다(25:16). 데오빌로는 유대인이 복음을 반대했으므로 바울이 로마로 가게 되었다는 명백한 결론에 이르게 되었다. 곧 그들의 죄악이 한계를 넘게 될 것이다.

11

바울이 담대히 복음을 전함(27:1-28:31)

복음을 위한 보존

누가는 파선을 비롯한 로마에 이르는 해상 여행을 상세히 묘사하기 위하여 틀림없이 항해 일지를 기록해야만 했을 것이다. 학자들은 그가 사용한 해상 용어를 조사한 뒤, 그가 그 용어를 확실히 알고서 사용했음이 분명하다고 결론내렸다. 이것은 그가 다양한 로마 관리들의 직위와 신분을 정확하게 기술했던 것과 동일하다.

누가의 여행 기사를 보면 바울이 그 특이한 계절 동안 여행에 관하여 몇 가지 훌륭한 조언을 했음이 명백해진다(27:9 이하). 복음은 일상적인 지식과도 무관하지 않다.

실제로 이 여행에서도 "세상"(즉, 그 배의 불신자들)은 "교회" 때문에 자비를 입게 된다. 하나님의 사자가 바울에게 이렇게 말씀하셨다.

"바울아, 두려워 말라. 네가 가이사 앞에 서야 하겠고 또 하나님께서 너와 함께 행선하는 자를 다 네게 주셨다"(27:24). 배가 좌초되었을 때 "세상"은 "교회"를 위한 방주가 아니라 오히려 "교회"가 세상을 위한 방주임이 판명되었다. 이 세계는 복음으로 인하여 보존되는 것이다.

로마에서의 유대인의 거절

많은 어려움을 겪고 바울은 로마에 도착했다. 거기서 바울은 유대 지도자들에게 그들이 예루살렘의 산헤드린과 동일한지 그들의 입장을 분명히 밝히도록 요구했다.

성경에 기인하여 그는 이미 그리스도 안에서 임한 하나님의 나라를 그들에게 설명해 주었다. 이사야가 부름받을 때, 주님이 그에게 하셨던 말씀은 대부분의 유대인들에게 적용되는 것 같다. 그들은 듣고 보았음에도 불구하고 알지도 깨닫지도 못했다(사 6:9-10; 마 13:14-15; 눅 10:23-24; 요 9:40-41; 12:40).

여러분이 이사야의 소명에 관하여 읽을 때 명심해야 할 것은, 그가 사람들의 마음이 둔해지도록 그들의 성읍이 **황폐해질 때까지** 전파할 것을 명령 받았다는 것이다(사 6:11). 예루살렘에서 로마에 이르는 회당들이 메시아로서의 예수님을 받아들이려 하지 않았기 때문에 그 도시와 거룩한 곳에 심판이 임했다. 데오빌로여! 이를 마음에 새기시오!

그리스도의 복음이 속박을 풂음

그러나 복음 전파는 계속 발전을 거듭하였다. 사실상 하나님의 나라는 **방해를 받지 않고** 전파되어 갔다. 누가는 로마에서의 바울을 다음과 같이 묘사하며 누가복음을 끝맺는다. "담대히 하나님 나라를 전파하며 주 예수 그리스도께 관한 것을 가르치되 금하는 사람이 없었더라"(28:31).

누가는 더 이상 우리가 알 필요가 없기 때문에 여기에서 글을 마친다. 몇몇 학자들은 그가 실제로는 3부작을 기술하려 했었다고 주장한다. 제3권은 우리가 당연히 알고 싶어하는 바울의 나머지 생애에 대한 기록이었으리라 생각한다. 그러나 누가의 의도가 **바울**의 자서전을 기록하려는 것이었는가? 그보다는 **그리스도**의 사역의 경과를 기술하려고 한 것이 아닌가?

누가는 부활하신 주님의 두 증인인 베드로와 바울이 어떻게 사도의 직무를 담당했는지를 묘사한다. 그는 (우리가 몇몇 개인적인 특성을 무시할 때) 마치 엘리야와 엘리사가 유사했던 것처럼 베드로와 바울 또한 얼마나 유사했는지를 보여준다. 심지어는 그 직무에 있어서 모세와 엘리야 역시 유사했다. 그 유사점은 기본적인 일치에 근거한다. 베드로는 바울의 복음 혹은 신학과 구별된 그 자신의 특별한 복음을 전파한 것이 아니다. 두 사도는 동일한 복음을 전파하였다.

아무런 세상 권세도 그들을 뒤로 물러서게 하지 못했다. 통치자들, 이스라엘 국가, 성전, 회당 등의 수많은 **반대에도 불구하고** 그들은 마땅히 해야 할 것을 하고야 말았다.

EARCH THE SCRIPTURES

로마서

1

싸움을 위하여 로마 교회를 무장시킴

가장 긴 편지

로마서는 신약에서 가장 긴 편지다. 여기에는 약 7,100개의 단어가 들어 있다. 시세로(Cicero)의 가장 긴 편지가 4,500단어 정도였음을 생각해 본다면 이렇게 긴 편지가 기록되었다는 것은 그 당시 무척 예외적인 사건이었음을 알 수 있을 것이다.

로마서가 바울의 다른 편지보다도 성경의 앞 부분에 위치하는 것은 그 깊이 때문이며 그것이 기록된 연대와는 무관하다. 고린도전서는 이 다음으로 6,800단어로 이루어져 있다.

그 다음에 고린도후서는 4,600단어, 갈라디아서는 2,300단어, 에베소서는 2,400단어, 빌립보서는 1,700단어, 골로새서는 1,750단어, 데살로니가전서는 1,550단어, 데살로니가후서는 850단어이며, 마지막에 위치하고 있는 것은 개인들에게 보내는 편지다.

예루살렘에 대한 염려

바울은 헬라와 소아시아 교회들이 예루살렘에 있는 모교회로 구제품을 보내기 위하여 파송한 대표단의 일원으로서, 막 고린도를 떠나 예루살렘으로 가기에 앞서 이 장황한 편지를 기술하였다. 그는 예루살렘으로 가는 것이 무척 위험스러운 일임을 잘 알고 있었다.

따라서 그는 "나로 유대의 순종하지 아니하는 자들에게서 구원을 받게 하고 또 예루살렘에 대한 나의 섬기는 일을 성도들이 받음직 하게" 하기 위하여 로마 교회에 기도를 요청하였다(15:31). 이 글을 통하여 우리는 바울이 예루살렘의 본래의 회중과 로마의 회중이 밀접한 관계를 지속하도록 청원하고 있음을 감지할 수 있다.

여러분은 로마서를 읽을 때 바울이 예루살렘을 향하고 있음을 기억하라. 그는 "이 땅의 중심"과의 연결이 끊어지지 않기를 원했다. 그 곳에서 구원이 온 세상으로 뻗어 나갔으며, 그 연결은 구속사 속에서 발전되고 성장되어 갔다. 바울은 얼마나 많은 이방인들이 메시아로서의 예수를 믿게 되었는지 유대인들이 깨닫고 건전한 의미에서의 질투를 느끼게 되었으면 하는 소망도 가졌다.

서편(西便)을 바라봄

한편, 바울은 편지를 기록할 때 로마 제국의 수도인 로마 역시 고려하였다. 예루살렘과의 연결도 반드시 지속되어야 하지만, 복음 또한 예루살렘이 심판받기에 앞서 반드시 온 세상으로 전파되어야만 한다(마 24:14). 교회를 세우는 바울의 사역은 동편(東便)에서는 어느 정도 완성 단계에 이르게 되었다(15:28). 그래서 그는 서쪽의 스페인으로 옮기기를 원했다. 그는 이미 로마에 존재했던 기독교 교회로부터 격려와 후원을 받기를 원했다. 그 교회는 신앙고백에 충실하기로 유명했다. 바울도 이 교회를 도약판으로 삼고 스페인으로 가기를 바랐다(15:24). 따라서 그는 로마의 기독교인들과의 결속을 강화하기 위하여 그들에게 편지를 쓰게 되었다.

로마의 유대인

만약 바울이 예루살렘으로 가는 길이었음을 염두에 둔다면, 그가 이 편지 속에서 한편으로는 교회와 복음 사이의 관계에, 다른 한편으로는 교회와 유대인의 가르침에 그렇게나 엄청난 관심을 보이고 있는 것이 결코 이상하게 보이지 않을 것이다. 이에 관한 가르침은 바로 로마 교회에 꼭 필요했던 것이다.

서기 50년 글라우디오 황제는 유대인들이 모두 로마를 떠나야 한다고 선포하였다(행 18:2). 그러나 서기 54년 네로가 제위(帝位)를 물려받았을 때 유대인들은 다시 자유롭게 로마에 거주할 수 있게 되었다. 바울이 이 편지를 기록한 것은 이미 유대인들이 로마로 이주하기 시작한 뒤 약 3, 4년 정도가 지났을 때였다. 이때 기독교인들은 "참 교회"라고 자처하는 회당에 대해서 어떻게 평가를 해야 할지 문제에 부딪히게 되었다. 이방 기독교인들도 할례를 받아야 한다고 주장했던 그들에 대해 교회는 무어라 말을 해야 했을까?

로마에서 유대인들은 강인한 기백을 보였음에 틀림없다(오늘날까지 존재하는 막대한 유대인의 카타콤이 이를 증명한다!). 로마에 이들이 거주하게 됨에 따라 어떤 균형 있는 대응이 필요했다. 로마의 교회는 한편으로 율법주의적인 유대인의 정신에 결코 압도당할 수 없었으며, 또 다른 한편으로는 "구원이 유대인에게서" 난다는 사실도 잊지 말아야 했다 (요 4:22).

유대인들과의 논쟁이 계속됨

어떤 작가들이 주장하는 것과는 달리, 사도행전과 마찬가지로 로마서도 그 주제가 "예루살렘에서 로마로"가 될 수는 없다. 마지막 순간까지 예루살렘은 로마와 마찬가지로 바울의 마음을 사로잡고 있었다.

이 차분한 편지 속에서 바울은 개인적으로는 알지도 못하는 교회를 위하여 유대인들과 또 유대인의 영향으로 잘못된 교리를 가르치는 기독교인들과의 계속되는 논쟁을 기술하고 있다. 따라서 그는 기독교인들이 모두 디아스포라의 유대인들 사이에서 복음을 포기하지 않고 복음을 위해 싸울 수 있도록 로마 교회를 비롯한 다른 이방 회중들을 무장시킨다. 바울은 성경의 오용에 대응하기 위하여 확실한 주해를 사용하는 무기들을 분배해 주고 있다. 그는 구속사에 있어서 참으로 중요한 문제가 무엇인지를 분명히 밝힌다.

바울은 아직 하나님의 약속된 시간이 이르지 않았기 때문에 로마에

갈 수 없었다(행 19:21; 23:11; 롬 1:13을 보라). 그러므로 그는 오랫동안 동일한 전쟁을 해야만 하는 자들을 도우려는 목적으로 예루살렘과 로마의 중간 지역인 고린도에서 이 긴 편지를 쓰면서 그 편지 속에 자기의 견해를 피력하였다.

2

우리의 의로우신 주님(1:1-17)

중요한 주제들

고대의 편지는 저자의 신분을 밝히면서 시작한다. 그 다음으로 저자의 이름이 소개되고 이어서 인사말이 주어진다. 바울이 형식만을 존중하여 이 체계를 따르는 것은 아니지만, 그럼에도 불구하고 그의 서신들은 이 요소를 지니고 있다. 그가 편지를 시작하는 방법은 기술의 목적에 의하여 결정되었다.

로마서의 서두는 편지 전체의 내용과 조화를 이룬다. 바울은 사도로서의 자신의 신분을 밝히고 그의 복음이 성경과 일치됨을 선포한다. 나아가 그는 이미 그리스도께서 바울의 선포를 통하여 모든 국가 중에서 믿어 순종케 역사하고 계심을 지적한다. 따라서 중요한 주제들이 편지가 시작되자마자 언급되고 있다.

로마서의 핵심

바울은 복음을 로마에서도 전파하기 위하여 로마로 가기를 갈망하고 있다고 분명히 밝힌다. 복음은 모든 **믿는** 자에게 구원을 주시는 하나님의 능력이 된다. 첫째는 **유대인**에게며, 또한 **헬라인**에게도 마찬가지다. 복음에는 하나님의 의가 나타나서 **믿음**으로 **믿음**에 이르게 한다(1:16-17). 이는 이 편지의 핵심이 된다.

여기서 첫 번째 질문이 제기되는데, 바울이 의미하는 "하나님의 의"가 무엇인가 하는 것이다. 우리가 구약을 읽으면 "의"(righteousness)라는 용어를 얼마나 많이 접하게 되는지 놀라게 된다. 다윗은 "주의 의로 나를 건지소서"라고 기도하며(시 31:1), 예레미야는 메시아에게 "여호와 우리의 의"라는 이름을 붙였다(렘 23:6). 다른 곳에서도 주께서 그의 백성을 구원하기 위한 사역을 할 때 "(주님은) 의로 호심경을 삼으시며"라고 기술되고 있다(사 59:17).

이 구절들을 통하여 하나님이 "의"는 "각 사람의 것"을 나누어 준다는 의미로서의 어떤 선행을 의미하는 것이 아님을 분명히 알 수 있을 것이다. 성경에서 이야기하는 "하나님의 의"는 그의 백성을 위한 그 분의 구속 사역을 의미한다. 하나님께서 의롭게 행동하실 때, 그분은 **은혜**롭게 행동하신다. 여호와는 그의 종들의 피를 갚으신다. 한편, 그분은 여호와를 믿도록 부름받은 그의 백성들을 옹호하신다. 하나님은 그의 백성을 의롭게 하시고 "죄 없다"고 선언하신다.

믿음으로 믿음에 이름

의인은 그의 공로로 인하여 죄가 없다고 인정될 만한 가치 있는 사람이 아니라 주 안에서 피난처를 찾는 죄인 또는 불쌍한 사람이다. 하박국은 어두운 심판의 밤에 의인은 오직 믿음으로 살 수 있다고 선포했지만, 유대인들은 이 진술을 그들의 사상 체계에 적합하게 끼워 맞춤으로써 왜곡하였다. 쿰란 주석은 이 말이 유대에 있는 율법(토라)을 지키는 모든 자들에게 적용되는 것이라고 설명한다. 왜냐하면 율법을 완성하신 그리스도를 믿는 **믿음**과 그의 **공로**에 근거하여 하나님은 그들을 심판으로부터 보존하실 것이기 때문이다.

바울의 작업은 그림을 복원하는 자의 작업과 매우 비슷하다. 그는 그리스도 안에서 하나님의 자비로운 구원을 밝은 빛 아래 드러내기 위하여 나중에 첨가된 모든 색칠과 방부제 등을 제거하였다. 공의와 공로에 근거하여 구원을 받는다는 유대인의 가르침을 제거하고 "믿음으로 믿음에"라는 말씀으로 대치시켰던 것이다.

바울에게 있어서 정말 중요한 것은 믿음이다. 이 점을 강조함으로써 그는 모든 시대에 해당되는 복음의 구원하는 능력을 드러내 보였다.

종교개혁의 발견

루터가 아직 수도사였을 때 그를 짓누르는 강한 의문이 있었다. 그것은 "하나님의 의"라는 말이 그분이 모든 죄인들을 벌하신다는 것을 의미하는가 하는 질문이었다. 루터가 죄인들을 벌하시는 의로운 하나님을 사랑하는 것이 가능했겠는가? 그는 그렇지 못했다. 그 대신에 그는 하나님을 증오하기 시작했다. 물론 철저한 모독이라기보다는 그에 대한 불만을 토로하는 정도였다.

루터는 그 상황을 대략 다음과 같은 관점에서 바라보았다. 무엇보다 불쌍한 죄인들은 원죄 때문에, 또 십계명을 지킬 수 없으므로 모든 불행을 맛보아야만 한다. 거기에 설상가상으로 하나님은 복음을 사용하여 그분의 의와 진노로써 죄인들을 위협하신다.

루터가 결국 바울이 로마서에서 말한 것, 즉 하나님이 의로우다는 것은 결코 나쁜 소식이 아니라 죄인이지만 믿는 자들에게 구원을 주시는 좋은 소식이라는 것을 깨닫게 되었을 때 그의 기분이 어떠했는지를 우리는 이러한 배경 속에서 이해할 수 있다. 바야흐로 여기에서부터 루터에 이어 모든 종교개혁이 이루어진다.

3

하나님 앞에서는 이방인도 유대인도 의롭지 못함(1:18-3:20)

짓밟혀진 율법

바울은 한때 이교도들이 깨달았던 지식을 버리고 우상을 섬기게 된 사실을 고린도에서 매일 두 눈으로 목격했다. 이것은 하나님의 분노를 야기시켰다. 그들은 "자연" 속에 나타난 하나님의 계시를 무시했기 때문이다. 하나님은 그들을 "비정상적인" 영역 속에 버려 두셨다.

이러한 현상은 특히 그들의 성적 타락 속에 명백하게 나타나지만, 사실상 십계명의 "두 번째 돌판" 속에 새겨진 모든 계명이 "첫 번째 돌판"의 계명들을 무시했던 사람들에 의해 무참히 짓밟혀졌다. 그들은 공개적으로, 또 광적으로 죄악을 범했으며, 누구든지 자신들과 연합하는 자들을 옳다고 환호하였다(1:18-32).

그러나 **유대인**들이라고 더 나은 것이 있었는가? 그들 중 많은 사람들이 물질주의적인 외부로부터의 이주자들이었다. 그들은 언약의 율법을 소유하고 있다고 해서 사악한 행동을 전혀 용서 받으려 하지 않았다. 율법은 그들을 유익되게 하기 위하여, 어두움 속에서 빛이 되기 위하여 기록된 것이었다(2:19). 더욱이 그들은 언약의 증표가 되는 할례를 매우 자랑하였다. 그러나 이 모든 것들은 한 계명도 범하지 않도록 그들을 지켜 주지는 못했다.

죄 아래 매임

하나님은 사람들에게 차별 대우를 하시는 분이 아니다. 그분은 편애를 하지 않으신다. 그렇다면 유대인들이 하나님의 율법을 갖고 있지 않은 이방인들보다 훨씬 더 진노하에 놓이지 않겠는가?(2:9-10). "첫째는 유대인에게요 또한 헬라인에게라"는 말은 언약의 진노가 임하는 데 있어서도 마찬가지로 유대인들이 먼저라는 것을 의미한다. 그들은 도(道)를 너무나 잘 알고 있었다.

바울의 결론은 "유대인이나 헬라인이나 다 죄 아래 있다"는 것이다(3:9). 끝으로 바울은 우리들 각자에게 시편과 예언서를 다양하게 기록한 초청장을 나누어 준다. "오 주여, 만약 당신께서 사악함을 감찰하신다면…."

4

구약에 기록된 용서의 복음(3:21-5:21)

오직 은혜

지금까지 바울은 희망이 없는 상황을 묘사하였다. 그러나 3장 21절에서 큰 전환을 하게 된다. 하나님 안에서는 용서함이 있다고 그는 말한다. 우리를 구원하시고 죄 없다고 선언하시는 하나님의 의가 예수 그리스도 안에서 나타나게 된다. 누구든지 믿는 자는 오직 "하나님의 은혜"로써 죄가 없고 의롭다는 선언을 받게 된다.

믿는 자들은 하나님의 진노를 받지 않는가? 물론 그렇다! 그러나 하나님께서는 예수님이 스스로 속죄 제물로서 바쳐지도록 하셨다. 예수님께서 우리를 위하여 징계를 받으셨다. 그러므로 하나님은 예수님을 믿는 믿음을 고수하는 모든 자들을 의롭다 하실 수 있다. 그래서 찬양 받을 만한 인간의 업적은 존재하지 않는다. 자랑하고 싶은 자는 오직 한

분, 유대인이든 이방인이든 믿는 자들을 의롭다 하시는 주님을 자랑해야만 한다.

아브라함도 믿음으로 의롭다 칭함을 받음

유대인들은 그들의 구원이 아브라함의 업적에 근거하고 있다고 믿었다. 그래서 그들은 할례가 공로로 획득한 그들의 의의 보증이 된다고 간주했다. 그러나 바울은 성서로부터 아브라함이 그의 **믿음**으로 의롭다 칭함을 받았다고 밝힌다. 우리는 아브라함이 아직 할례를 받지 않았을 때 그의 믿음으로 의롭다고 인정받았음을 발견하게 된다(창 15:6). 창세기 17장이 되어서야 할례가 제도적으로 주어진다.

그렇다면 할례는 공로를 통해서 얻어지는 의의 증표가 아니라 "무할례 시에 믿음으로 된 의"의 증표다(4:11). 때가 지남에 따라 아브람은 아브라함, 즉 많은 국가들의 아버지(아브라함의 뜻), 나아가 모든 신자들의 아버지가 되었다. 인간적으로 말할 때 아브라함도 죽었지만, 그는 죽은 자에게 생명을 주시고 없는 것을 있게 하시는(4:17) 그 하나님을 믿는 부활의 신앙을 소유했었다(사 26:19; 신 32:39).

부활의 믿음과 의

이 부활의 믿음을 소유하는 자들은 누구나 동일하게 의롭다 칭함을 받는다. 그리스도는 "우리 범죄함을 위하여 내어줌이 되고 또한 우리를 의롭다 하심을 위하여" 살아나셨다(25절).

따라서 바울은 노래할 이유가 있다. 한 사람(아담)을 통하여 죄가 세상에 들어왔으며, 그것과 함께 모든 사람에게 저주가 임하고, 죽음이 왕노릇 하게 되었다. 그러나 한 분 **예수 그리스도**를 통하여 넘치는 은혜가 나타났다. 그분의 순종으로 말미암아 많은 사람들이 의롭게 될 것이다(5:17-21).

후대의 로마 교회가 인간의 업적을 믿는 신앙으로 인하여 탈선하지 않고 이러한 복음을 끝까지 지켜만 주었다면…. 새롭게 선교지에 세워진 교회가 바울의 말씀을 마음속에 간직하는 것은 정말 중요하며, 그렇게 볼 때 그들은 인간적인 또는 "사회" 복음을 위하여 참 복음을 팔아치우는 그런 실수를 범하지 않게 될 것이다. 그리고 첫 번째 아담이 성경 공과로서 사용된다거나 또는 설교에서 이야기될 때 그것이 얼마나 위험스러운 것인지 모른다. 아담의 죄와 우리의 죄는 결코 우화나 상징이 아니다. 마지막 아담을 통한 우리의 의가 실체(reality)인 것처럼 그것 역시 분명한 실체다. 그리고 그것은 단지 도덕적 교훈이나 실례만을 우리에게 제공해 주는 것이 아니다.

5

은혜로 새롭게 된 삶(6:1-8:8)

죄 가운데 살 수 있는 면허가 아님

종교개혁 시대 동안에 은혜에 관한 "새 가르침"이 안이한, 곧 궁극적으로는 하나님을 믿지 않는 그런 세대를 발생시킬지 모른다고 염려했던 사람들이 있었다. 바울의 가르침을 반대했던 유대인들도 그와 같은 질문을 제기했다. 만약 하나님의 은혜가 우리 죄 가운데서 나타났다면, 이는 우리로 하여금 죄 가운데 살 수 있다는 허락이 아닌가? 우리가 전혀 율법 아래 있지 않다면 은혜가 넘치기 위하여 죄를 저질러야 하지 않을까?

바울은 그리스도가 결국 "안이한" 믿음을 가르친다는 비난은 있을 수 없는 것으로 강력하게 부인했다. 누구든지 세례를 받은 자는 죽으시고 무덤에서 일어나신 그리스도와 하나가 된다. 이것은 옛 성품인 죄가 그리스도와 함께 십자가에 못 박히고 장사되었으며, 동시에 우리가 그리스도와 함께 **부활되었음**을 뜻한다. 세례를 받은 사람들은 그리스도의 능력으로 말미암아 **새 삶을 살아가도록** 부름받게 된다.

그러므로 은혜로 살아가기를 원하는 사람들은 지름길로 달려가는 것이 아니라, 참으로 그들 모두가 온 생애 동안 힘을 다하여 순종의 삶을 살아가야 할 것이다. 로마서 6장은 "나를 소유하고 있는 그분을 섬김"이라고 제목을 붙일 수 있을 것이다.

죄와 율법

바울은 또한 이렇게 단언하셨다. "너희가 법 아래 있지 아니하고 은혜 아래 있음이니라"(6:14). 우리는 성급하게 어떤 결론을 내리기 전에 "죄가 너희를 주관치 못하리니"라는 진술을 주시해 보아야만 한다. 그렇다면 율법이 **부인**된다는 것인가? 우리는 바울이 전혀 생각지 않았던 것을 그의 견해로 간주하는 실수를 결코 범해서는 안 된다.

바울은 전혀 율법을 경시하지 않았다. "율법도 거룩하며 계명도 거룩하며 의로우며 선하도다"(7:10)라고 그는 이야기한다. 우리의 죄를 아는 것은 율법을 통해서이다(7절). 동시에 우리는 죄가 어떤 방법으로 율법을 이용한다는 것도 인정해야만 한다.

죄는 에덴 동산에서 그랬던 것처럼 우리에게 악한 욕망을 불러일으키고 잘못된 곳으로 이끌어 가서 우리를 죽이려 한다.

왜 어린 아이가 항상 금지된 것만 하려고 하는가?

바울은 더 많은 것을 앎에도 불구하고 죄가 끊임없이 자신을 파괴시키는 것을 경험하였다(7:13 이하). "오호라, 나는 곤고한 사람이로다." 그는 부르짖었다. 이 구절은 계시록 3장 17절에서도 찾아볼 수 있다. 그러고 나서 그는 이렇게 질문한다. "이 사망의 몸에서 누가 나를 건져내랴"(24절). 물론 그가 의미하는 것은, 몸은 여전히 죄의 영향을 받고 죽음의 지배하에 놓여 있다는 것이다.

그러나 바울의 사색은 3장 21절과 마찬가지로 최고조에 이르게 된다. 그는 승리의 함성을 부르짖는다. "우리 주 예수 그리스도로 말미암아 하나님께 감사하리로다. 그러므로 이제 그리스도 예수 안에 있는 자에게는 결코 정죄함이 없나니 이는 그리스도 예수 안에 있는 생명의 성령의 법이 죄와 사망의 법에서 너를 해방하였음이라"(7:25; 8:1-2). 하이델베르그 교리 문답(1563, Heidelberg Catechism)이 이 성경 구절로부터 고통, 구원, 감사의 세 가지 구분을 도입하고 있음은 충분히 이치에 맞는 것이다. 바울은 죄가 계속 영향력을 미치고 있음을 부인하지 않는다. 그는 죄를 "육신"으로 이야기한다.

말하자면, 그는 몸을 경멸하거나 천한 것으로 생각지 않음에도 불구하고 우리가 "피 속에" 죄를 소지하고 있다고 주장한다. 죄는 육신과 피로 이루어진 사람을 지배하고 궁극적으로는 그를 죽이는 여왕이다.

감사의 규범

바로 이러한 이유 때문에 그리스도께서 육신과 피의 사람이 되셨다. 이는 "육신 안에서" 죄를 파멸시키고 율법의 요구를 만족시키기 위함이었다. 예수님께서 강림하셨던 의의가 여기에 있다. 그리스도는 우리 중 하나가 되시고 우리가 "육"과 싸우는 것을 도와주기 위하여 성령을 주셨다.

우리는 율법에서 해방되었기 때문에 율법의 저주를 더 이상 두려워할 필요가 없다. 그러나 이것은 율법을 지키는 것이 중요하지 않다는 의미가 아니다. 그리스도 안에서 우리는 성령에 따라 살아가는 감사의 규범으로서 율법을 다시 받았다.

6

성령에 의해 살아감(8:9-39)

새로운 창조의 상속자

크리스천을 단지 "믿기만 하는" 사람들과 "성령을 받은" 사람들, 이렇게 두 계층으로 구별하는 사람들이 있다. 물론 후자를 더 우월한 크리스천으로 간주한다. 그러나 이는 잘못된 구별이다. 바울은 "누구든지 그리스도의 영이 없으면 그리스도의 사람이 아니라"(8:9)고 말한다.

이 표현을 누구든지 그리스도 안에 속한 사람은 그리스도의 영을 가지고 있다는 긍정적인 말로 변환시킬 수 있다. 이 성령은 우리로 하여금 육에 대하여 투쟁하고 충실하게 살아가도록 돌보아 주신다. 또한 성령은 우리가 매일 부활하고, 나아가 언젠가는 우리의 무덤에서 육의 몸으로 부활할 수 있음을 보증해 준다. 우리 앞에는 새로운 창조가 존재한다.

매일매일 성령의 인도하심에 따라 살아가는 자들은 모두 하나님의 아들이다. 이것은 그들이 상속자임을 뜻한다. 그들은 그리스도와 함께 새 창조를 상속받는다.

완전한 창조에 대한 희망

피조 세계는 에덴 동산 이후 죄의 저주의 지배를 받아 왔다. 오늘날도 우리는 도처에서 피조물의 신음 소리를 듣는다. 이것은 우리 때문에 발생한 것이며, 원래의 뜻에 위배되는 것이다. 그러나 이 피조물의 "탄식"은 희망이 없는 탄식이 아니다. 하나님의 자녀들과 함께 피조물도 침울한 저주에서 자유를 얻을 그 날을 기대한다.

창조는 파괴나 혼돈이 아니다. 그것은 마치 여인의 출산의 고통과도 같으며, 하늘과 땅의 재탄생을 간절히 기다린다. 만약 이 다음에 대기 오염이나 거대 도시가 농촌 지역을 좀먹는 것을 방지하는 방법에 관하여 이야기할 때 여러분은 이를 명심하고 토론에 임해야 할 것이다.

하나님은 그분의 창조 세계를 포기하지 않을 것이라고 약속하셨다. 창조 세계는 **소망** 속에서 살아간다. 하나님의 자녀들 역시 즐거운 기대 속에서 탄식하며, 성령에 의해 탄식 속에서도 하나가 된다. 성령은 다가올 구원의 보증으로서 그들을 위해 간청하신다.

넉넉히 이김

높아지신 구세주께서는 하늘에서 간청하고 계시며 신자들을 위하여 사단의 음모에 대항하고 계신다. 구원은 단지 가능성이나 운수가 좋은 것 정도가 아니다. 하나님은 그분의 계획을 완성시키실 것이다. 그분이 선택한 사람들을 결단코 부르실 것이다.

복음서를 통하여 우리를 선택하시고 구원하시는 하나님의 음성을 듣는다. 믿음을 통하여 우리는 하늘에서 우리의 권리가 확고히 세워져 있음을 안다. 무엇보다 핍박이나 위험이 우리를 하나님의 사랑에서 끊을 수 있는가? 물론 아니다. 믿음으로 우리는 넉넉히 이긴다(8:37).

7

하나님께서 자신의 약속과 경고를 기억하심(9:1-11:36)

조상으로부터 물려받는 것이 아님

마치 바울은 누군가가 그의 글에 반대하는 소리를 듣고 있는 듯하다. 그는 알지 못하는 로마인들에게 편지를 쓰지만 그의 마음의 눈은 종종 함께 논쟁했던 유대인들을 보고 있다. 그는 역시 질문을 제기했던 교회 구성원들의 소리를 듣는다. 만약 하나님의 부르심이 그렇게나 강력했다면, 왜 대부분의 이스라엘 사람들은 믿기를 거절했는가?

사도 바울은 육에 속한 형제들을 위한 것이라면 그리스도와 함께 하는 것도 기꺼이 포기하겠다고 선언함으로써 답변을 시작한다(모세도 유사한 제의를 한 적이 있다). 그에게 있어서 언약의 백성들이 "반 교회"(anti-church)를 형성하는 것은 얼마나 고통스러운 것이겠는가?

그러나 그들이 믿기를 거부하기 때문에 어떤 사람들로 하여금 하나님의 약속이 신실하지 못하다고 단정짓게 만든다거나, 나무에서 떨어지는 나뭇잎처럼 하나씩 떨어져 나가도록 해서는 안 된다. 아름다운 이름 **이스라엘**을 부르짖는 많은 사람들이 그리스도에 의해 모인 새 이스라엘의 일부가 **아니었음**은 분명한 사실이다. 아브라함의 후손이 되었다는 것이 메시아의 영광에 함께 동참할 수 있는 보장이 될 수는 없다. 은혜는 우리의 조상들로부터 물려받는 것이 아니다.

하나님의 주권

이스라엘의 구속 역사가 시작될 때부터 주님은 이미 혈통에 얽매이지 않음을 보여주셨다. 예를 들어, 아브라함의 자손들을 보라. 아울러 아브라함에서 그들의 후손에 이르는 모든 국가들을 생각해 보라. 그러나 하나님의 주권적인 은혜 속에서 주님께서는 이삭을 선택하시고 메시아의 약속을 주셨다. 우리는 이삭의 장막을 통하여 자유롭게 하나님의 주권이 운용되고 있음을 본다. 장자인 에서는 동생 야곱에게 무릎을 꿇게 된다. “내가 야곱은 사랑하고 에서는 미워하였다”(9:13; 말 1:2-3).

하나님은 그분의 약속을 수행하시지만 자신이 **선택했기** 때문에 그 자신을 위하여 그렇게 하신다. 그분은 “혈통과 지역”을 자랑할 만한 여지를 남겨 두지 않으신다. 바울은 유대인의 경우에도 주님께서 반드시 승리하실 것이라고 결론을 맺는다. 그는 혈통이 결정적인 요인이 될 수 없는, 선택하시는 하나님이시다.

이것이 불공평하지 않느냐고 이의를 제기한다면 이렇게 대답하고 싶다-하나님께서 바로의 마음을 강퍅케 하시고 반 메시아적 "애굽"이 되게 하셨다고 조금도 불평할 권한이 없다.

그렇다면 이러한 이의를 제기할 수 있을 것이다. "왜 이스라엘에게 호소하는가?" 하나님의 목적이 변할 수 없다면 왜 그분은 여전히 이스라엘을 훈계하시는가? 그 대답은 이러하다. 토기장이는 자신의 마음대로 진흙을 주무른다. 주님에게는 진노의 대상과 자비의 대상을 선택하실 권한이 있다.

접붙여진 이방인

자비의 대상! 그것은 바로 우리다. 바울은 기쁨에 넘쳐 외쳤다. 우리는 "곧 유대인 중에서뿐 아니라 이방인 중에서도 부르신 자"이다(9:24). 하나님께서는 그 자신을 위하여 "남은 자"를 보존하셨다. 유대인들은 거침돌로 인하여 실패했지만, 이방인들은 살아 계신 하나님의 아들이 되었다.

하나님은 자신을 증거하셨다. 세계 도처에 유대인들에게 복음을 전파하는 사람들이 있었다. 이들은 언약의 백성에게도 들을 권한이 있다는 증언을 들려주었다(10:18; 시 19:4). 그러나 대부분의 유대인들은 듣기를 거부했다.

따라서 하나님께서 자신의 백성을 거부하셨는가? 전혀 그렇지 않다. 하나님은 자신의 약속을 지키신다. 바울 자신이 아브라함의 충실한 자손이 아니었는가? 그뿐만이 아니다. 엘리야 시대에도 하나님께서 은혜

가운데 “남은 자 7천 명”을 선택하여 보존하지 않으셨는가? 언약의 진노가 이스라엘에게 임할 것이다(11:8 이하; 시 69:23-24). 그러나 동시에 이것은 하나님의 목적을 만족시킨다. 이스라엘의 일부가 믿게 되고 이방인 출신의 선택된 믿는 자들이 줄기에 접붙여진다. 또한 이방인들이 시온의 구원자 앞에 고개를 숙이는 것을 유대인들이 볼 때, 그들은 질투를 느끼게 될 것이다.

전환의 시기

마침내 바울은 이렇게 말한다. “그리하여 온 이스라엘이 구원을 얻으리라”(11:26). 여러분이 이 본문을 읽을 때는 **온 이스라엘**이 구약에서 종종 이스라엘의 대표자들이나 남은 자를 언급할 때 사용되었음을 기억해야 한다. 따라서 이 본문은 유대인들이 결국 천년왕국에서 한 명씩 차례로 회심할 것이라는 의미로 해석되어서는 안 된다. “이방인의 충만한 수”(11:25)가 차기 위해서 이스라엘은 부분적으로 강퍅케 되었다. 그렇지만 이스라엘의 충만한 수, 즉 “온 이스라엘”(이를테면, 바울의 시대에 회심했던 자들)이 하나님 나라에 들어가게 될 것이다.

이어서 바울은 육신의 형제를 가리켜 “조상들을 인하여 사랑을 입은 자”(28절)라고 이야기하는데, 우리는 이를 그 당시의 상황에 맞게 생각해야만 한다. 회당들은 불과 얼마 전부터 예수를 메시아로 받아들일 것인가 아닌가 하는 문제에 부딪히게 되었다. 그 이전에는 모든 유대인들이 “한 교회”에 속해 있었다. 바울의 시대는 아직 전환의 시기요, 은혜의 시기였다. 그렇지만 얼마 있지 않아 그리스도의 심판이 예루살렘을 엄습할 것이다.

그 뒤의 불순종한 유대인들은 언약 백성의 일원으로서 인정받을 수 없었다. 그들은 "육신을 따라" 이전의 언약 백성의 후손들이었지만 언약 안에는 거하지 못했다.

그러므로 11장 26절은 장차 모든 유대인들이 회심할 것이라는 어떠한 근거도 제시해 주지 않는다. 물론 우리가 그들에게 복음을 전파할 필요가 없다는 말이 아니다. 무엇보다 그것은 우리가 오늘날 유대인을 가리켜 "조상들을 인하여 사랑을 입은 자"라고는 말할 수 없다는 것이다. 그러한 이야기는 언약을 훼손시킨다.

인자와 엄위

여러분이 로마서의 이 난해한 장을 살펴볼 때, 바울은 목적지인 예루살렘으로 가면서 로마 교회로 편지를 보냈다는 것을 기억해야 한다. 로마는 "유대인의 문제"를 회의적으로 보려는 경향이 있었다. 바울은 자신이 가능한 한 그 자신의 백성들을 위하여 많은 것을 하도록 부름받았다고 생각하도록 로마의 기독교인들에게 인식시켜 주기를 원했다. 그는 자신의 글을 읽는 신자들이 유대인들처럼 실수를 범하지 않을 것이라고 단언하거나 자랑하게 되는 것을 원치 않았다(11:20). "그러므로 하나님의 인자와 엄위를 보라. 넘어지는 자들에게는 엄위가 있으니 너희가 만일 하나님의 인자에 거하면 그 인자가 너희에게 있으리라. 그렇지 않으면 너도 찍히는 바 되리라"(22절).

옛 언약처럼 새 언약에서도 진노와 약속이 둘 다 주어져 있음을 반드시 고려해야만 한다. 결국, 유대인과 이방인과 관계되는 하나님의 은혜는 이해할 수 없는 것이다. "깊도다 하나님의 지혜와 지식의 부요함이여!"

8

구원에 근거한 변화(12:1-13:14)

여호와께서 내게 주신 모든 은혜를 무엇으로 보답할꼬
(시 116:12).

일상 생활

설교의 "적용"과 그 본문의 해석이 완전히 분리될 수는 없다. 하나님의 매혹적인 메시지는 그 안에 암암리에 "적용"을 내포하고 있다. 그러나 어떤 것들은 명백한 일상 생활의 경우 더욱 발전되어 보다 구체적으로 제시되기도 한다. 12장부터가 바로 그러한 경우다.

이 "적용"은 앞에 나오는 글과 밀접하게 연결되어 있다. 바울은 여기서 도덕적 교훈을 제시하고 있는 것이 아니며, 앞의 장에서 기술했던 구원에 근거하여 신실하게 순종하기를 요구하고 있다. 에베소서나 골로새서와 같은 다른 서한과 마찬가지로, 그는 먼저 그리스도께서 우리를 위하여 행하고 베풀어 주신 것을 보여 준다.

이를 근거로 하여 그는 "삶의 모든 영역"에서 감사의 제사를 드릴 수 있는 신자들의 제사장적 직무를 계속해서 언급한다.

구원과 부르심

바울은 로마서에서 "주해"와 실생활을 함께 기술할 때 구원과 부르심(calling) 사이의 연결을 명백하게 드러내고 있다. 그는 이 "실천적" 단원을 시작하면서 다음과 같이 언명한다.

"그러므로 형제들아, 내가 하나님의 모든 자비하심으로 너희를 권하노니 너희 몸을 하나님이 기뻐하시는 거룩한 산 제사로 드리라. 이는 너희의 드릴 영적 예배니라(RSV: Spiritual worship, KJV: Reasonable service). 너희는 이 세대를 본받지 말고(즉, 이 사악한 시대의 양식을 똑같이 따르지 말라) 오직 마음을 새롭게 함으로 변화를 받아(문자적으로는 본질의 완전한 변화를 경험하는 것, 즉 완전한 개혁을 뜻함) 하나님의 선하시고 기뻐하시고 온전하신 뜻이 무엇인지 분별하도록 하라."

여기서 바울은 제사 등과 같이 어떤 외양적으로 "이 세대를 본받지 않는 것" 따위만을 언급하는 것이 아니다. 그것은 외모나 형식 그 이상의 문제다. 그가 요구하는 것은 그리스도로 말미암은 구원과 그가 알려주었던 "새 시대"에 근거하여 우리의 전 실존을 새롭게 하고 다시 방향을 정하는 것이다.

정부와 법에 대한 순종

바울은 이 개혁이 필요로 하는 것을 이야기할 때 교회 내의 상태부터 언급하기 시작한다. 한 몸을 이루는 구성원들은 그들에게 주어진 은사들을 사용함으로써 반드시 함께 일해야만 한다. 반대자들에 대한 교회의 태도 역시 수행해야 할 임무임에 틀림없다. 크리스천들은 홀로 복수를 책임지시는 하나님에 관한 모세의 노래를 부름으로써(신 32:35) 많은 것을 참을 수 있다.

우리는 특히 로마의 크리스천들이 직면했던 회당으로부터의 적대를 생각해 보아야만 한다. 교회가 유대인들을 되받아치는 불한당이나 폭력배로 변해서는 절대로 안 된다. 그 대신 그리스도께서 원수들을 환대하라고 하신 의미를 유대인들에게 보여주어야만 한다.

교회는 권세에 대한 유대인의 반항을 무엇이든 절대로 받아들일 수는 없다. 글라우디오는 아브라함의 자손들을 로마에서 추방했었다. 비록 네로가 몇 년 뒤 되돌아올 수 있도록 허용했음에도 불구하고 강한 증오와 복수의 욕망이 이 국민들 간에 존재하고 있었다.

유대인들 역시 탈세를 하고 있었음을 의심할 바 없다. 그러므로 바울은 가이사에게 주어야 할 것은 반드시 주어야만 한다고 로마의 크리스천들에게 상기시킨다. 칼의 힘을 소유한 자들은 하나님의 종들이다(13:4). 크리스천은 실제로 그리스도로 말미암아 자유를 얻었지만, 이 말은 반드시 훈련받지 않은 망나니나 혁명가가 되어야 한다는 뜻이 아니다.

오늘날 바울이 그리스도의 구속 사역에 근거하여 정부에게 복종하도록 요구했다는 사실을 인식하지 못하는 사람이 너무나 많기 때문에, 그 메시지는 세계 도처에 있는 모든 크리스천들에게 매우 유용한 말씀이다. 우리는 형벌이 두려워서가 아니라 "양심을 인하여"(13:5) 반드시 권세에 복종해야 한다. 어떻게 로마서 13장 1-7절에서 혁명의 신학을 찾아낼 수 있다는 말인가?

9

사랑과 봉사 속에 연합되는 약한 자와 강한 자(14:1-16:27)

서론 자세히

바울은 계속하여 사랑의 계명에 의해 빛의 자녀답게 살아가도록 부름받았음을 이야기한다. 로마 교회는 유대인과 이방인들이 혼합되어 있기 때문에 이에 따라 여러 가지 문제가 야기되었다. 그는 특히 이러한 실천적인 문제들과 연관을 지으며 이야기해 나간다.

유대의 절기들을 준수해야 할 것인지에 대해서는 여러 가지 견해가 있었던 것으로 보인다(14:5). 또한 이교 성전에서 제물로 바쳐졌던 음식을 먹는 것에 대해서도 의견의 차이가 있었다(2, 15절 이하). 한편에는 모든 의식 규례들을 무시했던 "강한 자"들이 있었고, 다른 한편에는 이 때문에 엄청나게 상처를 받는, 그래서 심지어 교회를 떠나기도 했던

"약한 자"들이 있었다. 물론 그들 사이에는 교회 내에서 일어났던 이 논란으로 말미암아 어쩔 줄 몰라했던 자들도 있었음에 틀림없다.

이 어려움에 직면하여 바울은 어떤 해결 방법을 제시한 것이 아니라 서로 자제하기를 간청한다. "우리 강한 자가 마땅히 연약한 자의 약점을 담당하고"(15:1). 강한 자가 사실상 거의 어떤 것이라고 용인할 수 있는 태도를 가짐으로써 이 때문에 약한 자를 실족하게 만들어서는 안 된다! "하나님의 나라는 먹는 것과 마시는 것이 아니요 오직 성령 안에서 의와 평강과 희락"이다(14:17). 그리스도께서는 자신을 기쁘시게 하려 하지 않고, 이스라엘에게 하나님의 신실하심을 보여주기 위하여 할례받은 자들의 종이 되셨으며, 이로써 이방인도 역시 구원에 참여할 수 있게 되었던 것이다(15:7 이하; 또한 6절도 참조하라).

공통의 신앙고백

다른 많은 부분에서처럼 15장 7절에서도 Revised Standard Version은 헬라어 본문에서 "그리스도" 앞에 기록되어 있는 관사 "the"를 제거한다(14:5; 15:3, 19을 참조하라). 이러한 본문 속에서 바울은 그 그리스도, 즉 직임자로서의 그 메시아를 이야기한다. 이를테면, 바울은 유대인이나 이방인이나 크리스천으로서 공통되는 신앙고백을 할 수 있도록 호소하고 있다. 이 때문에 그는 그 그리스도(메시아 또는 그 기름부음 받은 자)를 거듭 이야기하는 것이다(15:19; 고전 9:12; 고후 2:12; 4:4; 9:13; 골 1:7; 빌 1:27; 살전 3:21).

회당으로부터 반대를 받고 있던 교회는 여기에서 하나가 되었다. 바울은 "그 그리스도"를 이야기할 때 통일을 호소하고 있는 것이다. 그리스도란 단어는 이름만을 이야기하는 것이 아니며 직무를 나타낸다. 바로 로마 교회의 존재는 그 직무의 존재에 달려 있다(행 28:23, 31). 로마 교회의 생명은 예수님이 바로 기름부음 받은 주님이시라는 신앙고백에 의해 좌우된다.

사도 바울은 작은 차이점들을 보다 큰 하나의 범주 속에 포함시킨다. 예수 그리스도는 할례받은 자와 할례받지 않은 자 모두의 종이시다. 그렇다면 로마 교회가 서로 용납하지 않고 교인들을 받아들이기를 거부함으로써, 또 그 위대한 종의 형상을 본받으려 하지 않음으로써 스스로 분리되어서야 하겠는가?

바울은 지금 예루살렘으로 가는 도중임을 명심하라. 그는 디아스포라의 이방인 신자들에게서 모은 구호품을 예루살렘의 유대인 모(母)교회로 전달함으로써 기독교 교회의 연합을 구체적으로 입증하게 될 것이다. 결국 "열방들아 주의 백성과 함께 즐거워하라"(15:10; 신 32:43)는 모세의 노래가 성취된 것이다.

제사장적인 봉사

로마는 그 자체가 그리스도의 사역의 연속으로 간주되어야 한다. 바울은 이방인을 하나님이 받으실 수 있는 제물로 드리는 귀중한 제사장적 직무를 수행하도록 인정받았다(15:16). 이러한 인식은 로마에 이주해 온 회중들로 하여금 쓸데없는 언쟁을 그치도록 만들었다.

바울은 장중한 미사여구로 독자들에게 자신과 그들을 연결시키는 왕도(royal high road=the way, 그 도)와 중요한 직책이 있음을 보여준다. 그는 예루살렘에서 일루리곤까지 복음을 전파했으며, 이제 다시 예루살렘을 향하고 있다. 끝내 그는 로마를 지나 스페인으로 가는 길을 원했다(15:20-28).

그리스도의 앞을 향한 전진

로마서는 몇몇 문안 인사와 함께 끝난다. 마지막 장에 기록된 모든 이름들은 거짓 교훈을 가르치는 선생들을 대항하도록 요구하는 한 가지 말씀에 의해 하나로 묶인다(16:17). 의는 오직 믿음의 문제다.

이제 우리가 로마를 출발점으로 한 교회의 계속된 발전을 고려해 볼 때, 바울이 헛된 기록을 하지 않았나 하는 의아심을 종종 갖게 된다. 그러나 우리는 그리스도의 승리의 전진이 멈추어질 수 없음을 인식하지 않을 수 없다. 다음 본문은 어느 시대 할 것 없이 예배의 마지막에 종종 축복 기도로 사용되었다. "평강의 하나님께서 속히 사단을 너희 발 아래서 상하게 하시리라. 우리 주 예수의 은혜가 너희에게 있을지어다"(16:20).

16장의 문제점

로마서가 15장 33절에서 끝나는 것처럼 보이기 때문에 16장은 다른 교회, 이를테면 에베소 교회에 보내는 편지의 일부라고 주장되기도 한다. 3절에서 바울은 브리스가와 아굴라를 언급하는데, 이들은 로마에서 나와 고린도로(여기서 바울이 로마서를 기록했음) 갔다가 후에 에베소로 이주했던 자들이다(행 18:2, 28, 26; 고전 16:19; 딤후 4:19). 그러나 브리스가와 아굴라에 관한 언급은 명확하지 않다. 분명히 아굴라는 사업차 잠시 로마를 방문한 적이 있기 때문이다.

나는 로마서 16장이 에베소 교회를 위하여 기록된 완전히 별개의 편지였지만 나중에 어떤 이유로 로마서의 마지막에 덧붙여졌다는 이론을 단연코 부정한다. 그렇지만 혹시 더디오가 에베소 교회에 보내기 위하여 로마서를 **옮겨 적었는데**, 그때 로마서 16장이 부록으로 보충되었을 가능성이 있기는 하다. 일상적으로 그러한 보충된 편지를 통하여 사도들과 교회 구성원들의 인사가 모두 전달되기도 하였다(행 15:22 이하, 롬 16:17 이하를 보라). 이 가설은 그래도 조금은 고려해 볼 만한 가치가 있다.

이것이 사실이라면, 고린도 교회가 자기들을 위하여 16장을 포함한 로마서의 사본을 간직했으리라고 이해된다. 아무튼 우리는 바울의 편지들이 한 교회에서 다른 교회로 계속 균형 있게 전해졌다는 것을 잊어서는 안 된다(골 4:16을 보라). 바울 서신들은 특성 면에서 순수하게 인간의 작품이 아니라 그리스도의 복음을 성령의 영감으로 설명한 것이기 때문이다.

EARCH THE SCRIPTURES

고린도전서

1

문안과 감사의 말(1:1-9)

방탕의 도시 고린도

지도를 보면 알 수 있듯이, 고린도는 중요한 무역 중심지로서 그리스로 항해하는 거의 모든 배들이 정박하는 항구 도시였다. 그 곳에서는 "먹고 마시고 즐기자"라는 술취한 노래 소리가 쉴 새 없이 들려오곤 했다. 그리스 사람들은 "고린도 사람들처럼 산다"는 말을 종종 사용하곤 했는데, 이로 미루어 알 수 있는 것은 매춘 행위를 비롯한 온갖 타락한 행위들이 그 항구 도시에서 행해지고 있었다는 사실이다. 부둣가에서는 돈 많은 사람들과 부두 노동자들이 온갖 추잡한 짓들을 마음껏 하고 지냈다. 이러한 도덕적인 타락상에 대하여 그리스의 철학과 종교는 똑같이 무력할 수밖에 없었다.

주님께서는 바울로 하여금 방탕의 도시 고린도에서 십자가의 복음을 전하게 하셨다. 건강이 별로 좋지 않았던 바울은 그 곳에서 일년 반 정도 일했는데, 처음에는 유대인의 회당에서 복음을 전하다가 반대에 부딪히고 나서는 이웃에 있는 디도 유스도의 집으로 옮겨야 했다. 그 곳에서는 회당장 그리스보가 교회로 옮겨 왔으며, 그의 후임자인 소스데네 역시 그리스도교로 개종했을 가능성이 매우 짙다. 여하튼 바울은 소스데네란 이름을 이 서신의 서두에 기록되어 있는 발신자들의 명단에 포함시키고 있다(1:1; 행 18:17).

기록 동기

당시 에베소에 머물고 있던 바울이 고린도 사람들에게 이 서신을 보낸 데는 특별한 이유가 있었다. 고린도 교회에 여러 가지 문제가 발생하고 있었기 때문이다. 이 거대한 무역 도시의 악령이 그 곳 교회에도 낙인을 찍은 것 같았다. 그 곳 사람들은 구약이 더 이상 자기들에게 적용되지 않는다고 믿고 있었다. 성령을 받은 이상 고래(古來)의 각종 제약과 규례들로부터 해방되었으니 무슨 일을 하더라도 문제될 것이 없다는 것이었다.

유감스럽게도 바울은 자기가 전에 보냈던 서신의 내용 가운데 그 곳 사람들이 잘못 이해하고 있는 부분이 있다는 사실을 발견하게 되었다. 따라서 무엇보다 시급한 일은 말씀의 능력을 자만에 가득 찬 고린도 사람들에게 부어 주는 것이었다. 그들은 인간의 머리로 짜맞춘 원리에 입각하여 말씀을 멀리하고 소위 “영”(사실상 이는 그들 자신이 바라고 있는 것들을 반영한 것에 불과했다)에 전적으로 의존함으로써 교리와 행위 면에서 무절제의 극에 달해 있었다. 맛을 잃은 소금보다 더 쓸모 없는 것이 이 세상에 또 있겠는가?

그럼에도 불구하고 감사를 드리다

이러한 모든 사정을 고려할 때 바울이 고린도 교회의 교인들에게 보낸 첫 번째 서신의 서두에서 감사와 칭찬의 말을 발견하게 된다는 것은 놀라운 일이다. 이어지는 내용은 그 곳 교인들의 그릇된 태도에 관한 것이 중심을 이루고 있기 때문이다.

바울의 서신은 이렇게 시작된다. "고린도에 있는 **하나님**의 교회 곧 **그리스도 예수** 안에서 거룩하여지고 성도라 **부르심**을 입은 자들에게…." 주권적인 사랑으로 이 교회를 불러모으신 분은 바로 주님이시다. 이것이 바울이 말하고자 하는 첫 번째 요점이다. 고린도 교회의 허다한 결점들에도 불구하고 하나님께서 그들을 선택해 주셨다는 사실에 대하여 바울은 감사를 드리고 있다.

그는 또한 고린도 교회가 하나님으로부터 받은 수많은 은사들에 대하여 감사를 드리고 있다. 고린도 교회가 그리스도 예수 안에서 더욱 풍성하게 되었기 때문이다. 나아가 그는 고린도 교회의 교인들을 마지막 때가 이를 때까지 책망할 것이 없는 자들로 주께서 굳게 지켜 주시리라고 확언하고 있다.

바울이 이 서신을 쓰게 된 이유는 무엇이었을까? 그것은 하나님께서 당신 자신이 불러모으신 고린도의 성도들에게 바울을 통해 권고하심으로써 그들을 바른 길로 인도하기 위함이었다.

고린도에서 행하신 하나님의 역사에 대해 찬송과 감사를 드리고 나서, 바울은 그 곳 교회에서 발생한 여러 가지 문제들에 관하여 다양한 권고를 하고 있다.

2

교회의 분열(1:10-4:21)

올바른 설교

당신은 어떠한 종류의 설교를 원하는가? 또한 설교자들이 설교해야 할 내용은 어떠한 것이어야 한다고 생각하는가? 이상과 같은 질문들은 그 자체가 그릇된 것이다. 우리가 질문을 할 때는 그 질문 자체가 타당성을 지니고 있어야 하기 때문이다. 설교에 관해 우리가 물어야 할 타당한 질문은 주님께서는 우리가 어떠한 내용의 설교를 하기를 원하시는가 하는 것이다. 주님께서는 당신의 종들이 당신의 뜻에 합당한 설교를 하기를 원하신다.

고린도 교회의 교인들에게는 위와 같은 내용에 대한 인식이 전혀 되어 있지 않았다. 그들은 성경으로부터 자유롭게 되었다고 믿고 있었으므로 성경의 말씀보다는 자기네들의 견해가 더 중요하다고 생각했다.

그들은 성경을 뛰어넘어 기록된 말씀 밖으로 벗어나 버렸다(4:6). 그들은 자기네들의 마음과 지혜와 지식 가운데서 규범들을 찾아 나갔다. 이러한 태도는 불화와 논쟁의 씨앗이 되었으며, 각자의 자존심만을 내세우는 가운데 그러한 불화와 논쟁은 눈덩이가 불어나듯이 불어나고야 말았다.

고린도 교회의 교인들은 성령에 의해 붙들려 있었던 것이 아니라 죄로 가득 찬 육체에 의해 붙들려 있었다. 그 결과가 어떤 것인지는 쉽게 상상할 수 있을 것이다. 그들은 저마다의 취향에 따라 기분 내키는 대로 구미에 맞는 설교자를 선택했다.

에베소에 머물고 있던 바울은 글로에라는 여인의 종들로부터 고린도 교회의 교인들 가운데는 바울 자신을 따르는 사람들이 있는가 하면 아볼로나 게바(베드로)를 따르는 사람들도 있다는 말을 전해 들었다. 심지어 그리스도를 선택한 사람들조차 있다고 했다. 마치 바울과 그리스도와 아볼로와 게바 사이에 경쟁관계나 적대관계라도 있는 듯이 말이다. 고린도 교회의 교인들은 마치 자기들이 선택한 설교자가 복음 자체보다 훨씬 중요한 것처럼 행동했다.

바울은 이와 같이 인간적인 지식이나 본능을 부당하게 중요시하는 행위, 그리고 인간적인 지혜에 의존하여 살아가려는 태도에 단호히 반대했다. "세상"(유대인과 헬라인)은 저마다 마음에 품고 있는 욕망을 성취하기 위하여 헐떡이고 있었다. 어떤 사람들은 확신을 주는 표징들을 찾아 헤매는가 하면, 또 어떤 사람들은 폭포수 같은 웅변에 매료되어 있었다. 이와 같은 인간적인 욕망 앞에서 십자가에 달려 죽은 한 저주받은 인간의 복음은 얼마나 어리석고 보잘것없는 것이었을까!

겸비한 자들을 높이시다

세상적인 기준에 의하면 자기가 아무 것도 자랑할 것이 없다는 사실을 바울은 잘 알고 있었다. 그는 고린도에서 몇 차례의 세례를 베푼 적이 있을 뿐, 세례를 통해 추종자를 확보하려고 하지는 않았다(1:16-17). 그는 말재주가 능한 웅변가가 아니었다(2:1-4, 13). 또한 다른 사람들이 부러워할 만큼 우아한 삶을 살았던 것도 아니다. 오히려 그는 "세계 곧 천사와 사람에게 구경거리"가 되었다(4:9). 고린도 사람들은 자기네들의 소유와 사회적인 지위를 마음껏 자랑하면서 마치 하늘나라가 이 땅 위에 이미 이루어지기나 한 것처럼 행동했다. 그러나 바울은 자기 자신을 "세상의 더러운 것, 만물의 찌꺼기"로 여기고 있었다(4:13). 단지 인간적인 기준에 의해 판단할 경우에는 그의 설교를 비방하거나 보다 강한 인상을 풍기는 설교자를 찾게 될 이유가 충분했다.

죄악 가운데 타락한 세상에서는 복음이 항상 미련한 것으로 보이기 마련이다. 그러나 하나님께서는 인간이 자기의 지혜를 자랑하는 것을 용납하지 않으신다. "내가 지혜 있는 자들의 지혜를 멸하고…"(1:19; 사 29:14). 한나와 마리아의 찬송 가운데 나타나고 있는 내용, 즉 하나님께서는 오만한 자들을 낮추시고 겸비한 자들을 높이신다는 사실을 바울은 분명한 어조로 선포하고 있다.

세상 사람들은 자기들의 어리석은 환상 가운데 일견 보잘것없는 바울의 메시지를 경멸할지도 모른다. 그러나 하나님께서는 어리석게 보이는 설교를 듣고 믿음을 갖게 된 사람들을 구원하신다. 왜냐하면 "하나님의 미련한 것이 사람보다 지혜 있고 하나님의 약한 것이 사람보다 강하기" 때문이다(1:25).

비천한 신분의 사람들

고린도 교회의 교인들은 자기들의 비천했던 처지를 돌아보아야 했다. 그들 가운데 상당수의 사람들은 부두 노역에 사용되던 노예들이었음에 틀림없다. 그들은 고린도와 같은 항구 도시에 모여들기 십상인 인간 쓰레기들이었다. 그럼에도 불구하고 그들이야말로 바로 하나님께서 찾고 계신 사람들이었다. "하나님께서는 세상의 미련한 것들을 택하사 지혜 있는 자들을 부끄럽게 하려 하시고 세상의 약한 것들을 택하사 강한 것들을 부끄럽게 하려 하신다"(1:27).

위와 같은 사실은 고린도 교회의 주춧돌을 놓는 일을 두려움과 떨림으로 수행해 나아갔던 바울의 사역을 통해 분명하게 드러난다. 경외감 가운데서도 바울은 비밀스러운 하나님의 지혜를 이해하기 쉽고도 단순한 언어로 드러냈다(2:7). 바울의 설교는 성령께서 그를 통해 하시는 말씀이었기 때문에, 그의 설교를 경멸하는 사람은 자기가 영적인 인간이 아니라는 사실을 증명하는 것과 다를 바 없었다. 고린도 교회의 교인들은 이러한 사실을 명심할 필요가 있었다.

이와 함께 그들은 바울의 단순한 스타일의 설교에 대하여 불평해서는 안 된다는 것을 알아야 했다. 그가 그토록 쉬운 말로 설교했던 것은 교인들의 대부분이 아직도 신앙 면에서는 어린이들, 즉 미성숙한 그리스도인들이었기 때문이다.

사실 바울이 그렇게 판단한 것은 옳은 일이었다. 왜냐하면 당시의 불화는 미숙한 개인 숭배가 팽배하여 메시지를 전하는 설교자에 대해서만 관심을 집중시키고, 정작 중요한 의미를 띤 메시지 자체에 대해서는 경홀히 생각하기 때문에 발생한 것이었기 때문이다.

개인 숭배는 금물이다

설교자들은 하나님의 교회에서 일하도록 그분에 의해 파송된 자들이다. 따라서 교회는 개인 숭배적인 경향을 적극 배척해야 하며, 하나님의 종들이 맡은 바 직분을 성실하게 수행하고 있는지를 지켜보아야 할 뿐이다.

번쩍이는 것이라고 모두 황금은 아니듯이 고린도 교회의 교인들은 세상적인 기호에 영합하는 인기 위주의 교사들을 경계했어야 했다. 그 거짓 교사들이 지은 집은 나무와 지푸라기로 지은 것과 같아서 마지막 날에 불의 심판을 견딜 수 없는 것이었기 때문이다.

우리는 외견상 그럴듯하게 보이는 사람을 숭배할 것이 아니라, 하나님의 성전인 교회가 거룩한 모습을 지니고 있는지를 유심히 살펴보아야 한다. 또한 하나님의 종들 사이에서 이리저리 방황하는 일이 있어서도 안 된다. 왜냐하면 "바울이나 아볼로나 게바나 만물이 다 우리의 것"이기 때문이다(3:21-22).

또한 바울을 "수심에 찬 기사"(돈키호테의 별명 – 역자주)라고 부르는 등 오만한 자세로 거친 말을 내뱉으면서 교회의 거룩한 모습을 유지할 수는 없다. 고린도 교회의 교인들이 소유하고 있던 것은 하나님께로부터 오지 않은 것이 없었다(4:7).

아버지의 본을 따르라

고린도의 총독은 다소 관용스러운 면이 있었으나(행 18:12 이하), 오히려 동족인 유대인들이 길거리로 뛰쳐 나와서 바울을 멸시하고 핍박했다. 이러한 상황-에베소에서처럼 맹수 같은 자들과 싸울 수밖에 없는 상황-에 처해 있으면서도 그는 이렇게 말했다. "너희들의 교회를 세우신 아버지의 본-너희 눈에는 미련한 것으로 보일지 모르는-을 따르라."

상황의 심각성 때문에 바울은 디모데를 고린도 교회로 보냈다. 그 자신이 몸소 그 곳에 갈 형편이 못되었기 때문이다. 바울은 은사를 멸시하는 교만한 마음에 대하여 엄중히 경고하고 있다(4:17 이하).

3

교회의 도덕적 혼란(5:1-6:11)

허용될 수 없는 죄악

글로에의 종들이 전해 온 소식은 바울로 하여금 고린도 사람들의 삶에 대해 뇌성벽력과도 같은 비판을 하게 만들었다. 고린도 사람들이 도덕적으로 타락한 상태에 있었음은 두말할 나위가 없다. 심지어 근친상간적인 결혼조차 거리낌없이 행해지고 있었기 때문이다.

이러한 상황에 대처하기 위해 무엇을 할 것인지를 바울은 분명하게 알고 있었다. 그는 교인들을 모이게 했으며, 성령께서 인도하심에 따라 죄인들을 교회로부터 내어쫓았다.

예수 그리스도께서는 유월절 어린 양으로서 희생 제사를 완벽하게 이루어 놓으셨다. 따라서 죄의 씨앗은 교회로부터 영원히 사라졌어야 했다. 그러나 교인들이 교회 밖의 사람들과 접촉할 수밖에 없는 상황에서 죄악이 완전히 사라질 수는 없다. 교회 **밖의** 사람들은 마침내 **하나님의** 심판을 받게 될 것이다. 그렇다고 해서 교회 **안에서** 일어나는 죄악이 허용될 수 있다는 것은 아니다. 계약의 백성들에게서 죄악은 완전히 제거되어야 한다(신 13:5; 17:7; 19:19; 22:24; 24:7). 우리는 자기가 마치 의인인 양 행동하는 방종한 교인들을 멀리해야 한다. 바울은 여기에서 교회 생활의 개혁을 부르짖고 있다.

분쟁의 해결

교인들 사이의 분쟁을 해결하는 방법에서도 개혁이 필요했다. 그리스도인들은 일정한 규칙-회당 생활을 통하여 그들이 이미 익숙해 있었던-을 지켜야 했으며, 그 규칙들 가운데는 법적인 분쟁을 법정에서 해결하려고 해서는 안 된다는 것이 있었다.

하나님 나라의 신성한 규례를 믿고 있는 그리스도인들이 형제에 의해 혹시 손해를 당하는 일이 있다 할지라도, 믿지 않는 불의한 자들[1)]에게 호소하여 그 보상을 받으려고 해야만 하겠는가? 불의한 자들은 하나님 나라를 이어받을 수 없는 자들이기 때문이다. 지극히 높으신 분의 성

1) "믿지 아니하는 자들"은 유대인들을 가리키고 있을 가능성이 매우 높다. 이는 주후 4세기에 크리소스톰(John Chrysostom)이 회당에서 재판을 받는 관례에 반대했다는 사실로부터 알 수 있다. 이슬람교가 일어난 후로 소수 집단으로 전락했던 근동 지방의 교회들은 법률적인 다툼을 처리하기 위해 자체 법정을 설치하는 유대인들의 관례를 따랐다. 소위 "밀렛 시스템"(millet system)이라는 것이 이슬람 통치자들의 승인을 받아 교회의 정치 제도에 편입되었다. 재판은 통치 권력과의 관계에서 교회를 대표하던 이 정치 제도의 이름으로 집행되었다. 고전 6장에서 바울이 염두에 두고 있는 것은 지역 교회의 회중들이 교인간의 법적인 다툼을 처리하는 것이었다.

도들만이 그 나라를 얻을 수 있다(단 7:18, 22, 27).

믿지 않는 자들에 의한 판결이 하나님의 교회가 결정하는 것에 우선할 수 있겠는가? 만일 그렇다고 한다면, 그것은 세례에 의해 확증되는 교회의 고귀한 직권을 무시하는 결과가 될 것이다.

4

결혼 문제 및 성적인 방종에 대한 권면(6:12-7:40)

성 문제에 대한 극단적인 입장들

고린도 교회에는 소위 "영적인" 삶을 추구하는 교인들이 있었다. 그들 가운데는 결혼을 전적으로 부정하고 다른 사람들에게도 독신 생활을 권고하는 자들이 있었다.

한편, 육체와 정신을 구별하는 이원론의 영향을 받아 육체에 관한한 무슨 짓을 하더라도 문제될 것이 없다는 생각을 하는 사람들도 있었다. 그러한 자기들의 입장을 뒷받침하기 위해 그들은 "모든 것이 내게 가하다"라는 성경 구절을 인용하기도 했다. 결국 한편으로는 결혼이 "영적인" 사람에게는 무가치한 것이라 하여 경멸하는 경향이 있었는가 하면, 한편으로는 혼외(婚外) 성행위가 방자하게 행해지고 있었던 것이다.

후자의 경우에 관하여 바울은 6장 12-20절에서 말하고 있다. 그는 여기서 어떠한 형태의 이원론도 거부하고 있다. 주님께서 베푸시는 구원은 전인적(全人的)인 것이기 때문이다. 인간의 육체는 주님의 영광을 위한 것이기 때문에 더렵혀져서는 안 된다. 또한 그것은 그리스도의 부활에 참여하게 될 성령의 거룩한 성전이다. 이러한 사실은 인간의 성생활과 관련하여 깊이 고려되어야 할 점이다. 우리는 자기의 육체로 하나님께 영광을 돌려야 한다.

결혼에 관하여

고린도전서 7장은 많은 논쟁을 불러일으켜 왔던 내용을 포함하고 있다. 바울은 여기서 고린도 교회의 질문에 대한 회답으로 결혼 문제에 관하여 매우 깊이 있게 다루고 있다. 1-5절에는 이미 결혼한 사람들이 그 결혼 관계를 어떠한 형태의 영적인 관계로 전환시켜야 하는가에 대한 바울의 언급이 나온다.

성적인 무질서와 방종이 극도에 달해 있는 상황이었으므로, 결혼 생활을 하면서도 엄격한 금욕 생활을 실천하려고 하는 사람들이 있었다는 사실은 결코 놀라운 것이 아니다. 한 교회사 연구 자료에 의하면, 독신 생활과 "영적인 결혼"을 주장하는 사람들은 바울의 "남자가 여자를 가까이 아니함이 좋다"(7:1)는 말을 인용하면서 자기들의 주장을 펴 나아갔다고 한다.

아우구스티누스의 입장

이러한 맥락에서 우리의 머리에 떠오르는 것은 아마도 아우구스티누스의 회심의 체험일 것이다. 그는 "정절의 여신이 고요하고 순결한 기쁨 가운데" 자신에게 나타나서 이렇게 말했다고 한다. "육체의 불결한 속삭임에 그대의 마음을 닫으라. 육체는 그대를 기쁘게 해주는 것들을 속삭일지 모르나, 결코 그대의 하나님께서 들려주시고자 하는 진리를 말해 주지는 않을 것이다." 아우구스티누스에 의하면 여인에게 정욕을 품는 일 그 자체가 죄악이다. 그는 하나님께 이렇게 말씀드렸다고 한다. "당신께서는 저를 당신의 사람으로 만드셨습니다. 따라서 저는 더 이상 여인들에게 정욕을 품지 않겠습니다."[2] 「하나님의 도성」(*The City of God*) 제11권에서 그는 아담과 그의 아내가 낙원에서 서로에 대해 육체의 정욕을 느끼지 않으면서 살았다는 것을 기술하는 데 많은 지면을 할애하고 있다.

아우구스티누스에게는 인간의 의지에 의해 지배되는 삶이 가장 이상적인 형태의 삶이었다. 이는 남자와 여자 사이의 관계에서도 마찬가지였다. 그의 입장에 의할 경우, 하나님의 피조물로서의 성적인 본능이라는 개념은 완전히 설 자리를 잃게 된다. 그는 남녀간에 느끼는 성적인 욕망을 원죄의 결과로 보았으며, 결혼한 사람들로서 성관계를 가질 수 있는 경우는 오직 자녀를 낳기 위한 목적 이외에는 허용될 수 없다고 했다. 또한 그는 이를 넘어서는 성관계는 용서받을 수 있기는 하나 여전히 죄임에는 변함이 없다고 하였다.

---

2) 「고백록」*Confessions*, R. S. Pine-Coffin 영역(Penguin Books, 1961), pp. 176, 178.

아우구스티누스가 취했던 극단적인 입장의 배후에는 나름대로의 타당한 이유가 있었다. 그는 당시 부유한 사람들의 입장을 맹렬히 공격했던 것이다. 그들은 자녀를 많이 두는 일에 반대할 이유가 없었음에도 불구하고 오직 두 자녀만을 가질 것을 주장했다. 그는 또한 당시에 널리 행해지고 있던 산아제한 방법에 대해서도 반대하였다. 그러나 그에게 최고의 이상은 금욕과 절제였다. 따라서 로마 제국의 쇠퇴에 그가 일조(一助)했다고도 할 수 있다.

이러한 아우구스티누스의 결혼에 대한 목회적 관점(그와 비슷한 입장을 취했던 교부들이 상당히 많다)은 교회사를 통해 그리스도인들의 삶에 깊은 영향을 주었다. 오늘날에도 많은 그리스도인들이 성행위를 경멸스러운 삶의 일면으로, 그리고 수치스러운 어떤 것으로 생각하고 있다. 그들은 우리가 "죄 가운데 잉태되어 태어났다"는 교리는 결국 우리의 잉태가 가증스러운 방식에 의해 이루어졌다는 것을 의미한다고 한다.

결혼 제도의 옹호

위와 같은 견해는 바울의 입장에 비추어 정당화될 수 있는 것인가? 바울이 "남자가 여자를 가까이 아니함이 좋다"(7:1)라고 한 것은 "모든 것이 내게 가하다"(6:12; 10; 23)라는 말과 마찬가지로 고린도 교회의 교인들에게 한 말이다. 한편, 그는 7장 2-5절에서 "영적인 결혼"이 합당치 못한 것임을 분명하게 밝히고 있다. 그러한 행위는 사단에게 시험할 기회를 줄 것이 틀림없기 때문이다.

이러한 입장은 오늘날에도 신중하게 고려될 필요가 있다. 이제 바울의 권고를 들어보자. "서로 분방하지 말라. 다만 기도할 틈을 얻기 위하여 합의상 얼마 동안은 하되 다시 합하라. 이는 너희의 절제 못함을 인하여 사단으로 너희를 시험하지 못하게 하려 함이라"(7:5). 바울은 고린도 교회의 교인들에게 남편과 아내가 서로의 의무를 다할 것을 권고하고 있다(7:3). 결국 그는 하나님께서 정하신 제도로서 결혼을 옹호하는 입장을 분명하게 취하고 있다. "하나님이 지으신 모든 것이 선하매 감사함으로 받으면 버릴 것이 없느니라"(딤전 4:4).

결혼과 이혼

7장 6-9절에서 바울은 혼인하지 않은 자들을 향하여 말하고 있다. 8절에서 "혼인하지 아니한 자들과 과부들"이라는 표현을 사용한 것으로 보아, 바울은 홀아비들 역시 염두에 두고 있었던 것임에 틀림없다. 랍비 출신이었던 바울은 일찍이 젊은 시절에 결혼을 했을 것이다. 그렇게 하는 것이 랍비들의 관례였기 때문이다. 그러나 그는 자신에게 맡겨진 사역을 생각할 때 다시 결혼하지 않겠다고 결심했다. 하지만 재혼의 유혹을 물리칠 능력이 없는 사람은 그 유혹의 불길에 타 죽는 것보다는 재혼을 하는 편이 더 낫다고 했다. 또한 그러한 사람이라고 해서 멸시하거나 덜 "영적인" 사람으로 취급해서는 안 된다고 했다.

7장 10-24절에서 바울은 결혼 문제를 보다 깊이 있게 다루고 있다. 일단 결혼한 사람은 성부재(性不在)의 존재처럼 살아서는 안 된다. 이는 결혼을 파기하는 것과 다를 바 없기 때문이다. 아직 주님을 영접하지 않은 사람과 결혼했다 하더라도 그리스도인으로서 그러한 행동을 취하는 것은 합당치 않은 일이다. 왜냐하면 우리는 화평 가운데 살아야 하기 때문이다. 결혼을 파기할 수 있는 경우는 오직 믿지 않는 상대방이 믿는 배우자를 버렸을 때뿐이다. 그러한 경우에는 "형제나 자매나 구속받을 –주님의 법에 의해–것이 없다"(7:15).

재혼

7장 25-29절에서 바울은 다시 한 번 "혼인하지 아니한 자들"에게로 관심을 돌리고 있다. 어떤 사람들은 이 부분이 독신 생활 문제를 취급하고 있는 것으로 보나, 이는 이 구절들을 잘못 해석한 결과다.

통설에 의할 경우 여기서 사용되고 있는 헬라어 단어는 정확하게는 "재혼하지 않은 남자 또는 여자"를 가리킨다고 한다. 바울은 그러한 사람들에게 "임박한 환란"을 이유로 재혼하지 말 것을 권고하고 있다. 가족과 재산을 한꺼번에 잃어버린 일은 참으로 견디기 어려운 시련일 것이기 때문이다. 한편, 바울은 이 문제에 관해 주님으로부터 받은 절대적인 계명은 없다고 한다(7:25).

바울은 틀림없이 전혀 혼인한 적이 없는 사람들만을 대상으로 말하고 있는 것이 아니다. 왜냐하면 "아내에게서 놓였느냐?"(7:27)라는 질문을 하고 있기 때문이다. 결국 우리는 이 문제에 관한 결정을 스스로 내리는 수밖에 없다. 바울은 "장가가도 죄짓는 것이 아니요 처녀가 시집가도 죄짓는 것이 아니다"(7:28)라고 분명하게 선언하고 있다. 7장 36-38절에서 다루어지고 있는 문제는 아마도 죽은 사람의 형제가 그

미망인과 결혼하는 관습에 관한 것일지도 모른다. 왜냐하면 39-40절에서 그는 과부도 결혼할 사람을 선택할 수 있다고 하기 때문이다. 단 그러한 일에는 “주님 안에서”라는 조건이 붙는다.

7장에서 바울이 다루고 있는 문제는 우리 시대에도 많은 시사점을 주는 것들이다. 그가 의도하는 바는 우리의 삶으로부터 우리가 정당하게 누릴 수 있는 기쁨들을 제거하려는 것이 아니다. 오히려 그가 싸우고 있는 대상은 성행위를 저열한 것, 하나님을 섬기는 일과는 거리가 먼 것으로 생각하는 사람들이다.

결혼에 관한 하나님의 말씀(창 1:28; 9:1)과 바울의 입장 사이에는 상충되는 점을 발견할 수가 없다. 바울은 그 말씀을 전적으로 긍정하는 가운데 결혼을 단지 피상적인 문제로 보는 입장에 반대하고 있다. 혼인한 경험이 있는 자들의 문제에 대한 그의 민감한 목회적 접근 방법은 그가 삶의 미묘한 국면들까지도 정확하게 이해하고 있었다는 사실을 보여준다.

5

형제들을 위한 삶(8:1-11:1)

우상에게 바쳐진 제물

고린도 교회의 교인들이 바울에게 물어 왔던 질문들 가운데는 이미 우상에게 바쳐진 제물을 먹는 일에 관한 것이 포함되어 있었다.

당시의 시장에서는 각종 육류가 판매되고 있었으며, 음식을 사 먹을 수도 있었다. 때로는 우상에게 바쳐졌던 제물이 이교도들의 성전으로부터 흘러나와 시장에서 판매되는 경우도 있었다. 여기서 제기되고 있는 문제는 그러한 제물을 그리스도인으로서 사 먹을 수 있겠는가 하는 것이다.

고린도 교회의 교인들 가운데 대부분은 그렇게 하기를 거부했으며, 심지어 각종 사교적인 모임에서조차 그러한 고기를 먹지 않으려 했다. 그렇다고 해서 그들이 이교도들의 우상을 모조리 부숴 버렸다고 할 수 있을까?

한편, 몇몇 사람들은 자기들이 그러한 고기를 먹어도 문제가 없을 정도로 굳건한 믿음을 가지고 있다고 스스로 믿고 있었다. 우상이란 결국 실제로 존재하는 것이 아니라는 것이 그 이유였다. 더욱이 그들은 거리낌없이 이교도들의 사원에 찾아가서 제물로 바쳤던 고기를 얻어먹기도 하였다. 이교도들의 성전이라고 해봤자 돌 무더기에 불과한 것이 아니겠는가라는 생각에서였다. 또한 그들로서는 이교도인 친지들이 권하는 음식을 거절함으로써 그들과의 관계를 끊어 버린다는 것은 거의 상상할 수가 없는 일이었다. 그들은 우상을 믿지 않는다고 하여 각종 사교적인 모임을 멀리하는 것이 무슨 유익이 있겠느냐고 생각했다. 그러나 교회 밖의 사람들은 그러한 이유들을 조금도 이해해 주려고 하지 않았다.

이렇게 해서 고린도 교회에서는 우상에게 바쳐진 고기를 절대로 먹지 않는 "약한" 자들과 그것을 스스럼없이 먹는 "강한" 자들 사이에 분쟁이 일어나게 되었으며, 그들은 바울에게 중재자의 역할을 하여 그 분쟁을 종식시켜 줄 것을 요청하기에 이르렀다.

그리스도인의 자유와 형제들을 위한 삶

바울은 이 문제에 대한 대답의 서두를 우리가 우상은 세상에서 아무것도 아니라는 사실을 알고 있다는 점을 지적하면서 시작하고 있다. 우리는 그러한 사실을 성경을 통해 익히 알고 있다는 것이다.

그러나 불행하게도 새로 개종한 사람들 가운데는 그러한 사실에 대하여 완전히 이해하지 못하는 사람들도 있었다. 그들에게는 여전히 우상이 **실체**적인 의미를 지니고 있었다. 따라서 그들은 우상으로부터 완전히 해방되지 못한 채 있었다. 그들은 이교도들의 성전이나 희생제물로 바친 고기에 대해 생각만 해도 몸서리칠 수밖에 없었다.

"강한" 교인들이 이교도들의 성전에 들어가서 제사와 식사에 참여하는 모습을 보고 "약한" 교인들은 어떻게 생각했을까? "약한" 형제들이 시험에 빠지거나 이교도들의 성전으로 다시 찾아 들어갈 위험은 없었겠는가? 그러한 "약한" 교인들에게 "강한" 교인들이 도움이 될 수는 없다. 따라서 "약한" 교인들은 비틀거리다가 넘어지거나, 다시 죄악에 빠져들 수밖에 없을 것이다(8장).

어떤 사람은 이교도들의 성전에 들어가서 그 곳에 있는 우상에게 바쳐진 제물을 먹을 **자유**가 있다고 주장할지도 모른다. 그러나 바울이 지적하고 있듯이, 그리스도인의 자유에는 일정한 한계가 있는 법이다. 바울은 자신의 삶을 예로 들어 그러한 사실을 분명하게 지적하고 있다. 바울은 자신이 교회에서 행한 사역에 대하여 대가를 요구할 자유가 없었는가? 그 일꾼의 사역에 대하여 마땅히 상당한 보수가 지급되어야 하지 않았을까? 바울이 물질적인 보상을 받아들였다는 주장은 잘못된 것이다.

따라서 그는 고린도 교회에서의 자신의 사역에 대하여 물질적인 보상을 요구할 권리를 전혀 행사하지 않았다고 보아야 한다. 그가 자기에게 맡겨진 일을 수행할 때는 복음에 저촉되지 않으려고 최대한의 노력을 기울였다. 따라서 그는 자기 손으로 일한 결과를 가지고 개인적으로 필요한 물품을 조달하곤 했다. 그가 이렇게 한 것은 복음을 위해서였다. 그는 마지막 때에 이르러서는 구원의 은혜에 참여하게 될 것을 굳게 믿고 있었다(9:1-27).

"강한" 그리스도인들에 대한 바울의 경고

자신에게 허용된 것이라는 생각만으로 형제들의 거리낌에 대해서는 조금도 염려하지 않는 사랑 없는 "강한" 그리스도인들에게 바울은 경고의 말을 전하고 있다. 그러한 그리스도인들은 제 발로 "섰다"고 생각할지 모르나, 그럴수록 생각을 깊게 해야만 한다. 구약 시대의 이스라엘 백성에게 결국 어떠한 일이 일어났는가? 홍해를 건넌 것은 그들이 세례를 받은 것이었고, 만나를 먹은 것은 주님의 만찬에 참여한 것이었다. 그러나 이러한 은총을 받았던 세대는 약속의 땅에 들어갈 수가 없었다. 이스라엘 백성들은 하나님의 무한한 은총을 입었음에도 불구하고 유혹에 굴복하여 우상을 섬겼기 때문이다.

따라서 "강한" 그리스도인들은 자기들의 행동에 대하여 다시 한 번 생각할 필요가 있다. 교회에 "영적인 초인"이 있을 수는 없기 때문이다. 그들은 우상에게 제물을 바치면서 이교적인 제사를 지내는 것이 형제들로 하여금 시험에 들게 하는 것일 수도 있다는 사실을 잊어서는 안 될 것이다.

우상 숭배를 피하라

우상들은 그 자체로서는 아무런 실제적인 권능을 갖고 있지 못하다. 그러나 이교는 마귀와 악령들이 만들어 낸 것으로서, 그 희생 제물은 이교적인 영들에게 바쳐지고 있다. 그렇다면 어떻게 우리가 주의 잔과 귀신의 잔을 겸하여 마시며, 주의 상과 귀신의 상에 겸하여 참여할 수 있겠는가? 우리는 주님의 진노를 사서는 안 될 것이다. 결국 바울은 어떠한 형태의 우상 숭배도 단호히 배격하고 있다(10:14 이하).

또한 바울은 고린도 교회의 교인들에게 다른 사람들의 구원에 대해서도 관심을 가질 것을 권면하고 있다. 만일 음식이 우상 숭배적인 의식 절차를 거친 것임을 알았을 경우에는 형제들의 믿음을 위해 결단코 그것을 먹어서는 안 된다는 것이다. 바울은 이렇게 말하고 있다. "그런즉 너희가 먹든지 마시든지 무엇을 하든지 다 하나님의 영광을 위하여 하라"(10:31).

이 유명한 구절은 반드시 우상에게 바친 제물에 관한 논쟁이라는 맥락에서 이해되어야 한다. 왜냐하면 이 구절은 감사로 가득 찬 삶 또는 하나님 나라의 포괄성에 관하여 말하고 있는 것이 아니기 때문이다. 그것은 일종의 성만찬에 관한 가르침으로 이해되어야 한다. 그리스도인들은 자기 자신만을 생각하는 편협한 마음을 버리고, 다른 사람들의 유익을 우선적으로 생각할 줄 알아야 할 것이다. 그것이 바로 그리스도 안에서 우리가 소유하고 있는 자유를 누릴 수 있는 한계라고 할 수 있다.

6

공중 예배에 관하여(11:2-34)

여자의 수건 문제

우리에게는 자유가 있다! 고린도 교회의 교인들은 자유를 마치 모든 종류의 제약들을 무시하고 이기주의와 자기애(自己愛)를 마음껏 펼칠 수 있게 하는 면허장처럼 생각하는 것 같았다. 이에 대하여 바울은 우리의 자유는 반드시 하나님의 법규를 지키고 존중하는 가운데 하나님과 이웃을 **섬기는 일**을 위하여 사용해야 한다고 주장하였다.

따라서 바울은 고린도 교회의 여인들의 입장을 긍정적으로 받아들일 수가 없었다. 그들은 여자로서의 위치를 지키려 하지 않고 남자들의 역할까지 떠맡겠다고 나섰기 때문이다. 그들은 자기들의 입장을 표명하기 위해 머리에 썼던 수건을 벗어 버렸다.

여기서 문제시되고 있는 것은 여자들이 머리에 무엇을 써야 하는가의 몸차림에 관한 것이 아니다. 문제는 하나님께서 창조하신 질서-여자는 남자에게 순종해야 한다는 질서-를 확립하는 일이다. 여자가 쓰는 수건은 봉사하는 위치에 있음을 상징한다. 이는 마치 군인들의 베레모가 타인들을 위해 일하는 자로서의 지위를 상징하는 것과 같은 것이다.

애찬식

고린도 교회에는 주님의 만찬을 거행함에 있어서도 일정한 규칙이 없었다. 그 곳의 교인들(이들은 아마도 회당의 관례에 따라서 안식일 식사를 시행해 왔을 것이다)은 주님의 만찬과 관련하여 애찬식을 제정하여 시행했다. 그런데 문제는 그릇된 자유의 개념이 다시금 머리를 들면서 온갖 종류의 추악한 행위들이 자행되었다는 점이다. 보다 화목한 공동체를 형성해 나아가기 위해 제정된 애찬식이 도리어 반목과 분쟁의 원인이 되고 말았다.

음식은 애찬식에 참여하는 사람들이 가지고 왔다. 그러나 교회에 먼저 도착한 사람들은 나중에 오는 사람들을 기다리려고 하지 않았기 때문에 함께 음식을 나누는 일이 불가능했다. 기다리기는커녕 자기들이 가져온 음식을 재빨리 먹어치우곤 했다. 교인들 가운데 종의 신분을 가진 사람들은 다른 사람들처럼 자유롭게 일찍 올 수가 없었으므로, 그들에게 돌아가는 음식은 극히 적은 양에 불과했다. 이러한 상황에서 교회의 친교가 결코 바람직한 모습을 하고 있었다고 볼 수는 없었다. 따라서 애찬식에 이어서 진행되었던 주님의 만찬은 우스꽝스러운 것이 되어 버리곤 했다. 왜냐하면 교회 안에 계층간의 차별과 갈등이 존재한다는 사실이 앞서 진행된 애찬식 가운데 이미 분명하게 드러났기 때문이다.

이토록 그릇되게 진행되고 있던 애찬식을 바로잡기 위해 바울은 고린도 교회의 교인들에게 주님의 만찬이 가지고 있는 본래의 취지를 설명했다. 그것은 누구든 배불리 먹기 위한 것이 목적이 아니라, 교회가 주님의 희생적인 죽음을 기념하는 하나의 방법이라는 것이었다. 따라서 그들이 올바른 태도로 그분의 죽음을 기념하지 않을 경우에는 하나님의 분노를 면치 못할 것이라고 했다.

우리는 주님의 만찬이 지니고 있는 의미를 명심해야 한다. 주님의 몸된 교회(성도들의 모임으로서의 교회)는 그 자신을 분별하고 반성할 수 있는 능력을 갖추어야 한다. 그리고 주님의 만찬은 교인들이 자기 자신을 살핀 후에 합당하게 먹고 마셔야 한다(11:26-29).

더욱이 그리스도인들이 먹으러 모일 때는 서로 기다려야 한다(11:33). 그리고 주님의 만찬은 정기적으로 거행되어야 한다. 교회는 주님의 만찬이 지니고 있는 성서적인 의미를 지켜 나가야 한다. 그렇지 않을 경우 심판의 장막이 교회 위에 드리워질 것이다(11:27 이하).

주의 만찬

오늘날 사람들이 주의 만찬에 참여할 때는 매우 엄숙한 태도를 취하는 것이 일반적이다. 그러나 이러한 태도는 주의 만찬에 관한 성경 말씀을 잘못 이해하거나 그릇되게 해석한 결과라고 보아야 한다. 또한 자기는 주의 만찬에 "합당치" 않다고 생각하여 자기의 죄를 먹고 마시는 죄를 범하지 않으려고 참여하기를 꺼려하는 사람들도 많다. 그러한 두려움을 느끼는 사람들은 설교를 듣고 그것을 삶 가운데 실천하지 않을 경우에도 역시 심판을 받게 된다는 사실을 기억해야 한다.

11장 27절의 "합당치 않게"라는 말은 그 먹고 마시는 사람의 영적인 상태를 가리키는 것이 아니라, 먹고 마시는 행위 자체가 합당치 못한 경우를 말하고 있는 것이다. 즉, 자신을 돌이켜 봄이 없이 의례적으로 참여하는 경우를 말한다. 우리는 주의 만찬이 성도들의 공동체를 형성해 가는 방법들 가운데 하나라는 사실을 잊어서는 안 된다.

7

성령의 은사와 교회의 질서(12:1-14:40)

영적인 방탕: 방언

고린도전서 13장은 종종 아가서에 비견되는 더할 나위 없이 아름다운 찬가다. 그것은 사실 사랑의 찬가-그리스도인의 사랑-를 노래한 것이다.

그러나 불행하게도 이 글은 산상설교와 마찬가지로 종종 그 본래의 맥락에서 벗어나 일반적인 인간관계, 즉 그리스도 및 그분의 교회와는 무관한 인간관계에 적용되어 왔다. 우리는 이러한 잘못을 범해서는 안 된다. 왜냐하면 이 글은 분명한 맥락과 배경 가운데 쓰여진 것이기 때문이다. 우선 그 배경을 살펴보도록 하자.

우리는 이미 고린도 교회의 교인들이 그리스도인의 자유에 관하여 그릇되게 이해함으로써 타락했던 것을 보았으며, 그들이 "육체적인" 것들을 무시하고 “영적인” 것들에만 몰두하는 이원론적인 사고방식에 빠져 있는 모습을 보았다. 여기에 추가할 수 있는 것은 그들이 성령을 이용하여 사적인 감정에 탐닉하거나 감각적인 쾌락을 추구하는 데까지 이르렀다는 것이다. 그들은 자기들의 영성을 과신한 나머지 심지어 성령과 말씀 사이를 잇는 끈까지도 끊을 수 있다고 믿는 것 같았다.

그들은 자기들이 소유하고 있는 은사들(charisma)에 도취해 있었으며, 방자하게도 자신들을 “영적인 영웅”으로 생각하고 있었다. 어떤 사람들은 마치 고린도에 오순절의 역사가 다시 일어나기나 한 것처럼 유창하게 방언을 떠들어댔다.

또 어떤 사람들은 또 다른 오순절 역사가 일어난 것처럼 더욱 요란한 방언(그 뜻을 이해할 수 있는 사람은 아무도 없었다)을 함으로써 교회가 온통 법석을 떨게 만들었다. 결국 방언을 말하는 사람들은 그 추종자들로부터 열광적인 환대를 받게 되었다. 엄숙한 예배와 말씀에 대한 헌신이 있어야 할 자리에 영적인 광신주의가 난무하고 있었으며, 방언의 은사(glossolalia)가 인간에게 영광을 돌리게 하는 수단이 되어 버렸던 것이다.

여기서 우리는 다시금 태양 아래 새로운 것은 없다는 진리를 되새기게 된다. 대중집회를 통해 성령 충만의 축복을 받을 수 있다고 믿는 오늘날의 각종 성령 운동들을 생각해 보라. 그러나 그들이 소위 “성령”이라고 부르고 있는 것은, 비록 그 지도자들이 여러 가지 방식으로 말하고 있기는 하나 전혀 진정한 의미의 성령이라고 할 수 없는 것이다. 그것은 실제로는 인간의 영이기 때문이다.

이 점에 관해서도 바울은 고린도 교회를 향하여 지적할 것들이 있었다. 한때 그 곳 교인들은 이방인들의 종교에 의해 붙들려 있었다. 그러다가 그리스도를 따르기로 결심한 후에는 성령을 통하여 **고정된 형태의 신앙고백**을 받아들였던 것이다. 따라서 방언을 말하는 것은 그 자체로서는 전혀 중요한 것이 아니었다. 그것이 잘못 이해될 경우 초래될 결과는 사실 영적인 방탕에 불과한 것이었다.

성령께서 역사하시는 방식

성령께서는 인류의 역사 속에서 분명하게 역사하신다. 만일 어떤 사람이 미친 듯이 "예수는 저주받을지어다"라고 말했다면, 이는 결코 성령을 통해 말한 것이라고 볼 수는 없다. 왜냐하면 그는 그리스도를 거부하는 입장에 서 있는 것이 틀림없기 때문이다. "성령으로 아니하고는 누구든지 예수를 주시라 할 수 없다"(12:1-3).

성령께서 역사하시는 방식은 매우 다양하다. 교회는 몸과 같이 서로 다른 구성원들이 함께 어울려 조화로운 전체를 이룬다. 우리의 신체 가운데 어느 부분이든 눈이나 귀가 될 수 없듯이, 교회에서도 누구나 사도나 예언자가 될 수 있는 것은 아니다. 그렇다고 해서 그러한 직분을 맡은 자들을 질투하는 일이 있어서는 안 될 것이다(12:12-31). 그러나 불행하게도 고린도 교회에는 그러한 질투나 시기의 조짐이 분명하게 나타나 있었다.

사랑의 은사

사랑의 은사야말로 그 유명한 고린도전서 13장의 맥락과 배경을 이루고 있는 것이다. 이 글은 우리에게 그리스도인의 사랑이 어떻게 교회 안의 각종 요소들과 상호 작용하여 아름답고도 조화로운 전체를 이루어 가는가를 잘 보여주고 있다.

고린도 교회의 교인들은 특정한 형태의 은사들에 너무나 마음을 빼앗기고 있었으므로 당시에 성행하는 은사들은 언젠가 또 다른 형태의 은사들에게 그 자리를 넘겨 주어야 한다는 사실을 전혀 모르고 있는 것 같았다. "예언도 폐하고 방언도 그치고 지식도 폐하리라"(13:8). 그리고 실제로 이러한 일이 일어났다는 것은 교회의 역사가 증명하고 있는 바다.

이 글에서 바울은 사랑이야말로 그리스도인들이 어떠한 모습으로 공동체를 이루어 나아가야 하는가에 대한 해답이라는 것을 분명하게 보여주고 있다. 믿음과 소망은 틀림없이 아름답고도 영원한 것이다. 그러나 사랑은 바로 그러한 믿음과 소망의 원천이라는 점에서 무엇보다도 고귀한 것이다(13:13).

교인들에 대한 교화(敎化)

이를 실천하는 문제에 앞서서 우리가 염두에 두어야 할 것은 교회를 세워 감에 있어 가장 중요한 원동력은 사랑이라는 사실이다.

우리는 교인들을 교화하는 문제에 대하여 잘못 이해하고 있는 경우가 많다. 이 문제가 등장할 때마다 우리의 머리 속에는 어떻게 해서든 교회의 질서를 유지하기 위해 잔소리를 늘어놓는 목회자의 모습이 떠오른다. 그러나 본문의 맥락에서 교화가 의미하는 바는 교회 생활을 통해 교인들이 **서로서로 가르치고 길러 주는 것**이다.

이렇게 생각할 때 가식된 행위, 설명도 하지 않고 방언을 하는 행위, 교회의 신앙고백에 어긋나는 예언을 하는 행위 그리고 여자들의 수치를 모르는 행위 등은 교회로부터 영원히 사라져야 할 것이다. 이방인들의 종교는 광란과 맹신을 그 특징으로 하지만, 성령의 종교는 질서 잡힌 분위기를 그 특징으로 한다. 질서 있는 환경에서만 각자가 공동체에 봉사하는 것이 가능하기 때문이다.

교회의 질서를 위한 규칙과 강령

바울이 고린도 교회의 교인들을 대상으로 호소하고 있는 내용 전체를 검토하면서 우리는 고린도전서 14장에서 교회 질서 확립을 위한 일련의 규칙과 강령을 발견하게 된다.

제1조 : 교회 안에서 이루어지는 모든 일들은 교인들의 교화와 교회를 세우는 일에 도움이 되는 것이어야 한다.

제2조 : 방언을 말하는 사람의 수는 셋으로 제한한다. 그들은 동시에 방언을 해서는 안 되며, 회중들에게 그 내용을 통역해 줄 사람이 있어야 한다.

제3조 : 예배 시간 도중에 예언을 하는 사람의 수 역시 셋으로 제한한다. 그들은 동시에 예언을 해서는 안 되며, 새롭게 받은 계시일수록 우선적으로 전달되어야 한다. 그러나 예배에 참석한 사람들은 하나님의 예언의 말씀을 기준으로 하여 그 예언을 판단해야 하며, 무비판적으로 받아들여서는 안 된다.

제4조 : 공적인 예배석상에서 여자는 지도자의 역할을 맡거나 설

교할 수 없다.

교회의 질서라는 말은 케케묵은 문서들이나 공의회의 의결 사항들을 연상시킨다. 그러나 바울이 여기에서 제시하고 있는 규칙들은 교인들의 삶에 대한 주님의 명령이다. 주님은 무질서의 하나님이 아니시다. 교회의 질서 역시 사랑을 전제로 하는 것으로서 순수하게 영적인 것이다.

방언

오늘날에 교회의 법규가 방언을 말하는 일에 대하여 명백한 규정을 해야 할 것인가의 문제가 제기될 수도 있다. 그러나 이 문제에 앞서 검토되어야 할 사항은 다음과 같은 것이다. 즉 오늘날의 예배에서 방언으로 말하는 것이 어떠한 기능을 가지고 있으며, 또한 어떠한 위치를 차지하고 있는가 하는 점이다.

이 점에 관하여 바울은 다음과 같이 이사야 28장 11절을 인용하고 있다.

> 주께서 가라사대
> 내가 다른 방언하는 자와
> 다른 입술로 이 백성에게 말할지라도
> 저희가 오히려 듣지 아니하리라(14:21).

바로 다음 절에서 바울은 이 인용구에 대한 주석을 달고 있다. "그러므로 방언은 믿는 자들을 위하지 않고 **믿지 아니하는 자들을 위하는 표적**이다"(14:22).

이로써 우리는 방언에 관하여 다음과 같은 결론을 추출해 낼 수 있다. ① 방언은 "이 백성", 즉 바울 시대의 계약의 백성들을 위한 것이었다. ② 방언의 기능은 특수한 "표적과 기사들"의 범주에 포함된다. ③ 이스라엘 백성들은 일반적으로 방언을 메시아가 오셨다는 징표로 받아들이지 않았다.

이상과 같은 점들을 고려할 때, 오늘날 우리의 예배에서 방언이 차지하는 위치나 그 기능을 묻는다는 것은 의미 없는 일이 되고 만다. 주후 30년에서 70년까지의 결정적인 시기에 이스라엘에 대한 증언이라는 맥락에서 일어났던 방언 현상은 메시아이신 예수께서 구약의 예언에 따라 성령을 우리에게 부어 주셨다는 분명한 징표였다(사 59:21; 렘 31:33-34; 2:28-29). 그러나 사도 시대는 막을 내린 지 이미 오래다. 따라서 오늘날 우리의 예배에서는 말씀을 선포하고 찬송을 드리는 일에만 마음을 쏟아야 할 것이다.

바울이 방언 문제와 관련하여 고린도 교회의 교인들로 하여금 깊이 느끼게 하고 싶었던 점은 다음과 같다. 즉, 방언은 메시아가 오시어 믿음 없는 계약의 백성을 심판하실 날이 가까이 왔다는 것을 이스라엘 백성에게 경고하기 위한 하나의 방법이었다는 것이다. 그 심판의 날이 지나고 나면 방언도 그치게 될 것이다(13:8).

바울이 방언하는 것을 제한했던 것은 그것을 완전히 제거하기 위한 선행조치였다고 할 수 있다. 교인들이 모였을 때 가장 중심이 되어야 할 것은 말씀의 예배였기 때문이다. 오늘날 우리의 예배에 방언을 도입하려는 시도는 구속사의 전진을 가로막는 행위로서 자기만의 영광을 도모하는 이기주의를 조장할 위험을 내포하고 있는 것이다.

8

부활에 관하여(15:1-58)

육체의 부활을 부인하다

오늘날 우리 주변에는 기독교 교회의 신앙고백을 비신화화하려는 사람들이 있다. 인간적인 사고에 의할 경우, 우리의 육체의 부활은 물론 그리스도의 부활까지도 믿을 수 있는 것이 못되기 때문이다. 고린도 교회의 교인들 역시 위와 같은 위험한 방향으로 나아가고 있었다. 이는 앞에서 등장했던 문제, 즉 "육체적"인 것을 등한시 (내지는 경멸)하면서 "영적"인 것에 지나치게 집착하는 경향이 다시 한 번 드러나게 된 결과였다. 그들은 인간의 영혼을 흉악한 감옥-육체-에 갇혀 있는 아름다운 새처럼 생각하고 있었다. 더욱 불행한 일은 그들이 자기들은 이미 "섰다"고 믿고 있었다는 사실이다. 그들은 현재의 삶과 미래의 심판의 날을 잇는 끈을 자르고 있었다.

부활 문제에 관하여 그들은 아직 그리스도께서 죽음을 이기고 다시 살아나셨다는 사실을 부인하는 데까지 이르지는 않았다. 따라서 그리스도의 부활은 그 곳 교회에서 행해지는 설교에서 중심적인 주제를 이루고 있었다. 그러나 그들 가운데는 그리스도인들이 이미 "영적인" 갱생을 체험했기 때문에 육체의 부활이 필요 없다고 믿는 사람들이 더러 있었다. 살아 있는 "영적인 영웅"으로서 이미 갈 데까지 다 갔다는 것이었다.

그리스도의 부활: 우리의 부활에 대한 보증

부활의 문제를 영적으로 해석하는 입장에 반대하면서, 바울은 우선 그리스도의 부활에 관해 증거하고 있다. 그가 기록하고 있는 내용들은 신약의 다른 부분들과 마찬가지로 어떤 사람의 마음에서 우러난 느낌이 아니라, 증인들이 직접 눈으로 보고 귀로 들었던 실제로 일어난 사건이다. 바울은 그리스도께서 부활하신 후 몇 차례에 걸쳐 모습을 나타내셨던 일에 관하여 말하고 있다. 이 일에 관하여 고린도 교회의 교인들은 당시에 생존해 있던 목격자들을 통해 직접 확인할 수 있었다.

바울 역시 다시 사신 주님의 진정한 목격자들 가운데 한 사람이었다. 그는 사도들 중에 가장 작은 자로 자처하고 있었음에도 불구하고 부활하신 예수님을 만날 수 있었던 것이다. 바울은 이미 고린도에서 부활의 복음을 전한 바 있으며, 그 곳 사람들도 바울의 말을 믿고 있었다(15:1-11).

이 부활의 복음은 교인들의 신앙 생활에서 핵심적인 위치를 차지하고 있어야 한다. 왜냐하면 그리스도의 부활이야말로 우리의 구원과 부활에 대한 확실한 보증이기 때문이다.

바울은 부활에 대하여 이렇게 설명하고 있다. 죽은 자의 부활이 없는 것이 사실이라면 어떻게 되겠는가? 그렇다면 그리스도 역시 다시 사실 수 없었을 것이며 바울은 거짓 증인이 될 것이다. 또한 부활하신 주님에 대한 믿음도 전혀 쓸모 없는 것이 되고 말 것이다. 그러나 그리스도께서 정말로 죽은 자 가운데서 다시 살아나셨다면 어떻게 되겠는가? 그렇다면 우리는 그분을 "잠자는 자들의 **첫 열매**"로 받아들여야만 할 것이다(15:20).

영광을 입게 될 몸

아담 안에서 모든 사람이 죽었으나 마지막 아담인 그리스도를 통해 모든 사람이 부활－영적인 형태로가 아니라 영혼과 육체를 아울러 갖춘 전인적(全人的)인 존재로서－하게 될 것이다. 그때 우리의 **육체**는 새롭게 변화될 것이며, 왕이신 그리스도는 결국 사망까지도 멸망시키시고 말 것이다.

우리가 부활하게 되면 육체를 벗어난 에테르체(體)의 순수하게 "영적인" 삶이 "하늘에서" 이루어지는 것이 아니다. 우리의 몸은 영광 가운데 새롭게 창조될 것이다. 시편 8편은 만물을 주관하시는 분에 대한 찬송이 아닌가? 부활이 없다면 완전한 삶을 바라보고 행하는 성례전인 세례에 도대체 무슨 의미가 있겠으며(15:29), 또한 바울이 당시 체류하고 있던 에베소에서 목숨을 내걸 이유가 과연 있었겠는가? 종국에 가서는 우리의 몸이 부활하게 될 것이라는 믿음이 없다면, 우리는 차라리 쾌락에 몸을 내맡기고 사는 편이 훨씬 나을 것이다.

그렇다면 그러한 일들은 실제로 **어떻게** 일어날 것인가? 바울은 우리의 몸이 **영광을 입게** 될 것이라고 한다. 우리의 육신은 죽어서 밀알처럼 땅에 떨어져 썩을 것이다. 이는 마치 한 사람이 씨앗을 심고 난 후 어떤 다른 사람이 그 아름다운 열매들을 거두는 것과 같다. 언젠가 우리는 마지막 아담인 그리스도의 형상을 입을 것이다. 그리스도께서 재림하실 때 살아 있는 사람들은 "홀연히" 변화될 것이다. 마지막 나팔 소리가 울릴 때 "사망아, 너의 이기는 것이 어디 있느냐?"(15:55)는 말씀과 같이 사망은 패배하게 될 것이다.

위와 같은 사실을 깊이 깨달음으로써 교회는 활력으로 가득 차게 될 것이다. 부활의 교회는 우리의 신앙고백에 포함되어 있는 형식적인 문구에 불과한 것이 아니다. 그것은 우리로 하여금 "견고하며 흔들리지 않고 항상 주의 일에 더욱 힘쓰는 자가" 되게끔 활력의 원천이 되는 것이다. 이는 우리가 각자의 수고가 주 안에서 헛되지 않은 줄을 알기 때문이다(15:58; 전 1:2 이하; 계 14:13).

9

끝맺는 말(16:1-24)

예루살렘 교회를 위한 헌금

여기서 바울은 예루살렘에 있는 궁핍한 교인들에게 물질적인 도움을 주려는 계획을 고린도 교회의 교인들에게 호소하고 있다. 즉, 고린도 교회가 자기를 희생하는 정신을 발휘하여 교회의 삶에 적극적으로 참여할 것을 종용하고 있는 것이다. 그렇게 하는 것이 그들의 완고한 마음을 극복하는 최선의 길이라고 생각했기 때문이다.

이와 함께 그는 고린도 교회의 교인들에게 헌금에 관한 교훈을 주고 있다. 즉, 교회에 내는 헌금은 정기적으로 하여 교회가 궁핍한 자들을 도울 수 있도록 해야 한다는 것이다.

사랑과 교회의 질서

이 서신은 바울의 몇 가지 개인적인 부탁의 말로 끝나고 있다. 바울은 고린도 교회에 디모데를 보내니 그를 평안히 있게 하라고 부탁하면서 그 밖에 여러 사람의 이름을 거론하고 있다. 마지막으로 바울은 친필로 문안 인사를 하고 있다(이 서신의 다른 부분들은 그의 조수 또는 대필자에 의해 쓰여진 것으로 추측된다).

13장의 내용을 고려할 때 바울이 "나의 **사랑**이 그리스도 예수 안에서 너희 무리와 함께 할지어다"라는 말로 이 서신을 끝내고 있음은 이상한 일이 아니다. 이 마지막 구절을 읽으면서 우리는 많은 사람들이 생각하는 것처럼 사랑이 일종의 막연한 자비심이나 즐거운 기분이 아니라는 사실을 기억할 필요가 있다. 사랑에 관하여 말할 때 바울이 염두에 두고 있는 것은 **교회의 질서를 유지**하는 일이었다. 고린도 교회는 부활하신 주님의 능력 안에서 바울이 걸어간 길을 따라야 할 것이다.

EARCH THE SCRIPTURES

고린도후서

1

고린도후서의 배경

항상 우리를 그리스도 안에서 이기게 하시고 우리로 말미암아 각처에서 그리스도를 아는 냄새를 나타내시는 하나님께 감사하노라(2:14).

고린도에서의 새로운 상황의 전개

평생을 통해 많은 여행을 했던 에라스무스는 고린도후서를 고요히 흐르다가 돌연히 모든 것을 휩쓸어 가며, 때로는 그 자취를 감추었다가 예기치 못한 순간에 다시 나타나곤 하는 하나의 강줄기에 비유하였다. 이 서신은 또한 측량할 수 없고 불가사의한 광활한 바다에 비유되기도 한다.

사실 이 서신이 다루고 있는 내용은 매우 다양하다. 이 서신을 읽노라면 우리는 자기도 모르는 사이에 정열적인 활동가로서 곳곳에서 교회를 위해 투쟁하고 있는 용기 있는 사나이 바울과 친숙한 관계에 빠져들어가게 된다.

고린도 교회에 보내는 첫 번째 서신을 쓰고 난 후, 두 번째 서신을 쓰기 전에 바울은 다시 고린도를 방문하였다. 이때 그는 회중들의 모임에서 모욕을 당했는데 아무도 그를 변호해 주지 않았다. 이 일이 있고 나서 바울은 지체하지 않고 서신을 써서 디도 및 한 형제를 고린도에 보내어 전하게 했다(그러나 이 서신은 결국 유실되고 말았다).

바울은 이 서신에 관해 "내가 큰 환란과 애통한 마음이 있어 많은 눈물로 너희에게 썼다"고 했다(2:4). 디도를 고린도에 보낸 것은 세 번째로 그 곳을 방문하기 위한 길을 열려는 의도에서였다.

반가운 소식

바울과 디도는 드로아(바울이 고린도로 가는 도중에 지나게 될 도시)에서 만나기로 약속하였다. 그러나 드로아에 도착한 바울은 부모와 같은 심정에서 고린도 교회의 소식을 참고 앉아서 기다릴 수만은 없었다. 그래서 그는 지친 발길을 멈추지 않고 마게도니아(빌립보나 데살로니가였을 것으로 보인다)까지 나아가 그 곳에서 디도를 만났다.

디도는 바울에게 매우 반가운 소식을 전해 주었다. 고린도 교회에서 일어났던 여러 가지 어려운 문제들이 해결되었으며, 문제를 일으켰던 사람들은 벌을 받았다는 것이다(2:6, 12 이하; 7:5 이하). 따라서 바울은 자기가 겪었던 고난과 핍박에도 불구하고 승리의 노래를 부를 수 있었다. "비천한 자들을 위로하시는 하나님이 디도의 옴으로 우리를 위로하셨다"(7:6).

의심받는 사도적 권위

바울이 처해 있던 상황을 상상해 보도록 하자. 그는 고린도 교회의 기초를 놓았으며, 그 일을 위해 엄청난 개인적 희생을 치러야 했다. 첫 번째 서신을 통해 고린도 교회 내부에 얼마나 많은 혼란과 기만이 난무하고 있었는지는 이미 밝혀진 바 있다. 그러한 문제들이 발생했던 것은 결국 그들이 바울의 사도적 권위를 의심했다는 것을 의미한다. 그들은 바울의 글은 힘이 있으나 그의 말은 보잘것이 없다고 생각하고 있었다. 그의 적들은 바울이 말을 빙빙 돌리는 데 명수이며, 계획했던 일을 일순간에 바꾸어 버리는 자라고 비방했다. 또한 그들은 바울이 고린도 교회를 상대로 희롱하고 있다고 비방했다.

오늘날 우리는 저 악의에 가득 찬 거짓말들이 결코 완전히 사라진 것이 아니라는 사실을 잘 알고 있다. 사람들이 바울을 뒷전에서 비방할 때 그의 사도적 권위는 손상을 받을 수밖에 없었다. 따라서 그는 **변명**을 하기로 했던 것이다. 그 변명은 바울 자신이 한 것이 아니라 그가 설교했던 말씀을 통해 한 것이었다. "하나님은 미쁘시니라. 우리가 너희에게 한 말은 예하고 아니라 함이 없느니라"(1:18).

하나님의 말씀에 대한 공격

바울이 하나님의 말씀을 위해 자기가 세웠던 계획을 변경했을 때 그를 신실치 못하다고 비난했던 사람들은 사실상 하나님과 그분의 말씀을 비난한 것과 다를 바 없다. 또한 바울이 설교하는 방식을 경멸하던 사람들은 영광스러운 신약의 메시지를 부인한 것과 같다. 바울에게 문제가 되었던 것은 그 자신이 겪는 개인적인 고난이 아니었다. 필요할 경우라면 그는 묵묵히 고난을 감수할 수 있었다. 그러나 그리스도의 일이 방해받게 되자 그는 가만히 입을 다물고 있을 수만은 없었다. 시온의 영광을 위해 그는 무엇이든 말하지 않을 수 없었다.

이러한 맥락에서 바울은 8장과 9장에서 매우 민감한 성격을 띤 재정 문제를 다루고 있다. 바울은 당시 예루살렘의 곤궁한 성도들을 위한 모금 계획을 예정대로 추진하고 있었다. 이 서신의 마지막 네 장(2:4에서 말하고 있는 유실된 "눈물의 편지"가 바로 이 부분이라고 주장하는 학자들도 있다)에서, 바울은 고린도에 와서 사람들로 하여금 그를 비방하도록 만들기 위해 온갖 종류의 술책을 다 부리고 있던 거짓 사도들에 대항하여 자신의 사도직이 정당한 것임을 주장하고 있다. 그 거짓 사도들은 고린도 사람들에게 겁을 주면서 바울의 권위와 그가 전하는 말씀을 비방했다.

바울의 반응

이에 대해 바울은 결코 비방하거나 스스로 의롭다고 하거나 부정적인 언어를 사용하지 않았다. 그는 선으로 악을 극복해 나아갔으며, 질책을 하는 경우에도 오직 적극적인 목적－그리스도를 선포하거나 하나님의 은총과 구속의 역사를 설교하는 것－을 위해서만 그렇게 했다. 어둡게 깔려 있는 먹구름과 의혹에 가득 찬 문제들 너머로 그는 그리스도에 대한 하나님의 힘찬 긍정, 신약에 기록된 영광스러운 말씀 그리고 충만한 하나님의 은총을 가리키고 있다. 이렇게 해서 바울은 주님의 능력 가운데 **승리자**가 될 수 있었다.

우리는 결코 바울의 서신들이 너무 어렵다고 불평해서는 안 될 것이며, 오히려 그의 서신들을 통해 분명히 드러나는 그의 투쟁과 승리를 함께 나누어야 할 것이다. 우리로 하여금 항상 승리하게 하시는 하나님의 은혜에 감사를 드린다.

내용 개관

고린도후서의 내용은 다음과 같이 구분될 수 있다.

① 문안 인사 및 하나님의 자비에 대한 감사(1:1-11)

② 사도로서의 사역에 대한 변명(1:12-7:16)

③ 예루살렘 교회를 위한 구제 헌금(8-9장)

④ 거짓 사도들에 대한 경고(10-12장)

⑤ 권고 및 끝맺는 말(13장)

우리가 알고 있기로는 바울은 고린도 교회에 네 통의 서신을 보냈다. 그 가운데 고린도전서 5장 9절에 언급되어 있는 첫 번째 서신은 유실되었다. 따라서 고린도전서는 두 번째 서신이다. 그리고 세 번째 서신은 고린도후서 2장 4절에 언급되어 있는 "눈물의 편지"인 바, 이 또한 유실되고 말았다. 따라서 고린도후서는 네 번째 서신이다.

찬양과 위로

고린도후서는 "하나님의 뜻으로 말미암아 그리스도 예수의 사도 된 바울"이라는 말로 시작되고 있다. 이어서 조심스럽게 선택한 의미 깊은 단어들을 사용하여 바울은 사도로서의 권위를 주장한다. 이 서신 전체를 통해 그의 사도직에 관한 내용이 반복적으로 등장하고 있다.

그는 또한 고린도 교회에 잘 알려져 있던 인물인 디모데를 위한 말을 하고 있으며, 아가야에 있는 성도들에게도 인사말을 전하고 있다. 물론 그들도 역시 이 서신을 읽었으면 하는 바람에서였을 것이다.

머리 위에 드리워져 있는 어두운 먹구름과 이 서신에 기록되어 있는 여러 가지 고통스러운 체험에도 불구하고, 바울은 우선 하나님을 찬양하는 것으로 이 서신의 서두를 장식하고 있다. 우리는 또한 그가 **위로**라는 말을 반복해서 사용하고 있음을 보게 된다.

에베소에서는 주님이 엄청난 고난과 위험으로부터 그를 구해 주셨다. 따라서 그는 앞으로 닥쳐올 일들이 전혀 두렵지 않았다. "모든 위로의 하나님"께서 그를 구해 주실 것이기 때문이었다.

교회와 화해

자기들이 바울로 하여금 당초 예정대로 고린도에 오지 못하게 했던 장본인이었음에도 불구하고, 고린도 사람들 가운데는 그가 여행 계획을 바꾼 일에 대하여 비난하는 자들이 있었다. 그는 이 일에 관해 언급하는 것으로 본론을 시작하고 있다. 지난번에 고린도를 방문했을 때 그는 너무나도 쓰라린 체험을 했다. 따라서 그는 똑같은 일을 당하기를 원하지 않았다.

위와 같은 내용을 설명하는 가운데 바울은 이렇게 말하고 있다. "하나님의 약속은 얼마든지 그리스도 안에서 예가 되니 그런즉 그로 말미암아 우리가 아멘 하여 하나님께 영광을 돌리게 되느니라"(1:20). 따라서 그가 분쟁이나 오해에 대해서만 관심을 쏟고 있었던 것은 아니라고 보아야 한다. 그는 항상 마음과 뜻을 다하여 교인들을 교화시키고 양육하는 일에 힘썼다. 이제는 교회에서 문제를 일으켰던 자가 벌을 받았기 때문에, 바울은 교인들이 그를 용서하고 위로해 주기를 간청하고 있다. 그렇지 않으면 "저가 너무 많은 근심에 잠길까 두렵기" 때문이었다(2:7).

2

복음과 복음을 전하는 자들

질그릇에 담긴 보배

승리의 행진 광경을 묘사하면서 바울은 자기가 그리스도의 사도로서 선포할 내용을 제시하고 있다. "우리는 구원 얻는 자들에게나 망하는 자들에게나 하나님 앞에서 그리스도의 향기니 이 사람에게는 사망으로 좇아 사망에 이르는 냄새요 저 사람에게는 생명으로 좇아 생명에 이르는 냄새라"(2:15-16).

바울에게 퍼부어졌던 비난의 소리들을 감안할 때, 우리는 왜 그가 이토록 복음 선포에 관해 상세하게 설명하고 있는지를 이해할 수 있다. 그를 대적하던 사람들은 그의 결점을 지적하면서 이렇게 질문하곤 했다. "훌륭한 점이라고는 하나도 없는 바울과 같은 자가 과연 복음을 설교할 자격이 있는가?"

복음을 전하는 일은 결코 쉬운 일이 아니다. 바울은 자기와 동역자들이 하나님의 종으로서 어떤 일을 겪게 될 것인가에 대하여 다음과 같이 말하고 있다.

> "우리가 이 직책이 훼방을 받지 않게 하려고 무엇에든지 아무에게도 거리끼지 않게 하고 오직 모든 일에 하나님의 일꾼으로 자천하여 많이 견디는 것과 환난과 궁핍과 고난과 매맞음과 갇힘과 요란한 것과 수고로움과 자지 못함과 먹지 못함과 깨끗함과 지식과 오래 참음과 자비함과 성령의 감화와 거짓이 없는 사랑과 진리의 말씀과 하나님의 능력 안에 있어 의의 병기로 좌우하고 영광과 욕됨으로 말미암으며 악한 이름과 아름다운 이름으로 말미암으며 속이는 자 같으나 참되고 무명한 자 같으나 유명한 자요 죽는 자 같으나 보라 우리가 살고 징계를 받는 자 같으나 죽임을 당하지 아니하고 근심하는 자 같으나 항상 기뻐하고 가난한 자 같으나 많은 사람을 부요하게 하고 아무 것도 없는 자 같으나 모든 것을 가진 자로다"(6:3-10).

더욱 불행한 일은 바울에 대한 반대와 핍박과 의심이 믿음의 **형제들**로부터 왔다는 사실이다. 바울은 복음을 전하는 자들이 마치 파괴와 죽음에 무방비 상태로 놓여 있는 질그릇과 같은 존재에 불과하다는 것을 잘 알고 있었다. 그러나 그는 또한 그 질그릇에는 보배 – 신약이 가르치고 있는 속죄의 복음 – 가 담겨 있다는 사실도 잘 알고 있었다(4:7 이하).

고린도 사람들은 주님의 영광을 보지 못했는가? 돌비에 새겨진 생명 없는 계명조차도 백성들이 모세의 얼굴을 감히 쳐다보지 못할 정도로 빛나게 만들었거늘 "하물며 영의 직분이 더욱 영광이 있지 아니하겠는가?"(3:8).

복음에 대한 걸림돌

신약의 가르침은 온갖 고난과 죽음에도 불구하고 하나님의 찬란한 영광으로 가득 차 있다. 그럼에도 불구하고 고린도 사람들은 구약을 읽을 때 얼굴에서 수건을 벗지 않고 있었다(3:12 이하). 성령께서 앞으로 우리가 맞게 될 부활에 대한 보증이 된다는 사실을 믿고 있는 그리스도인들은 자신의 운명을 결코 사회적인 성공이나 명성에 의해 판단하지 않는다(4:16 이하).

우리는 용기를 잃지 않고 꾸준히 복음을 전파해야 한다(5:11-6:10). 그러기 위해서는 믿지 않는 자들과 함께 어떤 다른 멍에를 메어서는 안된다. 바울이 여기서 말하고 있는 바를 정확히 이해하기 위해서는 신명기 22장 10절보다는 마태복음 11장 29-30절이나 갈라디아서 5장 1절(그리스도의 자유케 하는 멍에와 유대교 율법의 종이 되게 하는 멍에)을 신중하게 검토해야 한다. 이 문제에 관하여 바울은 아래와 같은 질문을 던지고 있다. "의와 불법이 어찌 함께 하며 빛과 어두움이 어찌 사귀며 그리스도와 벨리알이 어찌 조화되며 믿는 자와 믿지 않는 자가 어찌 상관하며 하나님의 성전과 우상이 어찌 일치가 되리요?"(6:14-16).

바울은 고린도 교회의 교인들로 하여금 **이방인**들과 친숙한 관계－특히 결혼－를 맺지 못하게 하려고 했다. 그러나 그가 이렇게 했던 배경은 **유대교** 율법의 종이 되게 하는 멍에를 벗어 버리라는 경고였다는 점으로 미루어 볼 때, 그가 **회당** 및 변절한 유대인들과의 친밀한 관계를 피하라고 권고했을 가능성 역시 배제할 수 없다. 왜냐하면 그러한 관계를 가질 경우에는 영광스러운 새 계약의 설교가 빛을 잃게 되고, 바울이 전하는 복음으로 나아가는 길이 막힐 위험이 있었기 때문이다. 따라서 바울은 "마음으로 우리를 영접하라"고 권고하고 있다. 다행히도 고질적인 문제가 해결된 것을 보고 바울은 이렇게 말하고 있다. "내가 우리의 환난 가운데서도 위로가 가득하고 기쁨이 넘치는도다"(7:2-4).

3

유대계 그리스도인들과 거짓 사도들

예루살렘의 성도들을 위한 구제

8-9장에는 예루살렘의 성도들을 구제하기 위한 모금에 관한 내용이 실려 있다. 오늘날의 예루살렘이 외국(주로 미국)으로부터 엄청난 재정적 지원을 받고 있는 것과 마찬가지로, 바울의 시대에도 저 거룩한 도시는 외부의 도움을 필요로 하고 있었다. 그리스도교로 개종한 예루살렘의 성도들은 더 이상 회당으로부터 도움을 받을 수 없었기 때문이다.

그보다 전에 바울은 안디옥에서 모은 헌금을 예루살렘으로 보낸 적이 있다(행 11:30). 이제 그는 저 거룩한 도시의 성도들을 구제하기 위하여 이방인들의 땅에 살고 있는 그리스도인들로부터 헌금을 모으려고 하는 것이다. 마게도니아에서는 이미 상당한 액수가 모금되었다. 고린도라고 해서 이 일에서 제외될 수가 있겠는가?

이 일에 대한 불신이나 의심(돈 문제에 관한 한 정상적인 사람이라면 의례 의심을 품게 마련이다)을 배제하기 위하여 바울은 디도와 더불어 믿을 만한 두 사람(아마 아리스다고와 누가였을 것이다)을 보냈다. 예루살렘의 성도들을 위한 모금 운동의 표어는 "적게 뿌리는 자는 적게 거둘 것이다"였다. 이러한 모금 활동을 통해 바울이 의도했던 것은 교회가 한 몸이라는 사실을 드러내려는 것이었다. 그리스도 안에서는 유대인이나 헬라인이나 모두 하나이기 때문이다.

쏟아지는 비난의 소리

이 서신 가운데 10-13장은 앞부분이 쓰여지고 나서 상당한 기간 후에 쓰여진 것으로 추측된다. 그럼에도 불구하고 이 부분은 앞부분과의 유기적인 관계를 보여주고 있다.

바울은 자신의 사도직을 인정받기 위해 많은 노력을 기울였음에도 불구하고, 고린도에서의 그의 활동과 설교는 끊임없이 비판의 대상이 되었다. 왜냐하면 그 곳의 그리스도인들은 더 이상 계약의 영광된 의미를 받아들이지 않고 있었기 때문이다(1-7장). 유대인들의 주장에 얼마나 많은 사람들이 굴복했는지는 분명치 않으나, 하여튼 고린도 교회의 교인들이 이 모금 운동에 별로 열심을 내려고 하지 않았던 것만은 틀림없다. 고린도인의 본성이 드러난 것 같았다. 따라서 바울은 그들에게 특별한 권면을 하기로 했던 것이다(8-9장).

유대에서 온 거짓 예언자들

이때 고린도에는 유대로부터 온 거짓 예언자들이 그릇된 교훈을 가르치고 있었다. 그러면서도 그들은 마치 가장 보람 있는 일을 하고 있는 것처럼 생각하고 있었다. 그 거짓 예언자들은 자기네들의 재능과 업적을 마음껏 뽐내고 다녔다. 고린도 사람들이 때때로 바울에 대하여 느꼈던 의심을 그들은 목소리를 합하여 크게 외쳐댔다. 즉, 바울은 죽음의 냄새를 풍기는 가치 없는 자로서 그 업적이나 영적인 체험 면에서도 보잘것이 없다는 것이었다.

이 거짓 예언자들은 자기들의 재능과 업적을 스스로 자랑스럽게 여겼으며, 여러 사람들 앞에서 허풍을 떨면서 돌아다녔다. 사실 그들은 구약에 나오는 오만한 거짓 예언자들과 다를 바가 없었다.

자신의 연약함을 자랑하다

바울은 고린도 사람들에 관하여 잘 알고 있었다. 따라서 전에는 그들의 명예심에 호소했으나, 이제는 역설적인 교훈을 통해 그들을 각성시키려 했다. 그가 저들에게 다시 한 번 전하려고 하는 메시지는 다음과 같은 놀라운 것이었다. 즉, 당시 그 곳 교회에서 벌어지고 있던 논쟁 가운데 가장 중요한 문제는 바울이라는 한 인간이 아니라, 그와 같이 약한 그릇을 통해 자신의 영광을 드러내시는 **예수 그리스도**의 은혜라는 것이었다.

바울은 자기 자신에 대하여 말하기를 원치 않았다. 그러나 재물에만 눈이 어둡고 하나님의 백성들을 그릇된 길로 인도하는 저 "지극히 큰 사도들"(11:5; 시 14:4; 겔 34:3 이하)이 자기들에 관하여 그토록 허풍을 떨며 돌아다니는 마당에서는 바울("작다"는 뜻의 이름) 역시 자신에 관하여 자랑할 것이 있었다. 자기가 겪었던 고난과 약함이 그것이었다. 그는 자기가 체험했던 수많은 역경들을 일일이 열거했다(11:23 이하). 또한 그는 자기가 유대인의 자손이며 환상과 계시를 받았다고 말했다(22절; 12:1 이하).

그는 "육체의 가시" 때문에 고통을 받는 가운데서도 평안함을 누릴 수 있었다. 겟세마네 동산에서의 예수님처럼, 그는 그 고통으로부터 벗어나게 해주실 것을 세 번씩이나 기도했다. 그러나 그가 받았던 응답은 "내 은혜가 **네게 족하도다.** 이는 내 능력이 약한 데서 온전하여짐이라"(12:9)는 말씀이었다. 이로써 그는 예레미야나 에스겔 선지자처럼 굳건하게 설 수가 있었다.

사람들의 저속한 욕망에 야합하고 자기 자랑으로 현혹시킴으로써 추종자들을 확보하려 했던 저 거짓 예언자들의 정체가 사단의 종이자 적그리스도의 졸개들이라는 사실을 바울은 너무나 잘 알고 있었다. 그는 결국 마지막 때가 오고야 말았다고 생각했다. 왜냐하면 구원의 때가 다가올수록 사단은 유난히 기승을 부리기 마련이기 때문이다.

또 한 차례의 방문

바울은 고린도를 세 번째로 방문하려고 계획하고 있었다(12:14; 13:1). 우리를 위하여 가난하게 되시고(8:9) 약하심으로 십자가에서 돌아가

신(13:4) 그리스도의 이름으로 바울은 그분 안에서 약한 자가 되기로 했다. 동시에 그는 하나님의 능력으로(13:4) 고린도 사람들을 위해 살기로 결심했다.

고린도를 세 번째로 방문했을 때 그는 그 곳 사람들에게 간곡한 권고를 했다. 그들로 하여금 앞으로 올 일에 대하여 자신들을 무장하게 하고 자신의 사도적 권위에 따르게 할 수 있는 마지막 기회라고 생각했기 때문이다. 따라서 바울은 "마지막으로 말하노니… 온전케 되며 위로를 받으며 마음을 같이하여 평안할지어다"(13:11)라고 썼다. 그의 서신은 우리에게 매우 친숙한 다음과 같은 축복의 말로 끝나고 있다. "주 예수 그리스도의 은혜와 하나님의 사랑과 성령의 교통하심이 너희 무리와 함께 있을지어다"(3:13).

우리는 이 축복의 말씀이 여러 가지 권면이 **끝나고 나서** 최후에 등장하고 있다는 사실을 주목할 필요가 있다. 이로써 우리는 일견 약한 듯이 보이는 바울 사도의 말씀을 힘있게 받아들여 우리의 삶 가운데 실천할 수 있는 용기를 갖게 된다. 거짓 예언자들의 허황된 거짓말을 멀리하라. 그리스도의 은혜가 우리에게 족하기 때문이다.

EARCH THE SCRIPTURES

갈라디아서

1

기록 목적

"갈라디아"

갈라디아서는 바울이 쓴 회람 서신으로서, 갈라디아 지방의 모든 교회들이 돌려가면서 보도록 쓴 것이다. 여기서 **갈라디아**가 의미하는 것은 무엇일까? 물론 그러한 지명을 가진 지역이 당시에 실제로 존재했던 것이 틀림없다. 또한 그 지역에 살고 있던 사람들은 "갈라디아인"이라고 불렸을 것이다. 그들은 원래 주전 3세기경에 용병으로 소아시아에 건너온 고올족 또는 켈트족 사람들이었다. 갈라디아는 당시 안키라(지금의 안카라)라는 고대 도시를 중심으로 한 지역을 가리키고 있었다.

마치 원래는 한 지방의 이름이었던 **홀랜드**가 지금은 네덜란드 전체를 가리키는 말로 사용되고 있듯이, **갈라디아**라는 지명도 점차로 보다 넓은 지역을 가리키는 말로 변해 갔다. 로마의 속주였던 갈라디아가 **남**

쪽으로 그 영토를 점차 확장하여 그 곳의 여러 도시들–루스드라, 더베, 이고니온, 루가오니아, 안디옥, 비시디아 등–을 포함하기에 이르렀기 때문이다. 바울은 제1차 전도 여행 때 이 도시들을 방문한 바 있다. 그렇다면 갈라디아서를 이 도시들에 세워진 교회들에 보낸 서신으로 보아야 할 것인가?

고린도전서 16장 1절에서 바울은 **갈라디아**의 교회들로부터 거두어들인 헌금에 관하여 말하고 있는데, 사도행전 20장 4절에서는 예루살렘에 헌금을 전하기 위해 파견된 사람들 가운데 더베 사람 가이우스와 **루스드라** 사람 디모데가 포함되어 있다. 따라서 "갈라디아" 지방은 본래의 위치로부터 크게 확장되어 남쪽으로 퍼져 나갔음을 알 수 있다.

"경건한" 이방인들

갈라디아 지방의 교인들은 대부분이 이방인이었다. 여기서 주목할 점은 그들 가운데 많은 사람들이 원래 유대인의 회당에 출입하던 "경건한" 이방인들(행 13:43)이었다는 사실이다. 따라서 우리는 갈라디아 사람들을 향한 바울의 메시지에 상당한 양의 구약 인용구가 등장하는 이유를 알 수 있다.

이 서신에는 교회에 대한 **유대인**들의 박해에 관한 내용이 기록되어 있다. 사도행전의 기록으로부터 우리는 갈라디아 지방의 남부에 살고 있던 유대인들이 얼마나 극렬하게 그리스도의 가르침을 반대했는지를 알 수 있다(13:45, 50; 14:4 이하; 딤후 3:11). 이는 5장 11절 및 6장 12절에 묘사되어 있는 상황과도 일치한다. 이러한 이유 및 그 밖에 몇 가지 이유로 해서 우리는 이 서신의 수신자가 일차적으로 갈라디아 지방의 **남부에 있던** 교회들이라고 결론지을 수 있다.[1] 그리고 그 곳으로부터 "갈라디아"라는 공식적인 지명을 가진 북부 지방으로 복음이 퍼져나갔다고 보아야 한다(남 갈라디아설 – 역자주).

기록 시기

"북 갈라디아설"을 지지했던 칼빈은 이 서신이 사도행전 15장에 기록되어 있는 사건 – 예루살렘 회의 – 이 일어나기 **전에** 기록되었다고 주장했다. 만일 그렇지 않았다면 이방인들의 할례에 관한 문제에 대하여 바울이 그토록 장황하게 설명할 필요가 없었을 것이기 때문이다. 이러한 칼빈의 견해는 정확한 것이다. 갈라디아서가 기록된 시기는 바울의 제1차 전도 여행 이후 48년에 열렸던 예루살렘 회의 직전으로 보아야 한다. 예루살렘 회의에서는 이방인들의 할례 문제에 관한 바울의 입장

1) 갈라디아서의 내용과 사도행전에 기록되어 있는 비시디아(갈라디아 지방의 남부)의 안디옥에 있는 유대인 회당에서 행했던 바울의 연설 내용은 놀라운 유사성을 보여주고 있다.

사 도 행 전	갈 라 디 아 서
13:23, 32	3:16-17; 4:4
13:29	3:13
13:20	1:1
13:27	4:25
13:39	2:16; 3:11, 21

남쪽으로부터 원래 "갈라디아"라고 불리던 지방(안키라)으로 가는 길은 짠물 호수들이 즐비한 험준한 지역을 통과하고 있다. 따라서 바울이 이 길을 택했을 가능성은 거의 없다(이상의 주장은 필자의 입장인 남 갈라디아설을 반영하고 있다 – 역자주).

이 다른 사도들의 지지를 받아 채택되었다.[2]

율법과 의식(儀式)

거짓 예언자들의 가르침은 갈라디아 지방의 교회들 안에서 점차로 그 세력을 팽창시켜 가고 있었다. 왜냐하면 그들이 선포하는 복음은 유대교의 의식주의(儀式主義)와 잘 어울리는 것이었기 때문이다. 그들은 그리스도인이 된다는 것은 곧 이스라엘 백성이 되는 것이며, 이스라엘 백성들은 **할례**를 계약의 징표로 받아들였으므로 그리스도교로 개종하는 이방인들은 할례를 받아야 마땅하다고 주장했다. 그들은 개종한 이방인들에게 심지어 율법에 기록되어 있는 각종 절기와 제사에 관한 규정들까지도 지킬 것을 강요했다. 거짓 예언자들은 바울의 복음이 변조된 것인 반면에, 자기들의 복음이야말로 진정한 사도의 직인이 찍힌 순수한 **예루살렘** 복음이라고 주장했다.

이방인의 문화를 배경으로 하고 있던 갈라디아 지방의 그리스도인들은 그들이 선전하는 교리에 마음이 끌렸다. 왜냐하면 그들은 일련의 법규를 준수함으로써 구원을 추구하는 일이 몸에 배어 있었기 때문이다.

---

2) 튀빙겐 학파에 의하면 행 15장의 내용과 갈 2:1-10에 기록되어 있는 내용은 동일한 사건을 다룬 것이면서도 그 표현에 있어서는 많은 차이점을 보여주고 있다고 한다. 또한 누가의 기록(사도행전)은 바울의 기록(갈라디아서)보다 후에 쓰여진 것으로서, 자신의 특정한 의도에 따라 그 사건의 내용을 상당 부분에 걸쳐 개작했다고 한다. 우리는 행 11:30; 12:25과 갈 2:1 이하가 바울이 회심과 동시에 소명을 받고 나서 예루살렘을 두 번째로 방문했던 일을 다루고 있다고 보아야 할 것이다(따라서 갈 2:1에 "다시"라는 표현을 쓰게 된 것이다). 그렇다면 행 9:26-29의 내용은 그의 첫 번째 예루살렘 방문, 그리고 행 15장은 그의 세 번째 예루살렘 방문을 기록한 것이 된다.

그들은 그리스도인이 됨으로써 지금까지 전혀 접해 볼 수 없었던 자유를 돌연히 맛보았으나 그 자유 속에서 공백 상태를 느꼈다. 따라서 그들은 복음을 새로운 율법으로 변모시킴과 동시에, 온갖 종류의 의식과 규정으로 자신들을 속박함으로써 그 공백 상태를 메꾸어 보려고 했다. 로마 가톨릭 교회와 동방정교 교회에서 거행하고 있는 정치(精緻)하기 이를데 없는 의식들을 생각해 보라. 또한 이방인들이 살고 있는 지방에 새로 세워진 선교 교회들이 온갖 종류의 의식들을 예배에 도입하고 있는 현상을 생각해 보라.

그러한 유혹과 압력에 굴복하는 것은 마치 **이교 문화로 되돌아가는** 다리를 놓는 것과 같은 것이다. 당시의 갈라디아 사람들은 구속사의 시계 바늘을 거꾸로 돌리면서 사실상 이교 문화의 토대 위로 되돌아가고 있었다. 비록 그 이교 문화가 유대교적인 요소들과 결합하여 정당하고 성서적인 것으로 보였을지도 모르지만 말이다.

할례 문제

거짓 복음을 전하는 자들이 가지고 있었던 무기는 그 밖에도 또 있었다. 즉, 유대 당국자들은 할례를 받은 사람은 누구든지 "유대인"–공식적으로 인정된 종교적 집단의 일원–으로 간주하고 있었다는 점이다. 여러 곳에서 그리스도인들을 핍박하고 있던 유대인들이었지만 유월절 규례를 지키고 할례를 받은 그리스도인들에 대해서는 문제를 일으키지 않았다. 따라서 당시의 상황에서 할례 문제는 그리스도인들이 핍박을 면할 수 있는 길이 되기도 했다는 점에서 특별한 의미를 지니고 있었다.

할례를 받은 이방인들이었을지도 모르는 그 거짓 교사들(6:13)은 **박해자들의 입장을 받아들임으로써** 핍박을 면하고자 했다. 이 때문에 바울은 그들의 위선적인 태도를 격렬한 어조로 비판하고 있다(계 21:8). 갈라디아 지방의 교인들은 마치 마법에 걸린 사람들 같았다. 따라서 그 마법을 깨부수기 위해서는 매우 통렬한 권고가 필요했다. 이는 교회의 생사가 걸린 문제였다. 복음 자체가 문제가 되어 있었기 때문이다.

2

바울의 복음은 그리스도의 복음이다

그리스도에게서 받은 소명

바울은 이 서신을 "사람들에게서 난 것도 아니요 사람으로 말미암은 것도 아니요 오직 예수 그리스도와 및 죽은 자 가운데서 그리스도를 살리신 하나님 아버지로 말미암아 사도 된 바울"(1:1)이라는 말로 시작함으로써 자기가 하나님께로부터 받은 소명에 관하여 힘주어 말하고 있다. 또한 처음부터 그는 자기 자신의 예언을 전하는 것이 아니라, 그리스도의 대리인으로서 완전한 위임을 받아 복음을 전하는 것임을 분명히 하고 있다.

하나님의 사자로서 바울은 유일하고도 참된 복음을 선포하고 있다. 그는 갈라디아 사람들에게 일종의 외교관으로서 접근하고 있는 것도 아니며, 그들의 관심을 구걸하지도 않는다. 오직 바울이 저들에게 믿으라고 **권면**하는 그 복음 이외에는 어떠한 복음도 존재하지 않는다. 다른 복음을 전하는 자들은 저주를 받게 될 것이다. 어찌하여 갈라디아인들은 거짓 복음에 귀를 기울이고 있는가? 어찌하여 그들은 바울이 예루살렘 모교회(母敎會)의 진정한 복음이 아니라 스스로 날조한 복음을 전한다고 믿게 되었는가?

처음에는 바울 역시 복음을 극렬히 반대하던 사람들 가운데 하나였다. 그러나 그리스도 예수께서는 몸소 복음을 가지고 그를 만나 주셨다. 따라서 바울의 복음은 **그리스도의 복음**이다. 그리스도인들을 박해하는 일에 누구보다도 앞장섰던 바울은 예수 그리스도의 특별한 계시에 의해 복음에 접하게 되었을 뿐 아니라, 그 복음을 이방인들에게 전하라는 사명을 위임받았다. 따라서 그가 전한 복음은 인간이 전한 복음이 아니었다. 그렇기 때문에 바울은 즉시 다메섹과 그 인근 지역에 독자적으로 복음을 전하기 시작했던 것이다.

예루살렘에서의 바울

그 일이 있고 나서 3년이 지난 후에야 바울은 예루살렘에 와서 베드로(게바)와 대면하게 된다. 그 거룩한 도시로의 여행은 바울에게는 어떤 의미에서 **시험**적인 성격을 띤 것이었다. 바울은 예수의 형제인 야고보도 만나 보았는데, 많은 사람들이 그를 참된 그리스도인으로 생각하고 있었다. 이 방문 기간 동안 바울은 사람들의 비판의 대상이 되지는 **않았다**. 그가 수리아와 길리기아에서 일하기 위해 예루살렘을 떠날 때 예루살렘 교회의 성도들은 그의 사역으로 인해 주님께 영광을 돌리고 있었다.

그 후 바울은 예루살렘을 다시 한 번 방문했는데, 이때 그는 바나바 및 할례받지 않은 이방인 디도를 동행하였다. 그러나 이 일로 인해 바울이 비난을 받거나 디도에게 할례를 베풀어야 한다는 말을 듣지는 않았다. 예루살렘 교회의 "기둥들"은 바울과 디도를 형제로서 영접해 주었으며, 어떠한 의식적(儀式的)인 규정을 강요하지 않았다. 바울 일행에게 그들이 부탁했던 일은 단지 예루살렘의 빈곤한 형제들을 잊지 말아 달라는 것뿐이었다(1:11-2:10).

수리아의 안디옥에서 바울이 베드로와 전에는 이교도였던 형제들을 식탁에서 대면하게 되었던 일 역시 그의 독자적인 태도를 분명하게 보여준다. 예루살렘으로부터 온 형제들(이들은 야고보 휘하에 있었다)이 나타나자, 베드로는 그 식탁으로부터 물러나서 유대인의 관습에 따라 식사를 하려고 했다. 예루살렘에서 온 유대인 형제들의 비난을 면하고자 함이었다. 바나바를 포함하여 몇몇 유대인 형제들이 베드로의 예를 따르려 하자, 바울은 베드로에게 몇 마디 책망하는 말을 했다. 베드로 자신이 고넬료의 집에서 이방인들과 먹고 마시지 않았는가?(행 10-11장) 베드로는 이제 자기도 일관성 있게 지키지 못했던 규례를 이방인들에게 강요하려고 하는가?

3

행위가 아닌 믿음으로 인한 의인(義認)

몽학 선생으로서의 율법

갈라디아 교회의 교인들은 유대인과 이방인이 모두 믿음으로 말미암아 의롭게 된다는 복음의 내용을 기억하고 있었는가? 그들이 성령을 받았던 것은 율법이 요구하는 의식적(儀式的)인 행위들을 충실하게 실천했기 때문인가? 아니다. 그것은 그들이 **믿음**으로 의롭게 된다는 메시지를 받아들였기 때문이다.

갈라디아 사람들은 이스라엘이 선택받은 백성이라는 사실이 의미하는 바를 잘못 이해하고 있었다. 아브라함이 의롭게 된 것은 믿음을 통해서였기 때문이다(3:6; 창 15:6). 믿음이 있는 사람은 누구나 그의 후손이다.

물론 하나님께서 당신의 백성과 관계를 가지는 데 있어 율법이 중심적인 역할을 하던 때가 있었다. 그러나 율법을 통해 구원받고 의롭게 되는 일은 그 어느 때도 없었다. 율법은 단지 우리를 그리스도에게로 인도하는 몽학 선생의 역할을 할 뿐이다. 그분께서 이미 십자가 위에서 율법시대에 종지부를 찍으셨기 때문이다.

믿음을 통한 상속자

믿는 자들은 모두 그리스도 예수 안에서 하나님의 자녀다(3:26). "너희는 유대인이나 헬라인이나 종이나 자주자나 남자나 여자 없이 다 그리스도 예수 안에서 하나이니라. 너희가 그리스도께 속한 자면 곧 아브라함의 자손이요 약속대로 유업을 이을 자니라"(3:28-29).

인류가 모두 한 분 아버지의 자녀라고 하는 것은 옳지 않다. 또한 세례를 통해 하나님의 자녀가 된다고 말하는 것도 옳지 않다. 하나님께서 아브라함에게 하신 약속을 이어받을 상속자는 믿음을 가진 자들 – 인종, 성별, 사회적 지위를 불문하고 – 이다.

자기의 본분과 위치를 지키라

오늘날 갈라디아서 3장 28절은 흔히 성경 자체에는 별로 관심이 없으면서도 인종이나 국가 간의 차별을 철폐하기 위한 운동에 종사하는 사람들에 의해 흔히 인용되고 있다. 이는 또한 여성 해방운동을 비롯한 각종 혁명적인 운동들의 성서적 전거로 사용되고 있다.

그러나 바울이 이 구절을 통해 말하려 하는 바는 인종이나 민족 사이에 구별을 두지 말아야 한다는 것이 아니다. 오히려 그는 그러한 구별을 귀중한 것으로 생각했다. 유대인은 유대인이요 헬라인은 헬라인이라는 것이다. 또한 그는 모든 "사회적" 차별을 철폐하려고 노력하지도 않았다(고전 7:20-21). 나아가 그는 남녀간의 성별 구분을 무시하는 어떠한 행동에 대해서도 반대했다. 여자는 여자일 뿐이며, 남자처럼 행동하려고 해서는 안 된다는 것이었다(고전 11:2 이하; 14:34 이하; 엡 5:24, 33; 딤전 2:9 이하).

바울은 국가든 개인이든 종이든 여자든 각각 나름대로의 독특한 방식으로 살아가기를 원했다. 헬라인은 헬라인으로, 그리고 여자는 여자로서의 본분을 지켜야 한다는 것이다. 그러나 이들은 모두 동일한 약속과 유산을 함께 이어받은 자들이라는 점에서 헬라인은 훌륭한 헬라인이, 여자는 여자다운 여자가 그리고 종은 충직한 종이 될 수 있다는 것이다.

복음은 혁명을 충동하는 메시지가 아니다. 따라서 오늘날 일부 사람들이 이 글을 쓸 당시에 바울이 처해 있던 상황과 그의 여타의 진술들을 고려하지 않고, 갈라디아서 3장 28절을 마치 자기들의 운동 목표를 뒷받침하는 성서적 전거인 것처럼 사용하는 일은 매우 그릇된 처사라 아니할 수 없다.

새로운 노예 신분

그리스도와 성령을 통해 우리는 모두 하나님을 아버지라고 부를 수 있게 되었다. 아브라함에 대한 약속의 자손이자 그 상속자인 우리는 이제 성년이 되었다. 하나님께서는 당신의 아들을 율법 아래 태어나게 하심으로써 우리로 하여금 율법의 멍에로부터 자유롭게 해주셨기 때문이다.

바울은 "그리스도께서 우리를 위하여 저주를 받은 바 되사 율법의 저주에서 우리를 속량하셨다"고 한다(3:13).

그리스도교로 개종함으로써 "이 세상 초등학문" 또는 자연종교의 기초적인 원리들로부터 자유롭게 된 이방인들이 어째서 이제는 **유대교**의 초등학문으로 되돌아가려고 하는가?(4:3, 9) 그것은 마치 그들이 획득한 자유를 버리고 **새로운** 노예 신분을 찾아 나서는 것과 다름없는 일이 아닌가?

이러한 바울의 호소를 읽을 때 우리는 그의 사역이 위기에 처해 있었다는 것을 느낄 수 있다. "내가 너희를 위하여 수고한 것이 헛될까 두려워하노라"(4:11). 그는 첫 번째로 갈라디아를 방문했을 때 분명 하나님의 사자로, 또한 그리스도 예수의 대리자로 환영을 받았다. 그러나 지금은 어떠한가?(4:15). 갈라디아 사람들은 거짓 사도들이 선전하는 온갖 그릇된 가르침을 무분별하게 받아들이고 자기들의 "어머니"와도 같은 바울에게서 - 결국 그리스도와 그분의 복음으로부터 - 등을 돌리고 있었다.

4

종이냐, 자유인이냐?

하갈의 자손

거짓 교사들이 율법(토라)에 호소하고 있었으므로 바울 역시 토라를 인용하여 복음만이 우리를 자유롭게 한다는 사실을 입증하고 있다.

아브라함의 장막 안에서 우리는 아브라함과 여종 하갈 사이에서 난 아이(이스마엘)를 발견하게 된다. 그 아이는 아브라함의 의도적인 계획과 치밀한 계산 아래 태어난 아이였다. 이 여종이 낳은 아이는 자유인인 어머니에게서 약속의 자손으로 태어난 **이삭**을 희롱하고 심지어 핍박하기까지 했다. 아브라함의 장막에서 벌어진 이러한 상황은 갈라디아 사람들에게 시사하는 점이 있었다. 즉, 아브라함의 자손에는 두 가지의 부류가 있다는 것이다.

바울은 갈라디아 사람들에게 율법이 정하고 있는 각종 의식적 행위들을 통해 구원을 추구하는 예루살렘 - 그리스도의 교회를 박해하는 예루살렘 - 의 모습을 보여 주었다. 그러한 예루살렘이야말로 바로 하갈이 아니겠는가? 그리고 갈라디아 사람들이 개종할 때 이미 포기해 버렸던 구약의 의식들이라는 초등학문에 얽매인 아이들을 낳고 있지 않은가? 한편, 갈라디아 사람들은 **사라**를 닮은 예루살렘 역시 기억해야 했다. 그러한 예루살렘에 대해 이사야 선지자는 이렇게 노래하고 있다. "(사라처럼) 잉태치 못하며 생산치 못한 너는 노래할지어다"(사 54:1).

십자가의 능력을 부인하는 행위

갈라디아 사람들은 또한 하나님께서 아브라함에게 명하여 여종 하갈과 그 아들을 내어쫓게 하셨다는 사실을 기억할 필요가 있었다. 이스마엘은 약속을 이어받은 아들이 아니었기 때문이다(창 21:10). 따라서 그들은 회당을 중심으로 한 유대인의 정신과 결별해야만 했다. 그것은 다시금 그들을 노예로 만들어 상속권을 박탈하고 나서 새로운 이교 세계로 던져 넣을 것이었기 때문이다. 브리기아와 갈라디아의 이교도들을 가리켜 바울은 "너희를 어지럽게 하는 자들이 스스로 베어 버리기를 원한다"고 말하고 있다(5:12).

우리는 자유인이 되도록 부르심을 받았다. 할례를 받아야 한다는 주장에 동의하는 자들은 유대인들의 박해를 피할 수 있을지는 모르나 무거운 대가를 지불해야 할 것이다. 그것은 십자가의 능력을 부인하는 행위이기 때문이다. 그러한 사람들은 스스로 노예의 신분을 선택했으므로 그리스도가 아무런 도움이 되지 못한다(5:11, 1-2). 하나님께서는 우리가 자유롭게 되기를 원하신다. 자유는 어떠한 대가를 지불함으로써 얻을 수 있는 것이 아니다. 그것은 오직 믿음을 통해서만 우리의 것이 된다.

방종한 행위

바울은 갈라디아 지방의 교회들에 관하여 너무나 잘 알고 있었다. 따라서 그는 이 서신의 후반부에서 그릇된 자유의 개념에 대하여 경고하고 있다. 갈라디아 사람들 가운데는 스스로 자유롭게 되었다고 판단하고 나서는 스스럼없이 무절제한 행동에 빠져드는 자들이 많았다. 그들은 자유인이 된 이상 "육체" 역시 자유로운 상태가 되는 것이 당연한 일이 아니겠느냐고 생각했다.

그러나 바울이 설교했던 자유는 결코 그러한 자유가 아니었다. 그는 성령의 인도하심 가운데 누리게 되는 자유를 말하고 있었다. 그러한 자유는 이웃을 **섬기는** 일과 불가분의 관계에 있다. 진정한 자유는 이웃에 대한 사랑 안에서 기꺼이 자신을 포기하는 것이다. 성령의 열매는 육체의 일들을 멀리하고 오직 기쁨과 인내와 사랑과 절제 가운데 살아가는 것이다. "만일 우리가 성령으로 살면 또한 성령으로 행할지니라"(5:25).

섬기기 위한 자유

잘 훈련된 군사처럼 우리는 행군 대열 가운데 정해진 자기의 위치를 지키면서 전진해 나아가야 한다. 우리는 다른 사람들이 나아가는 길에 방해가 되어서는 안 된다. 형제가 길을 잘못 들었을 경우에는 그가 올바른 길로 되돌아가도록 사랑으로 돌보아 주어야 한다.

성령께서는 우리에게 서로의 짐을 나누어 짐으로써 그리스도의 가르침을 완수할 것을 명하고 있다. 아무도 자기가 다른 사람들보다 강한 자라고 생각해서는 안 된다. 우리가 마땅히 되어야 할 바에 비하면 너무나 거리가 멀기 때문이다. 우리는 모두 각자의 짐을 지고 그리스도를 따라야 한다.

우리는 씨앗을 뿌린 대로 거두게 될 것이다. "씨앗을 뿌린다"는 것은 좋은 의미에서는 착한 일을 하는 것과(6:10) 말씀을 가르치는 자와 모든 좋은 것을 함께 하는 것을(6:6) 포함한다. 우리의 자유는 서로 섬기기 위한 자유임을 잊지 말아야 한다.

5

결론 – 바울의 교훈의 요점

바울이 친필로 쓴 구절들

바울의 서신들은 대체로 대필자로 하여금 받아쓰게 한 것들이지만, 그는 서신 말미에 친필로 몇 마디의 말을 적어 넣기도 했다. “내 손으로 이렇게 큰 글자로 쓴 것을 보라”(6:11). 그가 작고 섬세한 글자로 쓸 수 없었다는 사실에 관하여 어떤 사람들은 그가 너무나도 많은 노동을 했기 때문이라고도 하고, 또 어떤 사람들은 그가 돌에 맞아 죽은 것처럼 되어 버려졌을 때 입은 신체적인 결함 때문이라고도 한다.

한편, 바울이 갈라디아 사람들에게 친근감과 위로를 주기 위하여 손수 몇 마디의 말을 적어 넣은 것이라고 해석하는 사람들도 있다. 그러나 가장 설득력 있는 설명은 바울이 자신의 사도직을 다시 한 번 강조함으로써(1:1 이하 참조) 이 서신에 실려 있는 자기의 메시지에 권위를 더하려 했다는 것이다.

십자가만을 자랑하다

구약의 가르침에 대하여 지대한 관심을 가지고 있는 것처럼 가장하고 있던 거짓 교사들의 주장 뒤에 숨어 있는 진정한 동기는 두려움이었다. 즉, 박해를 두려워한 나머지 유대교의 징표인 할례를 받음으로써 박해를 모면하려고 했던 것이다. 따라서 그들은 율법 전체를 일관성 있게 지키겠다는 생각은 하지 않았다. 이러한 위선적이고도 일관성이 없는 자들이 자랑으로 삼았던 것은 오직 그들이 자기들의 사람으로 만들었던 사람들－할례를 받게 만들었던 사람들－뿐이었다. 그러나 바울은 "내게는 우리 주 예수 그리스도의 십자가 외에 결코 자랑할 것이 없다"(6:14)고 했다.

이렇게 바울은 항상 십자가만을 자랑스럽게 여기겠노라고 선언하고 있는 것이다. 십자가는 죄악으로 가득 찬 "세상"과 믿는 자들 사이의 관계를 끊어 버렸다. 따라서 십자가를 통하여 새로운 창조가 가능하게 되었다. 옛사람이 죽어 버린 사람들 안에 이제 그리스도께서 살고 계시기 때문이다(6:15 ; 2:20). 바로 여기에서 우리는 성령의 인도하심을 받는 삶, 즉 진정으로 **자유로운** 삶을 발견하게 된다.

갈라디아 사람들에게 무엇이 문제인가는 이제 분명하게 드러났다. 그들이 진정코 이스라엘 백성(메시아의 교회)이 되고자 한다면 할례라는 유대인의 징표를 받아들여서는 안 되었다. 그것은 인간이 자기의 행위를 자랑하는 이방인의 종교로 되돌아가는 것과 같은 것이었기 때문이다.

오직 그리스도께 영광을 돌리라

고대의 유대교 회당에서는 은총과 구원과 축복과 자비를 당신의 백성인 모든 이스라엘 백성들에게 내려 주실 것을 하나님께 기원했다. 한편, 복음을 위해 당한 고난의 흔적을 자기 몸에 지니고 있었던 바울은 이러한 기도가 응답받을 수 있는 길은 오직 **그리스도 안에서** 기도하는 것뿐이라고 선언한다. 오직 그리스도께 영광을 돌리라는 명령에 따라 꿋꿋이 앞으로 나아가는 사람들만이 새로운 이스라엘, 즉 모든 나라의 백성들로 이루어진 이스라엘에 대한 메시아적 축복에 참여할 수 있을 것이다.

그 명령은 교회 전체를 향한 분명한 계시다. 교회는 항상 말씀을 도외시하고 인간의 전통이나 사상이나 체험에 기초한 율법과 표징들로 자신을 속박할 위험 가운데 놓여 있다. "할례나 무할례가 아무 것도 아니로되 오직 **새로** 지으심을 받은 자뿐이니라. 무릇 이 규례를 행하는 자에게와 하나님의 **이스라엘**에게 평강과 긍휼이 있을지어다"(6:15-16).

EARCH THE SCRIPTURES

에베소서

1 서론

회람 서신

에베소서의 여러 가지 사본들 가운데는 1절에 "에베소"라는 지명이 나타나지 않는 경우가 많다. 따라서 영어 성경 가운데 어떤 것들, 예를 들어, RSV(Revised Standard Version)는 그 지명을 생략하고 있다. 한편, KJB(King James Bible)처럼 그 지명을 포함시키고 있는 것도 있다.

이러한 이유 때문에 학자들 간에는 에베소서가 에베소 및 그 인근 지역의 교회들을 수신자로 한 회람 서신이라고 주장하는 경우가 많다. 그들은 바울이 두기고를 통해 이 서신을 전달한 것으로 진술하면서도 문안의 대상으로 어느 특정한 교회를 가리키고 있지 않다는 점을 지적한다. 이 서신은 매우 일반적인 성격을 띠고 있으며, 어느 특정 교회에서 발생한 특수한 상황을 대상으로 한 것이 아니다. 따라서 갈라디아서와 마찬가지로 에베소서 역시 상당수의 교회들을 그 수신자로 한 **회람** 서신이었다는 견해가 널리 받아들여지고 있다.

바울은 이 서신을 쓸 때 자기가 옥 중에 갇힌 몸이었다는 사실을 시사하고 있다(6:20). 그가 갇혀 있던 곳이 어디었는지는 분명하게 알 수 없으나 아마도 가이사랴였을 것으로 보인다(행 23:23 이하). 이 서신이 쓰여진 시기는 대체로 골로새서와 빌레몬서가 쓰여진 시기와 일치하는 것으로 보인다.

에베소서와 골로새서의 관계

에베소서와 골로새서는 그 내용 면에서 많은 유사점을 보이고 있다. 따라서 학자들 사이에는 이 두 서신 사이의 "공관(共觀)의 문제"를 거론하는 사람들조차 있다. 아래에 제시하는 대응 구절들을 보기 바란다.

에베소서	골로새서
"**만물**을 그 발 아래 복종하게 하시고 그를 만물 위에 교회의 머리로 주셨느니라. 교회는 그의 몸이니…"(1:22-23).	"그가 만물보다 먼저 계시고 **만물**이 그 안에서 함께 섰느니라. 그는 **몸**인 교회의 머리라"(1:17-18).
"이제는 전에 멀리 있던 너희가 그리스도 예수 안에서 그리스도의 피로 가까워졌느니라. 그는 우리의 **화평**이신지라…"(2:13-14).	"그의 십자가의 피로 **화평**을 이루사 만물 곧 땅에 있는 것들이나 하늘에 있는 것들을 그로 말미암아 자기와 화목케 되기를…"(1:20).

더욱이 이 두 서신은 모두 남편과 아내, 부모와 자녀 그리고 상전과 종에 대한 권고를 포함하고 있다(엡 5:22-6:9 및 골 3:18-4:1).

이상과 같은 유사점들에도 불구하고 각각의 서신은 나름대로의 특성을 지니고 있다. 이들의 관계는 마치 공관복음서들(마태복음, 마가복음, 누가복음－역자주)의 관계와도 같다. 각각의 서신이 나름대로의 독특한 강조점과 목적을 지니고 있으면서도 많은 공통점을 보이고 있기 때문이다.

그러나 골로새서를 읽을 때 주의할 점은 유사한 내용을 이미 에베소서에서 읽었다고 하여 그 내용을 동일한 맥락에서 이해해서는 안 된다는 것이다. 골로새서가 일차적으로 의도하고 있는 바는 거짓 가르침에 대한 경고인 반면에, 에베소서에서는 그러한 의도를 전혀 발견할 수가 없기 때문이다.

2

삼위일체 하나님이 우리를 선택하여 주신 은혜에 대한 송가(1:1-3:21)

바울의 송가

몇 마디의 인사말과 축사에 이어 바울은 하나님에 대한 송가를 성경 가운데서도 가장 긴 문장으로 쓰고 있다(1:3-14은 번역문에서는 보통 여러 개의 문장으로 나누어져 있으나, 헬라어 원문에는 하나의 문장으로 되어 있다). 아버지(1:3 이하)와 아들(1:3, 5 이하)과 성령(1:13)이 하나님의 주권적이고도 자유로운 선택에 의한 구원 계획과 관련하여 함께 언급되고 있다.

바울의 이 글은 교회의 소명의 기초를 이루고 있는 하나님의 주권적인 은혜에 대하여 영광을 돌리는 아름답고도 힘찬 송가다. 아래의 글은 이 구절에 대한 칼빈의 주석이다.

우리의 소명과 우리가 하나님으로부터 받은 모든 은혜의 기초와 궁극적인 목적이 되는 것이 바로 그분의 영원한 예정이라는 사실이 여기에서 선언되고 있다. 왜 하나님께서는 우리로 하여금 복음을 믿고 따르도록 불러 주셨는지, 왜 그분은 우리에게 날마다 그토록 풍성한 은혜를 내려 주시는지, 왜 그분은 우리에게 하늘나라의 문을 열어 주시는지를 묻는다면, 그 대답은 다음과 같은 원리에서 찾을 수밖에 없다. 즉, 그분께서는 세계의 기초를 놓으시기 전에－따라서 우리의 성품이나 인간적인 자질이나 어떠한 행위와 관계 없이－**우리를 택해 주셨다**는 것이다.[1)]

교회의 성화(聖化; sanctification), 그리스도를 통한 죄사함의 역사 그리고 앞으로 오게 될 상속에 대한 보증으로서의 성령의 인치심, 이 모든 것은 그리스도 안에서 하나님의 선택을 통해서만 가능한 것이다. 이상에서 설명한 송가를 통해 바울은 하나님의 주권적이고도 자유로운 선택에 대하여 영광을 돌리고 있다.

우리가 기뻐해야 할 이유

1장 1절-3장 21절에 나타나 있는 선택의 교리를 우리가 기뻐해야 할 이유가 아니라 슬퍼해야 할 이유로 생각하는 사람들이 있다. 그러나 그러한 입장은 성경에서 가르치고 있는 내용과는 정면으로 상충되는 것이다. 트림프(C. Trimp) 박사는 이 문제에 관하여 다음과 같이 말하고 있다.

1) *Commentaries on the Epistles of Paul to the Galatians and Ephesians*, William Pringle 영역(Edinburgh, 1854), pp. 197-8.

> 많은 사람들이 주장하고 있으며 그토록 많은 논란의 대상이 되고 있는 선택이란 존재하지 않는다. 오직 하나님, 곧 선택의 하나님만이 존재하실 뿐이다. 당신의 죄악으로 가득 찬 삶 속에서 당신에게로 다가오시는 하나님의 모습을 볼 수 없었는가? 그분께서 당신의 태어날 때와 세례받을 장소를 결정하시고, 그리스도인으로서 교육받으면서 성장하도록 당신의 인생 항로의 방향을 잡아 주셨을 때 당신은 정말로 그분의 모습을 보았던 것이다. 우리는 이렇게 우리에게 계시된 것들을 기초로 하여 그분의 말씀의 빛 안에서 하나님을 인식해야 한다. 그렇게 할 때 우리는 선택의 진정한 의미를 깨닫게 될 것이다.[2)]

에베소서의 첫 부분에서 바울은 하나님께서 우리를 선택해 주셨다는 사실이야말로 우리가 기뻐해야 할 이유임을 분명하게 보여주고 있다.

교회를 위한 기도

바울은 자기가 쓴 송가에 표현되어 있는 내용들을 수신자들이 공감해 주리라고 확신하는 가운데, 삼위일체 하나님께서 그들에게 그리스도를 아는 지식을 더하여 주실 것을 간구하고 있다(1:15-23). 그리스도께서는 "모든 정사와 권세와 능력과 주관하는 자와 이 세상뿐 아니라 오는 세상에 일컫는 모든 이름 위에 있는"(1:21) 당신의 보좌에 앉아 계신다.

믿는 자는 자기가 결코 하나님에 관한 지식을 충분히 가졌다고 생각

2) *De Schat van Christus' Bruid*, H.J. Meyerink, C. Trimp, G. Zomer 공저(Goes, 1958), p. 85.

해서는 안 되며, 항상 자기를 구속해 주신 분에 대한 지식을 더하기 위해 힘써 노력해야 할 것이다(빌 3:10-14). 몸(교회)은 머리(그리스도)와 떨어질 수 없는 관계에 있기 때문이다.

그리스도께서는 엄청난 죄악과 부패로 물든 세상으로부터 교회를 구속하셨다. "너희가 그 **은혜**를 인하여 믿음으로 말미암아 구원을 얻었나니 이것이 **너희에게서 난 것이 아니요** 하나님의 선물이라"(2:8). 이 본문은 하나님께 예배드리는 곳마다 황금 문자로 새겨 놓을 만한 말씀이다. 교회의 구원은 결코 "당연한 일"이 아니다.

함께 한 후사 초서의 이방인들

원래 "그리스도 밖에 있었고 이스라엘 나라 밖의 사람이고 약속의 언약들에 대하여 외인이며 세상에서 소망이 없고 하나님도 없는 자"(2:12)였던 이방인들에 관하여 생각해 보자. 그리스도께서는 모세의 율법을 완성함으로써 마지막 장벽을 헐어 버리셨으며, 이방인들 역시 교회의 온전한 일원(一員)이 될 수 있는 길을 열어 놓으셨다.

그리스도께서 "중간에 막힌 담"을 헐어 내심으로써 유대인이나 헬라인이나 모든 사람이 하나의 교회 안에서 한 몸이 되었다. 그 곳에는 반(反) 셈족주의나 민족주의와 같은 이데올로기가 설 자리가 없다. 그리스도인들은 모두 함께 어울려서 예수 그리스도를 모퉁이 돌로 하는 하나의 성전을 이루게 되기 때문이다(2:11-22).

사도 바울은 유대인과 이방인 사이에 막힌 담을 헐어 내는 일이 참으로 획기적인 사건이었음을 잘 알고 있었다(3:4-5). **이방인**들에게 복음을 전했다는 이유로 그는 옥에 갇힌 몸이 되었다. 그러나 바울은 그러한 고난을 기꺼이 받아들였다. 자기 자신의 권위로 그러한 일을 하는 것이 아니었기 때문이다. 이방인들 역시 함께 유산을 이어받을 자들이며, 또한 복음을 통해 그리스도 예수의 약속에 참여할 자들이라는 비밀을 그에게 계시해 준 것은 바로 성령이었다. 한때는 그리스도인들을 박해하는 일에 앞장섰던 바울이지만, 하나님의 영원한 선택에 의해 그는 크나큰 영광-이방인들 가운데서도 당신의 교회를 불러 모으시는 하나님의 은혜를 널리 선포하는 영광-을 입게 되었다(3:8 이하).

3

성도의 생활(4:1-6:9)

교회의 일치

교회는 죄악에 물들어 있는 사람, 절망에 빠져 있는 사람, 말썽을 일으키는 사람 등 매우 다양한 부류의 사람들로 구성되어 있었다. 따라서 논쟁과 갈등이 쉴 새 없이 일어나며, 인종이나 국적의 차이에서 오는 문제는 물론이고 사소한 불화가 곧 엄청난 문제로 확산되기도 했다. 특히 유대인들과 이방인들이 한 교회에서 생활하게 될 경우에는 종종 불구대천(不俱戴天)의 원수처럼 아웅대기 마련이었다.

이방인들에게 복음을 전했다는 이유로 옥 중에 갇힌 몸이 되어 있던 바울은 이 서신의 수신자들에게 하나님께서 우리에게 베풀어 주신 것-우리의 죄의 구속과 교회의 일치-을 굳게 지키라고 호소한다. 선택과 마찬가지로 교회의 일치는 삼위일체 하나님을 그 근거로 한다. 삼위일체의 교리가 그의 호소 가운데 어떻게 표현되고 있는지를 아래의 구절들을 통해 살펴보도록 하자.

> "그러므로 주 안에서 갇힌 내가 너희를 권하노니 너희가 부르심을 입은 부름에 합당하게 행하여 평안의 매는 줄로 **성령의 하나 되게 하신 것**을 힘써 지키라. 몸이 하나요 **성령**이 하나이니 이와 같이 너희가 부르심의 한 소망 안에서 부르심을 입었느니라. **주**도 하나이요 믿음도 하나이요 세례도 하나이요 **하나님**도 하나이시니 곧 만유의 **아버지**시라"(4:1, 3-6).

날마다 회심하는 삶

시편 68편 19절의 표현처럼, 그리스도께서는 승천하시고 나서 교회에 오순절 은사들을 내려 주셨다. 교회는 그 은사들의 도움을 받아야 한다. 교회는 공식적으로 선포되는 말씀을 통해 날마다 **성숙**해 감으로써 잘못된 길을 벗어나야 하며, **섬길 자세**가 되어 있음을 보여주어야 한다. 또한 그리스도의 말씀을 통해 마치 헌옷을 벗어 버리고 새 옷을 입듯이 옛 모습을 버리고 날마다 새로운 모습을 갖추어 나아가야 한다. 이는 날마다 회심하는 삶－성화를 목표로 하는 삶－을 의미한다. 우리는 반드시 빛의 자녀들처럼 행동해야 한다(5:8).

바울은 이러한 태도를 다른 사람들과의 개인적인 접촉에서 실제적으로 지켜 갔다. 교회의 모든 구성원들은 다른 사람들의 교화와 성장을 위해서도 노력해야 한다. 성령에 의해 성화되는 삶을 살기 위해서는 거짓말, 분을 품는 일, 도둑질(4:25 이하), 방탕하게 술취하는 일(5:18) 등 쾌락주의적이고도 이교적인 삶의 태도를 버려야 한다. 그리스도인의 삶과 이교도의 삶은 분명하게 구분되어야 하기 때문이다. 결실을 맺지 못하는 어두운 일들은 그 가면을 벗겨 본래의 모습을 드러내야 한다. "잠자는 자여, 깨어서 죽은 자들 가운데서 일어나라. 그리스도께서 네게 비취시리라"(5:14). 이는 죽은 자를 구원하여 주시는 하나님의 은혜에 대한 이사야 선지자의 감사의 노래(사 26:19)를 그리스도교적인 입장에서 개작(改作)한 것을 바울이 인용한 것으로 보인다.

가족 관계

바울은 회심의 결과가 삶의 여러 가지 영역에 **어떻게** 반영되어야 하는지에 대하여 말하고 있다. 그는 남편과 아내 사이의 관계가 왜곡될 우려가 있기 때문에 여성 해방을 위한 행동들을 인정하지 않는다.

한편, 남편은 아내가 자신의 살과 피라는 사실을 잊어서는 안 된다고 한다. 남편과 아내의 관계는 마치 그리스도와 그분의 교회의 관계와도 같은 것이다. "아내들이여, 자기 남편에게 복종하기를 주께 하듯 하라. 이는 남편이 아내의 머리 됨이 그리스도께서 교회의 **머리**됨과 같음이니 그가 친히 몸의 주시니라"(5:22-23).

아비들은 자녀들에게 자의적(恣意的)으로 권위를 행사함으로써 그들을 노엽게 해서는 안 되며, "오직 주의 교양과 훈계로 양육"해야 한다(6:4).

상전과 종

종들은 자기가 맡은 일을 거부하거나 소홀히 함으로써 상전의 권위를 손상시켜서는 안 된다.

> "종들아, 두려워하고 떨며 성실한 마음으로 육체의 상전에서 순종하기를 그리스도께 하듯 하여 눈가림만 하여 사람을 기쁘게 하는 자처럼 하지 말고 그리스도의 종들처럼 마음으로 하나님의 뜻을 행하여 단 마음으로 섬기기를 주께 하듯 하고 사람들에게 하듯 하지 말라"(6:5-7).

상전들도 종들을 두렵게 하거나 혹사시켜서는 안 된다. 그들에게도 역시 사람을 외모로 취하는 일이 없는 하늘에 계신 주님이 계시기 때문이다.

이와 같은 말들은 권위의 위기 시대에 살고 있는 우리에게 황금률과도 같은 교훈이다. **오직 예수 그리스도 안에서만** 우리는 가족 관계나 사회 생활 일반에 있어서의 인간관계를 진정으로 회복할 수 있다.

4

하나님의 전신갑주(6:10-24)

영적인 무장

역사의 발전은 결코 스스로 이루어지는 것이 아니다. 이를 위해 하나님께서는 우리를 싸움터로 불러내신다. 따라서 바울은 우리에게 저 유명한 하나님의 전신갑주를 입으라고 권면한다(6:10 이하). 이 구절들을 통해 우리는 "영적인 무장"에 대하여 많은 것을 배우게 된다. 그리스도의 군사들이 필요로 하는 여러 가지의 무장 가운데는 다음과 같은 것들이 포함된다. "진리의 허리띠"란 우리의 이웃들에 대하여 진리만을 말하는 것을 의미하고, "의의 흉배"란 모든 사람에게 마땅히 베풀어야 할 것을 베푸는 것을 의미하며, 또한 "믿음의 방패"란 믿음에서 우러나오는 모든 행위들을 의미한다.

그리고 "구원의 투구"는 **하나님**께서 우리에게 베풀어 주시는 구원을 의미한다(사 59:17). 또 "성령의 검"[3]은 **하나님**의 말씀을 의미한다(사 49:2; 11:4). 이 두 가지 전투 장비가 하나님과 직접적인 관계를 가진 것이라면, 앞에서 설명한 세 가지 장비는 어떠한가? 그것들 역시 인간적인 자질이나 덕성을 가리키는 것이 아니라 하나님의 행위와 특질을 상징하는 것이 아닐까?

구약의 메시지의 메아리

바울의 메시지와 관련되어 있는 이상과 같은 유명한 구절들에는 이사야서의 메시지가 메아리치고 있다. 이사야 선지자는 메시아에 대하여 다음과 같이 말하고 있다. "공의로 그 허리띠를 삼으며 성실로 몸의 띠를 삼으리라"(사 11:5). 따라서 "띠"는 메시아가 갖추고 있는 덕성들 가운데 하나를 가리키고 있다. 우리는 또한 이사야서에서 "의로 호심경을 삼으며 구원을 그 머리에 써서"(사 59:17)라는 구절을 접하게 되는데, 여기서 "의"는 주님의 **구속하시는 의**를 가리키고 있다.

에베소서에 있는 이 유명한 구절들을 통해 바울은 이교 세계(또는 그 후에 전개된 세속화된 세계)의 온갖 혼란된 상황 속에서 비틀거리고 있는 교회들을 향하여 하나님의 전신갑주를 입고 싸움에 임할 것을 권면하고 있다. 하나님의 신실하심(진리)은 허리띠의 역할을, 그분의 구속하시는 의는 흉배의 역할을 그리고 그분의 평화의 복음(사 52:7)은 우리의 발을 지켜 줄 것이다(바울이 이사야서를 얼마나 자주 인용하는지를

3) "성령의 검"이라는 표현 때문에, 그리스도교 미술에 종사하는 화가들은 흔히 바울이 손에 검을 쥐고 있는 모습을 그려 왔다. 뒤러의 작품인 "4인의 사도"(*The Four Apostles*)를 참조하라.

주목하라).

그분에 대한 우리의 신앙고백은 우리를 보호해 주는 방패가 될 것이다. 그분은 교회가 자기 몸을 방어할 수 있도록 투구와 검을 주신다. 무엇보다 교회는 전투가 벌어지는 가운데 기도를 통해 하나님께서 능력을 베풀어 주실 것을 간구할 수 있는 특권을 가지고 있다.

부르심을 입은 부름에 합당하게 행하라

바울은 마지막으로 이 서신을 읽는 사람들에게 **이방인**들에게 메시아이신 예수님의 복음을 전하다가 감옥에 갇힌 바 된 자기를 잊지 말아달라는 부탁을 하고 있다. 그래야만 주님께서 그에게 복음을 전할 능력을 더해 주실 것이기 때문이었다.

그는 감옥에 갇힌 것을 부끄러워하지 않았다. 그리스도의 "비밀"을 위해 그가 받는 고난은 이방인들에게는 영광이 되는 것이었다. 왜냐하면 그것이 약속을 함께 상속받을 자, 그리고 하나님 나라의 시민으로서의 그들의 권리를 누군가가 생명을 걸고 옹호하고 있다는 사실을 분명하게 보여주는 것이었기 때문이다(3:1-3, 13; 2:11 이하).

바울은 이 서신의 후반부를 "주 안에서 갇힌 나"라는 말로 **시작하고** 있다(4:1). 그러고 나서 그는 이와 비슷한 표현인 "쇠사슬에 매인 사신"이라는 말로 자신을 묘사하면서 권면의 말을 **마친다**(6:20).

결국 그가 심은 씨앗은 헛된 것이었을까? 이방인들에게 복음을 전하기 위해 그가 치렀던 고난과 투쟁은 영원한 결실을 맺지 못하고 말았을까? 바울 자신의 말을 들어보자. "그러므로 주 안에서 갇힌 내가 너희를 권하노니 부르심을 입은 부름에 합당하게 행하라"(4:1). "그러므로 하나님의 전신갑주를 취하라… 또 나를 위하여 구할 것은 내게 말씀을 주사 나로 입을 벌려 복음의 비밀을 담대히 알리게 하옵소서 할 것이니 이 일을 위하여 내가 쇠사슬에 매인 사신이 된 것은 나로 이 말에 당연히 할 일을 담대히 하게 하려 하심이니라"(6:13, 19-20).

EARCH THE SCRIPTURES

빌립보서

1

바울과 빌립보 교회

나의 사랑하고 사모하는 형제들, 나의 기쁨이요 면류관인 사랑하는 자들아(4:1).

유럽 대륙에 최초로 세운 교회

빌립보는 바울이 유럽 대륙에서 최초로 교회를 세운 도시다. 사도행전 16장에서 우리는 루디아의 회심 및 주인에 의해 점쟁이로 이용되고 있던 한 귀신들린 여종에 관한 일화 등 그가 빌립보에서 행한 사역에 관하여 읽을 수 있다. 바울이 그 여종에게서 귀신을 쫓아내자 그 도시에는 큰 소동이 일어났으므로 그는 그 곳에 오래 머물러 있을 수가 없었다. 그 때까지 누가는 바울과 함께 여행을 했으나 바울이 빌립보를 떠난 후에는 홀로 그 도시에 남아 있었음에 틀림없다. 여러 해가 지나고 나서 누가는 새로 세워진 이방인 교회들이 모금한 헌금을 예루살렘에 전하기 위해 다시 바울과 함께 예루살렘으로 갔다.

"나의 기쁨이요 면류관" 인 빌립보 교회

빌립보 교회에 대한 바울의 진술 내용은 이 새로 태어난 교회에 대하여 매우 좋은 인상을 심어 주고 있다. 바울은 이 교회와 지극히 친밀한 관계를 유지했으며, 이 교회를 가리켜 "나의 기쁨이요 면류관"이라고 불렀다.

이 서신에는 **기뻐하라**는 단어가 매우 빈번하게 사용되고 있다(1:4, 18, 25; 2:18, 28-29; 3:1; 4:1, 4). 바울은 처음으로 빌립보를 방문했을 때 옥에 갇히게 되었다. 그러나 그는 감옥 안에서도 찬송을 그치지 않음으로써 "기쁨"을 표현했다(행 16:25). 그 기쁨은 그의 믿음에 뿌리를 둔 것이었으며, 곧 빌립보 교회의 교인들 가운데 번져 나아갔을 것이다. 빌립보에 정착하고 있던 의사 누가에게도 역시 기쁨은 반복적으로 등장하는 주제였다(눅 2:10; 15:5 이하).

처음부터 바울과 빌립보 교회 사이의 관계는 따뜻하고 순수한 것이었다. 루디아가 바울과 그 일행을 자기 집에 초대했을 때부터 순조로운 출발이 시작되었다(바울은 보통의 경우에는 자신의 힘으로 벌어서 숙식을 해결하기를 좋아했다). 그 후에도 빌립보 교회는 바울의 사역을 돕기 위해 재정적인 지원을 아끼지 않았는데, 이 또한 그들 사이의 친밀한 관계를 지속시키는 데 중요한 역할을 했다.

바울은 다른 교회들(특히 고린도 교회)에 대하여는 짐이 되기를 매우 꺼려했으며, 특히 재정적인 문제에 관해서는 오해를 사는 일이 없도록 매우 신경을 썼다. 그러나 빌립보 교회의 형제들이 보낸 선물은 감사한 마음으로 받아들였다(고후 11:8-9; 빌 4:14 이하). 바울이 빌립보 교회에 이 서신을 쓰게 된 이유 가운데 하나는 빌립보 교회의 교인들이 에바브로디도를 통해 보낸 선물을 방금 받았기 때문이었다.

옥중 서신

당시의 바울은 예수께서는 이방인들의 메시아도 되신다는 복음을 전하다가 옥에 갇힌 몸이 되어 있었다. 고리도후서 11장 23절로부터 우리는 그가 여러 번에 걸쳐 투옥되었다는 사실을 알고 있다. 학자들 가운데는 이 서신을 쓸 당시에 바울은 에베소에서 투옥되었을 것이라고 주장하는 사람들이 있으나, 그보다는 가이사랴나 로마에 투옥되었을 가능성이 높다.

바울이 감옥에 갇혀 있을 때 그의 시중을 들어 주던 에바브로디도가 갑자기 중병에 걸리게 되자, 빌립보 교회의 교인들은 바울의 사역을 돕기 위해 자기들이 보냈던 그의 병을 몹시 염려했다. 그러나 하나님께서는 에바브로디도를 긍휼히 여기시어 그의 병을 낫게 해주셨으므로, 바울은 그를 즉시 빌립보 교회로 보내어 그들의 근심을 덜어 주었다. 따라서 빌립보서는 바울이 그를 되돌려 보낼 수 있었던 것에 대한 기쁨을 표현한 것이기도 하다. 바울은 신중한 어조로 이 충직한 일꾼을 칭찬하면서, 빌립보 교회가 자기에게 보내 준 선물에 대하여 감사의 말을 전하고 있다(2:25 이하; 4:14-20).

이 서신에서 빌립보 교회의 상황이 상세하게 다루어지고 있다고 해서 이상할 것은 없다. 당시의 교회들 사이에는 교통이 활발했으므로 서로간의 소식이 쉽게 전해질 수 있었기 때문이다. 따라서 바울은 빌립보 교회의 사정을 잘 알고 있었으며, 특히 에바브로디도로부터 많은 소식을 들을 수 있었을 것이다. 바울은 빌립보 교회에 대해서는 "아버지"와 같은 위치에 있었다. 따라서 그들이 자기의 권면을 기꺼이 받아들여 줄 것이며, 자기에게 "고자질"했다고 에바브로디도를 책망하지는 않을 것이라고 굳게 믿고 있었다.

2

믿음 안에서의 진보와 기쁨(1:1-26)

기뻐하는 바울

오늘날 우리는 개인의, 그리고 자기가 속한 사회 전체의 진보에 힘쓰고 있다. 그러나 성경은 하나님의 말씀과는 동떨어진 어떠한 진취적인 태도나 사고방식도 거부한다(고전 4:6; 요이 9절). 하지만 바울이 빌립보의 성도들 및 그들의 감독과 집사들에게 써 보낸 것과 같은 성격의 진보에는 반대하지 않는다("감독"이라는 뜻을 가진 헬라어는 에피스코포스로서, 이 단어로부터 bishop이라는 영어 단어가 파생되었다).

바울은 빌립보 교회의 교인들이 복음에 참여하고 있다는 사실에 대하여 기쁨을 나타내고 있다. 또한 그는 그들 가운데서 "착한 일을 시작하신 이가 그리스도 예수의 날까지 이루실" 것을 확신하고 있다(1:6). 그는 또한 주님께서 그들의 사랑을 지식과 총명으로 더욱 풍성하게 하시어 선과 악을 분별할 수 있는 능력을 주실 것을 간구하고 있다(1:9-10). 바울은 그들이 지식으로 자기들을 무장하는 일에 날마다 진보해 가기를 간절히 바라고 있다.

더욱 전파되는 그리스도의 복음

빌립보 사람들을 위로하기 위하여 바울은 자기가 겪은 일들이 복음의 진보에 유익했다고 말하고 있다. 시위대 안에서도 그가 정치적인 극단주의자가 아니라 그리스도이신 예수님의 복음을 선포하는 사도라는 사실이 분명하게 인식되기에 이르렀다. 이러한 사실은 다른 사람들이 복음을 전하는 데도 고무적인 역할을 하였다. 또한 비록 어떤 사람들은 불순한 동기, 즉 "외모로" 복음을 전했으나(1:18) 바울은 그렇다 할지라도 전파되는 것은 **그리스도**이므로 기뻐한다고 하였다.

오늘날 어떤 사람들은 1장 18절을 어떠한 종류의 교리를 가르치더라도 문제될 것이 없다는 의미로 해석하고 있다. 그러나 바울이 이 구절에서 말하고자 하는 바는 결코 **불순한** 복음을 전해도 무방하다는 것이 아니다. 그가 말하고 있는 것은 **불순한** 동기로 그리스도의 복음을 전하는 경우로서 위의 경우와는 전혀 다른 것이다.

즉, 재물이나 명성을 얻기 위해 복음 전도에 종사하는 사람들이 있다 할지라도 그리스도가 전파되는 것만은 틀림없는 사실이므로 기뻐할 만하다는 것이다.

"내게 사는 것이 그리스도"

바울은 복음 전도 활동을 다시 시작할 수 있을 것으로 기대하고 있다. 그러나 그에게는 죽는 것도 유익하다. 바울 자신만을 생각할 때는 그리스도와 함께 있기 위하여 사역으로부터 자유롭게 되기를 바랄 수도 있기 때문이다. 그러나 그는 하늘나라에 대한 이기적인 욕망으로 가득 찬 사람이 아니었다. 그에게는 사는 것, 즉 **열매를 맺는 일**이 그리스도였다.

바울은 자신의 진보만이 아니라 교회의 발전 역시 염두에 두고 있었다. 그는 다른 곳에서 평화를 구할 수 있었음에도 불구하고 빌립보 사람들의 믿음의 진보를 염려했다(1:25). "평화"를 마음껏 즐길 수 있는 교외에 세워진 조용한 휴양원의 모습을 하고 있을 때, 교회는 곧 그 생명력을 잃게 될 것이다. 사는 것, 즉 **열매를 맺는 일**이 곧 그리스도이기 때문이다.

3

그리스도인의 시민권과 삶의 양식(1:27-2:18)

하늘에 있는 시민권

3장 20절에서 바울은 하늘에 있는 시민권에 대하여 말하고 있다. "오직 우리의 시민권은 하늘에 있는지라." "시민"(*politeuma*)이라는 단어에는 "시"(市)를 의미하는 *polis*라는 단어가 포함되어 있다. *polis*는 "정치"라는 뜻을 가지고 있는 영어 단어 politics의 어근이기도 하다. 이렇게 볼 때 교회는 그 중심을 하늘에 두고 있는 시민들의 공동체라 할 수 있다. 그 곳은 언젠가는 이 땅에 돌아와 영육간에 교회를 영광스럽게 하실 메시아가 계시는 곳이다.

바울이 여기서 사용하고 있는 "시민권"이라는 말을 빌립보가 로마의 군사적인 식민지였다는 사실과 관련지어 해석하는 학자들이 있다. 그들의 견해에 의하면 여기서 바울이 말하고자 하는 바는 빌립보 사람들이 두 가지 종류의 시민권, 즉 로마의 시민권과 그리스도의 시민권을 가지고 있다는 것이라고 한다. 그러나 신약은 그러한 구분을 인정하거나 전제로 하지 않는다. 모든 권세는 하나님의 종이며 그분의 "사자"(使者)이기 때문이다(롬 13:1 이하). 따라서 그의 마음속에 있었던 것은 어떤 다른 종류의 대비(對比)였다.

회당으로부터의 박해

회당을 중심으로 한 유대인들의 공동체는 때때로 "시민권"을 가진 사람들이라고 불렸다. 그 공동체의 구성원들은 예루살렘을 중심으로 하여 매우 밀도 있는 결속을 이루고 있었기 때문이다. 1장 27절에서 바울이 사용하고 있는 단어인 **폴리튜에스타이**는 "너희들의 생활 방식"이라는 뜻과 아울러 "**유대인**의 생활 방식"이라는 뜻도 지니고 있다.

빌립보에서도 역시 유대교 회당은 교회를 괴롭혔음에 틀림없다. 모세가 하나님을 배신한 이스라엘을 "패역한 세대"라고 불렀던 것처럼(신 32:5, 20), 바울은 하나님의 선택받은 백성이 더불어 살아야 될 "어그러지고 거스리는 세대"에 관하여 말하고 있다. 그것은 의심할 나위 없이 사람들을 유대화하려고 갖은 술책을 다 부리고 있던 거짓 교사들을 포함하여 언약을 파기한 이스라엘 백성을 가리키고 있다.

그리스도의 복음에 합당하게 생활하라

이 땅에서의 유대인으로서의 시민권은 하늘에 있는 시민권과는 전혀 다른 것이다. 우리는 지상에 있는 예루살렘에 종속된 시민이 아니라 하늘나라의 시민이다(갈 4:25-26). 따라서 교회는 세상에 대하여 나름대로의 독특한 삶의 양식을 보여주어야 한다. 즉, 하나님 나라의 시민으로서 그 구성원들은 복음에 합당한 생활을 해야 한다는 것이다. 또한 교회에는 내적인 일치가 이루어져야 한다. 그리스도인들은 자기를 비워 종의 형태를 취함으로써 영광을 받으신 분인 그리스도의 흔적을 지녀야 한다.

이러한 태도는 빌립보 교회 공동체의 근간이 되어야 한다. 자기를 낮추는 자는 높임을 받게 될 것이다. 한때는 어깨를 나란히 하여 함께 전투에 임했던 사람들도 자칫하면 서로 등을 돌리기가 쉬운 법이니 조심해야 한다(4:2-3에서 유오디아와 순두게라는 두 여인에게 권면하고 있는 내용을 참조하라).

역경과 핍박은 불평을 낳기가 쉽다. 따라서 무엇보다도 기꺼이 즐거운 마음으로 자기를 희생하는 정신이 필요하다(2:17-18). 그럴 경우에는 바울의 달음질(여기서 사용되고 있는 운동 경기와 군사에 관한 용어들을 주의해서 보라)도 결코 헛되지 않을 것이다(2:16).

4

의인(義認)과 성화(聖化)로의 길(2:19-4:23)

거짓 스승들

바울은 목숨조차도 아끼지 않고 자기를 시중들어 주던 에바브로디도만을 빌립보에 보냈던 것이 아니다. 자기가 그 곳에 갈 일에 대비하여(2:19-24) 빌립보 사람들을 개인적으로 잘 알고 있던 디모데 역시 그 곳으로 보냈다(행 16:1 이하).

바울이 하고 있는 말로 미루어 보건대, 그와 디모데는 서로 절실하게 필요로 하는 관계였다. 빌립보 교회 안에는 할례와 유대인의 금식에 관한 규정들을 교회에 끌어들이려 했던 거짓 교사들이 활동하고 있었다. 유대인들은 이방인들을 가리켜 "개들"이라고 부르곤 했는데, 바울은 그리스도의 십자가를 대적하는 저 **유대인**들을 가리키는 데 이 모욕적인 말을 사용하였다. 그들은 마치 자기네들의 위장을 하나님으로 착각하고 있는 것 같았다. 그들에게는 금식에 관한 규정들을 지키는 것이 구원에 이르는 길이었기 때문이다. 그들은 수치스러운 일을 영광스럽게 생각하고 있었으며, 할례를 메시아의 영광에 참여할 수 있는 징표로 믿고 있었다.

믿음을 통한 의인(義認)

자기의 과거를 되돌이켜 보면서 바울은 다시 한 번 복음의 진정한 의미를 설명하고 있다. 그 역시 과거에는 육신의 계보와 의식적(儀式的)인 행위들에 충실했었다. 그러나 이제는 그러한 것들을 쓰레기나 배설물처럼 여기고 있다. 그리스도를 알게 되었고, 또한 그분을 통해 의를 추구하고 있기 때문이다. 따라서 그는 그리스도를 위하여 십자가를 지려고 한다. 왜냐하면 그리스도처럼 언젠가는 자기도 죽은 자들 가운데서 부활할 것을 믿고 있기 때문이다.

우리의 시민권은 하늘에 있다. 거기로부터 우리의 주님 예수께서는 우리를 구원하기 위해 오실 것이다. 우리는 오직 믿음으로만 의롭다 하심을 받을 수 있다. 따라서 참된 복음을 지키기 위해 이 세상에서 고난과 핍박을 당한다 할지라도 거짓 교사들의 말에 귀를 기울여서는 안 될 것이다.

완전을 추구하는 삶

"나는 이미 얻었다 함도 아니요 온전히 이루었다 함도 아니다. 오직 내가 그리스도 예수께 잡힌 바 된 그것을 잡으려고 **좇아가노라**"(3:12). 이 본문을 자기의 구원에 대하여 결코 확신할 수 없다는 뜻으로 해석하는 사람들이 있다. 그러나 이 본문의 의미를 깊이 파고들다 보면 말미에 바울이 하고 있는 말, 즉 "내가 그리스도 예수께 잡힌 바 된 그것"이라는 구절을 주목하게 된다.

바울이 잡으려고 좇아가는 것은 구원의 확신도 믿음도 죄사함도 아니다. 그렇다고 해서 그가 **결코** 자기는 완전해질 수 없는 존재라는 것을 선언하고 있는 것도 아니다. 오히려 그는 자기가 **그리스도께 잡힌 바 되었다**는 확실한 믿음을 가지고 있다. 따라서 죽음으로부터의 부활이라는 상을 받기 위해 달려가고 있는 것이다. 이 구절에서 그가 말하고 있는 바는 자기가 **아직은** 완전하게 되지 못했다는 것이다. 원리 면에서 볼 때, 우리는 얼마든지 완전하게 될 수 있는 것이다(3:15-16).

"주께서 가까우시니라"

바울은 여러 가지 종류의 권면으로 이 서신의 마지막 부분을 장식하고 있는데, 여기서 다시 앞서 살펴보았던 문제들이 등장하고 있다. 빌립보 교회의 교인들은 주 안에서 굳건히 서야 하며(4:1) 항상 기뻐해야 한다(4:4). 그들은 또한 한 마음이 되어 자기들을 보호해 주시고 평화를 주시는 하나님만을 의지해야 한다. 바울은 그들이 자기에게 여러 차례에 걸쳐 물질적인 지원을 했던 일에 대하여 감사의 말을 전하고 있다(4:10 이하). 그는 또한 성도들, 특히 로마의 식민지였던 빌립보에 친지들이 있었을 것이 틀림없는 "가이사 집 사람들"에게도 문안할 것을 당부하고 있다(4:22).

바울은 또한 "주께서 가까우시니라"(4:5)는 말을 하고 있다. 그분은 교회를 대적했던 자들을 심판하고 당신의 "시민들"을 보호하기 위해 이 땅에 다시 오실 것이다. 따라서 믿는 자들은 기뻐해야 할 것이며, 이웃에게 관대한 사랑을 베풀어야 할 것이다–인간으로서는 전혀 이해할 길이 없는 하나님의 은총이 그리스도 안에서 우리를 지켜 주신다는 믿음을 가지고.

EARCH THE SCRIPTURES

골로새서

1

골로새서의 배경

골로새 교회

골로새는 소아시아 내륙 지방의 라이커스 강변에 자리잡고 있던 도시로서 에베소로부터는 약 200km 정도 떨어진 곳에 있었다. 이 도시는 라오디게아(요한계시록에 나오는 일곱 교회 가운데 하나가 있었던 도시) 및 온천 도시로 유명했던 히에라볼리로부터 멀지 않은 곳에 있었다.

골로새 교회는 바울의 동역자였던 에바브라에 의해 세워진 교회였다(1:7). 골로새서가 쓰여질 당시 그는 바울과 함께 감옥에 갇혀 있었다. 이때 그는 바울에게 라이커스 계곡에 위치한 골로새 교회의 사정을 여러모로 상세하게 가르쳐 주었을 것이다. 따라서 바울은 이 서신처럼 구체적이고도 상세한 내용을 담은 서신을 쓸 수 있었을 것이다.

유대교의 냄새를 풍기는 이단적인 교설

골로새서와 에베소서는 많은 점에서 유사성을 보이고 있다. 골로새서와 에베소서, 그리고 빌레몬서(빌레몬은 골로새에 살고 있었다)는 거의 같은 시기에 쓰여진 서신들이다. 그럼에도 불구하고 골로새서는 나름대로의 독특한 메시지를 전하고 있다. 그 곳에서 기승을 부리고 있던 거짓된 교설들에 대한 경고가 바로 그것이다.

골로새에서 퍼지기 시작한 거짓 복음은 갈라디아에서 교회를 어지럽게 하던 유대인들의 거짓 가르침을 연상시킨다. 당시 골로새와 그 주변 지역에는 유대인들이 많이 살고 있었다. 이 때문에 골로새 교회에 침투하기 시작한 교설에는 유대교의 냄새가 물씬 풍기고 있었다.

"신비로운 지혜"

지금과 마찬가지로 당시의 유대인들 사이에는 여러 가지 경향의 사상들이 서로 대립하고 있었다. 보다 자유주의적인 입장을 취하는 사두개인들이 있었는가 하면, 편협한 사상을 지닌 바리새인들도 있었다. 또한 극렬한 민족주의자들이 있었는가 하면, 이단적인 영지주의와 신비주의에 유대교적인 가르침과 관습의 옷을 입혀 혼합주의적인 교설을 선전하고 다니는 사람들도 있었다.

골로새의 거짓 교사들은 바로 이 마지막 부류에 속하는 사람들이었다. 그들은 마치 자기네가 모종의 비밀-사람들에게 완전한 구원을 가져다 주는 신비로운 지혜-을 가지고 있는 것처럼 사람들을 가르쳤다.

그들은 보다 높은 차원의 지혜에 도달하려면 일정한 **수행 규칙**들을 지켜야 한다고 가르쳤다. 거기에는 음식을 가려서 먹는 일과 일정한 날에 금식하는 일 등이 포함되어 있었으며(2:16 이하), 할례 또한 중요한 의식으로 간주되었다(2:1 이하). 나아가 그들은 천사들이 구속의 역사에서 **중보자**로서 매우 중요한 역할을 하는 존재이므로 그들을 숭배해야 한다고 가르쳤다(천사 숭배). 아마도 마귀의 세력에 대항하여 싸우는 데는 천사들의 도움이 반드시 필요하다고 생각했기 때문일 것이다(2:18). 결국 그 곳의 그리스도인들은 유대인들 사이에 이미 널리 행해지고 있던 관습인 천사 숭배를 강요당하고 있었다.

악한 세력들로부터의 자유

이상과 같이 그리스도교를 가장한 혼합주의적인 "지혜"는 라이커스 계곡(골로새)에서 상당한 반응을 불러일으켰던 것으로 보인다. 우리는 여기에서 어느 시대를 막론하고 항상 교회를 위협하고 있는 문제, 즉 적응과 수용이라는 문제에 부딪치게 된다. 수행 규칙들을 준수하고, 마귀의 세력을 두려워하며, 그러한 세력에 대항할 수 있는 방법들을 강구하는 일 등은 그리스도 밖의 세력들에 의해 붙들려 있는 사람들에게서 너무나도 흔히 발견할 수 있는 현상들이다.

골로새서는 이와 같은 문제를 여러 각도에서 다루면서, 그리스도께서 모든 세력을 **완전히 정복하셨다**는 사실을 강조하고 있다. 우리는 그분의 구속 사역을 보충하기 위하여 "선한" 천사들의 세력을 결코 필요로 하지 않는다. 또한 인간의 종교가 만들어 낸 어떠한 규칙들도 우리의 구원과는 상관이 없다. **예수 그리스도**께서는 할례를 비롯한 각종 의식들을 완전하게 이루어 놓으셨기 때문이다. 그분은 우주의 중심이시며, 그분의 말씀 아래서 우리는 악한 세력들로부터 안전하고 자유롭게 살 수 있다.

2

만물의 주(主)이신 그리스도

모든 세력을 꺾으신 그리스도

인사말을 마친 바울은 골로새 교회의 교인들이 믿음과 이웃에 대한 사랑으로 충만해 있다는 사실에 대하여 감사를 드리고 있다. 그들은 "하늘에 쌓아 둔 소망"에 전적으로 마음을 쏟고 있었다. 다른 곳에서와 마찬가지로 골로새에서의 복음 전도 역시 (에바브라를 통해) 결실을 맺고 있었다. 바울은 고로새 교회에 그러한 상태가 계속되기를, 또한 그 곳의 교인들이 흑암의 세력으로부터 자기들을 구원하여 사랑하는 아들의 나라로 인도해 주실 분은 오직 아버지 하나님이시라는 사실을 진실로 깨닫기를 기원하고 있다(1:13). 그는 또한 하나님께서 그들로 하여금 "모든 **신령한 지혜와 총명**에 하나님의 뜻을 아는 것으로 채우게" 하시기를 기도드리고 있다(1:9).

바울은 또한 그들에게 그리스도께서 완전하게 이루어 놓으신 구원의 사역에 관하여 힘주어 말하고 있다. 그것은 골로새에 퍼져 나아가고 있던 이단적인 가르침, 즉 그리스도의 사역 외에 어떠한 보충적인 행위가 필요하다는 그릇된 가르침 때문이었다. 그리스도 안에서 모든 것 – 마귀의 세력이나 천사의 세력을 포함하여 – 이 창조되었다. "**만물이** 그에게서 창조되되 하늘과 땅에서 보이는 것들과 보이지 않는 것들과 혹은 보좌들이나 주관들이나 정사들이나 권세들이나 만물이 다 그로 말미암고 그를 위하여 창조되었고 또한 그가 만물보다 먼저 계시고 만물이 그 안에 함께 섰느니라"(1:16-17). 십자가에 달려 죽으심으로써 그분은 모든 세력을 꺾으셨으며, 그분을 통해 만물이 하나님과 화목하게 된다(1:19-20).

오직 주님만을 따르련다

이와 같이 우주적인 권위를 가진 분은 바로 교회의 머리이신 그리스도시다(1:18). 오직 그분을 통해서만 교회는 하나님과의 화목한 관계를 회복할 수 있다. 이것이 이방인들을 향한 복음과 진리와 비밀의 내용이다. 바울이 고난을 받아야 했던 것 역시 이 복음 때문이었다. 만일 이 복음에 어떠한 보완할 내용이나 보충할 행위가 필요하다면, 그것은 전혀 성격이 다른 복음이 될 것이다. "내가 이제 그리스도의 남은 고난을 그의 몸된 교회를 위하여 내 육체에 채우노라"(1:24).

물론 이 말은 바울 자신의 선한 행위들을 통해 그리스도의 사역을 보충하겠다는 뜻이 아니다. 골로새서 전체가 바로 그러한 교설에 대한 반박으로 일관하고 있다는 사실을 염두에 두어야 한다. 여기서 바울이 선언하고 있는 것은 단지 자기가 교회의 종이라는 사실이다. 그는 하나님 나라의 사역에 있어 유대인이나 어느 누구의 보충적인 행위도 거부하는 가운데, 이방인들에게 오직 하나의 복음을 전파함으로써 구속의 주님을 따르고자 하는 것이다.

각종 의문(儀文)들로부터의 자유

이상의 내용이 에바브라를 통해 골로새 교회의 교인들이 받아들였던 복음의 내용이다. 그들은 이 복음의 말씀을 좇아야 하며, 거짓된 지혜 또는 "인간의 계명"을 따라서는 안 될 것임을 바울은 권면하고 있다(2:8, 22; 사 29:13; 마 15:9).[1)]

골로새 사람들은 "그리스도의 몸"에 의해 이미 그 빛을 잃어버린 "세상의 초등학문"(2:20)이나 낡아빠진 의문(儀文)에 다시금 의존하려 하는가? 그들은 그리스도와 함께 죽었을 때 이미 그러한 것들로부터 자유롭게 된 것이 아닌가? 복음 이외의 어떤 것에 의존하는 것은 인간의 종교를 만들어 내는 것이며, 그릇된 숭배 행위에 불과하다(2:23).

1) 사 29:13로부터의 인용구만이 아니라 그 밖의 몇 가지 표현들로 미루어 볼 때, 2:8-23은 마 15:1-20 및 막 7:1-23과 밀접한 관련성을 보여주고 있다. 이를 설명하는 최선의 방법은 바울이 이 두 복음서를 세밀하게 읽고 나서 그 내용을 자신의 표현으로 바꾸어 썼다고 가정하는 것이다.

3

그리스도와 함께 죽고, 그분과 함께 살아가다

"위엣것을 생각하고 땅엣것을 생각하지 말라"

그리스도[2]와 함께 죽는다는 것은 복음을 초월하는 어떤 신비한 지식을 추구하는 것을 의미하지 않는다. 그것은 세례받은 그리스도인으로서 우리가 부딪치게 되는 모든 상황 가운데 오직 그리스도를 품고 사는 것을 의미한다.

거짓 교사들의 가르침과는 달리, 교회는 하늘에 계신 예수 그리스도, 곧 모든 세력들을 꺾어 버리신 메시아가 그들과 함께 하신다는 사실을 알고 있다. 그리스도인들은 이러한 사실을 분명하게 인식하는 가운데 하루하루의 삶을 살아가야 할 것이다.

---

2) 헬라어 원전에는 3:1-4에 관사를 붙인 "그리스도"가 네 차례에 걸쳐 등장하고 있다.

"위엣것을 생각하고 땅엣것을 생각하지 말라"(3:1-2)는 말은 우리가 이 땅 위의 사물들을 도외시하고 장래에 대한 기대 속에서 환상적인 삶을 살아야 한다는 의미가 아니다. 그것은 그리스도께서는 우리의 삶에 있어 알파와 오메가이시며, 우리에게 사명과 목표를 정해 주시는 분이라는 것을 의미한다.

새 사람을 입으라

바울은 주님께서 하셨던 말씀들과 관련하여 새 사람을 입을 것과 서로 참을 줄 알아야 한다는 것을 강조하고 있다. 부부 관계, 부모와 자식의 관계, 상전과 종의 관계, 기도 생활 등 우리의 삶의 모든 영역에서 우리는 "위엣것"을 구해야 한다.

심지어 일상 생활 가운데 나누는 대화에 있어서도 그리스도인들은 빛과 소금의 역할을 해야 한다(4:6). 우리의 눈은 "땅엣것"을 향하고 있되, 우리의 마음은 항상 "위엣것"을 향하고 있어야 한다.

4

교회들 사이의 교신(交信)

믿음의 동역자들

이 서신은 두기고와 도망친 노예 오네시모가 골로새 교회에 전달한 것으로 되어 있다. 골로새 교회의 기초를 놓았던 에바브라는 당시에 바울과 함께 있었음에 틀림없다. 바울은 에바브라가 골로새, 라오디게아 그리고 히에라볼리 등지에서 그리스도인들을 위하여 많은 수고를 해 왔다는 것을 증거하고 있다.

바울은 바나바의 생질 **마가** 및 의원 **누가**를 포함한 여러 믿음의 동역자들을 소개하고 있다. 또한 빌레몬서에서도 언급되고 있는 **아킵보**에게 "주 안에서 받은 직분을 삼가 이루라"는 말을 전해 줄 것을 부탁하고 있다(4:17). 일설에 의하면, 아킵보는 오네시모의 주인이었던 빌레몬의 아들로서 라오디게아 교회에서 목회 활동을 한 것으로 알려져 있다.

사도들의 회람 서신

바울은 이 서신을 골로새 교회의 교인들이 읽은 후에 라오디게아에 있는 형제들도 읽게 하라고 당부하고 있다. 아울러 그는 자기가 라오디게아 교회에 보냈던 편지를 골로새 교회에서도 읽어 보라고 한다. 일부 학자들은 바울이 라오디게아 교회에 보냈던 서신이 바로 에베소서였다고 주장하고 있다. 라오디게아 교회에 보낸 서신은 그 사본이 존재하고 있기는 하지만, 그것은 후대 사람들이 바울의 여러 저작들로부터 따다가 짜맞춘 위서(僞書)다.

한편, 골로새서의 진정성은 의심할 여지가 없다. 옥중에 있던 바울은 친필로 문안 인사를 적어 넣음으로써 이 서신을 마무리지었다. 따라서 이 서신이 회람되고 있던 지역의 교회들은 그것이 위서가 아니라는 것을 알 수 있었다. 결국 우리는 당시에 교회들 사이의 교신(交信)과 사도들의 회람 서신의 수가 날로 증가하고 있었다는 사실을 알 수 있다.

EARCH THE SCRIPTURES

데살로니가전서

1

데살로니가전서의 배경

먼저 유대인들에게 복음을 전하다

데살로니가(현재의 지명은 살로니카)는 바울이 제2차 전도 여행을 통해 유럽 땅에 두 번째로 교회를 세운 곳이다. 그가 그 도시에 처음으로 발을 들여놓은 것은 빌립보에서 복음을 전하다가 심한 매를 맞고 투옥되는 고난을 겪고 난 직후였다. 그 때는 이미 유럽 전도를 위한 교두보가 세워진 뒤였으므로, 그는 이 지역에 신속하게 복음이 퍼져 나가게 할 수 있었다.

항구 도시였던 데살로니가에서 바울과 그의 동역자 실라(실바누스)는 회당에서 유대인들과의 접촉을 시도함으로써 사역의 첫발을 내디뎠다. 그것은 말할 것도 없이 갈등과 싸움으로 번질 수밖에 없는 것이었다. 그러나 바울은 먼저 유대인들에게 복음을 전하고 나서 헬라인들에게 복음을 전하기로 한 자신의 (불리한) 원칙을 고수하려 했다. 세 번의 안식일에 걸쳐 그는 회당에서 메시아적인 구속의 역사인 예수의 고난과 부활에 관하여 설교했다. 대부분의 유대인들은 그의 메시지를 거부했음에도 불구하고, 그는 적지 않은 수의 귀부인들과 함께 "경건한" 헬라인들을 그리스도께로 인도할 수 있었다. 이렇게 해서 그 곳에도 교회의 기초가 놓여지게 되었다.

계속되는 핍박

그 "경건한" 헬라인들은 이방인으로서 유대인의 회당에 참석하고 있었는데, 그들이 그리스도교로 개종하고 나자 데살로니가의 회당은 그 선교적 성과의 대부분을 상실하는 결과가 나타났다. 따라서 유대인들은 질투심과 복수심에 불타오르게 되었으며, 급기야는 그 도시의 하층민들로 하여금 그리스도인들을 대항하여 폭동을 일으키도록 하였다. 이 와중에 바울이 머물고 있던 야손이라는 사람의 집이 습격당하기도 했다. 읍장들이 참석한 가운데 그리스도인들을 공박하는 대중 집회가 열렸으며, 여기서 그리스도인들은 가이사에게 반기를 들고 예수를 왕으로 모심으로써 천하를 어지럽게 한다는 비난의 화살을 무수히 맞았다.

그러다가 읍장들이 야손과 그 나머지 사람들을 보(保)를 받고 놓아줌으로써 소동은 일단 가라앉았으나, 바울은 그 곳에서의 사역을 일단 중지할 수밖에 없었다. 이 소동으로 인해 그의 계획에는 차질이 오게 되었으며, "선교 전략"도 다시 세우지 않으면 안 되었다.

그 후 바울 일행은 베뢰아에서 피난처를 찾고자 했으나 데살로니가의 유대인들이 그 곳까지 좇아와 무리를 움직여 그들에 대한 핍박을 계속했다(행 17:1-14).

서신을 쓰기로 결심하다

데살로니가에 있는 형제들의 영적인 상태를 염려한 나머지, 바울은 그들이 환란 가운데 요동치 않도록 하기 위하여 디모데를 아덴으로부터 데살로니가로 보냈다(3:1-3). 그는 저들의 믿음과 소망과 사랑이 어떠한 상태에 있는지를 디모데를 통하여 알아보려 했으며, 혹시 시험하는 자가 저들을 시험하여 자기들의 수고를 헛되게 하지나 않을까 몹시 염려했다(3:5). 디모데가 마게도니아－데살로니가－로부터 돌아와 자세한 사정을 보고하자, 바울은 데살로니가 교회에 서신을 쓰기로 결심하였다.

데살로니가 교회에 대하여 디모데는 좋은 소식을 많이 가지고 있었다. 이에 대해 바울은 깊은 감사를 드리고 있다. 한편, 그 곳 교회는 몇 가지 고쳐야 할 점들을 가지고 있었다. 따라서 그는 이 서신을 통하여 그 곳 교회에 대한 후속적인 목회 지원을 하기로 했다.

바울에 대한 비난

당시 데살로니가에서는 교회의 적들이 기승을 부리고 있었다. 더욱이 사단－유혹하는 자－이 그들을 통해 역사하면서 바울이 전하는 복음을 의심스러운 것으로 만들고 그의 사역을 방해하기 위해 혈안이 되어 있었다.

바울의 적들은 그가 교인들의 주머니를 털어서 치부하고 있다고 비난했다. 또한 그가 위험스러운 상황이 벌어질 때마다 숨어 버리거나 재빨리 도망쳐 버리는 비겁자라고 비난했다. 데살로니가는 당시에 교통의 요지였기 때문에 기적을 행하는 자들, 방랑하는 철인(哲人)들 그리고 새로운 종교를 전파하는 사람들이 끊임없이 왕래하고 있었다(그들 가운데 대부분은 주로 명성이나 이익에만 관심을 가지고 있었다). 바울의 적들은 그가 방랑하는 어릿광대에 불과한 자라고 비방했다. 그러한 비방을 무수히 듣다 보면 그를 이해하고 있던 사람들도 자기도 모르는 사이에 그에 대하여 의심을 품게 되기 마련이었다.

그리스도의 재림에 대한 기대

당시의 그리스도인들은 그리스도께서 곧 재림하시리라고 믿고 있었다. 그러나 교인들 가운데는 이미 이 세상을 떠난 사람들도 있었으므로 그들의 장래가 어떻게 될 것인가 하는 것이 문제가 되었다. 즉, 그들은 그리스도의 재림을 맞을 수 있는 특권을 죽음 때문에 박탈당해야 하는가의 여부가 문제시되었던 것이다.

그리스도의 재림에 대한 기대는 데살로니가 교인들의 삶을 거의 지배하다시피 했으며, 그들 가운데 어떤 사람들은 생업을 버리고 가식(寄食)하는 경우도 생겼다. 그리스도께서 이제 곧 다시 오실 것이라면 세상일에 자기 몸을 내던질 이유가 어디 있겠는가라는 생각에서였다. 이처럼 그리스도의 재림에 관한 그릇된 해석과 이해로부터 발생한 미래에 대한 잘못된 기대는 교인들로 하여금 무질서한 생활 및 기생충과 같은 생활로 빠져 들어가게 했다. 따라서 바울은 이러한 태도에 대하여 올바른 길을 제시해 줄 필요가 있었다. 우리는 이 서신을 읽을 때 이러한 배경을 염두에 두고 있어야 한다.

2

위로와 권면의 말(1:1-4:12)

모범적인 교회

바울은 "하나님 아버지와 주 예수 그리스도 안에 있는 데살로니가인의 교회"에 이 서신을 쓰고 있다. 그가 이렇게 말하고 있는 데는 유대인들의 핍박이라는 상황이 그 배경을 이루고 있다. 유대인들은 자기네들이야말로 참된 하나님의 교회라고 자처하고 있었으나, 바울은 우리의 주님이시요 메시아이신 예수님을 통해 아버지 하나님을 아는 사람들의 모임을 교회라고 불렀다. 그러한 공동체라야 교회, 즉 구속받은 자들의 모임이 될 수 있다는 것이었다.

다른 서신들에서처럼 바울은 감사의 말씀으로 시작하고 있다. 그는 데살로니가 교회의 "**믿음**의 역사와 **사랑**의 수고와 우리 주 예수 그리스도에 대한 **소망**의 인내"에 대하여 감사드린다(1:3; 살후 1:3 이하; 고전 13:13; 골 1:4-5).

그리스도의 재림에 대한 기대

유대인들은 데살로니가의 그리스도인들을 핍박하기 시작했다. 그 곳의 유대인 공동체 전체가 들고 일어나 그리스도인들에게 압박을 가해왔다. 이러한 고난의 상황 속에서 데살로니가 교회는 성령께서 베풀어주시는 기쁨 가운데 말씀을 받아들였다. 이러한 소문은 곧 그리스 전역에 퍼져 나갔다. 바울은 그리스의 다른 지방에 살고 있는 사람들에게 이 일에 관하여 알릴 필요가 없었다.

왜냐하면 그들은 데살로니가 교회가 어떻게 세워졌는지, 그리고 그 곳 교회의 교인들이 어떻게 근본적인 회심을 체험했으며 "장래 노하심에서 우리를 건지시는"(1:10) 다시 오실 그리스도에 대한 기대 속에서 어떻게 살고 있는지를 잘 알고 있었기 때문이다.

우리는 바울이 논리를 전개해 나가는 방식과 단어들의 선택에 관해 주의 깊게 살펴볼 필요가 있다. 데살로니가 교인들은 그리스도의 재림에 관하여 커다란 기대를 가지고 있었다.

그러나 그로 인해 많은 오해가 생기기도 했다. 바울은 이 문제를 데살로니가 교회에 보낸 두 번째 서신, 곧 데살로니가후서에서 보다 상세하게 다루게 된다.

바울의 변명

바울은 자기와 데살로니가 교회 사이의 관계를 기술하는 것으로 이 서신의 서두를 시작하고 있다. 그의 적들은 데살로니가에서 그에 대한 의심을 최대한으로 불러일으켜 놓았다. 따라서 그는 자기의 입장을 방어하기 위해 "변명"을 쓰기로 결심했다.

바울은 당시에 불순한 동기를 가지고 기만과 아첨으로 일을 획책한다는 비난을 받고 있었다. 심지어 어떤 사람들은 그가 사도라는 직분을 이용하여 물질적인 이득을 도모한다고 수군거리기도 했다. 그러나 그러한 비난들은 쉽게 논박할 수 있는 것이었다. 데살로니가 교회는 그가 데살로니가에서 처음으로 사역을 시작했을 때 얼마나 수고를 아끼지 않고 힘써 일했는지를 잘 알고 있었기 때문이다. 당시 그는 빌립보에서 혹독한 고난을 치르고 난 후 곧 그 곳으로 왔음에도 불구하고, 빌립보에서와 같은 고난이 기다리고 있을지도 모르는 상황 속에서 담대함을 잃지 않고 복음을 전파했다.

바울은 자신의 사도로서의 직분을 내세워 어떠한 요구를 할 수도 있었을 것이다. 그러나 그는 자기의 이익을 구하지 않았으며, 아무에게도 누(累)를 끼치지 않으려고 밤낮으로 노동하면서 하나님의 복음을 전파했다(2:9). 그는 결코 이름난 선생이 자기 제자들에게 재물을 요구하듯 하지 않고 아버지가 자식에게 권면하듯, 또한 유모가 자녀들을 기르듯이 하였다(2:7, 11).

교회가 싸우는 싸움은 오직 하나

이러한 태도는 곧 결실을 맺을 수 있었다. 왜냐하면 데살로니가 사람들은 바울의 권위가 아니라 복음의 권위 아래서 믿음을 갖게 되었기 때문이다(2:13). 그러나 데살로니가 교회는 유대 땅에 있는 교회들이 당했던 것과 똑같은 핍박을 완고한 유대인들에 의해 당하게 되었다.

유대인들은 그리스도와 사도와 예언자를 거부함과 동시에 이 세상에서 교회가 확장되는 것을 방해함으로써 죄악의 극치에 달해 있었다(바울이 "유대인들"에 관해 언급할 때는 자기의 동족임에도 불구하고 상당한 거리를 두는 것이 보통이다). 바울은 데살로니가 교회에 그들의 싸움은 예언자들의 시대로 거슬러 올라가는 것임을 보여주었다. 이 세상에서 교회가 싸우는 싸움은 오직 하나이기 때문이다.

"사단이 우리의 길을 막았다"

바울은 데살로니가를 떠나기 전에 그 교회가 반드시 고난에 처하게 될 것임을 말한 적이 있었는데(3:3-4), 이제 그 고난의 시기가 찾아온 것이었다. 그는 데살로니가 교회가 너무나 염려스러웠기 때문에 홀로 아덴에 머물면서 디모데를 데살로니가에 보내어 사정을 알아보도록 했다(3:2).

바울의 적들은 틀림없이 그가 감히 데살로니가로 돌아오지 못하리라고 떠들며 다녔을 것이다. 이에 대해 바울은 자기가 두 번씩이나 그 곳에 가고자 했으나 "사단이 우리의 길을 막았다"고 하였다(2:18). 다행스럽게도 디모데는 좋은 소식을 가지고 돌아왔다. 바울은 데살로니가 교회가 그 믿음 가운데 굳건히 서 있다는 보고를 받고 위안을 받을 수 있었다(3:6-13).

개선해야 할 점들

그럼에도 불구하고 바울은 데살로니가 교인들에게 개선해야 할 점들을 지적하고 있다. 교회는 완전함을 향해 앞으로 달려 나가야 한다. 새로운 언약의 시대에 순종의 원리는 결코 완전하게 실현되는 법이 없기 때문이다.

이것이 바로 데살로니가 교회가 세워질 당시에 그가 그리스도의 이름으로 말했던 것들－성 생활, 장사, 기타 일상 생활의 일들－을 다시금 지적하고 있는 이유다. 이교도들의 관습과 종교는 데살로니가의 그리스도인들에게 끊임없는 위협이 되고 있었다. 그 곳 사람들은 결혼을 마치 장난처럼 생각하고 있었다. 따라서 바울은 그리스도인들에게 "각각 거룩함과 존귀함으로 자기 아내 취할 줄을 아는" 것이 하나님의 뜻이라고 했다(4:4).

나아가 바울은 교인들끼리 속이거나 거짓말을 해서는 안 된다고 했다. 또한 노동과 관련하여, 세상으로 하여금 교회가 일은 하지 않고 빈둥거리는 사람들이 우글거리는 곳이라는 인상을 받게 해서는 안 된다고 했다(4:1-12). 그리스도인들은 다른 사람들에게 기대어 그럭저럭 살아가는 기생충과 같은 삶을 살아서는 안 된다는 것이다.

3

그리스도의 재림과 죽은 자의 부활(4:13-5:11)

"소망 없는 다른 이와 같이 슬퍼하지 말라"

앞에서 말한 바와 같이 데살로니가 교회에서는 "자는 자들"에 대한 의문, 즉 예수께서 재림하실 때 그들에게 어떠한 일이 일어날 것인가에 대한 문제가 제기되고 있었다.

바울은 이 문제에 관하여 데살로니가 교인들에게 확신을 심어 주기 위해 서둘러 붓을 놀리고 있다. 즉, 우리는 소망 없는 다른 사람들처럼 슬퍼할 필요가 없다는 것이다. 그리스도의 죽음과 부활이 죽은 자들의 부활을 보증하기 때문이다. 교회는 그분과 한 몸이 아니겠는가?

물론 왕이신 예수께서 권능 가운데 강림하시는 광경을 살아서 체험하게 될 사람들도 있을 것이다. 여기서 바울은 예수님의 강림을 "파루시아"(*parousia*)라는 말로 표현하고 있는데, 이는 존귀한 신분을 가진 인물이 어떤 도시에 도착하는 것을 의미하는 헬라어다.

교회의 "공중 여행"

주께서 강림하실 때는 그리스도 안에서 죽은 자들이 먼저 일어나고, 그 후에 우리 살아남은 자들도 저희와 함께 구름 속으로 끌어 올려져 공중에서 주를 영접하게 될 것이다(4:16-17). 이는 마치 교회가 **공중 여행**을 하는 광경을 연상시키는 구절이다.

그렇다고 해서 교회가 영원히 공중에 머물게 되리라는 것은 아니다. 주님께서 세상을 정복하시고 나면, 교회는 마치 슬기로운 처녀들이 신랑을 영접하듯 주님을 영접할 것이다(마 25:1 이하에는 미련한 처녀들과 슬기로운 처녀들의 이야기가 실려 있는데, 그 곳에서 사용되고 있는 것과 똑같은 용어들이 살전 4:13 이하에서 사용되고 있다).

주님께서 강림하신 뒤에 우리는 그분과 영원히 함께 있게 될 것이다. 이는 죽음 앞에 서 있는 사람들에게 위로가 될 수 있는 말씀이다. 따라서 여기서 다루고 있는 본문은 그리스도인들의 장례식에서 자주 읽혀지고 있다. 그러나 유감스럽게도 교회의 "공중 여행"을 참된 소망 가운데 기대하고 있는 그리스도인은 별로 없는 것 같다.

주님의 재림은 사변의 문제가 아니다

전하는 말에 의하면 바울은 처음에 그리스도께서 머지않아 재림하시리라고 믿고 있었으나(살전 4장) 말년에 이르러 자신의 죽음이 가까워 옴을 느끼면서 생각을 바꾸었다(살후 5장)고 한다. 이는 그가 주 예수의 강림이 **가까웠다**는 믿음 가운데 살았음에도 불구하고 정확히 언제 그러한 일이 일어날 것인가에 대해서는 말한 바가 없다는 사실로 미루어 볼 때 틀린 말이라고 볼 수는 없다. 주님과 마찬가지로 그는 "때와 시기"에 관해서는 할 말이 전혀 없다고 했다(5:1; 행 1:7).

주님의 재림에 관한 교리는 사변의 문제가 아니라 위로(4:13 이하)와 권면에(5:2 이하) 관한 문제다. 그리스도께서는 밤에 도적과 같이 오실 것이다(5:2; 마 24:43; 벧후 3:10; 계 3:3; 16:15; 렘 49:9; 2:9). 따라서 교회는 한시라도 주의를 게을리해서는 안 될 것이며, 그리스도인들은 어두움의 자녀들처럼 행할 것이 아니라 항상 깨어 있으면서 빛의 자녀들처럼 행해야 한다(눅 16:8; 요 8:12; 12:36; 엡 5:8). 그리스도의 재림을 고대한다는 것은 마지막 때를 맞을 준비를 하고 자신을 철저하게 무장하는 것을 의미한다. 또한 깨어 있거나 잠들었거나(여기서 바울은 자기가 그리스도께서 강림하시기 전에 죽을 가능성을 염두에 두고 있다) 간에 그리스도와 함께 사는 것을 의미한다(5:8 이하).

4

실생활에서의 여러 가지 의무(5:12-28)

영을 분별할 수 있는 능력

데살로니가 교회에는 그리스도의 재림에 대한 기대를 일하지 않고 놀고 먹는 데 대한 변명으로 사용하는 "게으른" 사람들이 있었다. 바울은 그들을 향하여 권면의 말을 하고 있다. 또한 직분을 맡은 자들을 존경하고 위하라는 뜻에서 "범사에 헤아려 좋은 것을 취하라"고 말하고 있다(5:21).

이 본문은 흔히 무엇이든 일단 해보지 않고 함부로 판단해서는 안 된다는 뜻으로 이해되고 있다. 그러나 보다 넓은 맥락에서 보면, 이 구절을 그렇게 이해하는 것은 그릇된 것임을 알 수 있다. "성령을 소멸치 말며 예언을 멸시치 말고 범사에 헤아려 좋은 것을 취하고 악은 모든 모양이라도 버리라"(5:19-22).

더욱이 이 본문을 "모든 일을 해보아야 한다"는 뜻으로 해석해서는 안 된다. "사단의 깊은 것들"(계 2:24)은 마땅히 우리가 피해야만 할 것들이기 때문이다. 바울이 "헤아림"에 관하여 말하고 있는 의도는 하나님의 계시라고 자처하면서 교회에서 행해지는 **예언**들 역시 "헤아림"을 받아야만 된다는 것이다. 우리는 "영들"이 하나님께로서 비롯된 것인지를 분별할 수 있는 능력을 갖추어야 한다.

우리는 예언을 멸시해서도 안 될 것이며(당시까지만 해도 특수한 영적 은사들이 많이 나타나고 있었다), 또한 스스로 예언이라고 주장하는 것들을 무분별하게 받아들여서도 안 될 것이다(고전 14:29-32; 요일 4:1 이하).

더욱 삶에 충실하라

그리스도의 재림에 대한 기대는 사람들로 하여금 삶의 현장을 도피하려는 불건전한 태도를 갖게 하기가 쉽다. 이는 마치 구름을 보고 놀라는 것과 같은 태도다. 그리스도인들은 소극적인 자세로 주님의 재림을 기다려서는 안 된다. 오히려 그 날이 가까울수록 삶의 한복판에서 더욱 열심히 살아야 한다. 나아가 이웃을 돕는 일에 더욱 열심히 노력해야 한다. "평강의 하나님이 친히 너희로 온전히 거룩하게 하시고 또 너희 온 영과 혼과 몸이 우리 주 예수 그리스도가 강림하실 때에 흠없게 보전되기를 원하노라"(5:23).

작은 일에 충실하다

이 서신에서 바울은 그가 데살로니가에 있을 때 그 곳 사람들에게 가르쳤던 것들을 여러 번에 걸쳐 다시금 언급하고 있다. "우리가 너희와 함께 있을 때에… 너희에게 미리 말하였더니…"(3:4). "너희에게 무슨 명령으로 준 것을 너희가 아느니라"(4:2). 이렇게 볼 때 바울은 자신의 교훈을 교회가 상기해 주기를 바라고 있다(그러한 바람은 데살로니가후서에서도 역시 나타나고 있다).

이 서신들-첫 번째 서신과 두 번째 서신-은 어떠한 새로운 교훈들을 가르치고 있는 것이 아니다. 다만 바울이 데살로니가 사람들에게 가르쳤던 것들을 상세하게 풀어서 다시 언급하고 있을 뿐이다. 장래에 대한 기대 속에서 산다는 것, 그리고 말씀에 따라서 산다는 것은 전혀 낯선 길을 따라 걷는 것을 의미하지 않는다. 그것은 **이미 익숙하게 알고 있는 길**을 따라 충실하게 한 걸음씩 앞으로 나아가는 것을 의미한다.

그리스도의 재림에 대한 기대 속에서 산다는 것은 그 때와 상황에 대한 신비주의적인 사변과는 전혀 관계가 없다. 작은 일에 충실한 가운데 다음과 같은 확신 속에 사는 것이 중요하다. "너희를 부르시는 이는 미쁘시니 그가 또한 이루시리라"(5:24) 그분께서는 자기가 시작한 일들을 마침내는 이루실 것이며, 우리에게 한 모든 약속들을 지키실 것이다.

EARCH THE SCRIPTURES

데살로니가후서

1

"주의 날"에 대한 그릇된 이해

장래만을 바라보며 사는 사람들

바울은 데살로니가에 있는 유대교 회당에서 메시아, 즉 기름부으심을 받은 자에 대한 성경의 내용들을 가르치는 것으로 설교를 시작했다. 그는 청중들을 향하여 예수께서 바로 그 메시아시라고 선포했다. 이러한 바울의 사역에 힘입어 그 곳에도 교회가 세워지게 되었다(행 17:1 이하).

성경은 "주의 날"에 관하여 반복적으로 가르치고 있다. 바울은 그 날이 오면 예수께서 강림하시리라고 가르쳤으며, 그러한 가르침은 데살로니가에서 놀라운 반응을 일으켰다. 그러나 바울은 그 곳에 충분한 시간 동안 머물면서 가르침을 펼 수 있는 여건이 못되었으므로 데살로니가 사람들 가운데 오해가 발생하게 되었다. 이러한 사실은 그의 첫 번째 서신에도 분명하게 나타나 있다.

그들 가운데는 현재의 삶을 내버려 두고 장래만을 바라보며 사는 사람들이 생기게 되었다. 또한 생업까지 포기하는 사람들도 있었다. 그리스도의 강림이 임박했을진대 도대체 일은 무엇 때문에 하겠는가라는 생각에서였다.

이렇게 볼 때 태양 아래 새로운 것은 없다는 사실을 다시금 절실히 느끼게 된다. 우리의 역사 속에는 정치적인 상황이나 그 밖의 여건들을 전제로 하여 그리스도께서 강림하실 정확한 때를 계산해 내는 사람들이 무수히 존재해 왔다. 어떤 사람의 예측이 어긋날 경우에는 또 다른 사람이 나타나서 새로운 예언을 함으로써 세상을 온통 뒤집어 놓다시피 하는 일도 있었다.

그리스도의 재림을 기다리는 인내

데살로니가 사람들에게 보낸 두 번째 서신에서 바울은 진정한 목자의 입장에서 위에서 말한 문제를 다루고 있다. 그는 이 문제에 관해 섬세하면서도 치밀한 필치로 접근하면서 데살로니가 교회에 대한 부정적인 태도를 피하고 있다. 그는 마치 그들의 손을 꼭 잡고 말하는 것처럼 이미 가르쳤던 것들을 다시 한 번 그들에게 환기시키고 있다.

바울은 이 서신의 서두에서 데살로니가 사람들의 **믿음**이 더욱 자라고 **사랑**이 더욱 풍성해졌으며, 또한 그들로 하여금 **소망**을 잃지 않게 해주신 하나님의 은혜에 감사를 드리고 있다.

그들은 유대인들의 박해로 인해 어려운 고난의 시기를 겪었음에도 불구하고 믿음과 사랑과 소망 안에 굳게 서 있었다. 자기들을 멸시하고 핍박하는 자들이 "그 날"이 오면 모두 형벌을 받게 되리라는 사실을 잘 알고 있었기 때문이다(사 66:15, 5과 살후 1:8 이하를 비교하라).

2

주의 날이 가까웠음을 알리는 횃불

그리스도의 재림에 앞선 일들

주의 날에 관한 바울의 설교를 듣고 나서 당혹감에 사로잡히는 사람들도 있었으므로 그는 이렇게 권면했다. "혹 영으로나 혹 말로나 혹 우리에게서 받았다 하는 편지로나 주의 날이 이르렀다고 쉬 동심하거나 **두려워하지** 말라"(2:2).

그는 여기서 "두려워하다"라는 단어를 사용하고 있는데, 그 헬라어 원형은 마태복음 24장 6절에서 예수님이 제자들에게 전쟁이나 전쟁의 소문을 들더라도 "두려워하지" 말라고 당부하실 때 사용된 단어와 같은 것이다.

위와 같은 말로 안심시키면서도 바울은 주께서 밤에 도둑과 같이 오시리라는 것을 부정하려고 하지는 않았다. 결국 그는 어떠한 일부터 일어날 것인가에 관하여 가르치려고 했던 것이다. 주님께서는 일찍이 "멸망의 가증한 것"이 "거룩한 곳", 즉 성전에 서리라고 말씀하셨다(마 24:15). 언약으로부터 돌아서는 행위, 즉 배교 행위가 우선 엄청난 공포와 추악함 가운데 나타날 것이다. 또한 "불법한 자"(바울은 이 말을 어떤 종류의 악한 인물로 이해하고 있다)가 하나님의 성전에 자리잡고 왕처럼 다스리게 될 것이다.

예루살렘에 대한 심판

이 문제에 관하여 바울이 상징적인 언어로 말하고 있다고 믿을 만한 이유가 없다. 또한 그가 "하나님 성전"에 관하여 말할 때(2:4; 엡 2:21; 고전 3:16; 고후 6:16), 그것이 교회를 의미한다고 볼 수도 없다. 주님과 마찬가지로 바울은 메시아에 대한 그릇된 기대 속에서 살아감으로써 예루살렘 성전을 우상으로 만들고, 그 곳에서 목불인견(目不忍見)의 작태를 연출했던 언약의 **백성들의 불의**와 불순종(이는 마 24장의 주제이기도 하다)에 관하여 말하고 있다.

여기에서도 역시 그리스도의 말씀(마 21장, 막 13장, 눅 21장)이 바울이 말하고 있는 내용의 배경을 이루고 있다. 바울은 여기서 적그리스도의 활동에 관해서가 아니라 언약을 어긴 이스라엘 백성들에 대한 심판에 관하여 말하고 있다. 즉, 그는 미래의 적그리스도나 고도의 선전술로 무장된 독재자에 관하여 말하고자 하는 것이 아니라, 예수님 자신의 예언 즉 앞으로 벌어지게 될 배교 행위와 그로 인해 받게 될 심판에 관하여 예수님의 말씀을 벗어나지 않으면서 그 내용을 풀어서 설명하고 있는 것이다. 따라서 우리가 그의 말을 정확하게 이해할 경우에는 "마지막 때"에 나타날 적그리스도의 환상 때문에 괴로워할 필요가 없게 된다.

그리스도의 재림에 관한 그릇된 견해

바울은 이어서 "불법한 자"의 활동이 저지당하고 있다고 한다. 한편, 오늘날에는 복음의 능력이 적그리스도의 세력이 확산되는 것을 막고 있다고 생각하는 사람들이 많다. 그러나 그러한 생각은 마지막 때에 나타날 적그리스도가 어떠한 인물이라는 그릇된 견해를 전제로 하고 있다. 또한 교부들 가운데는 로마 제국이야말로 적그리스도를 억제하고 유대인의 혁명을 저지하는 세력이라고 생각했던 사람들이 더러 있었다. 이는 그리스도의 재림에 관한 입장들 가운데 가장 받아들일 수 없는 경우의 한 예(例)라고 할 수 있겠다.

복음을 거부하는 사람들은 결국 미혹케 하는 세력, 즉 우리로 하여금 거짓된 것을 믿게 하는 세력의 손아귀에 들어가고 말 것이다. 그리스도께서는 예루살렘이 살아 계신 하나님으로부터 철저하게 등을 돌린 뒤에야 나타나실 것이다. 따라서 데살로니가 사람들은 "악한 자들"(계 2:2)의 말에 귀를 기울여서는 안 된다. 왜냐하면 "믿음은 모든 사람의 것이 아님이라. 주는 미쁘사 너희를 굳게 하시고 악한 자에게서 지키실" 것이기 때문이다(3:2-3).

배교 행위의 악순환 모델

바울이 예언했던 것과 같은 예수님의 재림의 징조가 예루살렘이 파괴되었던 주후 70년에 나타나는 것처럼 보였다. 그러나 그분은 그때 오시지 않았다. 바울이 기술하고 있는 배교 행위에 관한 악순환 모델[언약에 대한 파기→하나님의 성전에서의 무법한 행위→전체 교회의 배교 행위]은 교회사 속에서 반복적으로 나타나고 있다. 따라서 우리는 데살로니가후서 2장의 상황이 "마지막 때"에 이르러서야 비로소 전개될 것이라고 생각해서는 안 된다. 바울의 예언은 **이미** 이루어졌다고 보아야 한다. 그의 예언은 그리스도의 재림에 대한 우리의 기대를 고취시킬 뿐 아니라, 우리로 하여금 그리스도교의 옷을 입고 있는 거짓 가르침들과 싸워 나갈 수 있게 하는 힘의 원천이 되고 있다.

3

그리스도인에게 있어서 일의 의미

일하지 않는 자에 대한 책망

그리스도의 재림 시기에 대한 지나친 집착을 버리라고 권고하고 나서, 바울은 사도적 권위를 사용하여 일하는 것을 포기한 사람들에 대하여 책망하고 있다. 그는 교회가 그러한 사람들을 멀리함으로써 자신을 부끄럽게 생각하고 회개할 수 있는 길을 마련해야 한다고 가르치고 있다. 일찍이 바울은 데살로니가 사람들에게 "누구든지 일하기 싫어하거든 먹지도 말게 하라"고 가르친 바 있다.

이와 같이 **게으른 자들**에게 적용할 규칙을 제시하면서도 바울은 그리스도인들이 지켜야 할 의무를 상세하게 말하고 있지는 않다. 그렇다고 해서 사람들이 자기만 겨우 먹고 살 수 있을 정도로 그럭저럭 일하는 것에 그가 동의하는 것은 아니다. 그는 자기가 수고하고 애써 주야로 일함으로써 본을 보였던 사실을 지적하고 있다(3:8; 행 20:34). 나아가 그는 사도로서의 직분을 다하기 위해 밤낮으로 쉬지 않고 사람들을 권하고 가르쳤다(행 20:31).

소명으로서의 일

우리는 육체 노동이든 "교회의 일"이든 각자 맡은 바 일을 가지고 있다. 그 일은 하늘에 계신 주님께서 우리에게 맡겨 주신 것이다. 우리는 생계를 유지하기 위해서 일하는 것만은 아니다. 각자의 재능을 사용함으로써 우리를 다시 태어나게 해주신 그분께 예배를 드리고 찬송과 영광을 돌린다. 각자의 일을 이러한 입장에서 이해하게 될 때 우리는 다른 사람들의 피땀에 얹혀 사는 기생충과 같은 삶이란 상상도 할 수 없게 될 것이다.

이렇게 보면 우리는 시대의 징조들에 대하여 지나치게 예민한 반응을 나타낼 필요가 없다. 바울은 데살로니가 교인들에게 각자의 일을 조용히, 그리고 충실하게 해 나아갈 것과 자기의 손으로 일한 대가로 생계를 유지할 것을 권고하고 있다. 그리스도인들은 사회·문화적인 책임에서 초월해 있는 존재가 아니다. 따라서 그들 역시 다른 사람들과 마찬가지로 사회적인 의무들을 성실히 수행해야 한다. 훌륭한 그리스도인은 해가 질 때까지 열심히 일하는 사람이다. 예수께서 바로 내일 오신다고 할지라도 우리는 오늘 한 그루의 사과나무를 심을 수 있어야 한다.

자기가 쓴 서신에 진정성을 부여하기 위하여 바울은 친필로 문안 인사를 함으로써 이 서신을 마무리짓고 있다. 대제사장이신 예수님의 은총과 평강(민 6:25-26)은 깨어 기도하면서 열심히 일하는 사람들에게만 내린다.

EARCH THE SCRIPTURES

디모데전서

1

양떼를 돌보는 목자

내가 떠난 후에 흉악한 이리가 너희에게 들어와서 그 양떼를 아끼지 아니하며…(행 20:29).

목회 서신

라틴어로부터 파생된 영어 단어인 pastor(목회자)는 원래 "목자"라는 뜻을 가진 단어였다. 따라서 "목회 서신"이란 교회의 목회 사역에 관한 원리와 목회자의 자질에 관한 내용을 다루고 있는 서신이라고 할 수 있다. 신약성경에 수록되어 있는 모든 서신들이 사실상 "목회적"인 성격과 내용을 지니고 있으나, 바울이 디모데에게 보낸 두 개의 서신과 디도에게 보낸 한 개의 서신을 합하여 보통 "목회 서신"이라고 부른다.

이 서신들은 디모데와 디도가 각각 에베소와 그레데에서 어려운 가운데 사역을 수행하는 것을 돕기 위해 쓴 것이다. 그는 이 서신들을 밀레도에서 에베소의 장로들에게 연설할 때의 정신과 같은 맥락에서 썼으며(행 20:18-35), 그 시기 역시 그 연설을 하고 난 직후로 추측된다.

목회 서신의 저자 문제

컴퓨터 시설까지 갖추고 있는 일부 신학자들 가운데 어떤 사람들은 목회 서신이 바울에 의한 것이 아니라고 주장하고 있다. 목회 서신들에서 사용되고 있는 용어들이 교회에 보낸 서신들에서 사용되고 있는 것과는 다르며, 이 서신들이 다루고 있는 이단의 종류 및 교회의 질서에 관한 내용도 차이가 있기 때문에 이 서신들은 위작(僞作)이라는 것이다.

그러나 이 서신들에서 사용되고 있는 용어들이 교회에 보낸 서신들에서 사용되고 있는 것과는 다르다는 사실이 오히려 바울이 저자라는 사실을 **뒷받침해 주는** 것이라고 볼 수도 있다. 왜냐하면 누군가가 바울의 필치를 흉내내려고 했다면, 틀림없이 바울이 사용했던 용어들만을 골라서 사용했을 것이기 때문이다. 그리고 바울 자신이 아니었다면 어떻게 겉옷(딤후 4:13)이나 포도주(딤전 5:23) 같은 것들에 관하여 생각인들 할 수 있었겠는가? 또한 바울의 다른 서신들(예를 들어, 갈라디아서)에서도 역시 유대교의 영향을 받은 이단들에 대한 언급을 발견할 수 있다.

장로나 집사와 같은 직분을 맡은 자들에 관한 언급에 관하여 생각해 보자. 학자들 가운데는 교회가 구조적으로, 그리고 조직과 체계 면에서 크게 발전하여 장로, 집사, 감독 등 성직 제도가 공식적으로 등장한 시대는 오히려 2세기에 적합한 배경으로서 바울이 살아서 전도 여행을 다니며 개체 교회를 세우던 시대의 상황에는 어울리지 않는다고 주장하는 사람들이 있다. 그러나 성경 자체의 기록, 즉 사도행전 20장 17절이나 빌립보서 1장 1절의 내용으로 미루어 볼 때, 그러한 직분들은 이미 바울 생전에 교회의 삶 속에 정착되어 있었던 것으로 보아야 한다.

바울이 디모데에게 보낸 첫 번째 서신은 그가 아직 자유의 몸으로 있을 때 쓴 것이다. 일반적으로는 그가 로마 감옥에서 출옥한 후에 이 서신을 썼다는 주장이 유력하나, 우리는 이 서신이 그보다도 훨씬 이전의 시기, 즉 예루살렘으로의 마지막 여행 전에(행 20:2-7 사이의 시기에) 쓰여진 것으로 볼 수도 있다.

혼합주의의 위험

이 서신이 쓰여질 무렵에 디모데는 바울의 명을 받아 에베소에 머물고 있었다. 당시 에베소 교회는 미혹하는 영들에 의해 유린될 위기에 처해 있었으므로, 디모데의 사명은 이단들을 퇴치하라는 것이었다. 그 가운데 대표적인 것이 **혼합주의**－그리스도교의 교리를 이방인의 종교 및 유대교적인 사고와 융합시키려는 사상－였다.

이단 사상들은 유대인들 사이에 널리 퍼져 있던 변칙적인 교리들 때문에 더욱 쉽사리 교회 안으로 침투해 들어올 수가 있었다. 그러한 교리를 주장하는 사람들은 "진리 배후에 있는 신비적인 진리"를 발견해야 한다고 하면서 성경 본문을 자기들 마음대로 해석하곤 했다. 그들의 가르침 때문에 사람들의 사고력은 중심을 잃고 흔들렸으며, 구속사에 관한 자료들이 신화나 우화, 그리고 동화로 환원되는 가운데 성경이 가르치고 있는 핵심적인 내용들은 극도로 변질될 수밖에 없었다. 위와 같은 사고의 흔적들은 성서 시대에 쓰여진 각종 위서(僞書)들 및 유대인들의 저작들 가운데 발견할 수 있다. 예를 들어, 천사들도 할례를 받았다든가, 아담은 남자이면서 동시에 여자였다든가, 아담과 하와의 결혼이 원죄의 출발점이었다든가 하는 주장들이 그것이다. 심지어 성경상의 계보를 사용하여 여러 가지 거짓된 주장들(예를 들어, 자기네들이 왕족의 혈통을 이어받은 자들이라는 주장)을 입증하려고 시도하는 자들도 있었다.

거짓된 가르침의 영향

이 거짓 교사들은 주로 성경과 전통에 호소하고 있었다. 그리고 초대 교회 시대에 쓰여진 수많은 위서들－복음서, 서신, 묵시록 등－은 대부분 유대인들에 의한 것이었다. 디모데는 바로 이러한 것들과 싸워야 했다. 위서들이야말로 이단자들이 진정한 복음과 율법을 교회로부터 제거하고, 그 대신에 거짓 교훈과 이교 세계에 적응된 율법(토라)으로 대체하는 데 사용했던 매우 편리한 도구였기 때문이다.

소위 "율법의 선생들"(1:7)은 "지식"(6:20)과 신화와 공허한 교리들을 가지고 교인들의 삶에 막대한 영향을 끼치고 있었다. 참된 지식은 사랑 가운데 교회를 세워 가는 것인 반면에, 거짓된 지식은 믿음과 행위 사이에 불일치만을 키워 가면서 인간의 의지를 더욱 조장하는 법이다. 그 결과, 인간의 삶은 거룩하게 되는 것이 아니라 왜곡된 모습을 띠게 된다. 거짓 교사들이 가르치는 "지식"은 자만심과 기만의 열매였으며 성경의 가르침을 거스르는 것이었기 때문에 교인들의 삶에 파괴적인 결과만을 초래했다.

자연과 은총

위대한 스승으로 자처하던 거짓 교사들은 "자연"과 "은총" 사이의 관계를 이해하지 못하고 있었다. 그들의 신화는 하나님께서 지으신 모든 것이 선하므로 감사함으로 받으면 버릴 것이 없다(4:4)는 사실을 전혀 가르치지 않았다. 따라서 그들에게는 사물의 자연적인 질서를 경시하는 경향이 있었다. 그들은 원칙상 독신 생활을 고집하는 사람들이 하나님의 규례에 어긋나는 오만한 행동을 통해 많은 문제들을 일으킬 수 있다는 가능성을 전혀 무시하고, 결혼이나 재혼을 거부하는 사람들을 높게 평가하고 있었다(4:3; 5:11-14; 2:11-15).

이 거짓 교사들의 정교한 이론과 궤변이 커다란 분열과 엄청난 시간 낭비를 초래하고 영혼을 죽이는 학문의 토대를 마련했다는 것은 다시 말할 필요조차 없다. 그리스도의 말씀은 이와 같은 "진보적인" 사고 가운데 아무런 역할도 할 수 없었다. 그들의 가르침은 그 누구라도 이해할 수 있는 예수님의 가르침(예를 들어, 산상설교)과는 너무나도 동떨어져 있었기 때문이다.

믿음과 행위의 일치

이 같은 사고방식에 말려들어 간 사람들은 악한 생각과 행실에 걷잡을 수 없이 빠져 들어갔다(6:3 이하). 그들은 화려한 수식어를 사용하여 율법에 관하여 말하고 있었으나, 그들의 믿음은 단지 머리 속에서만 맴도는 것일 뿐 몸과 마음이 따르지를 않았다. 따라서 그들의 삶은 무절제하고도 방종한 것이 될 수밖에 없었다.

바울은 특히 디모데에게 믿음과 행위, 그리고 자연과 은총의 일치를 강조하고 있다. 또한 그는 그리스도의 **말씀** 위에 굳게 서서 자기가 맡은 사역을 수행할 것을 디모데에게 권면하고 있다. 그렇게 해야만이 이단자들을 물리치고 살아 계신 하나님께 대한 소망을 잃지 않을 수 있기 때문이다. 이는 또한 수행 생활의 가장 훌륭한 형태이기도 하다(4:6-16).

바울이 디모데에게 보낸 첫 번째 서신은 시대를 막론하고 교회의 삶에 커다란 교훈이 되고 있다. 교회는 항상 로고스, 곧 말씀에 대한 순종으로부터 벗어나 인간의 지식을 추구하게 하는 이단적인 위협에 직면하고 있기 때문이다.

2

성숙한 회중과 교계 제도(敎階制度)

교계 제도에 대한 바울의 입장

이 목회 서신은 바울이 교계 제도-사제, 성직자 또는 소수 엘리트 집단에 의한 지배-를 거부하고 있다는 점에서도 중요성을 갖는다. 오늘날에는 각양각색의 위원회와 조직체들이 교회 안에, 그리고 교회들 사이에 존재하고 있다. 그런데 만일 우리가 "지도급 인사들"이 주관하는 이러한 모임들에 대하여 지나친 관심을 쏟을 경우에는 로마 가톨릭적인 요소, 즉 성직자와 평신도를 구분하는 사고방식을 수용하는 결과가 되고 만다. 목회 서신들 가운데서 우리는 그러한 구분을 인정하는 내용들을 결코 발견할 수가 없다. 물론 바울은 직분을 맡은 자의 입장에서 쓰고 있기는 하나, 자기 자신에 관하여 매우 겸손한 입장을 취하고 있는 것이다(1:18; 4:11-16; 6:2).

직분을 맡은 자들의 역할

교회의 "직분"에 관하여 전혀 관심이 없는 사람들은 바울이 여기서 하고 있는 말에 귀를 기울일 필요조차 없다. 그가 여기서 강조하고자 하는 점은 교인들을 직분으로부터 배제할 것이 아니라, 오히려 그것에 포함시켜야 한다는 점이다. 교회에 직분을 맡은 자들이 있다고 해서 교인들로 하여금 어려움에 처한 형제에게 "목회자가 모든 것을 알고 있으니 제발 당신의 문제로 나를 괴롭히지 말아 주시오"라고 말하는 게으르고 무관심한 사람들로 만들어서는 안 된다는 것이다. 교회 안에 특별한 직분들을 둔 것은 교인들 모두가 각자에게 맡겨진 보다 넓은 의미에서의 직분을 성실하게 수행할 수 있도록 돕기 위함이다. 교계 제도가 아니라 **성도들의 모임**이 바로 "하나님의 집"이자 "진리의 기둥과 터"이기 때문이다(3:15).

교회는 사회적인 활동을 목표로 하는 조직체가 결코 아니다. 교인들 각자가 우선 자급자족해야 할 것이며, 그러고 나서 능력이 미치는 데까지 힘껏 빈곤한 자들을 구제토록 해야 한다. 그렇게 해도 부족할 경우에만 목회자가 나서도록 해야 한다(5:4, 16; 6:18).

직분을 맡은 자는 거룩한 (또는 마술적인) 행위를 수행하는 자가 아니다. 그의 사명은 단지 말씀을 선포하고 가르치는 것이다. 교인들은 말씀의 살아 있는 지식 안에서 날로 성장해야 하며, 말씀을 경청하고 훈계를 받아들여야 한다(2:11; 4:16). 그렇지 않을 경우 어떻게 교회가 "진리의 기둥"이 될 수 있겠는가? 예배를 인도하는 직분을 맡은 자는 사람들을 위한 중보자가 아니다. 그는 단지 교인들과 **더불어** 기도하는 자일 뿐이다(2:1-8).

3

목회자와 회중을 위한 권면

이단을 경계하라

바울의 사도직은 그 자신의 성품이나 인격적인 자질이 아니라, 하나님께로부터 받은 사명을 토대로 하고 있다. 따라서 그는 거짓 사도들에 대하여 대담하게 반기를 들 수 있었다.

바울은 특이한 배경에서 태어난 디모데(그의 어머니는 유대인이었고 아버지는 헬라인이었다)를 마치 자기의 아들처럼 생각하고 있다. 이는 그가 디모데를 "믿음 안에서 참 아들 된 디모데"(1:2)라고 부르고 있는 것으로 보아 알 수 있다. 그들이 루스드라에서 처음으로 만난 이후로(행 16:1-3) 디모데는 항상 바울과 함께 일했으며, 심지어 함께 투옥되기까지 했다(살전 3:1-6; 고전 4:17; 16:10-11; 빌 1:1; 2:19; 골 1:1).

이제 디모데가 받은 임무는 에베소에 있는 거짓 예언자들과 싸우는 일이었다. 그들은 사람들이 처해 있는 상황에 적절한 설교나 권면을 하는 것이 아니라, 신화에 관한 수수께끼들을 어지럽게 던지고 있었다. 또한 율법을 인간의 죄를 드러내는 방편으로 생각하는 것이 아니라, 일종의 수수께끼 문제집처럼 생각하고 있었다. 그들과는 전혀 다른 건전한 성서적 구원의 교리를 설교하는 방법을 가르쳐 주었던 바울은 디모데에게 스승이자 동역자인 자기에게서 하나님의 은총을 발견하라고 권면하고 있다. 디모데는 믿음과 양심을 가지고 바울이 싸웠던 것과 꼭 같은 싸움을 싸우고 있었다(1:3-20).

모든 사람을 위한 기도와 감사

바울은 "임금들과 높은 지위에 있는 모든 사람을 위하여" 기도하라고 권면하고 있다. 이는 "우리가 모든 경건과 단정한 중에 고요하고 평안한 생활을 하기 위함"이라고 한다(2:2). 이 구절은 종종 다스리는 자들로 하여금 우리에게 평안한 삶을 보장하게 할 것을 기도하라는 말로 해석되는 경우도 있다. 그러나 그 진정한 의미는 우리가 그리스도인으로서 고요하고 단정하게 – 폭력적인 태도를 취하는 것이 아니라 – 행동해야 하며, 또한 세상의 권력을 잡고 있는 자들을 위해 기도함으로써 교회가 폭력적인 압력단체가 되는 것을 피해야 한다는 것이다.

권력자들에 대한 그러한 태도는 복음이 널리 전파되는 데 큰 도움이 될 것이다. 하나님께서는 모든 사람이 구원받고 진리를 아는 데 이르기를 원하신다. 우리는 그분의 말씀을 결코 협소한 범위에 국한시켜서는 안 될 것이다. 그리스도께서는 **새로운 인류**의 탄생을 위해 자기를 속전

(贖錢)으로 주셨기 때문이다(2:1-7).

기도의 중요성을 강조하고 나서, 바울은 그리스도인이 함께 모일 때 주의해야 할 점들을 가르치고 있다. 특히 기도가 분노나 다툼에 의해 방해받아서는 안 될 것이라고 한다.

여자들이 지녀야 할 태도

바울은 여자들이 교회에서의 모임을 마치 의상 전시회처럼 만들어서는 안 된다고 한다. 그는 다른 사람들의 시선을 끌기 위해 옷을 요란스럽게 차려 입는 의상 모델과 같은 여인네들을 용납하지 않는다. 그는 믿는 자들이라면 이와는 다른 방식으로 자기의 몸을 가꾸어야 할 것이라고 한다. "여자들은 아담한 옷을 입으며 염치와 정절로 자기를 **단장하라**"(2:9).

여기서 주의해야 할 점은, 그가 여자들이 자신의 매력을 가꾸려고 노력하는 일에 반대하는 것이 아니라는 사실이다. 그가 요구하고 있는 것은 그리스도인으로서의 **독특한 스타일**이다. 그리스도인들은 몸을 단장하는 문제에 있어 노예처럼 세상을 좇아서는 안 된다는 것이다. 여자들은 선행으로 몸단장을 하고, 교회 안에서 주도적인 역할을 떠맡으려고 나서서는 안 되며, 오직 "순종함으로 종용히 배워야" 한다고 한다(2:11).

이렇게 바울은 여자들이 지녀야 할 태도를 지적하면서 교회 안에서의 그들의 위치를 보여주고 있다. 그의 가르침은 혁명적인 여성 해방운동과는 어떠한 관계도 없다. 한편, 교회는 거짓 교사들이 여자들만이 지니고 있는 어머니로서의 역할을 경시하는 태도에 대하여 특별히 경계할 필요가 있다. 여자들은 주님께서 마련해 주시는 출산의 기회를 통해 자기에게 맡겨진 어머니로서의 역할을 믿음 안에서 받아들여야 할 것이다.

이와 같은 황금률을 인구 폭발 문제로 고심하면서 산아 제한을 장려하고 있는 현대 사회가 진지하게 받아들일 수만 있다면 얼마나 큰 축복이 되겠는가! 바울의 메시지는 여자가 자녀를 낳고 기르는 것이 **의무이자 특권**이라는 것이다. 그리스도의 구속으로 인해 우리가 받게 되는 여러 가지 축복 가운데는 가족 생활도 포함된다는 사실은 오늘날의 사회에서 살고 있는 많은 사람들에게 크나큰 용기를 줄 수 있을 것이다.

바울과 디모데가 살고 있던 시대의 **이단자들은** 완전한(또는 통전적인) 구원을 부인하는 자들이었다. 오늘날의 이단자들 역시 그와 비슷한 형태로 많은 사람들의 삶과 사고를 질식시키고 있다.

4

교회의 직분

장로와 감독

초교파적인 기관들이 발간하는 각종 보고서와 문서들은 다양한 주제를 다루고 있으면서도 장로의 역할에 관해서는 거의 입을 다물고 있다. "장로"라는 직분은 전문가와 기능인이 본격적으로 등장하지 않았던 고대 사회의 잔재로 보아야 할 것인가?

그러나 성경은 시대를 초월한 진리를 말하고 있다. 교회가 진리의 기둥과 터전이 되고자 한다면 교회를 다스리는 일은 직분을 맡은 자 각자에게 맡길 것이 아니라, 믿을 만한 장로들의 모임을 통해 처리해야 할 것이다.

감독(헬라어로 에피스코포스)은 충분한 지도력을 갖추고 있어야 하며, 사적인 생활이나 공적인 행동에서 진지하고 열심이 있어야 한다. 그렇지 않다면 하나님께서 그에게 맡긴 사명을 충실히 수행하는 참된 청지기로서 하나님의 집을 돌볼 수 있겠는가?

교인들의 역할

개인적인 감정에 치우친 광신주의에 대하여 바울은 하나님의 말씀이야말로 모든 사물을 판단하는 기준이 되어야 한다고 한다. 사도 시대, 종교개혁 시대 또는 오늘날의 "에큐메니칼" 시대를 막론하고 하나님의 말씀은 우리로 하여금 무분별하게 이단적인 또는 폭력적인 방향으로 뛰어드는 것을 막아 준다.

이는 집사들을 선택함에 있어서도 마찬가지다. 교인들은 직분을 맡은 자들이 어떠한 자질을 가지고 있어야 하는가에 대하여 분명하게 인식해야 한다. 왜냐하면 교회는 하나님의 집 벧엘이고, 그 사명은 육신이 되어 영광을 받으셨던 주님의 신비로운 계시를 널리 전하는 일이기 때문이다.

그리스도의 신비와 구속에 대한 송가

이 문제에 관하여 바울은 하나의 송가-그리스도의 신비와 구속을 찬양하는 신앙고백-로 자기의 주장을 마무리짓고 있다. 거짓 교사들은 "자연" 또는 "육신"이 가치 없는 것이라고 주장했다. 이에 대해 바울은 3장 16절에서 이렇게 노래함으로써 응수하고 있다.

그는 육신으로 나타난 바 되시고
영으로 의롭다 하심을 입으시고
천사들에게 보이시고
만국에 전파되시고
세상에서 믿은 바 되시고
영광 가운데 올리우셨음이니라.

5

자연과 은총

창조에 대한 그릇된 가르침

주님께서 육신으로 이 땅에 오셨던 사건과 우리가 성령을 통해 의롭게 되는 일은 결코 따로 떼어놓고 생각할 수 없는 것이다. 그럼에도 불구하고 이단자들은 창조와 자연에 대하여 그릇된 가르침을 전하고 있다.

바울은 교회의 앞날에 어려운 시기가 닥쳐올 것을 내다보고 있다. 거짓 교사들이 나타나서 결혼을 금지하거나 특정 음식들에 대한 금기를 선포할 것이다. 또한 새로운 바리새주의자들이 나타나서 사람들에게 물질적인 세계를 멀리하라고 가르칠 것이다. 이들에게는 다음과 같은 성경 말씀이 자리잡을 공간이 전혀 없다. "하나님이 그 지으신 모든 것을 보시니 보시기에 **심히 좋았더라**"(창 1:31). 그 거짓 스승들은 하나님께서 창조하신 이 세계의 가치를 올바르게 인식하지 못하고 있다.

모범적인 그리스도의 종

디모데는 예수 그리스도의 종으로서 형제들 앞에서 모범이 되어야 하며, 망령되고 허탄한 말을 버려야 한다. 또한 금생과 내생의 약속을 바라보고 오직 경건에 이르기를 연습해야 한다(4:7-8). 연소함에도 불구하고 디모데는 조용히 진보를 나타내야 한다. 사명을 맡기시는 분은 항상 우리에게 진보를 약속하시기 때문이다.

6

직분을 맡은 자들의 의무

디모데에게 주는 충고의 말

직분을 맡은 자로 봉사하기 위해서는 통찰력과 감수성을 필요로 한다. 만나는 사람마다 그 연령이나 처지에 맞게 적절한 태도로 대해야 한다.

이제 젊은 과부들에 대한 바울의 입장을 살펴보도록 하자. 디모데가 사역하고 있던 교회에는 안이하고도 나태하게 살면서 교회의 물질적인 도움에 의존하려 했던 젊은 과부들이 있었다. 이들에 관하여 바울은 디모데에게 몇 가지 현명한 충고의 말을 하고 있다.

왜냐하면 사단이 바쁘게 돌아다니면서 사람들도 하여금 교회를 비방하게 하고 그리스도의 이름에 먹칠을 하게 하려고 기승을 부리고 있다는 사실을 알고 있었기 때문이다(5:1-16).

바울은 장로직에 지망하는 사람들을 판단하는 일, 장로들의 일을 지원해 주는 일 그리고 그들이 잘못을 저질렀을 때 책망하는 일 등에 관한 권면으로 이 서신을 마무리짓고 있다. 지나는 길에 바울은 디모데에게 악화된 건강을 위하여 약간의 포도주를 마실 것을 권하고 있다. 술에 관하여 바울은 결코 방탕한 사람이 아니었다. 그렇다고 해서 절대 금주주의자도 아니었다. 그는 일부 종파들이 권면하고 있던 금식에 대해서도 별로 탐탁지 않게 생각하고 있었다. 감사함으로 받으면 하나님께서 지으신 모든 것이 선하기 때문이었다.

지배자들의 권위에 대한 태도

바울은 디모데에게 선한 행위와 악한 행위가 반드시 즉각적으로 드러나는 것은 아니라는 사실을 명심하라고 한다(5:24-25). 교회의 일치라는 이상이 모든 사회 질서를 거부하는 데까지 나아가서는 안 된다. 그리스도인인 종들은 자기의 상전에게－그가 믿는 자이든 그렇지 않은 자이든 간에－순종해야 한다. 종으로서의 삶이 비천한 것이라 할지라도 그리스도인으로서 **섬기는 삶**을 살아야 한다(6:1-2).

거짓 교사들은 이단적인 색채를 띤 광신적인 종파나 종교 집단들이 흔히 그렇듯이 당시의 사회를 지배하고 있던 자들의 권위를 인정하려고 하지 않았다. 그렇다고 해서 바울이 노예 제도를 찬성하고 있었다는 것은 아니다.

이는 마치 종교개혁의 주역들이 농민들에 대한 지배 계급의 착취에 찬성하지 않았던 것과 같다. 그럼에도 불구하고 성경은 혁명, 폭동 그리고 지배층에 대한 적개심을 허용하지 않는다.

재물을 경계하라

폭력과 재물은 밀접한 관계가 있다. 따라서 바울은 재물에 관하여 강경한 어조로 경고의 말을 하고 있다. 그는 디모데에게 재물을 멀리하고 믿음의 선한 싸움을 싸우라고 한다. 또한 오직 하나님께 대한 소망 가운데 살면서 자신에게 맡겨진 재물을 선한 일을 위해 사용할 것을 부자들에게 권면하라고 한다(6:3-19). 이렇게 볼 때 그들에게 맡겨진 재물과 디모데에게 맡겨진 복음도 먼 거리에 있는 것이 아니었다. "디모데야, 네게 부탁한 것을 지키라"(6:20). 디모데는 안락한 환경에 살면서 예언을 하는 자들의 경건치 못하고 허망한 말들을 경계해야 했다. 후메내오와 알렉산더는 되돌이킬 수 없이 타락한 자들이므로 바울에 의해 출교당했다(1:19-20).

"네게 부탁한 것을 지키라!"

비록 젊고 경험도 부족했으나 디모데는 무엇이 문제가 되어 있었는지를 양떼들에게 분명하게 밝혀 줄 필요가 있었다. 진정한 목자로서 양떼를 돌보기 위해서는 성실하게 가르침을 베풀어야 함은 물론, 필요할 경우에는 단호히 훈계해야 한다. 훌륭한 목자는 거짓 종교에 대하여 동정적인 태도를 취하거나 "그들 역시 믿는 자들이 아닌가?"라는 식의 말을 해서는 안 된다. 그 때나 지금이나 교회는 바로 여기에서 넘어지느냐 바로 서느냐의 갈림길에 서게 된다. 디모데야, 네게 부탁한 것을 지키라! 그리고 예수 그리스도와 그분께서 가르쳐 주신 복음에서 한 발자국이라도 벗어나지 말도록 하라!

EARCH THE SCRIPTURES

디모데후서

1

최후의 승리의 메시지

하나님의 말씀은 매이지 아니하니라(2:9).

교회 안팎의 적들

디모데에게 보낸 두 번째 서신은 바울이 죽음에 임박하여 쓴 것이기 때문에 그의 "유언장"이라고 불리기도 한다. 이 서신은 우리에게 매우 깊은 감동을 주고 있다.

당시 바울이 처해 있던 상황은 너무나도 비참한 것이었다. 그는 체포된 후에 마치 국사범이나 되는 것처럼 삼엄한 감시를 받고 있었다(2:9).

그가 투옥된 이유는 무엇이었으며, 언제 그리고 어디에 투옥되어 있었는가? 많은 사람들이 바울이 로마에서 두 번째로 투옥되었을 때 이 서신을 쓴 것으로 추측하고 있으나, 사도행전 21장 33절 이하에서 기술하고 있는 상황에서 썼을 가능성도 있다. 결국 이 서신을 쓸 당시에 바울은 로마 또는 가이사랴 중 어느 한 곳에 투옥되어 있었을 것이다.

유대인들은 그가 폭동을 일으키는 자라 하여 폭동죄로 고소했다. 그와 핏줄을 함께 나눈 동족들이 얼마나 자주 그를 괴롭혔으며, 권력자들 앞에서 참소하였는가!

바울은 교회 **밖**의 적들에 의해 핍박을 받았을 뿐 아니라, 교회 안의 교인들에 의해서도 많은 괴로움을 받았다. 그가 처음으로 **변명**을 할 때 교인들이 모두 그를 버렸다는 사실은 매우 가슴 아픈 일이었다(4:16). "아시아에 있는 모든 사람이 나를 버린 이 일을 네가 아나니 그 중에 부겔로와 허모게네가 있느니라"(1:15).

충실한 동역자들

그 가운데 오직 에베소에 가족들이 살고 있던 오네시보로만이 바울을 도와주었다. 그는 바울을 오랫동안 찾아 돌아다닌 끝에 로마에서 죄수 명단을 보고 바울을 찾아냈다. 그러고 나서 그는 바울을 위해 할 수 있는 모든 일을 했다(1:16-18).

바울이 이 서신을 쓸 때 오네시보로는 더 이상 그와 함께 있지 않았다. 그 대신에 누가복음과 사도행전을 썼던 의사 누가가 그와 함께 있었다. 그 밖의 다른 동역자들은 각자의 일터로 돌아갔고, 데마는 "이 세상을 사랑하여" 그를 버리고 갔다(4:10).

바울은 디모데에게 겨울이 되어 여행을 할 수 없게 되기 전에 자기에게로 오라고 부탁하고 있다. 마가복음의 저자로 알려져 있는 마가 역시 디모데와 함께 오기로 했다. 그리하여 한때 바울을 버리고 갔던(행

13:13) 젊은이가 이제는 그의 충실한 동역자로 변모하게 된다.

닥쳐오는 위기

이 서신은 우리에게 슬픔을 안겨 주는 반면, 큰 위로가 되기도 한다. 바울은 외부로부터의 위험뿐만 아니라 **내부로부터의** 위험 역시 분명하게 인식하고 있었다. "세상"으로부터의 반대는 물론 교회 안에서도 오해가 생기고 있었다. 이단자들이 이 "마지막 날"에 추악한 머리를 들고 기승을 부리고 있었던 것이다.

그리스도께서 다시 오시기 전에는 이 세상에 이상적인 상태는 결코 이루어질 수 없는 것이며, 교회 역시 심오한 영성을 갖춘 훌륭한 몸으로 성장해 나아갈 수가 없다. 오히려 이단자들이 끊임없이 일어나 교회를 기형적인 모습으로 만들 것이다.

바울은 이미 죽을 각오가 되어 있었다. 그를 계승할 사람들은 예수 그리스도의 좋은 군사로서 사역에 임할 준비에 온 힘을 쏟아야 했다(2:3-5; 4:7). 사도 시대 이후에는 교회에 고난의 폭풍이 밀어닥칠 것이었기 때문이다.

오직 하나님의 말씀에만 의지하라

마지막 때를 당하여 교회는 바울이 디모데에게 했던 말들을 명심해야 한다. "하나님의 말씀은 매이지 아니하니라"(2:9). "주께서 자기 백성을 아신다"(2:19). 자신의 메시지를 보다 개인적인 차원에서 전개하는 가운데, 바울은 "주께서 나를 모든 악한 일에서 건져내시고 또 그의 천국에 들어가도록 구원하시리라"고 확언하고 있다(4:18).

그리스도의 군대는 오늘날에도 역시 바울처럼 승리의 노래를 부를 수 있다. "이제 후로는 나를 위하여 의의 면류관이 예비되었다"(4:8). 디모데가 바울을 한 번 더 볼 수 있었겠는지, 또는 바울이 어떻게 죽었는지를 알 필요는 없다. 성경은 전기(傳記)가 아니기 때문이다. 우리가 체험하게 되는 모든 일들은 오직 주님께서 우리에게 주시려는 메시지, 곧 그리스도의 교회를 키워 가는 데 필요한 **메시지**를 위해서이다.

"하나님의 견고한 터가 섰으니"(2:19) 바울은 이제 죽을 수 있다. 디모데 역시 핍박을 받을 준비가 되어 있다(히 13:23; 딤후 3:12). 우리는 오직 하나님의 말씀만을 의지해야 한다. 마침내 우리는 그분과 함께 왕 노릇을 하게 될 것이다(2:12).

2

복음, 성도가 맡은 위탁물

끝까지 복음을 지키라

감옥에 갇힌 늙은 몸으로 바울은 이제 자신이 살아온 과거를 되돌이켜 보고 있다. "사랑하는 아들" 디모데에게 서신을 쓰면서 바울은 언약의 하나님께서 어떻게 자기에게 부족함이 없도록 돌보아 주셨는지를 회고한다.

경건한 부모 밑에서 양육을 받았던 바울은 이미 어려서부터 하나님을 섬겨 왔다(1:3). 한때 그는 교회를 핍박하는 일에 앞장선 적도 있으나 주님께서는 그의 길을 바로잡아 주셨고 교회의 성장과 확장을 위한 일꾼으로 삼아 주셨다.

디모데의 생애 역시 바울과 비슷했다. 그의 외조모와 어머니는 매우 경건한 사람들이었으며, 그들의 믿음이 결국 열매를 맺은 셈이었다. 여러분은 아마도 어린 소년 디모데가 외조모 로이스의 치마 폭에 기대어 있는 가운데 그녀가 무릎 위에 성경책을 펴놓고 디모데에게 이야기를 들려주고 있는 모습을 그린 렘브란트의 그림을 잘 알고 있을 것이다.

사람들은 돌연히, 그리고 극적으로 부르심을 받았던 바울과 점진적인 회심을 체험했던 디모데가 극단적인 대조를 이루고 있다고 생각하는 경우가 많다. 그러나 바울 자신은 그러한 생각에 결코 동의하지 않았을 것이다. 왜냐하면 그는 자기가 부모들로부터 받았던 가르침－그의 평생을 통해 결정적인 영향을 주었던－에 대하여 하나님께 감사를 드렸기 때문이다. 그는 디모데에게 이렇게 말했다. "그러한 가정에서 태어난 것에 대해 감사하라. 네가 진정한 믿음을 물려받을 수 있었기 때문이다. 따라서 그러한 믿음을 굳게 지켜 이단자들이 틈타지 못하게 하라. 이 어려운 때를 당하여 마음을 가다듬어 위선과 수치감을 버리고 복음을 위하여 죽을 각오를 하라. 그리고 너에게 맡겨진 복음을 끝까지 지키도록 하라"(1:5-14).

그리스도의 군사로 고난을 견디라

자기가 처해 있는 상황을 어느 정도 설명하고 나서(1:15-18), 바울은 "아들"에게 더욱 힘써 일하라고 격려의 말을 하고 있다. 또한 자기에게서 들은 것들을 충성된 사람들에게 전하여, 그들로 하여금 다른 사람들을 가르칠 수 있게 하라고 부탁하고 있다(2:2).

이 본문은 말씀에 봉사하는 일을 위하여 사람들을 교육시키는 일에 교회가 적극적으로 노력해야 한다는 뜻으로 해석되어 왔다. 이렇게 본다면, 직분을 맡은 자의 기능 가운데 하나가 바로 다른 사람들로 하여금 직분을 맡을 수 있게끔 준비시키는 일이라고 할 수 있다. 이제 앞으로는 사도의 가르침을 전할 수 있는 사람들이 필요한 때가 되었으므로, 디모데는 이러한 문제를 결코 등한시해서는 안 되었다.

바울은 세 개의 은유-군사, 육상 선수, 농부-를 사용하여 디모데로 하여금 더욱 분발할 것을 촉구하고 있다. 그리스도 예수의 좋은 **군사**는 자기가 맡은 일에 전념해야 하며, 생활에 얽매여서는 안 된다. 군사로 모집한 분이 필요한 모든 것을 채워 주실 것이기 때문이다. 또한 육상 선수는 규칙에 따라 경기에 임해야 한다. 마지막으로 농부는 힘써 일하여 첫 열매를 받기에 합당한 자가 되어야 한다.

다시 사신 그리스도의 복음

복음은 이 세상의 그 무엇과도 바꿀 수 없는 것이다. 바울은 이 복음을 위해 모든 고난을 참고 견뎠다. 결국 그것은 **다시 사신** 그리스도의 복음이었기 때문이다(2:1-10).

> 우리가 주와 함께 죽었으면
> 또한 함께 살 것이요
> 참으면 또한 함께 왕노릇 할 것이요
> 우리가 주를 부인하면
> 주도 우리를 부인하실 것이라.
> 우리는 미쁨이 없을지라도
> 주는 일향 미쁘시니
> 자기를 부인할 수 없으시리라(2:11-13).

하나님께서는 당신의 약속만이 아니라 당신의 경고에 대해서도 신실하신 분이다. 따라서 디모데는 이단자들에 대하여 단호한 행동을 취하지 않을 수 없었다. 그들은 사람들의 머리 위에 심판과 재앙의 먹구름을 불러 모으고 있었기 때문이다. 그들은 그리스도께서 재림하실 때 우리의 **몸**이 부활하리라는 것을 부인했으며, 단지 "영적인 부활"만을 인정하면서 그것은 지금 여기에서 일어나고 있는 사건이라고 주장했다.

망령되고 헛된 가르침

디모데는 참을성 있게 이러한 거짓 가르침과 싸워 나아가야 했다. 교회라는 집은 결코 흔들릴 수 없는 주춧돌–"주께서 자기 백성을 아신다"는 말씀이 새겨져 있는 굳건한 주춧돌–위에 세워져 있다. 그 말씀은 모세가 고라, 다단, 아비람이 반역을 일으켰을 때 그들에게 했던 것과 같다(민 16:5). 하나님께서는 배교와 타락에도 불구하고 당신의 교회를 보호해 주신다.

한편, 개인적인 의무라는 면에서는 "주의 이름을 부르는 자마다 **불의에서 떠날지어다**"라는 말씀도 그 주춧돌 위에 새겨 넣어야 할 것이다. 이 말씀은 "다단과 아비람의 장막을 떠나라"(민 16:26)는 모세의 명령과 함께 이사야 26장의 다음과 같은 부활의 송가를 연상시킨다. "우리가 주의 이름을 부르리이다"(13절). "주의 죽은 자들은 살아나고 우리의 시체들은 일어나리이다"(19절).

드러나게 될 사단의 정체

여러 가지 마술과 혼합 종교의 온상인 에베소에서 바울은 마술하는 유대인들과 마술에 관한 책들, 그리고 아데미에 대한 광적인 숭배 의식을 대상으로 치열한 싸움을 벌이게 된다(행 19장). 그리스도께서 에베소 교회에 주신 메시지를 통해 우리는 바울과 거짓 스승들의 싸움이 얼마나 격렬한 것이었는지를 알 수 있다(계 2:2-6). 디모데가 싸우고 있었던 사단의 활동도 바로 그와 같은 것이었으며, 그것은 교회 안에서 암적인 존재로 성장하면서 교회의 존립 자체를 위협하고 있었다.

모세에게 반기를 들었던 사람들은 고라, 다단, 아비람만이 아니었다. 온갖 종류의 마술사들 역시 그를 대적했다(3:8). 그리고 앞으로도 교회를 유혹하여 타락의 길로 빠뜨리려는 거짓 지도자들과 미혹케 하는 자들이 끊임없이 나타날 것이다. 그러나 다행스러운 것은 모세 당시에 거짓 지도자들의 정체가 드러났던 것처럼 사단의 정체가 드러나게 될 것이라는 점이다. 주님께서는 당신의 교회를 끝까지 지켜 주실 것이기 때문이다.[1)]

---

1) 1526년에 뒤러(Albrecht Dürer; 1471-1528)는 뉘른베르그 시의원들에게 한 편의 그림을 기증했다. 당시의 뉘른베르그 시는 일년 전에 종교개혁의 물결이 휩쓸고 지나간 뒤였다. 그 그림은 요한, 베드로, 마가, 바울의 모습을 그린 것으로서 그 하단에는 벧후 2:1-3, 요일 4:1-3, 딤후 3:1-7, 막 12:38-40 등의 성구가 기록되어 있었다. 뒤러가 그 그림을 뉘른베르그 시의 지도자들에게 보냈던 것은 위기의 시대일수록 그릇된 인간의 말을 하나님의 말씀으로 착각해서는 안 된다는 것을 경고하기 위함이었다. 왜냐하면 하나님께서는 당신의 말씀이 인간의 사고에 의해 변질되는 것을 결코 용납지 않으시기 때문이었다(계 22:18-19).
당시의 뉘른베르그는 이미 종교개혁이 성공을 거둔 도시였으나, 그 내부에서는 새로운 적들 - 재세례파, 광신주의자, 폭력주의자 등 - 이 일어나고 있었

다. 또한 신비주의자였던 뉘른베르그 수도원장의 영향으로 화가들 가운데는 일종의 "사신신학"(死神神學)적인 분위기에 젖어 있는 사람들도 있었다(이들 중에는 뒤러의 제자였던 사람들도 있었을 것이다). 이러한 상황에서 뒤러는 그 그림을 기증함으로써 일종의 경고의 징표로 삼으려 했다. 앞에서 말한 성경 구절들은 그가 그 그림에 착수할 때 이미 그의 마음속에 아로새겨져 있었다고 전해진다.

이 일이 있고 나서 약 1세기 후인 1627년에 바바리아의 선제후 막시밀리안 1세는 뉘른베르그 시의원들에게 뒤러의 그림을 자기에게 보내 달라고 했다. 이 요청을 신중히 고려한 끝에 뉘른베르그 시의원들은 그에게 그 그림을 보내주되 복사본 한 편을 함께 보내기로 결정했다. 혹시 선제후가 복사본을 취하고 원본은 되돌려 주지 않을까 하는 희망에서였다. 이때 원본은 다음과 같은 과정을 거쳐 훼손당하게 된다. 그림 밑에 써 넣은 성경 구절은 뮌헨의 예수회 신도들에게는 매우 "불쾌한" 것이었다. 인간이 만든 교리들과 적그리스도를 경고하는 내용들이었기 때문이다. 선제후는 미술에 조예가 깊은 사람이었으므로 단지 "불쾌한" 성경 구절들만을 잘라내게 했다. 그러고 나서 그는 잘라낸 부분을 복사본과 함께 뉘른베르그로 되돌려 보냈다. 그 성경 구절들이 로마 가톨릭을 공격하는 것으로 보았기 때문이다. 이렇게 해서 원본은 성경 구절이 잘라져 나간 상태로 보존되었다.

그러다가 3세기가 지난 후인 1922년에 드디어 원본과 잘라져 나갔던 성경 구절들이 다시금 합쳐지게 되었다(이 그림은 현재 뮌헨의 고 미술관에 소장되어 있다). 그러나 이 미술관을 방문하는 사람들 가운데 과연 몇 사람이 뒤러의 그림이 전하고 있는 성서적인 메시지를 이해할 수 있겠는가?

3

말씀을 선포하고 고난을 견디라

주마등 같은 추억들

주님께서는 당신의 교회를 보존하기 위하여 사람을 통해 역사하신다. 바울은 디모데가 자기를 따르기 시작한 이후로 보여주었던 신실함에 대하여 깊이 감사하고 있다.

죽음을 앞둔 야곱처럼(창 48:7), 연로한 사도의 마음속에는 지나간 추억들이 주마등처럼 스쳐 지나가고 있었다. 그는 유대인들이 좇아다니면서 자기를 핍박했던 안디옥, 이고니온 그리고 루스드라에서 일어났던 일들을 돌이켜 보았다. 디모데가 성장한 곳이자 그리스도의 제자가 된 곳이기도 했던 루스드라에서 바울은 돌에 맞아 거의 죽을 뻔하기도 했다(행 14:19). 그 곳에서 디모데는 박해받는 사도와 함께 있으면서 자신의 신실함을 보여주었다.

성경: 어두움을 밝히는 빛

교회는 결코 영리를 추구하는 조직체가 아님에도 불구하고 이단자들은 교회를 그런 집단으로 만들려고 한다. 따라서 교회는 어떠한 이유로든 그들과 타협해서는 안 된다. "무릇 그리스도 예수 안에서 경건하게 살고자 하는 자는 핍박을 받으리라"(3:12).

바울은 디모데에게 "첫사랑"을 버려서는 안 되며(계 2:4에서 그리스도께서 에베소 교회에 하신 말씀을 참조하라), 어려서부터 성경을 배워왔던 것처럼 오직 그 말씀에만 의지하여 살아야 한다고 권면하고 있다. 오직 성경 안에서만 우리는 거짓 스승들과 싸워 나아갈 수 있는 능력을 얻을 수 있으며, "하나님의 사람으로 모든 선한 일을 행하기에 온전케" 될 수 있는 길은 오직 성경뿐이기 때문이다(3:17). **하나님의 사람**이라는 말은 우리로 하여금 모세와 그의 예언자적 사명을 연상케 한다(딤전 6:11).

말씀을 전파하라

바울은 디모데에게 신약의 복음을 가지고 온갖 종류의 신화들을 물리칠 것과(4:4-5), 나아가 구약의 말씀들 역시 굳게 지킬 것을 권면하고 있다. 그는 말년에 마가 및 누가(각각 마가복음과 누가복음의 저자)와 함께 있었는데, 이때 그는 디모데에게 구약성경이었을 것임에 틀림없는 "가죽 종이에 쓴 책"을 가져다 달라고 부탁하였다(4:11, 13).

시대를 막론하고 사람들을 미혹케 하는 이단자들이 기승을 부리고 있는 교회를 향하여 바울은 옥중에 갇힌 몸으로 이렇게 외치고 있다.

> "하나님 앞과 산 자와 죽은 자를 심판하실 그리스도 예수 앞에서 그의 나타나실 것과 그의 나라를 두고 엄히 명하노니 너는 말씀을 전파하라. 때를 얻든지 못 얻든지 항상 힘쓰라. 범사에 오래 참음과 가르침으로 경책하며 경계하며 권하라. 너는 모든 일에 근신하여 고난을 받으며 전도인의 일을 하며 네 직무를 다하라"(4:1-2, 5).

달려갈 길을 마치다

이제 바울은 디모데에게 복음의 횃불을 넘겨 주고 있다. 바울에 대한 신실함으로 미루어 볼 때, 디모데는 교회의 역사, 특히 "진보적인" 신학과 새로운 이단 사상들의 위협으로부터 벗어난 일이 없는 교회의 역사 가운데 귀감이 될 수 있는 인물이다.

바울은 이제 자신을 희생 제물로 바치고 있다. 그가 이 땅 위에서의 사역으로부터 자유로워질 시간이 다가오고 있는 것이다. 그는 지금까지 선한 싸움을 싸우고 믿음을 지켜 왔다. 이제는 달려갈 길을 마치면서 승리의 송가를 부르고 있다. 이 감동적인 기록을 읽으면서 눈물을 흘리지 않을 사람이 어디 있겠는가?

개인적인 부탁의 말과 마지막 인사

이 서신을 끝마치면서 바울은 몇 가지 부탁과 권면의 말을 전하고 있다. 그는 디모데에게 겨울이 오기 전에 자기에게로 와 달라는 부탁을 하고 있으며, 또한 브기스가(브리스길라)와 아굴라(부인의 이름을 먼저 쓰고 있다는 사실에 주의하라), 그리고 옥중에 있는 자기를 시중들어 왔던 오네시보로의 집에 안부를 전해 달라고 부탁한다. 또한 로마에 있는 형제들과 글라우디아의 안부를 전하고 있다. 이들은 한 번도 바울을 배신하거나 버리고 떠난 적이 없는 사람들이다. "나는 주께서 네 심령에 함께 계시기를 바라노니 은혜가 너희와 함께 있을지어다"(4:22).

바울이 이 서신에서 사용하고 있는 2인칭 대명사는 헬라어 원문으로 복수 형태인 "너희들"로 되어 있다. 따라서 이 서신의 수신자는 디모데 한 사람만이 아니라는 것을 알 수 있다. 이 서신은 디모데가 섬기고 있던 교회의 교인들 전체에게 보낸 것이었다.

교회는 이 마지막 때를 당하여 깨어 있어야 한다. 그러나 우리에게는 신뢰할 만한 말씀, 곧 바울이 일찍이 흉악한 이리떼들이 교회에 들어와서 양떼를 해칠 것을 예견하고 에베소의 장로들에게 명했던 은총의 말씀이 있기에 크나큰 위로와 용기를 얻게 된다(행 20:29-30, 32).

EARCH THE SCRIPTURES

디도서

1

그레데 섬의 동역자

또 하나의 "참 아들" 디도

디도 역시 바울의 "참 아들"이었다(1:4). 바울은 그를 오랜 동안 알고 지냈으며, 그와 함께 유대인과 이방인으로 "혼합된" 교회가 있었던 안디옥(수리아)으로부터 예루살렘까지 공적인 목적의 여행을 한 적도 있었다(갈 2:1이하).

이때 예루살렘 교회에 흘러 들어와 있던 이단적인 교인들의 반대에도 불구하고, 예루살렘의 지도자들은 혈통상으로는 **완전한 이방인**이었던 디도를 이의 없이 받아들였다. 반(半) 유대인이었던 디모데와는 달리, 바울은 디도로 하여금 할례를 받지 못하게 했다(행 16:1-3). 바울은 믿음을 나누어 갖게 된 디도를 감사한 마음으로 자기의 "참 아들"이자 동역자로 받아들였다.

고린도후서의 내용으로 미루어 보건대 디도는 저 "어려운" 교인들 가운데서 굳굳하면서도 현명하게 처신했으며, 바울과 고린도 교회 사이의 문제들을 풀어 나가는 데 많은 기여를 했음에 틀림없다. "비천한 자들을 위로하시는 하나님이 디도의 옴으로 우리를 위로하셨다"(고후 7:6).

그레데 교회의 문제

바울이 쓴 목회 서신들로부터 우리는 디도가 그레데 교회의 문제들을 바로잡기 위하여 활동하고 있었음을 알 수 있다(1:5). 바울이 그레데 섬에 세운 교회들은 아직도 자치적인 역량이 부족했음에 틀림없다. 따라서 그들은 바울의 측근자들 가운데 한 사람을 절실히 필요로 하고 있었을 것이다. 더욱이 그레데 사람들의 악하고 게으른 기질이 교회에 악영향을 미치고 있었다.

설상가상으로 거짓 교사들이 새로 개종한 그리스도인들을 대상으로 술책을 부리고 있었다. 아직 자기 발로 설 능력이 없는 사람들은 입담이 좋은 사람들에게 쉽게 넘어가는 법이다. 따라서 우리는 이러한 상황에서 어떠한 일이 일어났겠는가를 쉽게 짐작할 수 있다.

디모데서에 기술되어 있는 이단 사상은 당시 그레데 섬에 널리 퍼져 있던 것과 매우 비슷하다. 따라서 그러한 이단 사상을 유포시킨 장본인은 유대인들이었다고 추측할 수 있다(1:10, 14).

폭력적인 이단 사상

그레데의 갓 태어난 교회들이 거짓 교사들의 꾀임에 빠져 타락의 길을 가게 된다면 교회 밖의 사람들은 과연 어떻게 생각할 것인가? 당시 교회를 위협하고 있던 이단 사상은 폭력적인 성격을 띠고 있었으며, 위정자들의 권위를 부인함은 물론이려니와 여러 가지 악한 행위를 저지를 수 있는 가능성을 열어 놓고 있었다. 거짓 교사들은 마치 그리스도인이 세상적인 사물을 초월한 존재인 것처럼 가르쳤다.

그러나 그리스도인들이 그러한 가르침을 받아들인다면, 교회 밖의 사람들이 그들을 **염세주의자**–세상을 증오하는 사람–라고 불러도 할 말이 없을 것이다. 왜냐하면 그러한 그리스도인들은 이웃에 대하여 무관심 내지는 불쾌한 태도를 취할 것이며, 사회에 대하여 부정적인 영향을 미칠 것이기 때문이다(3:1 이하).

이 서신에서 바울은 디도가 처해 있던 어려운 상황에 관하여 충고하고 있다. 그 가운데는 오늘날의 교회가 건전한 교리로부터 벗어나지 않기 위해 반드시 기억해야 할 몇 가지 내용이 있다. 디모데에게 보낸 서신에서와 마찬가지로, 바울은 생명력 없는 율법이나 규정들이 아니라 그리스도 안에서 우리가 얻은 구원으로부터 이 서신을 시작하고 있다. "교회의 법"은 항상 구원의 징표 아래 놓여져야 한다.

2

교회의 직분과 이단 사상

장로의 자질

함축성 있는 문장으로 자신을 그리스도의 사도이자 복음의 전도자, 그리고 이 서신의 저자로 소개하고 나서, 바울은 디도에게 가능한 곳이라면 어디에서든 장로들을 세움으로써 교회를 세우는 일을 완성하라고 한다.

따라서 디도에게 장로 직분을 지망하는 사람들의 성품이나 자질을 현명하게 판단할 수 있어야 한다고 충고하고 있다. 방탕한 자, 판단력이 부족한 자 그리고 교리에 관한 논쟁을 설득력 있게 펴 나아갈 수 없는 자는 장로가 될 수 없다. 장로는 몸과 마음을 다하여 말씀이 가르치고 있는 바에 따라 충성되게 살면서, 필요한 경우에는 그릇된 가르침을 설득력 있게 논박할 줄 아는 사람이어야 한다.

이단자들에 대한 응징

바울은 그릇된 가르침이 그레데에서 이미 파괴적인 결과를 초래하고 있음을 지적하고 있다. 교회 전체가 그러한 가르침에 의해 크게 동요되고 있다는 것이다. 그는 저 유명한 그레데의 철학자이자 시인인 에피메니데스의 말을 인용하여 그레데 사람들의 성품을 묘사하고 있다(1:12).

주전 7세기에 살았던 에피메니데스는 그리스의 일곱 명의 현자(賢者)들 가운데 한 사람으로 알려져 있다. 바울이 그를 "선지자"라고 부른 것은 단지 그레데 사람들이 그를 그렇게 부르고 있었기 때문이다. 엄밀하게 말하면 성경에서 "선지자"라 불리고 있는 사람들은 언약의 백성이라는 범위를 벗어날 수 없다.

논리학자들은 에피메니데스가 그레데 사람들에 관하여 한 말을 논리학상의 모순율(矛盾律)을 설명하는 예로 사용하기를 좋아한다. 그는 그레데 사람들이 모두 거짓말쟁이라고 했다. 그런데 그 역시 그레데 사람이었다. 따라서 그의 말은 거짓말이었다는 것이다.

디도로 하여금 당면 문제를 분명하게 풀어 나가게 하기 위하여, 바울은 대부분 유대인들이었던 이단자들을 조속히 응징할 것을 권고하고 있다. 또한 교인들에게 이단자들을 멀리해야 한다고 가르쳐야 하며, 그들의 허탄한 이야기에 관심을 가지거나 정결한 음식과 불결한 음식을 구분하는 랍비들의 가르침에 의해서 영향을 받아서는 안 될 것이라고 했다.

그리스도의 피로 깨끗함을 받은 이방인들은 결코 모세의 율법에서 정한 제의 규정들에 얽매이지 않는다. 그리고 깨끗함을 받은 자들에게는 모든 것이 깨끗하지만, 그렇지 못한 자들은 하나님께서 지으신 가장 아름다운 것들조차도 더럽히는 법이다(1:14-15).

마음과 양심이 더러운 자들

"깨끗한 자들에게는 모든 것이 깨끗하다"는 바울의 말을 빌어 죄악을 행해서는 안 된다. 바울이 "모든 것"이라고 한 것은 **선하든 악하든 무엇이든지**라는 뜻이 아니라 선하게 **창조된** 것을 의미하고 있기 때문이다(딤전 4:1-5; 막 7:1-23).

거짓 교사들의 바리새주의는 제의(祭儀)상의 부정(不淨)을 피하려 하였다. 그러나 한편으로 그것은 마음과 양심이 더러워질 수 있는 가능성을 열어 놓았다. 바울은 이 문제에 관하여 다음과 같이 말하고 있다. "저희가 하나님을 시인하나 행위로는 부인하니 가증한 자요 복종치 아니하는 자요 모든 선한 일을 버리는 자니라"(1:16). 그 거짓 교훈들은 사람들의 삶과 도덕에 폭넓은 영향을 끼쳤음에 틀림없다. 그로 인한 외식적인 경건이 삶의 모든 분야에서 기형적인 인간들을 배출해 냈기 때문이다.

3

그리스도인의 의무

교회의 각 계층에게 주는 교훈

바울은 이어서 교회의 각 계층의 사람들에게 교훈을 주고 있다. 그릇된 자유가 그리스도인들로 하여금 실족하게 하는 일이 빈번한 오늘날의 교회에 대하여 그의 가르침은 더욱 빛을 발하고 있다.

바울은 여기서 환자의 모든 것을 "이해"하려고 애쓰는 정신과 의사의 역할을 하려는 것도 아니고, 인권 운동을 벌이고 있는 것도 아니다. 그는 단지 교인들이 그릇된 행동을 함으로써 교회 밖에서 그들을 주시하고 있는 사람들에게 어떠한 인상을 주게 될 것인지를 상기시키고 있다.

늙은 여자들은 거룩하게 행동해야 하며, "하나님의 말씀이 **훼방을 받지 않게**"(2:3, 5) 자녀를 사랑하고 남편에게 복종해야 한다.

디도는 젊은 남자들에게 선한 일과 건전한 가르침으로 본을 보여 "대적하는 자로 하여금 부끄러워 우리를 악하다 할 것이 없게" 해야 한다(2:6-8). 종들 역시 선한 충성을 다함으로써 "우리 구주 하나님의 교훈을 **빛나게**" 해야 한다(2:10). 또한 그리스도인들은 위정자들에게 복종하여 "범사에 온유함을 모든 사람에게 **나타내어야**" 한다(3:1-2).

완성된 그리스도의 구속 사역

우리는 그리스도의 구속 사역이 이미 완성되었다는 사실을 명심해야 한다. 그분께서는 자기의 소유가 된 백성-"선한 일에 열심하는 친백성"(2:14)-을 깨끗하게 하셨다. "우리 구주 하나님의 자비와 사람 사랑하심을 나타내실 때에 오직 그의 긍휼하심을 좇아 중생의 씻음과 성령의 새롭게 하심으로 하셨다"(3:4-5).

일부 종파들이 행하고 있는 세례 의식에 의한 정화나 각종 제의들, 그리고 우리가 행한 바 "의로운 행위"로는 구원과 중생에 이를 수 없다. 구원과 중생은 오직 "영생의 소망"(3:7)을 전하는 참 하나님의 은혜와 복음을 통해서만 얻을 수 있는 것이다.

우리의 소망은 결코 불확실한 것이어서는 안 된다. 바울은 이 서신의 서두에서 그것이 메시아 시대에 있어서의 삶에 대한 소망, 곧 "거짓이 없으신 하나님이 영원한 때 전부터 약속하신 영생의 소망"(1:2)이라는 것을 분명하게 밝히고 있다.

그리스도의 구속의 역사는 이미 **이루어졌으며**, 그러한 사실은 그리스도인들의 삶 가운데 분명하게 드러나 있다. 따라서 디도는 모세의 율법에 기록되어 있는 계보들이나 규정들에 관한 다툼을 피하고 저 완고한 이단자들을 멀리해야 한다.

교인들의 재정적인 의무

바울은 디도에게 니고볼리에서 만나자고 한다. 그리고 디도의 후임으로는 아데마나 두기고(이들의 이름은 바울이 쓴 다른 서신들에서도 나타나고 있다)를 보낼 것이라고 한다(3:12).

또한 우리에게 잘 알려져 있는 인물들로서 이 서신을 가지고 갔던 두 사람, 곧 세나와 아볼로에게(행 18:24) 궁핍함이 없도록 대접하라고 당부하고 있다(3:13). 불행하게도 영적인 협잡꾼들은 부유했던 반면(1:11), 참된 하나님의 청지기들(1:7)은 재정적인 곤란에 처하게 되는 일이 많았다.

바울은 하나님의 말씀을 전하는 자들과 교회에 봉사하는 자들이 쓸 물건을 교인들이 공급할 의무가 있다고 한다. 믿음의 열매는 교회의 재정 상태를 통해서도 분명하게 드러나는 법이다.

디도에게 주는 격려의 말

바울은 디도에게 주는 격려의 말로 이 서신을 마무리짓고 있다. 이 서신과 새로운 교법사(敎法師)들의 도착은 교회를 비방하는 일에 혈안이 되어 있던 이단자들과의 싸움을 벌이고 있는 디도에게는 큰 힘이 되었다. 그리스도의 은혜는 우리로 하여금 좌절을 딛고 힘차게 일어날 수 있는 용기와 능력을 준다.

바울은 그리스도인들이 착한 일로 다른 사람들의 본이 되어야 하며, 이웃에게 절실히 필요한 것들을 채워 줄 수 있어야 한다고 한다(3:14). 그러나 그레데 교회의 교인들은 이러한 면에서 매우 부족한 모습을 보여주고 있었다.

EARCH THE SCRIPTURES

빌레몬서

종과 주인을 한 형제로

바울이 옥중에서 써서 빌레몬에게 보낸 이 서신은 일종의 소개장의 성격을 띠고 있다. 그 수신자는 골로새에 살고 있던 빌레몬, 그의 아내 압비아, 그의 아들로 짐작되는 아킵보(골 4:17) 그리고 그의 집에 모여서 예배를 드리던 교인들로 되어 있다.

빌레몬의 종들 가운데 하나인 오네시모는 그의 주인 빌레몬에게서 물건을 훔쳐 달아났다. 그러고 나서 그는 로마에서 사도 바울과 만나게 되었으며, 바울의 도움으로 그리스도를 영접하였다. 따라서 바울은 이제 자기가 오네시모의 "아버지"가 되었노라고 선언하고 있다(10절). 한편, 그는 골로새서에서 오네시모를 "신실하고 사랑을 받는 형제 오네시모"라고 부르고 있다(골 4:9).

이 서신의 기록 동기는 빌레몬으로 하여금 불충했던 종을 다시 받아들이도록 설득하기 위한 것이었다. 바울은 이렇게 말하고 있다. "저가 잠시 떠나게 된 것은 이를 인하여 저를 영원히 두게 함이니 이후로는 종과 같이 아니하고 종에서 뛰어나 곧 사랑받는 **형제**로 둘 자라"(15-16절).

그리스도인의 형제 관계 원리

이 겸손하고도 진정한 인간미가 물씬 풍기는 서신을 관통하고 있는 아름다운 광채는 그리스도인의 형제 관계의 원리에 비추어 볼 때 더욱 그 빛을 발하게 된다. 비록 노예 제도가 분명 그리스도인으로서 옹호할 성격의 것은 아니었지만, 이 서신을 통해 바울은 그 제도의 철폐를 주장하려는 의도가 없었다. 그는 여기서 복음의 관점에서 노예 제도가 초래하는 인간 관계를 파악하고 있다. 또한 그는 복음의 능력 안에서 빌레몬이 오네시모를 다시 받아 주기를 바라고 있다(14절).

바울은 기존의 신분 관계-종과 주인-를 그대로 인정하고 있으며, 노예 제도의 폐지라는 사회개혁안을 제시하는 것이 아니다. 따라서 많은 사람들이 이 서신에 대하여 불만을 나타내고 있다. 그들은 바울이 자본주의 체제의 옹호자이며, 몇 마디의 정중한 말로 오네시모를 빌레몬에게 되돌려 보냄으로써 노예의 노동을 계속해서 착취할 수 있는 기회를 마련해 주었다고 주장한다. 또한 오네시모는 원래의 주인에게로 무기력하게 돌아옴으로써 노예 근성을 떨어 버리지 못했다고 한다. 그러면 이 서신에 나타나 있는 바울의 입장은 노동 운동을 저해하는 것일까? 또한 교회는 정치, 사회, 인종 문제에서 혁명으로 가는 길을 가로막으며 노예 근성을 조장하는 역할만을 하고 있을까?

참된 개혁

여기서 바울이 혁명에 동조하는 입장을 취하고 있지 않다는 것은 분명하다. 성경은 결코 혁명적인 성격을 띠고 있지 않다. 모든 사람은 각각 부르심을 받은 직업에 충실해야 한다(고전 7:20, 24). 성경은 우리의 삶을 파괴하는 것이 아니라 치유하는 것이며, 새로운 인간 관계 곧 그리스도께서 만물을 새롭게 하시는 가운데 이루어지는 형제 관계를 지향하고 있다.

노동조합이 노동자들의 권익을 위해 투쟁하더라도 고용주들이 노사 관계 이상의 그 무엇에 무지하다면 노동자들의 지위는 향상될 수 없을 것이다. 점진적인 개혁도 잔혹한 혁명도 참된 인간 관계의 개선은 결코 이룰 수 없다. 노예 제도의 철폐는 일부 국가들에서의 사회주의 혁명이나 각종 산업의 국유화 조치와 마찬가지로 모든 사람에게 행복을 가져올 수는 없었다. 인간 관계가 처음으로 올바른 모습을 갖추게 된 것은 그리스도의 교회 안에서였다.

전체 교인들에 대한 권면

빌레몬의 집에서 모이던 교인들은 이 짧은 서신을 통해 매우 깊은 인상을 받았을 것으로 추측된다. 바울은 디모데와 함께 이 서신을 보낸다고 하며, 수신자도 빌레몬만이 아니라 그의 가족과 교인들 전체로 되어 있다. 따라서 빌레몬의 다른 종들도 노예와 노동자의 윤리적·사회적 권익 증진을 위한 위원회와 같은 기관의 개입 없이도 "오네시모 사건"을 잘 알게 되었을 것이다.

바울은 오네시모(한때 무익한 종이었던 그였으나, 그 이름은 **유익하다**는 의미였다)가 복음에 봉사함에 있어 진실로 유익한 사람이라고 분명하게 말하고 있다. 따라서 바울은 그를 기꺼이 자기 곁에 두려고까지 했다.

바울은 감옥에서 놓여 나오면 골로새를 방문할 예정이었다. 골로새 교인들이 자기를 위해 끊임없이 기도하고 있는 줄을 알고 있었기 때문이다. 22절 및 마지막 절의 2인칭 대명사는 헬라어 원문에서는 복수로 되어 있다. 따라서 이 서신은 바울이 빌레몬의 집에 모이던 전체 교인들에게 보낸 것임을 알 수 있다.

이 짧은 서신에 첨가하고 싶은 글이 있다면 다음과 같은 내용의 「벨기에 신앙고백」 제28조다. "이 거룩한 교회는 구원받은 자들의 모임이며, 교회 밖에는 구원이 없다." 결국 인간의 사회 생활은 그 자체로서는 결코 올바른 모습을 띨 수 없는 것이다.

EARCH THE SCRIPTURES

히브리서

1

회당의 유혹과 배신의 위협

저자 미상

흠정역 성서는 이 히브리서를 **바울** 서신으로 생각한다. 그러나 대다수의 학자들에 의해 바울이 이 서신의 저자가 아니라는 견해가 용인되어 왔다. 긴 연설로 간주되는 이 서신은 또한 바나바나 아볼로가 썼다고도 전해져 온다. 오리겐(Origen)은 "하나님만이 이 서신의 저자가 누구인지 아신다"고 하였다.

서신의 수신자가 누구인지 또한 분명하지 않다. "히브리인"은 누구이며 또 어디에 사는 사람인가? 13장 24절에서 "이탈리아로부터 온 사람들"이라고 진술하기에 때로는 이 서신이 로마의 유대인 기독교도들에게 전달되기 위한 것이라고 가정되기도 하였다. 그러나 다른 학자들은 이 서신이 예루살렘에 있는 유대인에게 보내진 것이라고 주장한다.

저술 시기

히브리서가 쓰여진 시기에 대해서도 마찬가지로 많은 불일치가 존재한다. 많은 학자들은 대략 주후 80년경, 즉 "두 번째의 세대"에 기록되었다고 주장한다. 그러나 우리가 이 일을 숙고하면 비록 번역에서 명확히 전해져 오지는 않으나, 원본은 유대적 예배가 **아직도 행해졌다는 것**(8:3, 5; 9:6-10; 13:11)을 전제함을 알 수 있다.

현재 시제가 항상 현재의 시간을 의미하지만은 않으나, 이번 예에서는 성막의 예배가 계속되었던 예루살렘 성전이 아직도 건재함을 나타내는 것을 보더라도 현재 시제가 유대적 예배 의식에서 제사장의 어떠한 행동을 언급하는 데 사용된 것으로 간주된다. 그렇다면 이 서신은 성전이 파괴된 70년 이전에 쓰였어야만 한다. 성전의 예배는 사라져 버리게 되었고 거의 폐기될 시작 단계였다.

더구나 유대인들이 유대적 예배 의식에 매우 강력하게 이끌리고 있다는 서신의 내용은 이를 분명하게 해준다. 그리스도의 어린 교회에게 회당은 그 곳의 의식이 참 전통과 예배 의식에 기초하고 있다고 주장하기에 강력한 위협이었다. 박해와 계속되는 위협은 그리스도인들을 낙심케 하였고 그들에게 배교를 생각하도록 하였다. 어디에 구속자 예수 그리스도의 영광이 있는가?

한 편의 설교

히브리서는 몇 개의 권면 부분을 포함하고 있기에 긴 연설문이나 설교로 볼 수 있다. 만일 이 부분들을 생략한다고 하더라도 이 책의 연속성과 논리적 통일성은 흐트러지지 않는다.

권면과 훈계의 부분에서 우리는 이 서신의 독자들 가운데서 영적으로 팽배했던 어떠한 분위기를 엿볼 수 있다. 그 "히브리인들"은 신앙으로부터 떨어질 위험에 처해 있었다(2:1). 그들의 열심은 쇠퇴해졌고, 어떤 이들은 이미 그리스도로부터 떨어져 나가 등을 돌렸다(6:44 이하).

주요 강설이 나온 이후 10장 19절부터 일련의 실천적 권면의 형식을 취한 "적용"이 계속된다. 주의 날, 말하자면 예루살렘의 심판이 더욱 가까이 왔음이 명백함에도 불구하고 기독교의 예배 의식에 참여하지 않는 이들이 있었다. 그들은 "교회에 참석"하는 대신 회당에 나가고 있었는가?

회당과의 투쟁

사도적 저자는 아주 확고한 용어로 이러한 물러남 또는 배교(desertion)에 대해 경계한다(10:38-39을 보라). "너희가 죄와 싸우되 아직 피흘리까지는 대항치 아니하고…"(12:4). 우리가 가끔 성경에서 발견할 수 있는 **출애굽의 명령**이 여기에도 쓰여져 있다. "그런즉 우리는 그 능욕을 지고 영문 밖으로 그(예수님)에게 나아가자"(13:13). 이는 회당과의 의식적인 단절을 의미하는 것이었다.

이러한 기준하에서 우리는 왜 이 히브리인들에게 보낸 서신의 사상이 그렇게 철저한 "유대적" 색채로 물들여져 있는지를 알 수 있다. 이는 고린도전서와 계시록에 나타난 모든 "유대적"인 암시와 언급이 우연한 일이 아닌 것과 같다. 회당은 여기서 그 자신의 무기로 싸우고 있다. 예수 그리스도는 율법을 실현한 위대한 대제사장으로, 교회를 천국의 예루살렘으로 이끄시는 분이며(12:22; 또 갈 4:26; 제 21장을 보라), 또한 위험과 박해의 시기에 교회에 인내할 힘을 주시는 분으로 묘사되었다.

2

천사들과 모세, 여호수아를 능가하시는 그리스도의 우월성

인자가 받을 영광

히브리서는 장엄한 화음의 울림으로 시작된다. 히브리서가 창조의 사역에 참여하시고 능력의 말씀을 통하여 만물을 지으신 성자를 송축할 때, 모든 오르간의 정지 상태가 사라지게 된다. 그분은 천사들보다 위대하시며 하나님의 우편에 앉아 계신다.

이러한 점에서 우리는 히브리서를 관통하는 주제의 메아리를 듣는다. 이는 시편 110편에서 인용한 것으로 시편 110편을 히브리서의 "본문"이라고 한다면, 히브리서는 그 주석이라고 할 수 있다. 이 시편에서 우리는 "여호와께서 내 주에게 말씀하시기를 너는 내 우편에 앉으라"(1절)는 구절을 읽게 된다. 성서의 이 인용을 통하여 하나님의 아들은 지고의 영광을 받으실 분이라는 것을 보여준다. 천사들은 비록 중재자의 역할을 담당하지만 인자보다는 한참 아래에 있다. 그들은 (예배적으로) 구원을 얻은 자들을 위하여 부리는 영들에 불과하다(1:14). 영광의 보좌에 앉으신 성자는 천사들의 송축을 받으신다.

우리는 그분의 복음을 붙잡아야 한다. 만일 천사들에 의해 주어진 율법(행 7:53; 갈 3:19을 보라)을 소홀히 하는 자가 심판을 면치 못한다면 성자의 말씀을 무시하는 자가 받을 형벌은 어떠하겠는가?(2:1-4)

자비로우신 대제사장

이러한 사실을 반대하는 사람은 예수께서 세상에 내려오실 때의 그의 비하의 상태를 지적했다. 참으로 세상에 오실 때 그분의 영광은 보잘것없는 것이었다. 이것은 의심할 바 없이 유대인의 "반동"을 부추기는데 상당 부분 이용되었을 것이다.

그분이 비하하신 것은 "살과 피"를 구속하기 위해 자비로운 대제사장이 되시며 모든 면에서 그의 형제들처럼 참된 인간이 되어 유혹과 죽음을 겪으실 필요가 있었기 때문이다. 그분은 천사들보다 더 **낮아지셨기에** 그들 위에 **높아진** 상태로 올라가실 수 있었다. 지금 그분은 영광의 왕관을 쓰셨고 그의 형제들인 우리를 도울 위치에 계신다.

히브리서에 매우 중요하게 서술한 **대제사장**이라는 용어는 또한 시편 110편에서 채용한 것으로, 거기서는 메시아에 관하여 말하기를 "그는 멜기세덱의 반차를 따른 대제사장"이라고 하였다. 히브리서는 메시아의 위대하심에 관해 노래하고 있다. 그분은 천사들과 같은 중재자들보다 우월하시며(1:1-2:18), 또한 모세나 여호수아보다 우월하시다(3:1-4:16).

완전한 안식이 있음

모세는 종이었으나 우리가 고백하는 "사도"와 "대제사장"은 아들(성자)이시다. 이 논증의 결론은 교회가 그 스스로 추구하는 구속의 역사적 상황에서였다. 이스라엘 백성들이 모세의 말을 듣기를 거부할 때 무슨 일이 있었는가? 그 불신 때문에 가나안에 들어가지 못하였다. 여호수아도 새로운 세대를 완전한 안식으로 이끄는 데 실패하였다.

우리의 완전한 안식은 아직 미래에 있다. 그것은 '여호수아'라 불리는 위대한 '대제사장'이 가져다 주실 것이다. 만일 우리가 그분의 안식에 들어가고자 한다면 수술 칼처럼 날카로운 그분의 말씀에 관하여 진지해져야만 한다. 우리는 위대한 대제사장이신 예수(여호수아)에 대한 신앙고백을 의지해야만 한다.

준비초서의 그리스도의 고난

이제 히브리서 기자는 다시 한 번 그리스도의 연약함으로 돌아가는데, 이 점이 어떤 이들에게는 거침돌이 되는 것 같았기 때문이다. 아마도 이러한 근거에서 일부 (유대적인) 비난자들은 "히브리인들"을 혼란에 빠지게 할 수도 있었을 것이다. 그들은 그리스도의 십자가와 고난은 메시아의 영광과는 맞지 않으며 그분의 왕권을 빼앗는 것이라고 주장했을 것이다.

히브리서 저자는 신중하게 '왕'이 또한 대제사장이심과 그분의 고난은 그의 백성들이 느끼고 고통당하는 것에 동참하려는 준비였다고 말한다(4:14-5:10). 성자로써 그분은 시편 110편에서 말하는 사제 직분인 멜기세덱의 반차를 따른 대제사장이시다. 그의 위대하심은 그의 고난에서 발견될 수 있으며 이는 그분을 **모든 사제적 중재자들을 초월하게** 만든다.

3

멜기세덱의 반차를 따르는 그리스도

복음의 유아기를 넘어서

히브리서 저자는 그리스도가 어떻게 멜기세덱의 모습으로 대제사장이 되셨는지를 설명하기 시작한다. 그러나 그는 그렇게 하기에 앞서 잠시 멈추고 생각을 정리하고 있다.

이 서신의 저자는 자신이 매우 어렵게 말해서 어떤 독자들이 그 내용을 다 소화해 낼 수 없어 뒤쳐질 것을 염려한다. 역시 이런 점에서 해 아래는 새 것이 없으니, 그것은 오늘날도 많은 사람들이 복음을 단순화시키거나 또는 "작은 복음"을 즐겨하기 때문이다. 그들은 "완전한 데 나아가기"에 열심을 내지 않고 도리어 "그리스도 도의 초보"에 집착한다(6:1). 도의 초보를 넘는 어떠한 것도 그들의 눈에는 과도한 짐으로 보인다. 그들은 자신들의 이해에 머물고 있어서 결코 젖을 떼고 딱딱한 음식을 먹지 못하는 것이다.

히브리서는 우리에게 그러한 완고함이 설 자리가 없음을 보여준다. 우리는 우리의 이해와 지식을 진보시켜야만 한다. 전혀 진보하려는 노력을 하지 않으면 병이 재발되고 후퇴하며 결국은 배교함을 나타내는 것이다.

우리가 소망을 굳게 의지하려면 말씀을 붙들어야만 한다. 우리의 신앙 안에서는 나태란 없어야 한다. 아브라함에게 하신 하나님의 약속은 우리 소망의 닻이다(6:18). 그 닻은 우리의 대제사장이 들어가신 하늘 성전의 휘장 뒤에 있다.

더 높으신 사제직

히브리서 저자는 다시금 그의 주요 과제인 멜기세덱의 반차를 따르는 대제사장 그리스도에게로 되돌아온다. 멜기세덱은 살렘(예루살렘)의 왕이요 제사장으로 아브라함에 의해 제사장으로 경배되었다. 제사장족인 레위의 선조인 아브라함은 멜기세덱으로부터 축복을 **받았으며** 그에게 십일조를 바쳤다. 아브라함이 멜기세덱의 권위를 인정했던 것은 레위 족속의 제사장직보다 더 높은 제사장직이 있다는 사실을 말해 준다. 그러므로 히브리서의 저자는 아론의 사제직과 옛 언약의 **불완전함**을 계속해서 말하고 있다(7:11-28). 예레미야 31장에서 이미 새롭고 "더 나은" 언약에 관하여 말하지 않았던가?(7:22; 8:6)

그림자와 실현

옛 언약하에서는 사제들의 계속되는 행렬이 지상의 성소로 이어졌다. 일년에 하루(즉, 대속죄일) 대제사장은 그 자신의 죄와 자기 백성들의 죄를 속죄하러 지성소로 들어갔다. 이 일련의 희생은 결코 그침이 없이 해마다 반복되어 행해져야 했다.

새 언약은 지상의 성소를 중심으로 하지 않는다. 그리고 되풀이되는 희생이나 법궤 앞에서 피를 뿌림도 요구하지 않는다. 그림자는 이제 실현된 것이다. 단번의 희생이 항구적인 속죄를 가져왔다.

위대한 대제사장이시며 "새로운" 언약의 중재자이신 그리스도는 그의 희생의 죽음을 통하여 "율법"의 효력을 그 언약에 주셨다. 그분은 모세가 피로써 하나님과 이스라엘 사이의 옛 언약을 주관한 것처럼(6:15- 20, 또한 출 24:6-8을 보라) 자신의 피로 새 언약을 주관하셨다. 예수께서는 주의 만찬을 제정하실 때 "이 잔은 내 피로 세운 새 언약이니"(고전 11:25)라고 선언하셨다.

4

그리스도의 희생의 완전성

새로운 언약 안에서 실현된 옛 언약

당신에게 옛 언약과 새 언약의 차이점을 설명하고자 나는 히브리서 저자가 우리의 관심을 이끌어 내는 도표를 통해 설명하겠다. 그리스도의 성취와 구약의 대제사장이 대속죄일에 행한 일을 비교하는 도표를 보라.

	옛 언약의 희생적 예배	그리스도의 희생적 예배
피가 드려진 장소	하늘 성소의 그림자거나 또는 모형인 성막(8:5; 9:24; 10:1). 지성소는 가까이 가지 못하게 선포되었고 일년에 한 번 대속죄일에 대제사장이 하나님의 보좌인 법궤 앞과 그	완전하고 손으로 지어지지 않은 하늘의 성소(9:11, 24). 그리스도는 하늘로 오르셨을 때 거기서 성부께 자기의 피를 보이셨다.

	위에 피를 뿌리기 위하여 들어갔다(9:7 이하).	
제물	염소와 송아지의 피(9:12-13). 이러한 대리의 피는 적절하게 죄를 도말할 수 없었다(10:14).	그리스도 자신의 피. 그분은 성부께 그것을 보이셨고 단번에 모두를 위해 영원한 구속을 이루셨다(9:12, 24; 10:14).
직무 수행자	제사장의 예배는 육체의 혈통에 근거한다(7:16). 결과적으로 의식은 관례가 되었다. 더욱이 사제들은 그들 스스로 죄에서 자유하지 못하고 도리어 자신들을 위해서도 희생물을 가져와야만 했다.	무궁하고(7:16) 무죄하며 무흠한(7:26-8) 삶의 능력에 의한 제사장의 직분. 연약함에 굴복하지 않고 성령을 통한(9:14) 무흠한 자기 희생(self-sacrice)이다.
횟수	무수한 제사. 대속죄일까지 끝남이 없다. 매년 대제사장이 지성소로 들어가야만 했다(10:3).	한 번의 희생으로 충분하다. 승천과 진정한 성막으로 들어가셔서 그리스도께서 그의 희생의 피를 보이신 이후 새로운 희생은 불필요하다(7:27; 9:12, 25-8; 10:10, 12, 14).
제사장의 자세	제사장(고헨)은 서 있는 자세였다(10:11).	단번에 만족스러운 희생을 드리신 후 그리스도(시 110편)는 하나님의 우편에(10:12) 앉으셨다. 대제사장으로 앉으셨을 때 그리스도는 우리의 예배 집례자(즉, 일꾼)이시다. 왜냐하면 그분은 우리를 성부께 가까이 가게 하시기 때문이다(8:2; 10: 19-21).
결과	자주 반복되어야만 하는 불완전한 정결 의식(9:13; 10:1-3). 반복되는 제사는 옛 언약의 부족함을 나타낸다.	교회의 완전한 구속. 성부께 가는 길을 열음. 그리스도의 완전한 사역으로 교회는 하늘의 성소로 들어갈 수 있는 확증을 얻었다(10:19-23, 25).

따라서 히브리서의 처음 독자들에게는 유대적인 예배 의식에 표현된 과도함이 필요하지 않았다. 왜냐하면 그리스도께서 시편 40편에 의한 예배로 실천하셨기 때문이다.

> "…제사와 예물을 원치 아니하시고 오직 나를 위하여 한 몸을 예비하셨도다 …이에 내가 말하기를 하나님이여 하나님의 뜻을 행하러 왔나이다"(10:5, 7).

그리스도의 승천

골고다에서의 그리스도의 죽음은 그의 희생 사역의 완료를 말하는 것이 아니었다. 그분은 십자가상에서 완전한 희생을 행하셨으나 아직 대제사장으로써 이루어야 할 일이 남아 있었다. 대속죄일에 희생 동물은 도살되고 그 피는 하나님의 보좌인 법궤 앞의 성소에 **뿌려졌다**. 이것이 어린 양 예수가 하나님의 보좌 위에 스스로 앉아 계신 이유(계 5:6)다.

승천으로 말미암아 그리스도의 사역은 **완성되었다**. 그때 그분은 우리의 회개와 용서가 결정되도록 하늘의 지성소로 들어가셨다. 당신은 그리스도의 승천을 생각할 때마다 그분이 하나님의 보좌에 **제사장**으로 앉아 계심을 기억하라. 이것은 투쟁하는 교회에 얼마나 큰 위안이 되는가! 그분을 통하여 우리는 성소로 다가설 수 있다는 확신을 지닐 수 있으니, "골고다"와 승천에 감사할지로다!

종교개혁자들의 강조점

종교개혁 시기에 그리스도의 희생적 사역이 그처럼 강조된 것에 대하여 감사하라. 물론 그리스도의 속죄 사역은 히브리서의 큰 주제다. 가톨릭에서는 "십자가"의 희생뿐만 아니라 일종의 희생으로서의 "미사"도 말하였다.

현학적인 신학자들은 미사의 희생이 십자가의 희생과 동일하다는 것을 나타내려 최선을 다할 것이나, 미사에 피 흘림이 포함되지 않았다는 사실을 회피할 수는 없다. 그것은 상대적인 것이요, 오직 예수에 의해 드려진 것이 아니다. 그리스도 한 분에 의해 드려지는 것이 아니라 그 아래 사제들과 전 교회에 의해 드려지는 것으로 그리스도께서 친히 성취하신 일을 적용시키는 데 불과한 것이다. 따라서 미사는 그리스도의 유일한 희생을 피 흘림이 없는 방법으로 신성한 사제의 직무를 통해 반복하는 시도다.

마지막 대속죄일이 거행되었다. 전 세계의 죄악이 한 날에 제거되었다(슥 3:9). 그것은 히브리서로 돌아가라고 우리에게 가르치는 종교개혁이다. 논의의 여지가 있는 하이델베르그 요리문답 제80항은 히브리서 본문에 근거하여 그 문제를 매우 함축성 있는 말로 설명해 주고 있다 - 이 항목이 가톨릭의 미사를 다루고 있는 것 때문에 오늘날의 많은 개신교도들에게는 거부감을 주는 것 같다. "우리의 죄는 십자가에서의 그리스도 예수의 **단 한 번의** 희생을 통해서 완전히 사함을 받았다."

5

믿음을 지키며 인내할 것

구체적인 적용

히브리서는 다른 신약의 서신들과 같이 교리적인 부분으로 시작해서 구체적인 적용으로 이어지고 있다. 10장 19절에서 우리는 두 부분을 연결하려는 시도를 볼 수 있다.

교리 부분에서 적용 부분으로의 변화는 점진적이다. 우선 교리적인 가르침의 요약이 나타난다. 완전한 확신으로 우리를 하늘의 성소로 들어갈 수 있도록 해준 그리스도의 희생에 대한 감사다. 그 길은 그리스도께서 우리에게 열어 주셨고, 하나님의 집에서 우리 대제사장이 나타나셔야 할 필요성이 기록되어 있다. 이 모든 자료는 사실은 공연히 묘사된 것이 아니다. 그것은 자신들이 고백한 **소망**에 의지하는 그들의 **믿음**을 확실하게 하고 그들의 믿음을 기독교적 **사랑**의 형태로 실천하도록 하려는 의도다(10:19-25).

저자는 즉시 신랄한 어조로 논제들을 펼친다. 예배에 참석하는 청중들은 게을러져 있었다. 배교와 언약의 피를 모독함과 은혜의 성령으로부터 이탈할 위험이 있었다. 이 모든 것은 그들의 신앙 고백 때문에 환난과 핍박을 받아야 했던 사람들에 의해서 일어난 것들이다. 주님이 그러한 죄악들을 정죄하지 않고 그냥 두시겠는가? 이스라엘의 역사와 모세의 노래(신 32장)는 그분이 그렇게 하지 않으신다는 사실을 명확하게 지적해 준다. 그러므로 유기나 기피함이나 되돌아섬이나(10:38-9) 파멸된 교회의 배교자인 이스라엘에 가담하는 것은 있을 수 없다. "히브리인들"(즉, 신자들 – 역자주)은 최전선에서 믿음을 지키며 인내해야만 한다.

보이지 않으며 증명되지 않는 것

이제 우리는 구약의 교회가 어떻게 믿음의 길을 걸어왔는가를 우리에게 알려 주는 유명한 히브리서 11장에 이르게 되었다. 이 장의 내용은 "믿음의 영웅들"을 숭배함으로 "우리는 결코 그렇게 믿음 생활을 할 수 없다"고 생각하게 하려는 것이 아니다. 그렇다. 그 목적은 도리어 믿음은 항상 보이지 않으며 증명되지 않는 것을 포함한다는 것을 보여줌으로써 회중들에게 용기를 주려는 것이다. 믿음 없이 창조와 구속사를 말하는 것은 무의미하다. 믿음은 아벨과 에녹, 노아와 아브라함과 다른 족장들의 행위를 설명한다. 모세와 라합, 사사들과 선지자들의 행동을 가능하게 한 것도 믿음을 통해서였다. 그들은 모두 그리스도 안에서 아직 성취되지 않은 그 약속을 바라보고 살아가야만 했다(11:39-40).

새 언약의 교회는 "우리 믿음의 주요 또 온전케 하시는 이"이신(12:2) 예수 그리스도를 안다. 옛 교회의 "구름같이 둘러싼 허다한 증인들"(1절)과 더불어 새 언약의 교회는 자신의 길을 경주하며 선한 싸움을 할 때 이 "온전케 하시는 이"를 주목해야 한다. 그리스도의 오심 때문에 신약의 교회는 구약의 교회보다 더 믿음으로 무장하였다.

그리스도의 과업을 위해 고난받음

"히브리서"는 그들이 하는 일에 대한 심판을 퇴보로 간주하지 않는다. 어떤 이들은 몇몇 방관자들이 암시하듯 달콤하게 물을 것이다. "네가 믿는 너의 소망의 하나님은 어디 있느냐?" 그러나 옛 언약의 교회가 감당해야 했던 십자가가 아무리 무거운 것이었을지라도 그 교회는 보존되었다. "하나님은 아들과 같이 너희를 대우하시나니 어찌 아비가 징계하지 않는 아들이 있으리요?"(12:7) 훈련과 징계는 아들 자신의 유익을 위한 것이다.

그러므로 우리는 그리스도의 과업을 위하여 고난을 받을 때 슬퍼해서는 안 된다. 그 대신 새로운 힘을 얻어 앞으로 전진해 가야 한다. 우리는 역경 속에서 말하시는 분을 결코 거부해서는 안 된다. 왜냐하면 심판의 불길이 이미 타오르고 있기 때문이다.

하나님의 계획의 결정적인 최후 단계는 왔다. 교회는 시내 산의 연기가 아니라 새 예루살렘 또는 하늘의 시온을 향하여 가는 것이다. 교회는 모세보다 크신 언약의 중재자 가까이에 있으며 아벨의 피보다 더 나은 표시인 그분의 피 흘리심에 가까이 있다.

"더 좋고 더 나은" 새 언약은 우리로 하여금 더 믿음이 넘치며 순종하게 만든다. 이 "더 좋고 더 나은" 새 언약은 배교를 고집하는 이들에게 심판하사 불로 태우시는 이로부터의 더욱더 가혹한 심판을 요구하게 될 것이다. 믿음의 순종은 매일의 삶 속에서 행해져야만 한다(13장).

찬양의 희생

히브리서의 마지막 장에서도 그리스도의 수난에 관해 읽을 수 있기에 역시 제사장적이다. "이는 죄를 위한 짐승의 피는 대제사장이 가지고 성소에 들어가고 그 육체는 영문 밖에는 불사름이니라. 그러므로 예수도 자기 피로써 백성을 거룩케 하려고 성문 밖에서 고난을 받으셨느니라"(13:11-12). 그리스도께서 "죄" 때문에 희생물이 되셨기에 우리는 끊임없는 "찬양"의 희생을 영원한 언약의 피를 흘리신 이(15, 20절)에게 드려야만 한다.

그리스도 안에서 모든 희생은 실현되었다. 이는 교회의 생활에서 중요한 의미를 지닌다. 즉, 그것은 이 곳에는 "영원한 도성"이 없음을 의미한다.[1] 다시 말해서, 교회는 성전에 유대적 예배가 있고 소멸될 것인 이 땅 위의 예루살렘에 속하지 않는다는 것이다(다음을 보라. 롬 11:7 이하, 갈 4:25 이하, 빌 3:7-20).

---

1) 우리는 이 본문을 어떤 이가 이사가거나 또는 죽었을 때 인용해서는 안 된다. 이것은 영원한 도성이 없다고 말하는 것이다. 이 본문은 어떤 그룹이 교회로부터 탈퇴하려고 할 때 주는 교훈으로 매우 적절하다(다음을 보라. 계 18:4, 고후 6:14 이하, 행 18:6-7; 19:9, 갈 1:21-31).

어려울 때의 제사장적 예배

교회는 또한 박해와 회당 측의 모욕을 견뎌내도록 부르심을 받았다. 분리와 나누임의 십자가는 그리스도의 과업을 위하여 반드시 있어야만 한다. 참 희생이 성문 밖에서 이뤄진 것같이 하나님의 백성들도 그분께 나아가기 위해 진지(즉, 영문)를 떠나야만 한다. 또한 우리는 교회 지도자들을 존중해야 한다. 교회의 생활에 대해 알고 성직자들의 고충을 아는 이들은 교회가 어려울 때 제사장적 봉사가 얼마나 필요한지를 누구보다 잘 아는 이러한 상황에서 그 자리를 이탈하지 못할 것이다(13:3, 7, 17-18).

여기서도 은혜로 시작하여 은혜로 끝나고 있다. 저자 자신이 이 편지를 "권면의 말"로 부르고 있듯이(13:22) 권고 가운데는 모든 세대의 교회에 위로를 주는 말이 나온다. "예수 그리스도는 어제나 오늘이나 영원토록 동일하시니라"(8절).

이분 예수 그리스도가 멜기세덱의 반차를 따르는 우리의 자비로운 대제사장이심을 아는 것은 얼마나 큰 기쁨인가! 그러므로 골고다는 이러한 대제사장의 "결실"이었다. 영원한 언약의 피를 통하여 평화의 하나님이 양의 큰 "목자"이신 우리 주 예수를 죽은 자 가운데서 일으키셨다(13:20).

EARCH THE SCRIPTURES

야고보서

1

야고보와 예수 그리스도

예수님의 형제

이 서신의 저자는 자신을 "하나님과 주 예수 그리스도의 종 야고보"라고 소개하고 있다. 그가 더 이상 구체적인 설명을 하지 않은 것은 독자들이 그 "종"의 의미를 글자 그대로 이해하고 믿으므로 더 이상의 설명이 필요없다고 생각했기 때문이다.

사도행전에서 우리는 주 예수님의 형제 야고보가 베드로가 떠난 후에 예루살렘에서 회중을 이끄는 데 중요한 역할을 했던 것을 알 수 있다. 사도행전에서 말하는 야고보는 자주 이 서신의 저자로 여겨진다(행 12:17; 15:13 이하; 21:18 이하). 주 예수님은 부활하신 후에 야고보에게 나타나셨다(고전 15:7). 야고보는 유다서를 남기고 있는 그의 형제 유다처럼 오순절 기간에 교회에 들어왔다(행 1:14).

성직 계급의 특권 의식이 없음

우리는 예수님의 형제들이 부활 전에는 그분을 믿지 않았으며 오히려 그분의 사역에서 흠잡기를 좋아했다는 것을 알고 있다(요 7:3 이하; 막 3:21, 31 이하). 그러나 나중에 야고보와 유다는 자신들을 주 예수 그리스도의 종으로 묘사하였다. 그들은 자신들과 같은 어머니에게서 태어난 예수님의 메시아적 직분을 인정했으며 교회 안에서 종으로서의 자신들의 사명을 자각하였다.

야고보는 결국 전설적인 인물로 대주교 또는 감독이 되었다고 전해진다. 그러나 야고보는 자신을 "하나님과 주 예수 그리스도의 종"이라는 명칭으로 일컫고 있다. 그의 서신에서는 어떠한 성직 계급의 특권 의식도 찾아볼 수가 없다.

야고보의 형제 예수님

야고보서를 통해서 우리는 야고보의 형제인 예수님이 하셨던 말씀과 비슷한 말들을 발견하게 된다. 다음에 나오는 구절들을 보라.

야 고 보	예 수 님
"내 형제들아, 무엇보다도 맹세하지 말지니 하늘로나 땅으로나 아무 다른 것으로도 맹세하지 말고 오직 너희의 그렇다 하는 것은 그렇다 하고 아니라 하는 것은 아니라 하여 죄 정함을 면하라"(5:12).	"나는 너희에게 이르노니 도무지 맹세하지 말지니 하늘로도 말라. 이는 하나님의 보좌임이요 땅으로도 말라. 이는 하나님의 발등상임이요… 오직 너희 말은 옳다 옳다, 아니라 아니라 하라 이에서 지나는 것은 악으로 좇아 나느니라"(마 5:34-35, 37).

또 다른 여러 예들도 언급될 수 있다. 산상수훈과 예루살렘의 멸망에 대한 예수님의 설교는 야고보서에서도 되풀이되고 있다. 다음에 나오는 야고보서의 구절들과 마태복음과 누가복음에 나오는 예수님의 말씀을 비교하라. 1:4(마 5:48), 1:3-4(눅 21:19), 1:22(눅 6:47), 2:13(마 5:7; 6:14-15), 2:14 이하(마 7:21 이하; 25:35 이하), 3:18(마 5:9), 4:4(마 6:24), 4:10(눅 14:11), 5:7-8, 11(마 24:3, 13).

신약의 잠언

야고보는 이따금 "산상수훈의 기독교"를 전파한다는 비난을 받아 왔다. 다시 말해서 예수님을 단지 윤리적인 교훈을 말하는 선생으로밖에 여기지 않았다는 것이다. 바울과는 달리 그는 예수님을 그리스도라고 거의 말하지 않는다. 그러나 우리는 야고보가 구원의 교리에 대해 상세한 논리적 해설을 해줄 의도가 없었다는 것을 알아야 한다.

그의 서신은 잠언에 비교될 수 있다. 잠언에도 많은 예언이 포함되어 있지는 않다. 그럼에도 불구하고 잠언이 주는 것은 보편적인 인간의 윤리에 대한 교훈이 아니라 율법에 대한 주해, 즉 여호와의 백성들을 올바로 인도하기 위한 하나의 해설이다.

여호와의 언약이 또한 "야고보가 말하는 지혜"의 배경을 형성하고 있다. 그는 비록 그리스도 안에 있는 우리의 구원에 관해서는 광범위하게 말하고 있지 않지만, 매일매일의 생활에서 필요한 실천적 지혜와 잠언의 형식을 통하여 지극히 높으신 자의 말씀을 해석할 때 이미 그 구원을 전제하고 있는 것이다.

예수 그리스도는 이미 "우리의 지혜"가 되시지 않았는가?(고전 1:30) 구약의 잠언서가 메시아적 소망을 자세히 다루고 있지 않듯이 야고보는 예수 그리스도에 관한 증거를 다루고 있지는 않다. 그럼에도 불구하고 야고보는 교회의 신앙고백을 전제하고 있으며, 그가 예수님을 단순한 도덕 선생으로 생각하지 않는다는 사실을 명백히 보여주는 짧은 진술을 포함하고 있다.

2

흩어진 유대인 그리스도인들에게 보내는 서신

잠언의 형식을 통한 목회 사역

야고보는 스스로가 "흩어져 있는 열두 지파"(1:1)에게 편지를 썼다. 여기서 그는 신약의 교회와 구약의 언약 백성들 사이를 합법적으로 연결시키고 있다. 이처럼 이 서신은 무엇보다도 그가 밀접한 관계를 맺고 있던 흩어진 **"유대인"** 기독교도들을 위하여 쓰여진 것이다.

스데반을 돌에 맞아 죽게 했던 박해 때문에 유대인 기독교도들 가운데 일부는 유대와 사마리아 그리고 심지어는 베니게, 수리아, 구브로 등까지 흩어졌다(행 8:1, 4; 11:19). 야고보는 "흩어진" 유대 기독교도들에게 유대적 방식인 잠언을 통하여 그들을 천국의 기본적인 법에 연계시키면서 목회적 도움을 주려는 목적으로 말하고 있다.

자유의 율법

강요된 이주(emigration)는 갖가지 위험을 불러일으켰으며, 인내심은 큰 위기를 맞게 되었다. 그러나 야고보는 모든 어려운 상황 속에서도 자유에 관한 왕의 법인 하나님의 말씀에 순종할 것을 요구하고 있다. 그는 부자의 자만심만큼이나 혀의 죄를 경계하고 있다.

삶에서의 스트레스와 초조로부터 발생하는 온갖 위험 속에서 야고보는 진정한 지혜(1:5; 3:13)를 제시하고 있다. 이런 적대적인 환경 속에서 그리스도에 대한 신앙을 고백하는 자들에게 믿음과 신실함은 의의 근원이 되어 그들에게 인내할 수 있는 힘을 주기 때문이다.

예루살렘에 임박한 위험

이 상황에서 우리는 야고보가 그 시대를 "말세"(5:3; 참조. 행 2:17)라고 말하고 있는 점을 유의해야 한다. 그는 "심판자가 문 밖에서 계시니라"(5:9)고 말하고 있다. 이 말씀은 "너희도 이 모든 일을 보거든 인자가 가까이 곧 문 앞에 이른 줄 알라"(마 24:33)는 예수님의 말씀을 상기시킨다.

유대인 독자들과 같이 야고보도 예루살렘에 임박한 위험과 예수님이 말씀하신 심판에 대해 아주 진지하게 받아들이고 있었다. 당시의 그리스도인들은 메시아이신 예수님을 배척했던 유대인들이 아무 탈없이 지내고, 계속해서 예수 그리스도의 존귀하신 이름을 훼방하고 있는 사실을 이해하기가 어려웠다. 그 유대인들은 유대인 그리스도인들을 괴롭히고, 할 수만 있으면 당국자들의 힘을 빌어 그리스도인들과 대적하였다(2:6-7; 5:6). 이스라엘 땅에 대살육의 날이 임박했음에도 불구하고, 부자들은 억눌린 자들을 착취하여 이런 호사를 누리고 있었던 것이다(렘 12:3; 롬 2:5).

예수님의 이름을 고백하다가 쫓겨난 사람들은 주 예수께서 진실로 약속을 지키실 것인지를 생각하게 되었다. 그분은 정말 교만한 유대인 압제자들과 부자들과 더불어 회계하실 것인가? 예수님의 변호를 기다리는 것은 참으로 커다란 인내를 요구하는 일이었다.

기도에 대한 응답

야고보는 독자들에게 욥과 그 밖의 많은 선지자들이 참고 인내했던 사실(5:10-11)을 말하면서 주 예수께서 "오시기"까지(그들은 예루살렘의 심판을 염두에 두고 있었다) 인내할 것을 호소하고 있다. 그러는 동안 압제 받는 자들은 어떤 "새로운 도덕"을 받아들이려고 하지 않았다. 인내한다는 것은 말씀의 실천자가 되는 것을 의미한다.

야고보의 잠언을 통하여 우리는 예루살렘의 멸망이 당시의 유대인 그리스도인들에게 얼마나 큰 해방감을 주고 위로와 기도에 대한 응답이 되었는지를 느낄 수 있다. 이 서신은 또한 우리가 예수님의 마지막 재림(파루시아)을 기다리면서 인내하는 것이 무엇인지에 관해서 많은 것을 시사해 준다.

3

야고보와 바울

루터의 견해

루터가 아쉽게도 야고보서를 "지푸라기 서신"으로 여기면서 무시했다는 것은 잘 알려진 사실이다. 그가 이러한 입장을 취하게 된 것은 야고보가 아브라함에 대해 말할 때 그가 "행함으로 믿음이 온전케 되었다"(2:22), "행함으로 의롭다 하심을 받았다"(21절)고 말했기 때문이다.

루터는 이를 "사람이 의롭다 하심을 얻은 것은 율법의 행위에 있지 않고 믿음으로 되는 줄 우리가 인정하노라"(롬 3:28)고 한 바울의 가르침과 대립된다고 믿었다. 어떤 이들은 심지어 바울과 야고보 사이의 차이점을 더욱 크게 생각한 나머지 야고보는 유대인의 율법에 순종할 것을 요구했던 율법의 옹호자였으며, 따라서 바울과 이방인 그리스도인에 대한 반대자였다고 주장하기까지 한다.

바울의 노선을 따름

하지만 성경에는 이러한 가정을 받아들일 만한 근거가 없다. 바울과 야고보의 관계는 아주 돈독한 것이었다(갈 1:19; 2:9). 바울은 야고보 주변에 있는 어떤 사람들을 반대하기는 했지만(갈 2:12), 야고보 자신을 배척한 것은 아니었다.

야고보는 이방인 그리스도인들이 모세의 율법을 지키는 멍에로부터 벗어나도록 하는 데 힘썼다(행 15:13-21). 그는 자신의 서신 가운데서 의식적인 규범들을 말하지 않았으며, 오히려 그의 관심은 "자유하게 하는 온전한 율법"(1:25)에 있었다. 그는 독자들에게 "네 이웃 사랑하기를 네 몸과 같이 하라"(2:8)고 말하고 있다. 이러한 사실을 강조하면서 그는 "남을 사랑하는 자는 율법을 다 이루었느니라"(롬 13:8)고 말하는 바울의 노선을 그대로 따르고 있다.

믿음의 우위성

야고보 역시 바울처럼 믿음을 가장 우선시한다. 바울이 행위로 말미암는 칭의를 배척한 것은 곧 **의식적인** 율법들(다시 말해서 음식물 금기법이나 절기와 할례에 관한 법들)에 철저히 집착함으로써 칭의를 얻는다고 생각하는 사상에 대한 거부였다. 그러나 **야고보**가 말하는 "행위"

는 이러한 율법을 준수하며 사는 것을 의미하지 않는다. 그 대신에 그는 우리가 믿음의 **열매**라고 부르는 것을 염두에 두고 있는 것이다.

우리는 살아 있는 믿음을 나타내 보여야 하며, 이 점에 대해서는 바울도 전적으로 동의하고 있다. 그는 "그러나 이제는 너희가 죄에서 해방되고 하나님께 종이 되어 거룩함에 이르는 열매를 얻었으니 이 마지막은 영생이라"(롬 6:22)고 기록하고 있다. 믿음은 사랑을 통하여 행동으로 나타난다(갈 5:6). 이러한 말씀들은 모두 의식적인 율법을 지킴으로써 칭의를 얻는다는 사실을 확고하게 반대하는 것이다.

바울도 야고보처럼 삶 속에서 행함이 없는 믿음은 죽은 것이라고 말한다. 따라서 우리는 야고보와 바울 사이에 모순이나 갈등이 있다고 말해서는 안 된다. 오히려 바울은 야고보의 취지를 오용하여 율법주의를 옹호하려는 이들에게 반대하는 입장을 나타내고 있다.

4

말씀의 실천자

온전한 율법

"그가 그 조물 중에 우리로 한 첫 열매가 되게 하시려고 자기의 뜻을 좇아 진리의 말씀으로 우리를 낳으셨느니라"(1:18). 이러한 두 번째 태어남 또는 "중생"(거듭남)은 우리의 행동을 통하여 나타나야 한다. 우리는 단지 말씀을 듣기만 하는 사람이 되어서는 안 된다(22절).

야고보는 실제적인 용어를 사용하여 이러한 진리를 설명한다. 그는 시험이 우리로 하여금 인내하게 만든다는 사실을 지적한다(1:2 이하). 우리는 지혜가 부족하다면 기도로써 능력을 구해야 할 것이다. 그러나 마음에 의심을 품고 기도해서는 안 된다(5절 이하). 또한 야고보는 우월감에 대해서 경계하고 있다(10-11절). 죄에 빠질 때 저항할 수 있는 힘이 없었다고 말할 수 있는 사람은 없다. 왜냐하면 우리의 욕망은 우리의 마음속에 자리잡고 있기 때문이다[1](13절 이하).

우리는 우리의 마음속에 심어진 말씀, 영혼을 구원할 수 있는 말씀을 겸손하게 받아들여야 한다(1:21). 이것은 우리 자신이 자유의 법인 온전한 율법(1:25)[2], 즉 미움을 버리며 정욕을 다스리고 과부와 고아를 돌아보며 다른 사람들과의 관계에서 편벽되지 않을 것을 요구하는 율법(1:19-2:13)에 몰입하는 것을 의미한다.

소수 집단인 그리스도인들

야고보서의 수신자들은 대부분이 가난하고 핍박받는 사람들이었다. 다수의 호감을 얻기 위하여 이 소수의 집단이 그늘에 묻히거나 푸대접받을 위험성이 있었다. 야고보는 모임(문자적으로는 회당)에서 가난한 사람들이 뒷자리에 앉아 있는 동안 부자들에게는 좋은 자리를 제공하는 관습을 정죄하고 있다. “하나님이 세상에 대하여서는 가난한 자를 택하사 믿음에 부요하게 하시고 또 자기를 사랑하는 자들에게 약속하신 나라를 유업으로 받게 아니하셨느냐”(2:5; 참조. 5:1 이하; 눅 6:20; 고전 1:26 이하). 여기서 **부자들**이란 그리스도인들을 핍박하는 자들을 가리키는 것이 아닌가?(2:6; 5:6)

야고보의 말씀은 아직도 불리한 위치에 있는 교회들에게 매우 중요

1) 이는 본질적으로 인간이 가지고 있는 죄의 성향이다. 죄에 대한 유혹이 우리 자신을 흔들 때 저항한다는 것조차 생각지 못하고 끌려가고 마는 것이 우리의 기본적인 성향이다.

2) “자유하게 하는 온전한 율법”(한글 개역), “자유를 주는 완전한 그리스도의 법”(현대인의 성경), “완전한 율법 곧 자유의 율법”(표준 번역).

한 가치를 지닌다. 당시의 교회들은 다수의 불신자 집단과 어떻게 관계를 맺어야 할지를 몰랐던 것으로 보이며, 이에 따라 대학살의 공포 때문에 굴복하고 말 위기에 처해 있었다. 야고보는 그러한 교회는 스스로 파멸을 자초하고 있음을 바르게 간파하였다. 왜냐하면 그들은 굳어져 죽어 가는 교회가 될 것이기 때문이었다.3)

---

3) 글리세나(J. Gissenar)는 비기독교 지역인 중동 지방에서 살았던 그리스도인의 자세에 관하여 네스토리우스파 "앗수르인들" 가운데서 일했던 플란더 사제의 다음과 같은 연구 결과를 발표하였다. "즉, 그리스도인들은 작은 소망의 빛에 대해서도 집요하게 매달렸으므로 그들의 견해가 그토록 극적으로 변동될 수 있었던 것이다. 오늘날 이라크 같은 지역에는 공산주의에 대하여 호감을 갖는 그리스도인들이 많다. 그것은 공산주의가 그들이 그토록 오랫동안 바라오던 자유와 평등을 제공해 준다고 믿기 때문이다. 그러나 그들은 도중에 타협하여 제국주의적 외세의 하수인 노릇을 하게 되었다"(*Arobiem Huilen Niet Blaricum*, 1961. p. 193). 이러한 교회들은 바로 "세상과 타협하는 정신"의 지배를 받는 것처럼 보인다. 야고보 사도는 바로 이러한 정신을 경계하고 있다. 더 나아가 글리세나는 이슬람교도들의 압박을 받았던 그리스도인들은 결국 게토(ghettoes: 유태인들의 집단 거주 지역)에서 살게 되었다는 사실을 지적한다. 그리스도인들은 게토 지역에서 외부의 이슬람 세력과 단절된 피난처를 찾아 자신들의 경제력을 발전시키고 특수한 문화를 형성하였다. 이러한 현상은 때로 대다수를 이루는 이슬람교도들에게 미움을 사고 그들로 하여금 그리스도인들을 불신하게 만들었다. 이러한 불신과 적대 감정이 폭발하여 그리스도인들을 박해하고 약탈하게 되었다. 그리스도인들은 여기에 대하여 속임수, 음모 등의 간계로 대항하였다(p. 142). 우리는 위협적인 소수 집단을 형성한 그리스도인들의 내부에서도 분열과 분쟁이 있었음을 알 수 있다. 때로 이러한 분쟁은 무력 충돌로까지 발전하였다(pp. 115 이하, 210).

중동 지역에 있는 그리스도인 소수 집단들의 상태를 주의 깊게 살펴본다면 야고보서를 이해하는 데 많은 도움이 될 것이다. 신약성경에서 말하고 있듯이 "이스라엘"과 "하갈"의 역할을 감당하는(롬 9장, 갈 4장) 유대인들은 오늘날 그리스도인들에 대한 당시의 이슬람교도들의 역할을 대신하고 있는 것이다. 유대인들의 행동은 그리스도인들에 대하여 위협과 유혹이 되었다. 이 그리스도인들은 말로만 봉사하고, 자신의 힘을 의지하고, 완악하고, 원수들의 방식을 채용하고, 형식주의에 빠져 있었으며, 다른 사람들과의 관계와 직무에 냉정하고, 물질주의에 빠져 있고, 교회의 독특한 모습을 상실하고, 신앙 안에 있는 다른 형제들을 긍휼히 여기지 못하는 등의 악한 습관에 빠져 있었다. 야고 믿음의 공동체 밖에 있는 영향력 있는 사람들에게 편벽된 대우를 하는 것은 형제의 우애를 해치는 것이며 죽은 믿음을 보여주는 것이다. 그 실례로서 야고보는 아브라함과 라합을 지적하고 있다. 교회 안에 있는 그리스도인들이 가난한 자들을 무시하면서 자신들만 살아 남으려고 한다면, 그들이 예수님을 메시아로 인정하는 집단에 속해 있다는 사실 자체가 아무런 유익도 주지 못할 것이다. 죽은 정통은 그들을 구원하지 못할 것이다.

혀로 짓는 죄

야고보는 일상 생활 속에서 혀로 짓는 죄를 논할 때 아주 생생한 표현을 사용하고 있다. 우리의 작은 혀는 오순절의 불의 혀와는 전혀 다른 불이 될 수 있다.

흩어진 그리스도인들은 바로 이 혀로 인해 자신들의 공동체를 손상시키며 서로에게 쓰라린 경험을 안겨 주는 일들이 많았다. 즉, 혀를 가지고 시기하는 말을 하며 이기적인 이익을 추구하고 당을 지어 싸웠던 것이다. 따라서 위로부터 오는 의와 지혜는 그 공동체 내에서 보여질 리가 없었다.

이 모든 비극의 원인은 무엇인가? 그것은 단번에 세상과의 관계를 끊어 버리지 못한 데서 비롯되었다. 즉, 하나님과 친구가 되려 하면서 동시에 사악한 이 세대(즉, 세상)와 벗이 되려 하는 간음성을 단호하게 끊

보서에 전제되어 있는 조건들을 설명하기 위하여 정치적 혁명 세력들과 민족주의의 발흥 가운데 있는 아시아, 아프리카의 많은 선교적 교회들의 상황을 지적해 볼 수 있을 것이다.

지 못했기 때문이다.

두 마음을 품지 말라

두 마음을 품은 자들(4:8; 참조. 시 12:3)은 성경이 말하는 교훈을 기억하고(5절) 마음을 바꾸어 여호와 앞에서 한 마음을 가지고 스스로 겸손해져야 한다(4:6-10; 눅 14:11; 벧전 5:5). 그러면 다툼과 말썽이 사라질 것이며, 교회는 더 이상 논쟁을 위한 장소가 되지 않을 것이다.

사랑의 마음 없이 동료 그리스도인들을 정죄하는 것도 마찬가지다(4:11-12; 참조. 마 7:1 이하; 롬 14:4; 고전 4:3-5). 우리는 판단하는 일을 하나님께 맡겨 드려야 한다(4:12; 참조. 전 7:16). 야고보는 흩어진 그리스도인들 사이에 있었던 분쟁과 세상적이며 신령하지 못한 당파 싸움을 단번에 끝내기를 바랐다. 그는 우리에게 말씀의 실천자들이 되자고 권면하고 있다.

5

말세의 독특한 모습

부유한 박해자들

"흩어진" 그리스도인들은 주변의 압력 때문에 매우 불안한 생활을 하였다. 그들의 박해자들은 부유했으며 여러 가지로 야비한 행동을 하였다.

야고보는 두 개의 예언적 진술(4:13-17과 5:1-6)에서 "부자들"의 행위가 부패했음을 폭로하고 있다. 실로 인생이 금세 사라져 버리는 안개이며 태양의 열기에 말라서 시들어 버리는 꽃에 불과하다면 부자들의 자랑이 무슨 소용이 있겠는가(4:14; 1:11)? 언제까지나 녹슬지 않고 불에 타지 않을 재물이 있겠는가?(5:2 이하; 마 6:19-20) 부자들에 의한 불의는 하늘에 상달된다.

잘 알려진 본문인 4장 15절에서 우리는 야고보의 견해를 볼 수 있다.

여기서는 "주의 뜻이므로 우리가 살면…"이 아니라, "주의 뜻이면 우리가 살기도 하고 이것 저것을 하리라"고 기록되어 있다. 여기서 미래사를 표시하는 "D.V."라는 표현이 유래되었다. "D.V."는 라틴어 데오 볼렌테(*Deo Volente*; 하나님이 원하시면 또는 하나님의 뜻이라면)라는 말의 머리글자다.[4]

이스라엘에 대한 심판

오순절은 "말세"의 시작을 의미한다. 심판이 임박했으며 예수님은 이스라엘에 대한 그분의 말씀을 성취하실 것이고 악한 세대들과 회계하실 것이다.

우리가 야고보의 말씀을 주의 깊게 읽으면, 그를 유대 율법주의자로 묘사하는 것은 완전히 왜곡된 평가임을 알 수 있다. 야고보가 유대인의 율법을 중요하게 생각했다고 해서 그가 "절정", 즉 이스라엘에 대한 심판이 얼마나 임박했는지를 깨닫지 못한 것은 아니었다(그가 주의 강림, 즉 "파루시아"를 말할 때는 이러한 심판을 가리킨 것이지 처음부터 그리스도의 재림을 가리켜 말한 것이 아니었다).

4) 이것은 다음과 같은 경우에 적용될 수 있다. "만일 주의 뜻이라면 결혼식이 거행되겠지요…"(If it is the Lord's will, the wedding will be held…).

야고보의 죽음

플라비우스 요세푸스(Flavius Josephus)와 헤게시푸스(Hegesippus)에 의하면, 야고보는 산헤드린과 대제사장들의 선동에 의해 예수를 그리스도로 고백하여 율법을 범한 죄목으로 고소되어 주후 62년에 성전에서 죽임을 당했다고 한다(참조. 계 11:7-8).

야고보의 죽음으로 인해 예루살렘에 있는 회당과 교회의 사이는 더욱 멀어지게 되었으며, 예루살렘에 임할 심판은 한층 더 무르익게 되었다. 헤게시푸스에 따르면 야고보는 "의인"이라는 칭호를 받았다고 한다. 그러므로 "너희가 옳은 자를 정죄하였도다 또 죽였도다"(5:6)라는 야고보 자신의 말이 바로 자신에게 성취되었다고 할 수 있을 것이다.

야고보는 자신의 서신의 수신자들에게 인내하고 오래 기다릴 것을 요구하고 있다. "파루시아", 즉 주의 강림이 가까웠기 때문이다(5:7 이하). 하나님의 백성들이 그리스도인의 풍습대로 살며 예언에 주의를 기울인다면 서로간에 "원망하는" 일은 사라질 것이다(9절). 마지막 심판 때까지 견디는 자들은 복된 사람들이다(5:11; 참조. 마 24:13). 야고보 사도는 예루살렘의 부유함를 멸망시키기로 작정되었던 불에 비추어 본 서신을 썼던 것이다(참조. 계 8:7 이하).

"종부성사"

이스라엘의 믿는 자들은 첫 열매들로서 부르심에 합당하게 살아 하나님 나라의 특징을 나타내야 했다. 그들은 맹세를 남용함으로써 범죄하지 말아야 했다. 왜냐하면 그것은 심판을 가져올 것이기 때문이다(5: 12; 3:1). 그들은 오직 기도와 찬송에 힘써야 했다. 연약한 자들은 장로들에게 도움을 청하여 기도와 복음 선포라는 "중재적" 방법에 의해 근심을 물리쳐야 할 것이다. 심판의 날이 가까워 올수록 믿는 자들은 서로 하나가 되어 타락한 자들을 다시금 회복시키며 서로를 위하여 기도하고 죄를 고백하는 가운데 주님을 기다리는 법을 배워야 한다.

야고보서 5장 13-16절은 이따금 로마 가톨릭에서 말하는 고백과 종부성사 의식에 대한 근거 구절로 제시되어 왔다. 또한 이 구절은 신유의 신앙을 주장하는 데도 사용되어 왔다. 하지만 이 구절들을 통하여 야고보가 실제로 말하고 있는 것은 다가오는 언약의 진노하에 살고 있는 당시의 교회가 그것을 어떻게 피할 것인지를 보여주는 것이다.

교회는 임종시의 성례인 종부성사를 인정하지 않고 다만 성령의 기름부음(4:5), 즉 "처음 성사"를 말한다. 성도들의 참된 교제는 성령의 기름부음을 통해서만 가능하다. 그러므로 믿는 자들의 사랑이 하나님의 심판을 가려 줄 것이다(2:13).

또한 야고보는 주의 재림을 기다리는 자들의 태도에 대해서도 말하고 있다. 주님의 뜻이라면(**데오 볼렌테**) 우리는 주의 이름에 대해 충성하고 성도들의 공동체 가운데서 믿음을 간직할 것이다. 우리는 스스로 언약을 저버린 모든 이들에 의하여 좌절하지 말고 오래 참고 인내해야만 할 것이다.

EARCH THE SCRIPTURES

베드로전서

1

베드로가 형제들을 격려함

반석인 베드로

이 서신의 저자인 시몬 베드로는 복음서들과 사도행전을 통하여 우리에게 잘 알려져 있는 인물이다. 시몬은 원래 세례 요한의 제자였다. 그는 그리스도를 따르면서 그분으로부터 **베드로**(Peter)라는 이름을 받았는데, 이것은 그의 아람어 이름 **게바**(Cephas)에 해당되는 헬라어 형태다(**베드로**라는 말은 **반석**이라는 의미의 헬라어에서 유래되었다).

베드로는 그리스도께서 고난받으시리라는 것을 한사코 반대했으며, 위험에서 빠져 나오려고 자신의 선생을 부인하기까지 했다. 그리스도는 부활하신 후에 베드로에게 나타나서(눅 24:34; 고전 15:5) "내 양을 치라"(요 21:17)는 명령을 주셨다.

우리는 오순절에 베드로가 다른 사도들을 대신하여 말하는 것을 볼 수 있다. 그 이후에도 그는 마찬가지로 설교를 했다. 그리스도의 은혜로 말미암아 베드로는 그리스도의 이름을 위하여 즐거이 고난을 받아들이는 반석이 되었던 것이다(행 5:41). 이 얼마나 놀라운 변화인가! 이제 베드로는 더 이상 고난을 회피하지 않고 그리스도의 속죄의 필요성을 완전히 수긍하게 되었다. 이제 그는 투옥되어 고난받는 것과 그보다 더한 고난도 그리스도를 위하여 받을 각오가 되어 있었다.

베드로의 사명

자신의 구세주를 부인했던 베드로가 어떻게 유대인들에게 그리스도께로 돌아와서 회개할 것을 그토록 담대하게 외칠 수 있었을까? 오순절 이후부터 베드로는 심지어 심판에 대해서도 유대인들에게 경고하고 있다. "너희가 이 패역한 세대에서 구원을 받으라"(행 2:40). 베드로는 평소처럼 직선적으로 다른 사람들을 가르치는 대신에 자기 자신을 좀더 살펴야 하지 않았을까?

이러한 질문은 이 서신들에서도 제기될 수 있다. 그리스도께서 심문을 받으시던 대제사장의 법정 뜰에서 계집종을 두려워했던 사람이 이제는 고상한 용어로 고난에 대해 말하고 있다. "너희가 그리스도의 이름으로 욕을 받으면 복 있는 자로다"(4:14). 차라리 베드로는 이러한 문제에 대해서는 침묵을 지키는 편이 더 낫지 않았을까? 더구나 유대인들(안디옥에 있는 흩어진 유대인들을 말한다)에 대한 두려움 **때문에** 베드로는 오순절 **이후**에도 소신껏 행동하지 못한 경우가 있지 않은가?(갈 2:12)

물론 이러한 질문들에 대한 대답은 "아니다"이다. "최후의 만찬" 때에 그리스도는 베드로에게 실족할 것을 예언하셨을 뿐만 아니라 자신의 사명을 올바로 이해한 후에 그 형제들을 위하여 일하라고 **명령**하시기까지 했다. "시몬아 시몬아 보라 사단이 밀까부르듯 하려고 너희를 청구하였으나 그러나 내가 너[단수]를 위하여 네 믿음이 떨어지지 않기를 기도하였노니 **너는 돌이킨 후**에 네 형제를 굳게 하라"(눅 22:31-32). 이렇듯 베드로에게는 **자신의 형제들을 굳게 해야 할 사명**이 있었던 것이다.

이 서신에서 베드로는 자신의 이러한 사명을 수행하려고 한다. 그는 하나님께서 사람을 외모로 보시지 않는다는 사실을 알고 있었다(1:17; 행 10:34). 그러므로 중요한 사실은 베드로의 과거가 아니라 그리스도로부터 받은 **사명**이었다.

베드로가 자신의 서신의 말미에서 다음과 같이 말한 것을 보면, 그는 그리스도의 말씀을 언급하고 있는 것으로 보인다. "모든 은혜의 하나님 곧 그리스도 안에서 너희를 부르사 자기의 영원한 영광에 들어가게 하신 이가 잠깐 고난을 받은 너희를 친히 온전케 하시며 **굳게 하시며** 강하게 하시며 터를 견고케 하시리라. 내가 신실한 형제로 아는 실루아노로 말미암아 너희에게 간단히 써서 **권하고** 이것이 하나님의 참된 은혜임을 증거하노니"(5:10, 12; 참조. 벧후 1:12). 베드로는 회개한 뒤에 복음을 진정으로 이해하고 소아시아에 있는 자신의 형제들을 격려하고 굳게 하고 있는 것이다.

바벨론에서 온 편지

베드로의 수신자들은 본도, 갈라디아, 갑바도기아, 아시아와 비두니아 등에서 살고 있었다(아시아 대륙의 이름은 이 지방에서 유래한 것이다). 이러한 지역들에 대한 언급은 오순절 당시에 참석했던 사람들을 상기시킨다.

베드로는 자신이 편지를 쓰고 있는 장소가 "바벨론"이라고 언급하고 있다(5:13). 일부 해석가들은 베드로가 그 이름을 상징적으로 사용했다고 하지만, 다른 사람들은 그것이 바벨론이라고 불리는 구체적인 장소를 가리킨다고 여긴다.

그가 그 지명을 상징적으로 사용했다 하더라도 로마를 의미했을 가능성은 거의 없다. 정부(2:13 이하)에 대한 베드로의 태도는, 제국의 수도에 대하여 **바벨론**이라는 경멸적인 호칭을 사용할 정도는 아니었다. 베드로가 "함께 택하심을 입은 바벨론의 교회"(5:13)라고 말한 것은, 그가 이 서신을 썼던 곳에 있는 그리스도인 회중들을 의미한 것이다. 또한 이것은 많은 유대인이 살았던 바빌로니아를 가리킬 가능성도 있다.

실바누스(실라 또는 실루아노)

실바누스(실라)는 신약성경에서 베드로의 비서로 등장하는 친숙한 인물이다. 그는 바울의 여행 동반자였으며 데살로니가인들에게 보내는 두 통의 서신의 서두에 언급되고 있다. 베드로의 서신과 바울 서신들 사이에 유사한 구절들이 있는 것은 그의 영향 때문이라고 할 수 있다.

더구나 우리는 그 당시에 설교하고 가르치는 데 사용하던 특정한 언어가 있었다는 사실을 잊어서는 안 된다. 베드로가 자신의 서신에서 그 언어를 사용한 것은 자연스러운 일이었다. 또한 우리는 베드로의 서신과 그리스도의 말씀 사이에서 유사한 점을 발견할 수 있는데, 그것은 놀라운 일이 아니다. 베드로는 주님과 아주 가까운 관계에 있었던 제자였기 때문이다.

너희 형제들을 굳게 하라! 이 서신에서 베드로는 실바누스의 도움으로 주님의 이 명령에 복종한다. 그의 독자들은 어려운 때를 맞이하고 있었다. 왜냐하면 사단이 그들을 밀 까부르듯 하려고 했기 때문이다. 이제 베드로는 목자로서 그들을 격려해 주고 있는 것이다.

2

나그네들과 제사장들(1:1-2:10)

이등 시민들

팔레스타인 밖의 유대인들은 디아스포라의 유대인들처럼 "흩어진 나그네"로 불렸다. 그들은 자신들이 살았던 땅에서 나그네요 이방인들이었다. 그들의 진정한 고향은 유대 혹은 갈릴리 지역이었다.

베드로의 서신은 이렇게 시작된다. "예수 그리스도의 사도 베드로는 본도, 갈라디아, 갑바도기아, 아시아와 비두니아에 **흩어진 나그네**…." 그는 여기서 "**나그네**"라는 표현을 사용할 때 이 세상을 고향처럼 생각하지 않는 그리스도인들을 염두에 둔 것이 아니었다. 베드로가 말하는 "나그네"나 "이방인"은 다른 종류의 의미를 지니고 있었다(베드로가 1:17에서 "나그네"로 표현한 말은 헬라어로는 **파로이키아**<*paroikia*>로서 오늘날 영어의 페리쉬<*parish*>라는 단어와 관련이 있다).

베드로는 그의 수신자들이 처해 있는 상황을 묘사한 것뿐이지 **모든** 그리스도인들이 이방인이나 나그네처럼 느껴야 한다고 말한 것은 아니었다. 문제는 베드로의 수신자들이 이등 시민 취급을 받고 압박과 고난을 받았다는 사실에 있었다. 그러한 의미에서 그들은 "나그네들"로 불릴 수 있는 것이다.

베드로는 한 순간도 이 세상에서의 우리의 소명과 사명을 부인하려고 하지 않았다. 그가 그리스도인들을 "나그네들"이라고 한 것은 그들이 처해 있는 환경과 여건 때문이었다. 베드로는 하나님의 피조물이요 상속인으로서 그들의 권리를 결코 의심하지 않았다.

소망할 이유

베드로는 이제 이 나그네 "교구"를 격려하기 시작한다. **성부**께서 그들을 선택하셨고, **성령**이 거룩하게 하셨으며, **성자**께서 새 언약의 피로 그들에게 뿌리셨다. 그러므로 그들에게는 소망을 가질 이유가 있었다. 그리스도의 부활로 말미암아 그들을 위하여 썩지 않고 더럽지 않고 쇠하지 않는 기업이 하늘에 간직되어 있으며, 장차 그들은 다시는 학대받지 않을 세상에서 그 기업을 누리게 될 것이다. 그들이 지금 당하고 있는 시련은 그들의 믿음을 시험하기 위해 있는 것이다.

그 기업의 영광은 그리스도께서 다시 오실 때에 완전히 드러나게 될 것이다. 예수님의 비하와 영광 중에 승천하신 일을 통하여 오래 전 선지자들의 말씀이 성취되었다. 교회는 비록 그 구세주를 보지는 못했지만 믿음을 통하여 최후의 목적지에 이르게 될 것이라는 사실을 알고 있는 것이다.

구속과 중생

베드로는 언젠가 세례 요한이 예수님을 가리켜 "어린 양"이라고 말하는 것을 들었다. 이제 그 자신이 그리스도의 보혈을 "흠 없고 점 없는 어린 양"(1:19), 즉 희생제사에 합당한 어린 양의 피라고 말하고 있다. 이 피로 말미암아 그리스도인들이 무의미한 생활로부터 구속을 받으며 **제사장**의 직분을 위임받았다. "오직 너희를 부르신 거룩한 자처럼 너희도 모든 행실에 거룩한 자가 되라"(1:15; 레 11:44). 말씀을 통하여 우리는 거듭나고 **형제 사랑**과 **믿음**과 산 **소망**으로 새롭게 되는 것이다(1:21 이하).

중생 또는 신생은 인간이 완전히 수동적인 입장에 서는 어떤 신비스러운 사건이 아니다. 그것은 우리가 우리의 삶을 새롭게 하는 것으로서 우리 편에서의 변화 또는 변개를 뜻한다. 우리를 움직이도록 하는 것은 바로 살아 있는 복음을 전하는 하나님의 말씀이다. "갓난 아이들같이 순전하고 신령한 젖을 사모하라. 이는 이로 말미암아 너희로 구원에 이르도록 자라게 하려 함이라"(2:2).

산 돌의 성전

예수님은 언젠가 베드로를 반석(**페트라**)이라고 하시면서 그 위에 교회를 세우겠다고 말씀하셨다. 그런데 베드로는 그 그리스도를 산 돌로, 교회를 산 돌의 성전으로 묘사하고 있다. 그리스도는 불신자들에게는 거침돌이지만, 건축자들이 버린 이 **모퉁이 돌**은 신자들을 부끄럽게 하지 않을 것이다(2:4 이하; 시 118:22; 사 28:16; 눅 20:17-19).

또한 베드로는 하나님의 언약의 선포를 회고하면서 교회를 일종의 **제사장**(2:9, 5; 출 19:6), 즉 큰 왕께 속해 있는 제사장으로서 신령한 제사를 드리는 신하라고 부르고 있다. 따라서 베드로도 바울과 동일한 의미의 말을 하고 있다. 그는 전투하는 교회에 속한 그리스도인들에게 그들의 신분이 무엇인지를 분명하게 알려 줌으로써, 다시 말해서 그들이 구약의 언약 백성들과 동일한 자들임을 가르쳐 줌으로써 그들을 굳게 하고 있다. "너희가 전에는 백성이 아니더니(**로암미**) 이제는 하나님의 백성(**암미**)이요 전에는 긍휼을 얻지 못하였더니 이제는 긍휼을 얻은 자니라"(2:10; 호 1:9 이하; 2:23). 이처럼 풍성한 언약의 약속은 회당이 아니라 **교회**가 상속하게 된다. 베드로는 이러한 약속에 근거하여 권면과 훈계를 계속하고 있다.

3

신령한 제사(2:11-3:12)

절제 있는 행동

교회는 신령한 제사를 드려야 할 신령한 집이요 거룩한 제사장이다 (2:5; 참조. 롬 12:1). 여기서 **신령한**(Spiritual)이라는 말은 **영**(spirit)이나 **물질을 초월한 상태** 또는 승귀된 종류의 어떤 것이 아니라 **성령에 의해 지배받는 것**을 의미한다. 이러한 제사는 일상 생활에서 나타난다.[1)]

1) 신령한 제사(Spiritual sacrifices)는 "영적 제사"로 번역해야 오해가 줄어든다. 이 구절은 요한복음 4장 24절의 "신령과 진정으로"라는 말과 함께 다소 오해의 소지가 있는 구절이다. 어떤 이들은 우리 편에서 하나님께서 받으실 만한 "신령한" 예배라는 의미로 사용(국어사전에서 "신령"은 "신통하고 영묘하다"는 뜻이 있음)함으로써 그 의미를 현저히 왜곡 또는 축소시키고 있다. 그러나 그것은 어디까지나 성령께 지배받는 것을 의미한다. 어떤 주석 성경은 이것을 다음과 같이 해석했으나 이는 전적으로 옳지 못하다. (1) 하나님께 바치는 우리의 몸(롬 12:1) (2) 물질과 헌금(빌 4:18; 히 13:16), (3) 감사와 찬양의 제사(히 13:15), (4) 선을 행하는 것(히 19:16). 우리가 드릴 영적 제사는 이

교회 밖에 있는 사람들은 때때로 그리스도인들을 비방한다. 그러므로 그리스도인들은 고소를 받지 않도록 해야 한다. 그리스도를 통한 구속은 방종과 무절제한 행동을 유발하지 않는다. 그리스도인들은 황제나 통치자에게 충성해야 한다. 그리스도인들은 "그리스도께서 나를 자유케 하셨으므로 더 이상 당국자들의 말을 들을 필요가 없다"고 말해서는 안 된다. 하나님을 경외하는 것은 곧 그분이 황제로 선택하신 자에게 충성하는 것이다(2:17). "내 아들아 여호와와 왕을 경외하고 반역자로 더불어 사귀지 말라"(잠 24:21). 그리스도인들은 이와 같은 성경의 말씀을 따름으로써 애매하게 비판하는 자들을 잠잠케 할 수 있다.

그리스도의 예

집에서 봉사하는 종들은 반역해서는 안 된다. 심지어 그 종들은 신앙 때문에 악한 주인으로부터 박해를 당하더라도 그를 반역해서는 안 된다. 베드로는 그리스도를 이에 대한 예로 들고 있다. 그리스도는 고난을 당할 때 저항하지 않으셨다. 오히려 공의로운 판단을 하시는 분에게 모든 것을 맡기셨다. "저가 채찍에 맞음으로 너희는 나음을 얻었나니"(2:24). 그러므로 종들에게 있어 신령한 제사를 드리는 것은 곧 그들의 **목자**이신 예수님을 따라 행하는 것이었다.

이와 똑같은 원리가 아내들에게도 적용된다. 아내들도 말씀을 믿지 않는 남편들 때문에 어려움을 당하는 경우가 많다. 그렇다고 해서 아내가 남편을 거역하여 일어날 수 있겠는가? 결코 그럴 수 없다. 오히려 경건한

상의 것으로만 국한될 수 없는 삶의 모든 영역이 포함되는 것이다.

생활을 통하여 남편들을 그리스도께로 인도하는 것이 그들의 의무다.

말 없는 봉사

베드로는 여인들에게 "너희 단장은 머리를 꾸미고 금을 차고 아름다운 옷을 입는 외모로 하지 말고 오직 마음에 숨은 사람을 온유하고 안정한 심령의 썩지 아니할 것으로 하라. 이는 하나님 앞에 값진 것이니라"(3:3-4)고 권면하고 있다. 이 말씀은 결코 시대에 뒤떨어진 것이 아니다. 그것은 거짓된 자유의 시대에 살고 있는 우리에게 시사해 주는 바가 크다.

그리스도는 삶의 원 질서를 회복시키신다. 베드로는 아브라함을 "주"라고 부른 사라의 경우를 예로 들고 있긴 하지만 여인들을 종의 위치로 깍아 내리지는 않았다. 그렇다고 해서 그가 여성해방 운동을 지지한 것은 아니다. 여인은 우두머리가 되거나 자신을 아름답게 치장함으로써 자신의 존재 의의를 나타낼 수는 없을 것이다. 여인에게 중요한 것은 말 없는 봉사다.

물론 남편들이 아내들의 말 없는 봉사를 악용해서는 안 된다. 남편과 아내의 생활은 장차 얻을 기업에 대한 소망과 기도를 통하여 피차 고상해질 것이다.

이상에서 열거한 내용들은 "나그네"들인 그리스도인들의 생활을 지배하는 윤리여야 했다. 우리는 베드로의 말을 통하여 산상수훈의 메아리를 듣게 된다. 검을 사용하던 사람 – 겟세마네에서 말고의 귀를 베어버린 베드로 – 이 "변화되어" 이제는 자신의 형제들을 권면하고 격려하는 것이다.

4

고난 중에 소망을 가짐(3:13-5:14)

나그네요 후사인 성도들

이제 베드로는 고난의 주제, 아니 오히려 그리스도의 이름을 위하여 고난받는 자들의 **소망**에 대하여 다시 한 번 말하고 있다. 예수님은 친히 "의를 위하여 핍박을 받는 자는 복이 있나니 천국이 저희 것임이라 나를 인하여 너희를 욕하고 핍박하고 거짓으로 너희를 거스려 모든 악한 말을 할 때에는 너희에게 복이 있나니"(마 5:10-11)라고 말씀하셨다.

그리스도인들이 그리스도 안에서 올바로 행하고 있다면 아무 것도 두려워할 필요가 없는 것처럼(3:14), 아내들도 두려움으로 놀라서는 안 된다(3:6). 비록 "세상"이 그리스도인들을 **나그네**로 만들었지만, 그들은 참으로 **후사들**인 것이다.

베드로는 다시 한 번 그리스도를 가리키고 있다. 그리스도께서 육신으로 죽임을 당하실 때 원수들은 그분이 끝장났다고 생각하였다. 그러나 그리스도는 성령으로 되살아나셨다. 그분은 그 성령으로 말미암아 모든 천사들과 권세들이 그 앞에 굴복하는 하늘로 승천하실 수 있었다(3:18, 22). 그리스도의 능력 안에서 박해를 받아 육체를 따라 죽은 그리스도인들은 하나님의 뜻으로 말미암아 살게 될 것이다. "세상"에 대해서는 그가 외인이요 나그네(4:4)이지만 결국은 후사가 되는 것이다.

하나님의 집에 대한 심판

이 서신의 3장 19절 이하는 신약성경 가운데서 가장 어려운 구절 중 하나다. 거기에는 그리스도께서 "옥에 있는 영들"에게 전파하신 사실이 기록되어 있다. 이 "영들"은 노아의 시대에 불순종하던 자들이라고 나타나 있다. 그들의 멸망은 노아의 방주를 통한 구원과 대조되는데, 그 방주는 신약의 세례에 해당되는 것이다.

이 구절은 무엇을 의미하는가? 일부 해석가들은 그리스도께서 죽은 자들의 세계에서 전파하셨다고 생각한다. 다른 해석가들은 노아의 시대에 있었던 성령의 전파를 가리키는 것으로 해석한다. 또한 "옥에 있는 영들"이란 노아 시대의 사람들과 **같은** 불순종하는 자들을 가리킨다는 주장도 있다(참조. 벧후 2:5; 3:6). 이 구절이 언급하고 있는 것은 그리스도께서 승천하실 때 선포하신 메시지일 가능성이 있다.

베드로는 처음 세상의 멸망에 대하여 깊은 관심을 보였다. 이제 그는 그리스도께서 "둘째 세상"을 심판하실 것을 알고 있다. 그래서 그는 "만물의 **마지막**이 가까웠다"(4:7)고 말하는 것이다.

그리스도인들은 매일매일의 삶을 이러한 깨달음 속에서 살아야 한다. 노아의 시대처럼 이미 심판이 예비되어 있다. 그 심판은 우선적으로 하나님의 집, 즉 언약 백성들로부터 시작될 것이다(4:17; 참조. 겔 9:6) "그리스도인"으로서 고난받는 자들만이 그들의 영혼을 아버지의 손에 부탁할 수 있다(4:16; 참조. 23:46). 그러므로 국가나 사회에 범한 악으로 말미암아(4:15) 고난받는 것은 아무런 공로가 되지 못한다.

동일한 겸손

베드로는 물론 이 주제에 대해서도 할 말이 많았다. 그러나 회중들에게는 그들을 가르칠 장로들이 있었다. 그러므로 부활하신 주님으로부터 양을 먹이라는 명령을 받은 사도는 회중의 직무 수행자들에게 동일한 명령을 내린다. "너희 중에 있는 하나님의 양 무리를 치되…"(5:2).

교회의 젊은이들은 장로들에게 복종해야 한다. 겸손은 그들이 입어야 할 옷이다(5절). 베드로는 여기서 그리스도께서 최후의 만찬 전에 제자들의 발을 씻기신 사실을 생각했던 것일까?(요 13:1-17)

격려

많은 개혁 교회들이 베드로 서신을 그들의 예배 의식에 사용하고 있다. 신앙고백을 한 후에 베드로전서의 끝부분을 축도하는 데 인용하고 있다. "모든 은혜의 하나님 곧 그리스도 안에서 너희를 부르사 자기의 영원한 영광에 들어가게 하신 이가 **잠깐 고난을 받은** 너희를 친히 온전케 하시며 굳게 하시며 강하게 하시며 터를 견고케 하시리라. 권력이 세세무궁토록 그에게 있을지어다. 아멘"(5:10-11).

이것은 전에 예수님이 고난받아야 한다는 말을 듣고 "주여, 그리 마옵소서. 이 일이 결코 주에게 미치지 아니하리이다"(마 16:22)라고 하여 사단의 역할을 했던 바로 그 베드로가 한 말이다. 이처럼 담대한 말을 한 저자는 유대인들의 보복을 두려워하여 면박을 당했던 바로 그 사람이다(갈 2:12 이하). 하나님께서는 그분의 말씀을 통하여 흩어진 나그네들이 자기 이름을 위하여 고난받는 법을 알도록 그들을 굳게 하신다.

SEARCH THE SCRIPTURES

베드로후서

1

베드로의 유언

저자 문제

베드로후서는 베드로전서와 그 문체가 매우 다르다. 그래서 일부 학자들은 베드로후서의 진정성을 의심하기도 한다.

이 문제를 생각할 때 우리는 베드로전서가 그의 비서 실바누스(실라)의 도움을 받아 쓰여졌다는 사실을 기억해야 한다. 베드로후서도 다른 사람의 도움을 받아 썼을 것이며, 따라서 그 문체가 약간 다를 수도 있을 것이다. 또 베드로후서와 전서가 각각 다른 주제를 다루고 있다는 사실도 염두에 두어야 한다. 마지막으로, **우리** 중에 어느 누구도 베드로가 사용했던 문장과 단어에 대해서 자신 있게 말할 수 있는 자가 없다는 것이다. 그러므로 우리에게 베드로후서의 원문이 우리의 이론이나 생각과 다르다는 이유 때문에 그의 저작권을 의심할 권리는 없다.[1)]

베드로와 유다

베드로가 "베드로후서"로 알려진 서신의 저자가 아니라는 또 하나의 근거로 유다서와의 유사성이 대두되고 있다. 이러한 유사성 때문에 어떤 사람이 유다서에서 자료를 취하여 상당 부분을 수정하여 베드로의 사도적 권위를 빌어 발표했다는 추측을 낳기도 했다. 만일 그렇다면 베드로후서는 하나의 표절 또는 위조 작품에 불과할 것이다.

사실 베드로후서와 유다서 사이에는 다음과 같이 놀라운 유사성이 존재한다.

베드로후서	유다서
"사랑하는 자들아, 내가 이제 이 둘째 편지를 너희에게 쓰노니 이 둘로 너희 진실한 마음을 일깨워 생각하게 하여 곧 거룩한 선지자의 예언한 말씀과 주 되신 구주께서 너희의 사도들로 말미암아 명하신 것을 기억하게 하려 하노라. 먼저 이것을 알지니 말세에 기롱하는 자들이 와서 자기의 정욕을 좇아 행하며 기롱하여" (3:1-3, 참조. 5-16).	"사랑하는 자들아, 너희는 우리 주 예수 그리스도의 사도들의 미리 한 말을 기억하라. 그들이 너희에게 말하기를 마지막 때에 자기의 경건치 않은 정욕대로 행하며 기롱하는 자들이 있으리라 하였나니"(17-18절).

이상의 비교에서 알 수 있듯이 베드로가 문제를 훨씬 더 깊이 다루는 듯한 인상을 주고 있다.

---

1) 베드로의 저작설을 지지하는 이들은 대개 다음과 같은 근거를 제시한다. (1) 본문 가운데서 저자가 자신을 "시몬 베드로"라고 밝힌 점(1:1), (2) 저자가 자신은 변화산에서 예수님이 변화되신 것을 목격한 증인이라고 밝힌 점(1:4), (3) 예수님이 죽음에 대해 예언하신 것을 친히 들었다고 밝힌 점(3:15), (4) 바울을 잘 알고 있다는 점(3:15), (5) 본서가 베드로전서의 후편임을 밝혔다는 점(3:1).

만일 베드로후서를 위조한 사람이 있었다면 어째서 그는 이미 잘 알려진 유다서에서 표절을 했을까? 뿐만 아니라 그 위조자는 베드로전서의 문체를 모방했어야 하지 않을까?

시의적절한 주석

베드로후서를 사실 그대로 살펴보면, 이 서신은 나이 많아 죽음을 바로 눈앞에 둔 베드로가 보내는 메시지임을 알 수 있다. 베드로후서는 주님과 야고보의 형제인 유다가 먼저 언급했던 사실에 대한 좀더 자세한 주석서라고 할 수 있다. 어쨌든 베드로 서신은 그 당시의 사건들에 대한 시의적절한 주석으로서 도움을 준다.

베드로는 마지막 유언을 하면서 독자들에게 오직 하나님의 말씀만을 굳게 붙잡을 것을 권하고 있다. 교회가 하나님의 말씀만을 굳게 붙잡는다면 우리 자신의 소욕에 따른 이단 사설이 자리잡을 수가 없을 것이다.

2

성부에 의해 인준된 예언의 말씀을 붙잡음

베드로의 사도적 소명

거짓 선지자들은 성경 이외의 자료에 근거한 지식과 계시를 주장했다. 그들은 그럴듯한 권위를 가지고 쉽게 사람들을 선동하며 자신들의 가르침을 따르도록 만들었다.

이것이 바로 베드로가 사도로 부르심 받은 것을 강조하며 시작하는 이유다. 또한 그는 자신과 독자들이 똑같이 보배로운 믿음을 붙잡고 있다는 사실을 지적한다. 우리는 자기의 영광과 능력으로 말미암아 우리를 **부르신** 자를 아는 풍성한 특권을 누린다. 우리는 약속들 안에서 부요하다(1:3-4).

이는 아무리 "신령하게" 보이는 것일지라도 거기서 무엇을 보충받을 필요가 없다는 사실을 뜻한다. 사실 우리는 다른 첨가물을 받아들일 **수**

가 없다. 우리는 우리의 부르심과 택하심을 굳게 하며 그것들을 확실하게 만들어야 한다. 우리는 일단 신앙을 고백한 이상 우리가 확신하는 바를 굳게 붙잡아야 한다(1:10). 베드로는 예수님께로부터 그의 형제들을 **굳게 하**라는 명령을 받았다(눅 22:32). 이것이 그가 이 서신에서 전심전력을 다하여 하고자 했던 일이다(참조. 1:12; 벧전 5:10).

목격자의 증언

베드로 사도는 신화나 공교한 이야기 또는 사람이 만들어 낸 "계시"를 믿거나 전파하지 않았다. 복음은 신화에 의한 것이 아니라 목격자들의 증언에 의한 것이다.

베드로는 변화산상에서 보았던 그리스도의 영광을 회고하였다. 변화산에서 하나님은 예수님이 자신의 아들이심을 **선언하시고** 그분을 영광으로 덮으셨다. 베드로는 또한 옛 예언들이 예수님 안에서 성취된 사실을 보여주며 그것들이 "더 확실한" 것이 된 사실을 말하고 있다(1:19). 아울러서 그는 이렇게 말한다. "먼저 알 것은 경의 모든 예언은 사사로이 풀 것이 아니니 예언은 언제든지 사람의 뜻으로 낸 것이 아니요 오직 성령의 감동하심을 입은 사람들이 하나님께 받아 말한 것임이니라"(1:20-21).

3

거짓 선지자들과 그들의 방종의 신학

양의 옷을 입은 이리

옛 언약 시대에도 성경을 자신들의 사사로운 원리로 해석하는 거짓 선지자들과 해석자들은 이미 존재했다. 그들은 베드로의 시대에도 인간의 기호에 맞는 복음을 말하였다. 그들이 말하는 복음은 주님의 계시 가운데 중요한 요소를 제외시킨 것이었다. 즉, 하나님의 진노가 언약을 떠나서 배교한 자에게 가해지리라는 것을 무시하였다. 거짓 선지자들은 자신들이 멸망의 굴레 가운데 빠져 있었음에도 불구하고(2:19; 참조, 요 8:34; 롬 6:16) 백성들 앞에 평화와 자유의 이상을 제시하였다.

예수님은 거짓 선지자를 경계하면서 그들을 가리켜 양의 옷을 입고 나오는 이리라고 말씀하셨다(마 7:15; 24:4 이하, 11:24). 거짓 선지자들은 가능한 한 하나님의 택한 백성들을 미혹하려고 한다. 그들은 특별히 유대의 민족주의와 열심주의가 성한 곳에서 활동하였다. 그들은 메시아의 시대, 즉 로마의 통치에서 벗어나게 될 자유의 시기가 도래했다는 메시지를 선포하였다.

또한 우리는 후기의 교회사를 통해서도 이러한 거짓 선지자들을 만날 수 있다. 자기들 마음대로 예언을 했던 재세례파와 그들이 라이덴의 요한(John of Leiden)의 지휘 아래 뮌스터(Münster)에서 일으켰던 사건(1525년)을 떠올려 보라. 그들의 행동은 많은 로마 가톨릭 교도로 하여금 개신교의 그리스도인들에 대해 잘못된 생각을 갖게 하였다. 로마 가톨릭은 개신교도들과 재세례파들을 확실히 구별하지 못하였다. 따라서 종교개혁 기간 동안에 이 "진리의 도"는 아주 신령한 이 선지자들의 행동 때문에 비난을 받았던 것이다.

로마에 대한 반역

베드로는 장차 주님이 예루살렘을 심판하시려 한다는 사실을 내다보았다. 그는 로마에 대한 반역을 부추기기 위해서 선지자의 역할을 하는 소위 그리스도인들을 잘 알고 있었다. 유대를 떠나 다른 지방에 거하는 그리스도인들 가운데도 거짓 선지자들이 있었다.

그리스도인들 가운데는 거짓 교훈에 사로잡혀서 예수님이 메시아시라는 신앙을 놓치고 스스로 혁명적 이상, 즉 거짓 메시아적 이상에 빠져버린 이들이 많이 있었다. 그러므로 베드로는 통상 어떤 유언에서나 볼 수 있는 대로 자신이 무언가를 말해야 할 필요성을 느꼈던 것이다.

반역의 깃발

이러한 거짓 교사들은 복음을 반역의 신학으로 여겼다. 심지어 그들은 자신들이 인정하지 않았던 "영광스러운 분"을 중상하는 일도 서슴지 않았다.

여기서 베드로가 말하는 "영광 있는 자"는 천사들이 아니라 그들을 다스리는 자를 의미한다. 거짓 선지자들은 폭력적인 활동을 수행하면서 마치 동물적인 행동을 보여주었다.

그러나 불행하게도 우리는 오늘날도 그리스도인들 가운데 이와 같은 행동을 하면서 반역의 깃발을 드는 자들을 많이 볼 수 있다. 베드로는 옛 언약에서와 마찬가지로 새 언약 아래서도 배교와 혁명에 대한 심판이 있을 것임을 지적한다.

죄의 삯

우리는 유다와는 달리 베드로가 연대기적 순서에 따라 실례를 열거하고 있음을 유의해야 한다. 베드로는 배교한 천사들(2:4), 노아의 날(5절) 그리고 소돔과 고모라(6절 이하)를 예로 들고 있다. 뒤의 두 예에서 베드로는 구원의 도, 즉 여호와께서는 경건한 자들을 아시고 시험에서 건지신다는 사실을 강조하고 있다(9절). 그러나 돌아다니는 장사꾼의 정신에 사로잡혀 "의의 도"(21절)를 버리고 발람의 길(15절; 참조. 계 2:14)로 갔던 자들은 언약의 진노를 받게 될 것이다. 그리스도인들에게 죄는 아무 것도 아닌 것이 아니다.

베드로의 유언은 우리 시대의 그리스도인들에게도 적절한 메시지를 담고 있다. 19세기 이래로 선교지에서 이러한 일이 얼마나 많이 일어났는가! 우리는 이제 유럽과 미국, 그리고 제3세계에도 반역의 신학을 추종하는 자들이 많다는 사실을 알고 있다. 베드로는 날카로운 어조로 그들을 책망하고 있다. "의의 도를 안 후에 받은 거룩한 명령을 저버리는 것보다 알지 못하는 것이 도리어 저희에게 나으니라"(2:21).

4

미래에 대한 거짓 예언과 참 예언

하나님의 때

구약의 선지자들 시대에도 이미 "언약의 하나님이 죽었다"는 신학이 존재했다. "인자야, 이스라엘 땅에서 이르기를 날이 더디고 모든 묵시가 응험이 없다 하는 너희의 속담이 어찜이뇨"(겔 12:22; 참조. 사 5:19; 렘 17:15; 말 2:17).

그리스도는 주님의 오심이 더디다고 생각한 나머지 해이해져서 견디지 못하는 우리의 태도를 분명히 경계하였다. "끝까지 견디는 자는 구원을 얻으리라"(마 24:13). 예수님은 반역의 정신에 휩쓸리게 될 유혹에 대하여 언급하면서 이렇게 말씀하셨던 것이다.

하나님의 때는 우리의 때와는 다르다. 그분에게는 하루가 천년 같다. 그분이 심판을 지연하시는 것은 **인내**와 **자비하심** 때문이지 힘이 없기 때문이 아니다(3:9-15; 참조. 눅 18:1-8; 약 5:7-11; 벧전 3:20). 예루살렘에 대한 심판의 지연은 더 많이 복음을 전파하고 회개를 촉구하라는 뜻인 것이다(마 24:14; 롬 11:5, 13-14, 25-26).

그릇된 낙관주의

오늘날에는 심판의 개념이 단지 인간의 두려움을 투사한 것일 뿐이라고 말하는 이들이 있다. 그들은 세계 역사는 곧 역사 그 자체의 법정이라고 생각한다. 공산주의나 또는 미국 지상주의를 추종하면서 "화려하고 새로운 세계"를 기다리는 이들도 있다. 그들은 "파루시아"나 주님이 다시 오실 것을 기다리는 것이 아니라 인간의 문명과 기술을 통한 혁명을 기대하는 것이다.

성경은 이러한 종류의 인본주의적 낙관주의를 철저하게 배제한다. 하지만 성경은 또한 온 세상이 내리막길로 치닫고 있는 것으로 보는 실존주의적 비관주의도 배제한다. 성경은 새 하늘과 새 땅에 대한 하나님의 약속을 나타내 준다. 그리스도 안에서 만물이 새롭게 되었다.

구속의 목적

베드로가 채택한 접근 방법은 구세주의 말씀을 자신이 살고 있는 시대에 적용시키는 것이다. 그가 "둘째 편지"(3:1)라고 말하는 것은 베드로후서의 후반부를 가리킬 것이다. 베드로후서의 후반부는 전반부와 밀접하게 연결되어 있다.

앞에서 베드로가 언급한 심판들(예를 들면, 홍수)은 악은 언제까지나 계속될 수 없다는 사실을 확실하게 보여주는 것이다. 주님께서 심판을 연기하시는 것은 그분에게 힘이 없기 때문이 아니라 어떤 구속의 목적이 있기 때문이다. 주님은 아무도 멸망하는 것을 원치 않으신다(3:9, 15). 그렇지만 오래 전부터 예고되어 왔던 그 심판은 분명히 실현될 것이었다.

보편적 용어로 묘사된 심판

베드로가 주의 날에 관하여 말하고 있는 것은 일반적으로 최후의 심판을 가리키는 것이다. 당시 사람들은 온 세상이 불에 탈 것이라고 생각하였다. 이것은 고대 세계의 지배적인 사고방식과 부합되는 것이었다.

그러나 우리는 베드로가 이 문맥에서 말하고 있는 주의 날이 "지금 있는 예루살렘"(갈 4:25)에 장차 임할 심판을 가리키는 것인지의 여부를 살펴보아야 한다. **체질**(3:10)이라는 단어는 현대의 화학적 의미로 이해해야 하는가? 아니면 이 단어는 갈라디아서 4장 9절과 골로새서 2장 20절에서와 같이 유대인 세계의 기본적인 것들(즉, 예루살렘, 성전 그리고 성전 안에서의 예배)을 가리키는 것인가? 성경에는 특정한 심판이 보편적 용어로 묘사되어 있는 구절들이 더 많다는 사실을 염두에 두라(신 32:22; 욜 2:30; 행 2:19-20; 마 24:29).

냉정하며 흔들리지 않음

이러한 심판의 선언 때문에 믿는 자들이 비관적이 되어야 할 이유는 없다. 오히려 그들은 이러한 사실 때문에 의의 거하는 바 새 하늘과 새 땅을 바라보게 하는 위대한 약속을 생각하며 더욱더 한 길로 매진할 수 있는 것이다(3:11 이하).

이러한 기대는, 마치 우리가 인간의 문명이 언젠가는 "새 하늘과 새 땅"으로 발전하는 것과 같은 놀라운 진보를 기다리고 있는 것처럼 수평적인 개념으로 해석되어서는 안 된다. 이 약속을 통하여 우리는 두 발을 땅에 붙인 채로 냉정하게 미래를 전망하며 흔들리지 않는 삶의 자세를 견지할 수 있는 것이다.

반석인 베드로는 그의 형제와 자매들을 굳게 하라는 부르심을 받았다. 베드로는 자신의 서신을 통하여 역시 바울이 기록했던 것을 언급하면서 그러한 사명을 감당하고 있다. 베드로의 시대와 같이 오늘날도 하나님의 말씀, 곧 그분의 예언의 말씀을 굳게 붙잡는다면 우리는 주 예수 그리스도의 은혜와 저를 아는 지식 안에서 강건하고 성숙한 그리스도인이 될 수 있을 것이다.

EARCH THE SCRIPTURES

요한일서

1

요한의 "복음"과 그의 목회 서신

문체와 표현상의 유사성

요한이 이 서신의 발신자로 분명하게 나오는 것은 아니지만 내용상 그가 저자인 것이 분명하다. 요한복음과 요한일서의 서두를 비교해 볼면 문체와 단어의 선택에서 매우 유사성이 많다는 사실을 알 수 있다.

요한복음	요한일서
"태초에 **말씀**이 계시니라. 이 **말씀**이 하나님과 함께 계셨으니 이 **말씀**은 곧 하나님이시니라. 그가 **태초**에 하나님과 함께 계셨고 만물이 그로 말미암아 지은 바 되었으니 지은 것이 하나도 그가 없이는 된 것이 없느니라. 그 안에 **생명**이 있었으니 이 **생명**은 사람들의 **빛**이라. **빛**이 **어두**	**"태초**부터 있는 **생명의 말씀**에 관하여는 우리가 들은 바요 눈으로 본 바요 주목하고 우리 손으로 만진 바라 … 우리가 저에게서 듣고 너희에게 전하는 소식이 이것이니 곧 하나님은 **빛**이시라. 그에게는 **어두움**이 조금도 없으시니라. 만일 우리가 하나님과 사귐이 있다 하고 **어두운**

움에 비춰되 어두움이 깨닫지 못하더라 율법은 모세로 말미암아 주신 것이요 은혜와 **진리**는 예수 그리스도로 말미암아 온 것이라"(1:1-5, 17).	가운데 행하면 거짓말을 하고 **진리**를 행치 아니함이거니와 저가 **빛** 가운데 계신 것같이 우리도 **빛** 가운데 행하면 우리가 서로 사귐이 있고 그 아들 예수의 피가 우리를 모든 죄에서 깨끗하게 하실 것이요"(1:1, 5-7).

우리는 이상의 비교에서 이 두 구절들이 동일한 저자에 의해 기록된 것임을 금세 알 수 있다. 이 구절들은 분명히 동일한 목격자가 한 말이다.

전형적인 "셈족의" 문체로 기록된 이상의 말씀은 계속해서 동일한 논지를 말하고 있다. 하지만 매 단계마다 나선 형태로 점점 더 고차원적인 수준으로 발전하고 있다. 요한일서를 원문의 형태로 배열해 보면 이러한 사실을 좀더 분명히 알 수 있다.

사랑하는 자들아, 내가 **새 계명**을
너희에게 쓰는 것이 아니라
너희가 처음부터 가진 **옛 계명**이니
이 **옛 계명**은 너희의 들은 바
말씀이거니와
다시 내가 너희에게
새 계명을 쓰노니 저에게와
너희에게도 참된 것이라.
이는 **어두움**이 지나가고
참 **빛**이 벌써 비췸이니라.
빛 가운데 있다 하며
그 형제를 **미워하는 자**는
지금까지 **어두운** 가운데 있는 자요
그의 형제를 **사랑하는 자**는

빛 가운데 거하여
자기 속에 거리낌이 없으나
그의 형제를 미워하는 자는
어두운 가운데 있고
또 **어두운** 가운데 행하며
갈 곳을 알지 못하나니
이는 **어두움이** 그의 눈을 멀게 하였음이니라(2:7-11).

여기서 반복하여 사용되고 있는 단어들을 순서대로 적어 보면 다음과 같다.

	어두움	그의 형제를 사랑함
새 계명	빛	빛
옛 계명	빛	그의 형제를 미워함
옛 계명	그의 형제를 미워함	어두움
새 계명	어두움	어두움
		어두움

서구 세계에서 매우 바쁘게 살아가는 우리는 보통 이러한 문체의 세세한 부분들까지 발견하지는 못한다. 성경에서 이 서신들이 운문 형식으로 번역되었더라면 좀더 도움이 되었을 것이다. 비록 더 많은 지면이 필요할지라도 운문 형식으로 번역되었더라면 신약의 문학성을 발견할 수 있는 우리의 안목을 열어 주었을 것이다. 우리 주 예수님은 시인이셨고, 그분과 가까웠던 요한 역시 시인이었다.

용어의 유사성

이제 당신은 요한일서와 요한복음 사이의 관련성을 분명히 알게 되었을 것이다. 여기서 우리 모두가 간과해 버리기 쉬운 아주 중요한 문제가 대두된다. 그것은 요한복음에 나타난 어떤 단어들이 요한일서에서도 동일한 의미로 사용되었다고 말할 수 있겠는가 하는 문제다. 예를 들어, **세상**이라는 단어와 **어두움**이라는 단어가 요한일서와 요한복음에서 동일한 의미를 갖는다고 확언할 수 있을까?

앞서 인용한 요한복음의 구절들 가운데서 **어두움**이란 용어는 예수님을 빛으로 받아들이지 않았던 이스라엘의 언약 백성들을 가리키는 말이다. "자기 땅에 오매 자기 백성이 영접지 아니하였으나"(요 1:11). 그러나 요한일서의 **어두움**이라는 단어에도 똑같은 의미를 부여할 수 있을까? 요한복음에서 **세상**이란 단어는 사단의 권세하에 있으며 이스라엘의 지도층의 지배를 받는 이 세대 또는 이 세상을 표현하는 데 사용되고 있다. 그러면 **세상**이라는 말이 요한일서에서도 과연 이러한 의미를 가지는가?

복음의 전승을 언급함

일부 학자들은 요한일서가 요한복음의 서론으로 기록되었다고 믿는다. 하지만 이러한 가설은 그 서신이 기록된 정확한 때를 알 수 없기 때문에 결코 증명할 수가 없다.

요한복음과 요한일서 사이에 동일한 단어들이 현저하게 나타나고 있다는 사실-이것을 확인하기 위해 컴퓨터를 동원할 필요는 없다-은 그것들이 **한** 저자의 작품이며, 동일한 수신인에게 보내진 것이고, 동일한 지적 수준에서 나온 것임을 말해 준다. 이에 따라 요한일서는 요한복음과 거의 같은 시기에 기록되었다는 결론을 내릴 수 있다. 신약의 다른 모든 책들처럼 요한일서도 주후 70년, 즉 예루살렘 멸망 **전**에 기록된 것이다. 이 서신에서는 이미 요한복음에서 제시된 내용들을 언급하고 있으며 유대인 회당을 대적하고 있다.

요한일서의 저자는 독자들이 이미 알고 있는 사실들을 반복해서 언급하고 있다. 또한 그는 마태복음, 마가복음, 누가복음[1)]에 기록된 예수님의 말씀과 자신이 쓴 복음서에 기록된 말씀들을 인용하고 있다.

그러므로 요한복음의 용어와 요한일서에 나타난 용어들을 동일한 의미로 해석해도 무리가 없다. 이처럼 세상을 "미워하는 것"은 일반적인 미움이 아니라 "사단의 회"를 미워하는 것이다. 요한일서에 언급된 거짓 예언은 순전히 이방적인 것이 아니라 타락한 교회에서 나온 문제였다.

이것이 요한이 말씀 그 자체, 즉 전수받은 증거(전승; 2:7-27)로 돌아가자고 말한 이유였다. 학자들은 요한 자신이 복음의 전승을 강조할 때 그 서신을 이해할 수 있는 **열쇠**를 제공해 준다는 사실을 너무 자주 망각하고 있다. 교회가 요한일서를 해석하는 데 실패하고 어려움을 겪는 것도 바로 이러한 이유로 인한 것이다.

---

1) 다음에 나오는 요한일서 구절과 "복음서"에 있는 구절들을 비교하라. 2:17(마 7:21), 3:1-3(마 5:8-9), 4:1(마 24:11, 24), 5:3(마 11:30), 3:7(막 13:5), 5:15(막 11:24, 3:13(눅 6:22). 요한일서와 요한복음 사이에는 다음에서 알 수 있듯이 많은 병행구절이 있다.

요한복음서	요한일서
3:36	5:12
13:34(참조. 15:10-12)	1:8, 10(참조. 2:10)
15:11	1:4
14:16; 16:13	4:6
17:3	5:20
18:37	3:19

이외에도 더 많은 병행구절들을 찾아볼 수 있을 것이다.

2

내부에서 일어나는 반론

형제들아 세상이 너희들 미워하거든 이상히 여기지 말라(3:13).

사단의 회

요한의 독자들은 "세상"의 미움을 받아 고통당하고 있었다. **세상**이라는 용어는 요한복음 15장 18절 이하에 그 의미가 나오므로 여기서는 "사단의 회"에 대하여 생각해야 한다. 주 예수님은 제자들에게 다음과 같이 말씀하셨다.

> **세상**이 너희를 미워하면 너희보다 먼저 나를 미워한 줄 알라. 너희가 **세상**에 속하였으면 **세상**이 자기의 것을 사랑할 터이나 너희는 **세상**에 속한 자가 아니요 도리어 **세상**에서 나의 택함을 입은 자인고로 **세상**이 너희를 미워하느니라(요 15:18-19).

예수님은 이렇게 제자들이 회당에서 쫓겨나 죽임당할 것을 말씀하셨다(요 16:2). 그의 독자들이 들었고 말씀되었던 사실에 수 차례 호소하고 있는 요한 또한 요한일서를 통해서도 예수님을 인정하지 않고 그분의 이름을 고백한 자들을 미워하는 언약 백성에 대하여 말하고 있다.

2장 22절과 5장 1절을 볼 때 요한이 일반적으로 이교도들이나 사악한 세상에 대하여 하는 말이 아닌 것이 분명하다. 요한은 **이스라엘의 왕**이신 **메시아**에 관한 고백, 즉 구약의 증거와 관련된 신앙고백의 문제를 다루고 있다(요한이서 9절에도 동일한 관점이 나오는데 거기서는 "그리스도에 관한 교훈"이 "그리스도 교훈"으로 기록되어 있다). 정말로 문제가 되는 것은 예수님을 **메시아**와 **하나님의 아**들로 인정하느냐는 것이다.[2]

이단의 위협

요한일서가 요한복음에서와 동일한 이단, 즉 세린투스(Cerinthus)와 같은 영지주의자들을 반대했다는 것은 종종 논란의 대상이 되어 왔다. 이단 세린투스는 그리스도께서 피와 살을 가진 인간이 되셨다는 사실을 부인했다. 영지주의자들은 예수님과 그리스도를 구별하여 그리스도께서 육체를 입으신 것처럼 보였을 뿐이라고 주장했다.

요한의 서신들은 이러한 이단 사설들에게 대항하기 위하여 기록된 것이라는 사실을 부인할 수 없다. 그러나 요한일서에서는 무엇보다도

2) 하나님의 아들에 관한 고백에 대해서는 2:22; 4:15; 5:11-12; 마 26:46; 27:40 이하; 54절, 막 14:61 등을 참조하라.

인간이 되신 하나님의 아들을 고백하는 기본적이고도 본래적인 신앙고백을 거부하는 문제를 다루고 있음을 잊어서는 안 된다. 이러한 신앙고백을 거부하는 자들은 누구나 사단의 회에 속한 자들이다.

황폐해진 예언

요한이 서신을 보낸 교회 안에는 그리스도에 관한 신앙고백이 핵심적인 문제가 아니라고 믿고 있는 거짓 교사들이 있었다. 그들은 자신들도 "영"을 가졌다고 주장하였다. 여기서 우리는 황폐해진 "기독교"의 예언, 즉 역시 "계시들"(12, 20절)에 호소하면서 그것이 합법적이고 "기름부음을 받은" 예언이라고 여기는 거짓된 예언(4:1)이 있음을 보게 된다.

이러한 거짓 선지자들은 예수님을 메시아로 고백하지 않고도 하나님의 이름을 부르며 그분을 의지할 수 있다고 가르쳤다. 또한 구속 사역이 반드시 필요한 것은 아니라고 했다(1:8 이하). 그들은 하나님은 그 아들을 고백하는 자들에게만 아버지가 되시는 것이 아니라고 했다. 그들의 주장대로라면 예수님은 굳이 골고다에서 피를 흘리실 필요가 없었다(5:6, 8). 골고다는 복음의 필수적인 부분이 아니었던 것이다.

이러한 교훈들 때문에 거짓 교사들은 교회 밖으로 추방되지 않을 수 없었다(2:19). 그들은 복음의 진리에 순종하기를 거부하고 "세상"의 편, 즉 예수님을 증오했던 산헤드린과 회당의 편에 섰던 것이다(참조. 계 2:2-3, 6).

3

적그리스도에 대한 경고

거짓 메시아들

적그리스도(antichrist)라는 말은 어처구니 없게도 자신을 그리스도라고 주장하면서 그리스도를 대적하는 자를 지칭한다. 교회는 어느 날 갑자기 적그리스도가 출현하리라는 가르침을 받았다. 바울은 에베소를 떠날 때 장로들에게 이렇게 말하였다. "내가 떠난 후에 흉악한 이리가 너희에게 들어와서 그 양 떼를 아끼지 아니하며 또한 너희 중에서도 제자들을 끌어 자기를 좇게 하려고 어그러진 말을 하는 사람들이 일어날 줄을 내가 아노니"(행 20:29-30). 에베소는 요한 서신의 수신자들이 살고 있는 곳이었다. 복음서에서 예수님은 이미 거짓 메시아와 거짓 선지자들에 대하여 예언하셨다(마 24:5, 11, 24). 이 서신을 쓸 때 밧모 섬에 있었던 것으로 짐작되는 요한은 이제 이미 많은 적그리스도들이 출현하고 있다는 사실을 말하고 있다.

마지막 시간

이는 "마지막 때"(2:18)를 가리킨다. 많은 거짓 선지자들이 "세상"(4:1), 즉 배교한 유대인 세계로 들어왔던 것이다. "예수를 시인하지 아니하는 영마다 하나님께 속한 것이 아니니 이것이 곧 적그리스도의 영이라. 오리라 한 말을 너희가 들었거니와 이제 벌써 세상에 있느니라"(4:3).

요한의 말은 우리에게 "적그리스도"를 "마지막 때"가 될 미래의 사건과 연관시켜 생각하지 말 것을 분명하게 해주고 있다. 요한은 교회사의 시계를 보고 마지막 시간이 이미 도래했다는 사실을 깨달았다. 지금은 마지막 시간이다! 그러므로 우리는 요한의 말을 명심하고 "적그리스도"에 대한 개념을 분명히 하며 그가 말하는 거짓 교사들이 단지 미래에 나타날 어떤 적그리스도의 **선구자**에 불과할 뿐이라고 여겨서는 안 된다(참조. 요이 7절).

언약의 집단 안에서 나타날 적그리스도

적그리스도는 "성령으로 기름부음을 받았다"고 주장하면서 언약의 집단 안에서 나타나는 어떤 거짓 선지자들에게 적용되는 이름이었으며, 이것은 현재도 그러하다. 요한은 요한계시록에서 짐승에 대한 이상을 다룰 때 온 세상을 자기 손 안에 넣고 다스릴 미래의 정치적 적그리스도를 말하지 않았다. 요한이 언급하고 있는 것은 짐승 같은 어떤 마귀가 교회를 공격하기 위해 이스라엘 **가운데서** 일어나리라는 것이었다. 데살로니가후서 2장에서도 동일한 취지로 말하고 있다. 또한 3장 9절에서 요한은 하나님의 씨[3](하나님의 자녀)와 마귀의 자녀들(참조. 요 8:44)을 날카롭게 구분하고 있다.

요한은 박애 정신과 인류의 하나됨을 설교했다는 의미에서 종종 사랑의 사도라고 불린다. 하지만 다른 사람들의 감정을 해치거나 기분을 상하게 하지 않는 것을 중요하게 생각하는 감상적인 기독교는 요한이 천국의 열쇠로 말하는 사랑을 이상한 것으로 받아들여야만 했을 것이다. 현대의 사랑의 사도들은 요한일서의 일부분(예를 들어, 하나님은 사랑이시라는 구절)에서 많은 사실들을 강조하지만, 이 "우뢰의 아들"이 로마를 대항한 유대의 반동을 부추기는 자들을 묘사하는 데 사용했던 **적그리스도**나 **거짓 선지자** 같은 단어들에 관해서는 아무런 관심을 기울이려 하지 않고 있다.

3) 흠정역은 5:7-8에서 고대의 많은 사본들에 빠져 있는 부분들을 생략하고 있는 RSV와 NEB와는 달리 몇몇 단어들을 포함시키고 있다. 삼위일체를 언급하고 있는 이러한 단어들을 생략할 수밖에 없다고 하더라도 그 밖의 많은 구절들에서 삼위일체를 언급하고 있는 것을 볼 수 있다.

4

하나님의 사랑과 우리의 사랑

그리스도의 사역의 열매

오늘날의 사람들은 사랑을 베푸는 데 넘쳐나고 있다. 훌륭한 자유주의자들은 모두 세계 도처에서 굶주림에 허덕이는 수백만 명의 사람들에게 관심을 기울이고 있다. 그들에 따르면 하나님은 모든 사람들의 아버지가 되시며, 따라서 우리는 모두 형제요 자매라고 한다. 성경에서도 이러한 의미를 강조하는 구절들이 나오지 않는가!

그러나 요한일서에서 **형제 사랑**을 말할 때는 교회에 대한 **하나님의 사랑에** 기초했다는 것이다. 그 사랑은 예수 그리스도의 속죄 사역을 통하여 우리의 죄를 용서하시는 가운데 나타났다. 여기서도 모든 것이 예루살렘에서 시작되어 예루살렘에서 끝나고 있다. 사랑은 인간의 호의에 뿌리박은 일반적인 기질이 아니라 그리스도의 사역의 열매이며 먼저 언약의 집단 속에서 나타나는 것이다.

시련으로 시험받는 사랑

형제 사랑이 시험받는 것은 바로 우리 자신의 집단 속에서다. 이것은 특히 핍박의 때에 발생하게 된다. 요한일서의 독자들은 "세상"의 미워함으로 고통당해야 했다. 이것은 결국 물질적인 궁핍을 초래하게 만들었다(3:17). "짐승의 표" 받는 것을 거부했던 이들은 누구나 "세상"(유대인)으로부터 버림을 받았던 것이다(참조. 갈 6:12). 요한일서의 배경은 마태복음 10장, 요한복음 15장 그리고 요한계시록 등과 매우 밀접한 관련이 있다.

그리스도에 관한 신앙고백을 핵심적인 것으로 여기지 않고 하나님의 일반적인 부성만을 선호하는 이들은 어떻게 행동했는가? 그들은 교회 내에서 복음으로 인해 고통당하는 형제들을 도와주려고 하지 않았다(참조. 야고보서).

그러한 형제들이 그리스도에 관한 문제에서 타협하는 데 더 적극적이지 않았는가? 그들은 성자, 성부 **모두**를 사랑하지 않기 때문에 위험과 고통에 처한 교회의 형제들을 도와주기 위하여 아무런 일도 하지 않았다. 그들은 "세상"을 사랑하며 사치스러운 생활을 하기를 원했다(2:15 이하).

냉수 한 잔

"세상"을 사랑한다는 말은 곧 하나님의 창조물을 사랑한다는 말과는 다르다. 하나님은 모든 만물을 선하게 지으셨다. "세상"을 사랑하는 것은 배교한 회당 편에 서는 것이며, 그러한 결정으로부터 세상적인 이익을 얻으려는 것을 말한다. 이처럼 사랑이 없는 태도는 그리스도에 대한 **신앙고백을 부인하는 데서** 오는 자연스러운 결과다(1:6 이하; 2:9 이하; 3:14 이하; 4:20).

하나님의 참 사랑을 아는 사람은 그리스도를 위하여 십자가를 지는 것이 무슨 의미인지를 안다. 그러한 신자는 그리스도의 제자들에게 냉수 한 잔을 줄 때 자신의 참된 모습을 보여주게 된다(3:17; 4:21).

5

흔들리지 않는 확실성

요한의 선언

요한은 확고하고 일관된 말을 통하여 형제들을 도와주었다. 의심하는 무리가 있었기 때문에 그는 단호하게 말해야 할 필요성을 느꼈다. 회중들은 거짓 교사들과 사도들 중 누가 옳은지에 대해서 더 이상 혼돈하지 않았다.

요한의 선언은 혼란스러운 시대에 살고 있는 우리에게도 적용되는 풍부한 메시지를 담고 있다. 사도와 증인으로서 그는 생명의 말씀을 전달하고 있다. 보혈을 흘려 주신 그리스도에 대한 신앙고백에서 멀어지려는 이들을 향하여 요한은 속죄받아야 할 죄가 없다고 하는 자마다 거짓말쟁이라고 하고 있다.

그리스도에 대한 신뢰

요한은 지나치게 "폭넓은" 입장을 취함으로써 교회 안에서 형제 사랑을 실천하지 않고 그러한 행동으로 인해 알면서 일부러 어떤 큰 죄를 범하는 자들에게 "하나님께로 난 자마다 죄를 짓지 아니하나니"(3:9; 참조. 5:18)라고 말한다. 이것은 그가 앞에서 했던 말과 대립되지 않는다. 왜냐하면 그가 여기서 말하는 죄는 성도들의 공동체를 저버리는 죄이기 때문이다.

믿음은 그 열매로 나타나며 그것들로 인하여 우리는 그리스도를 신뢰하게 된다는 사실을 잊어서는 안 된다. "우리가 그의 계명을 지키면 이로써 우리가 저를 아는 줄로 알 것이요"(2:3). 또한 요한은 "그의 성령을 우리에게 주심으로 우리가 그 안에 거하고 그가 우리 안에 거하시는 줄을 아느니라"(4:13)고 말한다.

신자들은 성별된 자들이다. 그들은 그 말이 무엇을 의미하는지를 알고 있다. 그러므로 열등감으로 인하여 고통을 받아서는 안 된다. 그들은 또한 자신이 믿는 바를 확신할 수 있으며, 따라서 의심의 구렁텅이에서 벗어나야만 한다.

형제에 대한 사랑은 그들 자신이 선택한 결과가 아니라 그리스도의 희생적 사역의 열매다(3:16). 그러므로 요한은 이렇게 단언하고 있다. "우리가 하나님을 사랑하고 그의 계명들을 지킬 때에 이로써 우리가 하나님의 자녀 사랑하는 줄을 아느니라"(5:2).

참된 신앙고백을 붙들고 그 결과 형제를 사랑하는 자들은 인간적인 박애주의자나 사회복음의 지지자가 될 것에 관하여 염려할 필요가 없다. 참된 신앙은 "세상"과 "세상"에 대한 두려움을 이길 올바른 행동을 불러일으킨다. 그러므로 그러한 신자는 희생의 어린 양이신 그리스도의 편에 서기를 두려워하지 않는다. 하나님은 사랑이시다. 그리고 이 사랑(이것은 교회 공동체 **안에서** 나타나는 언약**적 사랑**을 뜻한다) 안에 거하는 자는 누구든지 하나님 안에 거하는 것이다(4:16).

6

치명적인 죄와 우상 숭배

회개하지 않는 자들에게는 용서가 없다

한때 하나님께서는 예레미야에게 "너는 이 백성을 위하여 기도하지 말라. 그들을 위하여 부르짖거나 구하지 말라"(렘 11:4; 15:1)고 말씀하셨다. 분명하게 표현된 것은 아니지만 이 서신에서도 이와 비슷한 명령을 찾아 볼 수 있다. 우리는 치명적인 죄를 범하지 않는 자들을 위하여 기도해야 한다. 그러나 요한은 자신의 독자들에게 **고의적으로** 또는 **의식적으로** 죄를 범하는 자들, 즉 사하심이 없는 치명적인 죄를 범하는 자들을 위해서는 기도하지 말라고 권고한다. 이처럼 요한은 실족하고 넘어지는 "연약한 형제들"과 하나님을 정면으로 반역하면서 사는 이들 사이를 구별하였다.

물론 후자에 속하는 사람들도 회개한다면 하나님께서는 그들을 품어 주신다. 그러나 요한은 고의적으로 죄를 지으며 불의로 그들의 책략을 삼는 자들을 용서해 주시도록 기도하는 것은 무의미한 일이라고 주장한다. 물론 요한이 염두에 둔 것은 이 세상을 사랑하여(딤후 4:10) 교회의 공동체를 떠났던 자들, 즉 그리스도인의 형제애를 부인했던 자들(마 10:34-42)일 것이다.

항존하는 위험

요한은 다음과 같이 말함으로써 결론짓고 있다. "또 **아는 것**은 우리는 하나님께 속하고 온 세상은 악한 자 안에 처한 것이며 또 아는 것은 하나님의 아들이 이르러 우리에게 지각을 주사 우리로 참된 자를 알게 하신 것과 또한 우리가 참된 자 곧 그의 아들 예수 그리스도 안에 있는 것이[4]니 그는 참 하나님이시요 영생이시라"(5:20).

그러고 나서 요한은 "자녀들아 너희 자신을 지켜 **우상**에서 멀리 하라"(21절)고 권면한다. 어떤 학자들은 이 구절을 문자적으로 해석하여 이단자들이 어떻게 해서든지 이방인들과의 화해나 결속을 도모했다는 의미로 이해하였다. 그러나 나는 이 구절은 오히려 구약의 배경에서 이해해야 한다고 생각한다. 우상 숭배란 자기의 말씀을 통하여 스스로를 계시하시는 참 하나님의 자리에 그 밖의 다른 것을 대치하는 것을 말한다.

단지 어떤 어려움을 회피하기 위하여 다시금 공적인 또는 분파적인

4) 여기서 "하나님께 속하고"는 "하나님과 교제 중에 있고로", "예수 그리스도 안에 있는 것"은 "예수 그리스도와 교제 중에 있고"로 번역할 수 있다.

유대주의로 물러서는 것은 그리스도인들에게 있어서 우상에게 제물을 드리는 것만큼이나 심각한 죄악이다. 그것은 성부와 성자와의 교제를 거부하는 것이며 생명을 포기하는 것이다. 여기서 우리는 "그들이 다른 신으로 그의 질투를 일으키며 가증한 것으로 그의 진노를 격발하였도다"(신 32:16; 참조. 삼상 15:22; 시 81:10 이하)라는 모세의 노래를 기억하게 된다.

오늘날도 우리는 요한의 표현을 이해할 수 있겠는가? 매주일 교회에 나가고 경건하며 합당한 생활을 하는 사람도 우상 숭배라는 큰 죄에 빠질 위험이 있다. 어떻게 이러한 죄에 빠질 수 있는가? 그것은 곧 그리스도를 고백하는 자들이 마땅히 받아야 할 **멸시**와 **조롱**을 원치 않음으로써 자행될 수 있는 것이다.

EARCH THE SCRIPTURES

요한이서

1

요한이서

너희는 믿지 않는 자와 멍에를 같이 하지 말라 의와 불법이 어찌 함께 하며 빛과 어두움이 어찌 사귀며(고후 6:14).

"씨" 에게 보내는 편지

이 짧은 서신은 다음과 같이 시작된다. "택하심을 입은 부녀와 그의 자녀…." 여기서 이 부녀는 누구이며, 또 5절에서 "부녀"로 표현된 사람은 누구인가? 이것은 의심할 바 없이 어떤 **교회**를 가리키는 것이 분명하다.

요한이서의 말미에 나오는 "택하심을 입은 자매"는 사도 요한이 이 서신을 쓸 당시에 속해 있던 자매로서의 교회를 가리킨다. 성경에서 교회는 종종 여인으로 표현되기도 한다(참조. 요 3:29; 계 12:1 이하, 17절; 21:9; 22:17). 또한 교회는 "씨", 즉 여인의 후손으로 여겨지기도 한다.

진리로 살아감

요한일서의 저자가 요한이라는 전승을 모른다 하더라도 요한복음과 요한일서의 문체에 익숙한 사람이라면 본 서신의 저자가 요한이라는 사실을 금방 알 수 있을 것이다. 예를 들어, 요한은 다른 글에서도 자주 사용하고 있는 **진리**라는 단어를 여기서도 자주 사용하고 있다. 요한에게 이 말은 사실과 부합된다거나 참되고 올바른 것만을 의미하는 것이 아니다. 요한은 "진리"라고 했을 때 하나님의 언약**의 신실하심**, 그분의 예와 아멘, 구원의 계시, 그분의 불변하는 뜻, 구약의 약속들의 성취를 가리키는 것이다.

"그 진리"는 교회에 생명을 주는 능력이며 교회를 결속시키는 힘이다. 그 진리는 교회와 영원히, 즉 그리스도의 재림 후에도 언제까지나 함께 할 것이다(2절. 참조. 요 14:16). 그 진리는 또한 우리에게 형제 사랑[1]에 대한 **옛** 계명들에 대하여 계속적으로 아멘할 수 있도록 해준다.

교회 생활은 필요할 때 생기는 임기응변의 윤리에 의해서 지배되어서는 안 된다. 변치 않는 하나님의 불변의 진리로 사는 교회는 이 계명을 계속적으로 순종해야 한다는 사실을 안다(4-5절).

---

1) 형제 사랑에 대한 계명은 사실 구약에서 계속되어 온 명령이다. 그런 의미에서 이미 오래된 계명, 즉 옛 계명이라 할 수 있다. 그러나 그것은 예수님께서 가르치신 새 계명이기도 하다. 그러므로 요한이 그것을 다시금 새롭게 할 필요가 없었다는 의미에서 옛 계명이라 할 수 있을 것이다.

거짓 진보

교회는 앞서 나아가기를 좋아하나 그리스도의 교훈을 순종하는 데는 미치지 못하는 진보주의자들과 연합해서는 안 된다(9절). 이러한 종류의 진보를 부르짖는 것은 하나님이 변하실 수 있으며 그분의 뜻과 계명도 바뀐다는 사실을 선언하는 것이다. 새로운 교훈을 주장하는 이단들은 항상 진보에 관하여 이야기한다. 그러나 그들을 따르는 자들은 사실상 진보하는 것이 **아니다**. 왜 그러한가? 만일 그들이 **옛** 교훈을 붙들지 않는다면 이미 얻은 것들을 다 **잃어버릴** 것이기 때문이다. 옛 교훈에 거하는 자들만이 성부와 성자를 "모신다."

교회는 거짓 교사들이 활동하지 못하도록 해야 한다. 그들을 직무 담당자로 세우지 말아야 할 뿐만 아니라 교회에서 추방해야 한다. 그들을 받아들이는 것은 그들의 악한 사역에 동참하는 것이다(7-11절).

오늘날 사람들은 각자의 차이를 줄여서 모든 사람들이 동의할 수 있는 "공통 분모"를 찾으려는 경향이 있다. 요한이서에서 우리가 유의해야 할 점은 "**사랑**의 사도"가 바로 이러한 진보적 태도를 피하라고 가르친다는 사실이다. 요한은 우리가 받았던 교훈을 강조하고 있다. "다른 견해"를 가진 사람들을 받아들이지 않는 태도를 과연 사랑이라고 할 수 있을까?

그리스도인의 사랑

이 요한이서에서 다루고 있는 문제들은 결코 낡아빠진 것들이 아니다. 장래의 교회에서는 무엇이 그리스도인의 사랑인가 하는 문제를 둘러싸고 많은 논쟁을 벌이게 될 것이다. 요한 당시의 그러한 이단자들과 그 추종자들에 따르면, 그리스도인의 사랑이란 서로 배타적인 교리들을 받아들이고 혼합하는 것을 말한다. 따라서 이것은 진보적이며 에큐메니칼한 것으로서 옛 교훈 안에 거하지 않는 자들을 "받아들이는" 것이다.

그러나 "진리"와 "사랑" 안에 거하기를 원하는 자들은 문제를 전혀 다른 관점에서 파악할 것이다. 그들은 이단과 대면할 때 공손하거나 유순할 수가 없다. 이단을 단호하게 대처하지 못하는 것은 진리와 사랑을 양보할 뿐만 아니라 그리스도와 사도들의 연합, 즉 요한복음 17장에 나타난 연합을 포기하는 것이다. 참 교회는 다른 선택이 있을 수 없다. 사랑과 진리는 **이단을 완전히 배제한다**.

EARCH THE SCRIPTURES

요한삼서

1

요한삼서

저술 시기

요한삼서가 아주 늦은 시기에 기록되었으며 사도 시대에 쓰여진 것이 아니라는 주장이 종종 있었다. 그것을 주장하는 이들은 요한이 이 서신에서 책망하고 있는 디오드레베가 이미 교회를 다스리는 감독이 되어 있다는 사실을 그 이유로 들고 있다. 만일 그렇다면 이 서신은 후기 사도 시대에 기록되었을 것이며 요한에 의해 쓰여질 수가 없었을 것이다.

그러나 이러한 생각은 무언가 중요한 사실을 간과하고 있다. 저자가 디오드레베의 성직자적 행동을 그토록 강력하게 반대한다는 사실은 아직도 "전제적인" 감독 시대가 아니라는 사실을 암시해 준다. 다시 말해서 디오드레베의 태도가 당시의 통상적인 관례가 아니었다는 것이다.

독재의 위험

요한삼서는 요한이서와 대조된다고 할 수 있다. 목회자적 관점에서 이단을 받아들이는 일에 대하여 목사식으로 반대하는 요한이서에서와는 달리, 요한삼서에서는 여러 곳에서 온 신실한 종들을 영접하지 않고 오히려 그들을 접대한 자들을 박해하는 디오드레베의 행위에 대하여 반대하고 있다.

"장로"는 이 서신을 가이오라는 사람에게 쓰고 있는데, 그는 가이오에 관해서 좋은 소문을 들었다. 이 가이오(그에 관해서는 더 이상 알려져 있지 않다)는 그리스도인 형제들이 자신의 지방을 지나갈 때 많은 도움을 주었다. 요컨대 이 형제들은 그리스도의 이름을 위하여 나아갔던 자들이 아닌가?

그리스도는 제자들을 파송하실 때 "접대할 것"을 하나의 계명으로 만드셨다. "너희를 영접하는 자는 나를 영접하는 것이요 나를 영접하는 자는 나 보내신 이를 영접하는 것이니라. 또 누구든지 제자의 이름으로 이 소자 중 하나에게 냉수 한 그릇이라도 주는 자는 내가 진실로 너희에게 이르노니 그 사람이 결단코 상을 잃지 아니하리라"(마 10:40, 42).

사도 요한은 가이오에 관한 좋은 소문을 들었다. 그러나 가이오가 속해 있던 회중 가운데 한 사람인 디오드레베는 자신이 주도권을 잡으려고 했다. 디오드레베는 지역교회가 **독립**해야 한다고 하면서 사도 요한으로부터 간섭 받는 것을 싫어하였다. 그는 심지어 사도 요한이 보낸 서신을 읽지도 못하게 하였다(9절). 또한 그는 사도를 악한 말로 비방하면서 자기 자신을 추켜세웠다. 디오드레베는 사도 요한이 교회에 보낸 형제들을 영접하기를 거부했으며, 그들을 접대하는 자는 누구든지 강제로 회중 가운데서 추방하였다(10절).

이처럼 디오드레베는 독재적 성향이 강한 책임자였다. 그는 교회 안에서 **성직자**의 정치적 권력을 남용하는 실례가 되고 있다. 그는 권력을 사랑하여 교회를 강압적으로 다스리는 자였다. 교회사를 통해서 볼 때 이러한 성향은 결국 감독, 교황 등의 성직자 기구로 형성되며 성직자들에 의해서 완전히 지배되는 교회로 이끌었던 것이다.

진리에 봉사함

요한은 이 서신을 끝내면서 데메드리오를 칭찬하고 곧 이루어질 약속을 언급하고 있다(참조. 12-14절; 참조. 10절). 가이오는 그 형제들을 계속 "영접하라"는 가르침을 받았다. 우리가 기억해야 할 중요한 사실은 모든 사람이 "**진리**를 위하여 함께 수고하는 자"(8절)라는 것이다.

이렇듯 사도의 사역은 진리를 **섬기는** 것이었지만, 디오드레베는 **지배하기만을** 원하였다. 그는 지역 회중의 "자치권"(sphere sovereignty)을 주장하면서 사도의 권위를 무시함으로써 모든 시대의 교회들에게 좌초되기가 얼마나 쉬운 일인지를 보여주는 대표적인 예가 되었다.

사도도 존재하지 않고 교회가 그들의 권위 있는 지도를 받지 않고 지내는 오늘날은 요한의 "악한 것을 본받지 말고 선한 것을 본받으라"(11절)는 권면의 말씀을 상기해야 할 것이다. 교회의 직무 수행자들이 이러한 호소에 귀를 기울인다면 진리에 **봉사하게** 될 것이다. 그러면 사랑(이것은 **올바른** 형제들을 사랑하는 것을 말한다)과 진리는 조화를 이루게 될 것이다. 요한이서가 거짓된 연합을 경계하는 것이라면, 요한삼서는 참된 연합을 호소하고 어떻게 그것을 성취할 수 있는지를 보여주는 것이다.

EARCH THE SCRIPTURES

유다서

1

강한 어조로 경계함

여호와여 내가 주를 미워하는 자를 미워하지 아니하오며 주를 치러 일어나는 자를 한하지 아니하나이까(시 139:21).

야고보의 형제

유다라는 이름은 우리에게 낯설지 않다. 예수님의 제자들 가운데도 유다라는 이름을 가진 사람이 두 명이나 있었다. 하나는 가룟 유다이고, 다른 하나는 "야고보의 아들 유다"(눅 6:16)다.

우리가 지금 살펴보고 있는 이 짧은 서신을 기록한 저자는 자신을 "예수 그리스도의 종이요 **야고보**의 형제인 유다"로 소개하고 있다. 이 야고보는 예루살렘의 교회에서 주도적인 역할을 했던 사람으로 사도 요한의 형제가 아니라 주 예수님의 형제(참조. 막 6:3)다.

처음에는 예수님의 친 형제들마저도 그분을 믿으려 하지 않았다. 부활하신 후에 예수님은 교회의 일원이 되었던 야고보(고전 15:7)와 다른 형제들(행 1:13-14)에게 나타나 보이셨다. 고린도전서 9장 5절에서 바울은 복음 사역을 위하여 주의 형제들을 데리고 다닌 사실을 언급하고 있다.

따라서 유다는 예루살렘에 있는 회중에게 낯설지 않은 인물이었을 뿐만 아니라 흩어진 유대인들과 그리스도인들에게 복음을 전하는 자였다. 신약의 다른 부분들과 마찬가지로 헬라어로 기록된 그의 서신은 의심할 여지없이 흩어진 그리스도인들, 특히 유대인의 후손들을 위하여 쓰여진 것이다. 유다는 교회에 커다란 위협이 되는 거짓 교사들이 있다는 사실을 파악하였다. 이에 따라 그는 그들의 거짓 예언에 대하여 경계할 필요를 느꼈던 것이다.

생소한 표현

오늘날 유다서는 별로 인기가 없는 책이다. 그것은 현대인의 사고방식과는 맞지 않기 때문이다.

유다는 아주 날카로운 언어를 사용하고 있다. 베드로후서에서처럼 그런 언어들은 거짓 교사들을 대적하는 데는 제격이 아니겠는가? 절대적인 법칙이나 규범을 싫어하는 신경질적인 오늘의 시대에는 유다서가 전혀 환영을 받지 못하고 있다. 그리스도인들은 가능한 한 거치른 용어를 사용하지 말아야 할 것이다. 오늘날은 모든 사람들이 형제들이기 때문에 유다서의 접근 방식은 약간 시대에 뒤처져 있다고 볼 수 있다.

그러나 다른 측면에서 보면 유다서는 매우 현대적이다. 유다가 사용하고 있는 일부 표현들은 표현주의자, 초현실주의자 그리고 마술적 현실주의자들이 그린 그림의 제목들처럼 들린다. 그는 이렇게 말한다.

"저희는 기탄 없이 너희와 함께 먹으니 너희 애찬의 암초요 자기 몸만 기르는 목자요 바람에 불려가는 물 없는 구름이요 죽고 또 죽어 뿌리까지 뽑힌 열매 없는 가을 나무요 자기의 수치의 거품을 뿜는 바다의 거친 물결이요 영원히 예비된 캄캄한 흑암에 돌아갈 유리하는 별들이라"(12-13절).[1] 마치 죽음과 황폐가 배회하는 음산한 풍경화 같은 인상을 주는 표현들이다.

오늘날 유다서가 별로 인기가 없는 이유는 이해하기가 너무 어렵기 때문이 아니다. 실제적인 문제는 사람들이 유다의 메시지를 받아들이려고 하지 않는다는 데 있다. 유다서는 일반적인 표현을 사용하지 않고 특정한 교리에 대하여 치명적인 것으로 지적하고 있다. 바로 이것이 사람들이 듣기 싫어하는 사실이다.

---

1) 베드로도 이와 비슷한 말을 하고 있다. "이 사람들은 물 없는 샘이요 광풍에 밀려가는 안개니 저희를 위하여 캄캄한 어두움이 예비되어 있나니"(벧후 2:17). 따라서 유다서와 베드로후서는 중세의 억압과 우리 시대의 불안을 표현한 히에로니무스 보쉬(Hierenymus Bosch), 윌링크(A.C. Willink), 파블로 피카소(Rablo Picasso) 등의 작품과 비교하여 설명할 수 있을 것이다.
이처럼 많은 예술가들이 인간의 암울하고 억압적인 상황 그리고 허무하고 불길한 운명밖에는 표현하지 못했다는 사실은 불행한 일이다. 그들은 인간이 그들이 살고 있는 불행한 환경과 타협할 것을 바랐던 것처럼 보인다. 그러나 성경은 이러한 모든 황폐의 근본 원인을 지적하고 거기에서 벗어날 수 있도록 도와준다. 다음에 실존주의자들의 작품을 감상할 때 유다서를 생각하라.

2

자력 구원을 말하는 거짓 복음에 대한 투쟁

불화의 씨

유다는 성도들에게 단번에 전해진 믿음에 대한 위협이 있음을 인식하였다. "방종의 신학"을 외치는 자들이 교회 안에 침투했던 것이다. 이 신학은 하나님의 은혜의 복음과 대치되는 것이며 유일하신 통치자 주 예수 그리스도를 반역하는 것이었다(3-4절).

이 사람들은 처음에는 그리스도의 권위를 인정했으나 나중에는 불평이 생겨 기존 체제(로마)에 대항하는 분열의 씨를 뿌리기 시작했다(참조. 8절). 그들은 권위를 거부하고 관리들을 업신여겼던 것이다.

8절에서 우리는 그 거짓 선지자들이 백성들을 얼마나 잘못 인도했는지를 알 수 있다. 그들은 망상에 잠겨 있었던 것이다. 유다가 이러한 거짓 교사들을 **반대하여** 유대의 묵시[2)]를 인용하고 있는 것을 볼 때, 그 거짓 교사들은 교회의 구성원들에게 로마에 대한 유대인의 반동에 참여토록 선동하기 위하여 그러한 저항 문학을 이용했다고 확신할 수 있다. 그들은 애찬식 기간 동안에도(12절) 이러한 일을 계속했다. 그러므로 여기서 유다가 말하고 있는 것은 "기독교"의 기치하에 투쟁해야 할 어떤 것으로서의 이상향을 백성들 앞에 제시하는 일종의 사회 비판이다(16절).

혁명적인 견해

유다서도 다른 모든 신약의 책들처럼 주후 70년 이전에 기록되었다. 우리는 앞에서 유다서가 베드로후서와 많은 점에서 유사하다는 사실을 살펴보았다. 유다서는 거짓 선지자들의 열심에 대하여 확고하게 경계하고 있다. 우리는 신약의 여러 곳에서 이와 동일한 경고를 찾아볼 수 있다(마 7:15; 24:11, 24절; 살후 2:9-12; 벧후 2:1; 요일 4:1; 계 13:14; 16:13-14).

---

2) 유대인의 묵시주의는 주전 200년에서 주후 200년까지의 후기 유대 문학에서 많이 찾아볼 수 있다. 그러나 그들의 사상은 구약과는 다른 것이었다. 즉, 그들은 구약 사상의 영향을 받았으면서도 그것을 본질적으로 왜곡시켰다. 구약의 사상이 신앙 또는 은혜에 기초를 둔 데 비해 그들의 사상은 첫째로, 지나치게 율법적이었고, 둘째로 이스라엘 중심주의 및 선민 의식만을 내세웠으며, 셋째로 지상에서의 다윗 왕가의 회복과 종말론적인 전 우주적 변혁이 있을 것을 기대한 점이 다르다. 이렇게 그들은 하나님에 대한 은혜보다는 율법적, 현세적, 정치적인 면에만 관심을 기울였다. 이런 배경하에서 바리새인과 사두개인이 나온 것이다. 예수님은 구약 사상을 올바로 이해하고 그것을 가르쳤으며 거기에 새로운 것을 포함시키되 용어는 그 당시의 사람들이 익히 알고 있는 것을 사용하셨다. 바울이나 신약의 기자들 역시 이러한 관점에서 그들의 서신을 기록했던 것이다.

"유대 애국주의 전선"(Jewish Patriotic Front)을 위하여 예언하는 자들은 은혜의 구원을 자력 구원의 복음으로 바꾸어 버렸다. 이처럼 유다서는 영지주의 이단들을 비평한다기보다는 오늘날에도 많은 사람들의 지지를 받고 있는 혁명적 사고 방식을 반대하는 것이다. 이러한 혁명적 견해는 신약의 전반, 특히 "공동 서신"(베드로전서부터 유다서)과 계시록에서 비판되고 있다.

같은 운명

예수님은 왕 중의 왕이시다. 통치자들도 예수님을 섬긴다. 그러므로 혁명주의자들은 광야에서 반역하여 여호수아와 갈렙의 보고를 듣지 않았던 자들과 같은 운명에 처하게 될 것이다.[3] 그들의 운명은 타락한 천사들, 소돔과 고모라, 가인, 발람 그리고 반역한 고라의 운명과 같이 될 것이다.

구원은 자력 구원의 방법을 통하여 오는 것이 아니다. 물질주의자나 유토피아적 혁명주의자들은 정죄당하고 심판을 받게 될 것이다. "보라 주께서 그 수만의 거룩한 자(즉, 군대)와 함께 임하셨나니 이는 뭇사람을 심판하사 모든 경건치 않은 자의 경건치 않게 행한 모든 경건치 않은 일과 또 경건치 않은 죄인의 주께 거스려 한 모든 강퍅한 말을 인하여 저희를 정죄하려 하심이라"(14-15절).[4]

---

3) 권위를 거부하는 것은 결국 그것은 주신 분을 거부하는 것이기 때문이다.
4) 이것은 위경의 에녹서 1:9을 인용한 것이다. NIV는 이 부분의 상반절을 다음과 같이 번역하였다. "See, the Lord is coming with thousands upon thousands of his holy ones to judge everyone, and to convict all the ungodly…."

유다서는 결코 우리에게 잊혀진 서신이 되어서는 안 된다. 오늘날에도 "우리의 일반으로 얻은 구원"과 "성도에게 단번에 주신 믿음의 도"(3절)는 자력 구원의 거짓 복음과 정면으로 대립되는 것이다. 이 거짓 복음은 땅 위에서 창조 세계의 완성을 위하여[5] 그것을 파괴시키려는 것이다.

5) 지상 낙원을 건설하려는 것은 혁명주의자들의 지상 목표가 아닌가?

3

자기를 지키며 긍휼히 여겨라

조롱하는 자들과 분파주의자들

거짓 선지자들은 갑작스럽게 나타나지 않았다. 사도들이 미리 그들에 대하여 경고하였다. 이제 거짓 예언들이 지나치게 널리 퍼져 있어서 그리스도인들은 어떤 입장을 취해야 했다.

유다는 위험성을 지적하기 위하여 강한 표현을 하고 있다. 신자들은 조롱하는 자들과 분파주의자들을 멀리해야 했다. 유다는 신자들에게 거짓 예언은 부자연스럽거나 돌발적으로 나타나지 않는다는 사실을 보여주려 하고 있다.

타협하지 말라

유다의 권면은 거짓 선지자들과 신자들 사이에 있는 사람들을 위해서도 유용했다. 유다는 단지 저주만 하는 것이 아니라 잘못된 길로 인도함을 받은 자들에게 긍휼을 베풀 것을 말하고 있다. 할 수만 있다면 그들을 불에 타는 자리에서부터 건져내야 할 것이다.

오늘날 많은 사람들에게 환영받지 못하는 유다서에서도 긍휼을 말하고 있다. 위험을 지적해 주는 것이 **긍휼을 베푸는 것**이다. 그리스도인들은 "두려워하면서" 살아야 한다. 그리스도인들은 거짓 선지자들의 영향을 받아 그들과 타협하는 자들과 "연합"하려고 해서는 안 된다.

많은 복음주의자들이 죄로 더럽혀진 것을 미워하지 않고 잘못된 긍휼을 보임으로써 좌초하는 경우가 있다. 우리는 어떠한 반대에 부딪히더라도 우리에게 전해진 믿음, 즉 사도들의 전통을 전적으로 붙잡을 때에만 소금의 역할을 다할 수 있을 것이다. 하나님께서는 그리스도를 통하여 우리를 넘어지지 않도록 붙드는 능력을 가지고 계신다.

EARCH THE SCRIPTURES

요한계시록

1

정치적 접근

요한계시록은 세계사 연감인가?

요한계시록이 수 세기를 통하여 해석되어 온 방법들을 살펴보면 마치 현대의 예술 작품이 평가받는 방식을 연상하게 된다. 어떤 해석자가 이러한 사실을 발견하면, 또 다른 해석자는 다른 사실을 찾아내는 것이다. 어떤 사람들에게 계시록은 미래에 관한 모든 예언을 찾아낼 수 있는 일종의 세계사 연감이다.

2차 세계대전 동안에 짐승의 숫자(13:18)인 666에 관하여 흥미 있는 "발견"들이 생겨났다. A라는 글자가 100에 해당하고 B는 101, C는 102, D는 103 등으로 생각한다면 그 짐승은 히틀러를 가리킨다고 할 수 있다. 즉, H가 107, I가 108, T가 119, L이 111, E가 104, R이 117이므로 이 모든 숫자들을 합한 666은 히틀러가 되는 것이다.

뿐만 아니라 666이라는 숫자는 몇몇 교황들의 이름과 일치되었다.

또한 칼빈이나 윌리엄 오렌지(William of Orange)의 이름과도 일치된다. 보다 최근에는 "영원한 복음"(14:6)을 가지고 공중에 날아다니는 천사는 기독교 라디오 방송을 말하며, 9장의 황충들은 현대의 무기이고, 쑥(8:11)이라고 불리는 별은 물을 방사능으로 오염시키는 폭탄을 가리킨다고 본다.

요한계시록은 교회사의 연감인가?

17세기에 출판된 유명한 화란어판 성서 "스타텐페르탈링"(Statenvertaling)에 나오는 부록에 따르면, 계시록의 환상들은 교회사의 사건들과 일치된다고 한다. 물이 변하여 피가 되는 구절(16:3 이하)을 읽을 때 우리는 루터의 시대, 즉 많은 나라들이 로마의 적그리스도와의 관계를 끊음으로써 결국 엄청난 피를 흘렸던 시대를 떠올릴 수 있다. "그 피는 매일 흐르고 있었다."

"스타텐페르탈링"의 설명에 의하면, 네덜란드에서의 8년 전쟁이 아직 끝나지도 않았을 때 독일에서는 30년 전쟁이 발발하고 있었다고 한다. 이러한 사건들이 요한계시록을 해석하는 데 배경을 이룬다는 것이다. 앞에서 말했던 화란어판 성서 부록에는 또 다른 해석을 소개하고 있는데, 물이 피로 변하는 사건은 로마 가톨릭의 종교회의, 특히 트렌트 종교회의(Council of Trent)를 가리킬 수도 있다고 한다(저자는 네덜란드 사람이므로 자신의 역사와 고유어를 가끔 사용한다-역자주). 트렌트 종교회의에서는 거짓되고 우상 숭배적인 교리가 공식적으로 승인되었으며, 그 교리를 신봉하는 사람들은 치명적인 오류에 빠지게 되었던 것이다.

로마에 임할 심판을 기록한 것인가?

요한이 주후 95년경 계시록에 기록된 환상들을 보았고, 의무적인 황제 숭배에 참여하기를 거부하는 자들에게 무자비한 박해를 가했던 도미티안 시대에 살고 있던 아시아 지역의 교회들을 격려하기 위하여 그것들을 전달했다고 보는 것이 오늘날 우세한 견해다. 그래서 요한의 계시록은 그 당시 로마에 대한 심판을 선언한 것이었다고 한다.

그런데 로마는 요한이 환상을 통해서 보았던 "바벨론(이것은 당시 로마에 대한 상징적 명칭이었다)이 멸망하는 것과 같이 멸망하지 않았다. 그러자 일부 해석가들은 요한이 실수를 범했다는 결론을 내리면서도 그 실수는 별로 중요하지 않다는 사실을 강조하였다. 결국 요한이 묘사하고 있는 것은 상존하는 어떤 위험으로서, 특히 그것은 초대형 조직과 대제국이 득세하는 우리 시대에 해당되는 것이라고 한다. 전세계를 단일정부로 조종하려는 음모는 항상 우리 주변에 있다.

다른 사람들은 요한이 말세에 나타날 세계 대제국을 경고하고 있으며, 단지 로마를 그 실례 가운데 하나로 제시하고 있을 뿐이라고 주장한다. 이 해석에 따르면 요한이 실수를 범했다고 할 수 없을 것이다.

예수 그리스도의 계시

이러한 두 가지 해석은 하나의 중요한 측면에서 일치한다. 그것은 비록 그 제국이 종교적인 용어로 묘사되고 있긴 하지만 사실상 그 계시는 **정치적** 위협, 즉 세계 제국의 위협을 묘사하고 있으며, 그 제국은 로마나 또는 "말세"에 나타날 로마와 같은 어떤 제국을 가리킬 것이라는 사실이다.

이상의 다양한 해석을 접할 때 우리는 계시록의 초두에 나오는 "이 예언의 말씀을 읽는 자와 듣는 자들과 그 가운데 기록한 것을 지키는 자들이 복이 있나니"(1:3)라는 말씀이 참된 것인지의 여부에 의문을 갖게 된다. 우리가 이처럼 어려운 책을 읽을 때 난감해진다고 말하는 것이 더 정확한 표현이 아닐까?

우리는 지금 살펴보고 있는 책이 "**예수 그리스도**의 계시"(1:1)로서 주어진 것임을 잊어서는 안 된다. 그러므로 우리는 어깨를 움츠리면서 "그런 것들은 신학자들이나 생각할 문제야"라고 말해서는 안 된다. 우리들 자신이 성령으로 인치심을 받았다는 사실과, 신학자들은 서로 모방하지 않을 수 없으므로 지적 유행에 희생될 수도 있다는 사실을 기억해야 한다. 그러므로 **우리**는 계시록을 연구할 때 처음부터 하나님의 말씀은 우리를 결코 혼미한 가운데로 인도하지 않는다는 믿음을 가지고 이 책을 대해야 할 것이다.

2

언약적 접근

로마 제국의 역할

요한계시록에 대한 현대의 견해(이것은 하나의 해석으로 정립된 지 채 2세기도 되지 않았다)는 이 책이 로마 제국에 임할 심판을 선언한 것이라고 전제한다. 이 주장에 따르면, 로마의 도미티안 황제가 요한을 불모지인 밧모 섬으로 추방시켰다.

그러나 이러한 해석은 그 근거가 아주 희박하다는 데 약점이 있다. 우선 요한계시록이 로마를 향하여 증오감을 갖는 책이었다면 권위에 복종할 것을 말하는 신약성경과는 조화되지 않는다(참조. 롬 13:1 이하; 딛 3:1; 벧전 2:13 이하). 빌라도가 그 권세를 하늘로부터 받았다고 가르쳤던 바로 그 사도가 로마 정부를 붉은 짐승으로 묘사할 수 있었겠는가?

둘째로 계시록이 로마를 반박하는 것이라면 고대 교회는 의도된 교훈을 배우지 못했을 것이다. 왜냐하면 초대 교회의 교부들은 그 지도를 따르지 않았기 때문이다. 요한계시록에 나오는 일곱 교회 가운데 하나인 사데 교회의 멜리도(Melito)는 주후 170년경에 로마의 황제에게 "변명서"를 제출했는데, 거기서 그는 교회와 로마 정부가 평화적으로 공존할 것을 호소하고 있다.

셋째로 도미티안 황제가 대대적으로 기독교를 박해했다는 설 역시 근거가 희박하다. 도미티안은 매우 의심이 많은 폭군으로서 모든 종류의 음모를 두려워했던 자다. 그는 자신이 불신하는 자는 누구든지 제거해 버렸다. 그가 살해당했을 때 그리스도인들뿐만 아니라 전 로마 제국이 안도의 숨을 내쉬었다. 그의 이름은 에베소에 있는 황제의 신전에서 지워졌고, 그의 동상은 파괴되었다.

넷째로 요한계시록이 쓰여진 연대가 주후 95년이라는 사실도 결코 증명된 적이 없다. 이러한 연대는 교부 이레니우스의 진술에서 유래한 것인데, 그는 연대의 문제에서 많은 실수를 범했던 사람이다. 따라서 우리는 요한계시록의 내용에 근거하여 그 저작 시기를 밝혀 내야만 할 것이다.

언약의 진노

우리가 요한계시록의 내용을 주의 깊게 살펴보면 그 책의 내용이 성경적이면서도 언약적인 용어들을 사용하고 있다는 사실을 부인할 수 없을 것이다. 구약의 구절들이 직접 인용된 적은 없으나 많은 암시들이 존재하고 있다. 이러한 암시들을 단순한 유사성으로만 볼 수는 없다. 왜냐하면 요한계시록에는 구약의 특징적인 요소들, 즉 하나님의 확실한 언약의 약속뿐만 아니라 언약의 진노까지도 나타나고 있기 때문이다.

요한계시록에는 주님이 자기 백성의 하나님이 되기를 원하신다는 익숙한 구절들이 많이 나온다(21:3; 참조. 창 17:7; 출 6:6; 29:45; 레 26:11-12; 신 29:13; 사 7:14; 렘 7:23; 겔 11:20). 또한 기근, 칼과 역병의 재앙 등 모든 언약**적** 심판들에 대한 언급을 찾아볼 수 있다. 일곱 가지 나팔과 대접 재앙에 대한 기사는 레위기 26장에 언급된 일곱 가지 언약의 진노를 상기시킨다. 이렇듯 요한계시록은 율법과 선지서에서 시작된 사상과 그 맥락을 같이 하고 있는 것이다.

위대한 왕의 모습

이는 또한 이 책의 다른 특징들에서도 분명하게 드러난다. 신명기에서 우리는 이미 주님이 위대한 왕으로서 말씀하시는 사실을 살펴보았다. 이러한 모습은 구약 전반을 통하여 나타나고 있다("왕에 관한 시편들"을 보라). 계시록에서도 동일한 모습을 발견할 수 있다. 즉, **왕의 왕**께서 위대한 왕처럼 말씀하시고 행동하시며 알현을 받으신다(예를 들어, 11:15 이하; 12:10; 17:14; 19:11 이하).

여호와는 **자기 백성**을 다스리시는 가장 으뜸가는 왕이 아니신가? 그런즉 누가 그분의 언약적 진노를 거부하겠는가? 자기 백성, 즉 배교한 이스라엘이 아니겠는가?

우리는 다음과 같은 질문으로부터 도피할 수가 없다. 즉, 여호와의 진노가 참으로 로마를 향한 것이라면 왜 요한계시록에서는 끊임없이 여호와와 그의 백성들 사이의 언약 관계에 근거하여 말하고 있겠는가? 요컨대 로마는 그 언약 안에 포함되어 있지 않다.

그러므로 우리는 계시록이 모세와 선지자들의 영으로 말했다고 결론적으로 말할 수 있다(신 32장에 나오는 모세의 노래를 참조하라). 요한계시록에서 다루고 있는 것은 로마가 아니라 (배교의 위험에 빠져 있는) 그리스도인의 교회(요한계시록에서 "사단의 회"로 묘사되어 있는)와 "유대인의 교회"다.

예루살렘에 대한 예언

이상의 사실을 인식할 때 우리는 예루살렘에 대한 예수님 자신의 예언이 요한계시록에서 계속되고 있음을 볼 수 있을 것이다(호 10:8을 인용하고 있는 눅 23:30-31과 계 6:16-17을, 그리고 마 24:15-16과 23:35을 계 17:6, 16; 18:4, 24과 비교하라). 요한계시록에서 예수님은 선지자들을 죽인 피의 도시요 소돔과 애굽보다 더 깊은 죄악에 빠진 예루살렘에 대한 경고를 계속하고 있다(계 18:24과 11:8을 마 21:34 이하; 23:37, 그리고 11:20 이하와 비교하라). 예루살렘이 소돔, 두로, 시돈 그리고 니느웨보다 더 깊은 죄악에 빠졌다면(눅 10:12 이하; 11:32) 그것을 "바벨론"으로 말할 수 있지 않겠는가? 예루살렘은 위대하신 왕의 증인들을 살해하는 죄를 범하지 않았는가?

요한계시록은 성경 전체 가운데서 매우 특이한 책으로 취급되어서는 안 된다. 우리는 요한계시록을 일종의 묵시, 즉 참된 **계시**로 보도록 해야 할 것이다. 주님은 성경을 존중하고 그것을 부지런히 연구하는 자들에게는 일을 **숨기지** 아니하시고 오히려 그들에게 자신의 목적을 **나타내신다**.

대세를 거스림

문제는 요한계시록에 있는 것이 아니라 우리 자신들에게 있다. 나는 이미 성경은 일반적인 인간사를 말하는 것이 아니라 하나님께서 자신의 **언약 백성**을 다루시는 사실을 말하고 있음을 지적하였다(참조. 사 24-27장; 하박국, 요한복음). 이러한 진술은 성경의 맨 마지막 책에도 해당된다.

그런데 불행하게도 요한계시록을 이러한 관점에서 해석하려는 사람들은 대세를 거스르는 자들이다. 왜냐하면 오늘날의 사람들은 우주적인 속죄와 온 지구상에 걸쳐 임할 큰 재앙에 관하여 새로운 것을 듣기를 소망하고 있기 때문이다. 그러나 그들은 충성스럽지 못한 교회에 임할 언약적 진노와 하나님의 심판에 대해서는 전혀 관심이 없는 것이다.[1]

---

1) 그렇더라도 우리는 이러한 관점을 견지해야 한다.

3

세계의 역사도 로마의 역사도 아니다

어두운 그림자

많은 해석가들은 계시록이 세계 역사를 관통하는 정치적 사건들에 대한 연대기를 나타내 준다고 본다. 이러한 견해는 오늘날의 사람들에게 호소력을 갖는다. 오늘날의 저술가들과 연구자들은 "종말론적"인 용어들을 사용하기를 좋아한다. 그들은 "아마겟돈", "진노의 대접", "짐승들"에 관하여 말하기를 좋아한다. 우리의 문명이 쇠퇴기에 접어들었다는 생각이 널리 받아들여지고 있다. 따라서 요한계시록은 그것이 풍기는 어두운 그림자 때문에 이러한 견해에 걸맞는 것으로서 읽혀지고 있다.

요한계시록은 다른 모든 "계시적" 저작물과 함께 분류되어 도서관 서가에 꽂혀 있다. 그래서 사람들은 흔히 요한계시록의 독특성을 발견하지 못한다. 그들은 요한계시록이 언약의 언어를 말하고 있다는 사실을 깨닫지 못하고 있는 것이다. 요한계시록을 읽을 때 그들의 얼굴에는 "수건"이 가리워져 있는 것이다(참조. 고후 3:14-16). 그들은 요한계시록이 제기하는 수수께끼에 대한 참된 대답을 찾아내기 위하여 노력했다. 그리하여 수많은 해석들이 나오게 되었다(나는 전에 프랑스에서 출판된 책 가운데 계 11장에 나오는 두 증인이 바로 히틀러와 뭇솔리니니라고 쓰여져 있는 것을 보았다).

그리스도를 통한 승리

우리는 성경의 마지막 책인 요한계시록이 로마 제국이나 세계적인 반기독교적 세력의 멸망을 말한다고 생각하는 정치적 관점을 배격해야 한다. 요한계시록에는 유대 열심당의 묵시적 이미지와 표현들이 다소 사용되고 있다. 하지만 그것은 "**우리** 승리하리라"[2]고 노래하는 유대 민족주의를 배격하는 의미에서다. 요한계시록은 **오직** 예수 그리스도를 통하여 승리할 것이라는 사실을 보여주고 있다. 유대인들이 유월절을 그들의 민족적 해방을 기념하는 축제로 본다면, 요한계시록은 그리스도께서 자기의 희생을 통하여 그 유월절을 완성하셨음을 확실하게 보여준다. 요한계시록은 유월절 어린 양이 불신앙의 이스라엘을 어떻게 대적하셨는지를 보여주고 있다.

계시록은 회당에 있는 촛대 나팔, 두루마리, 종려나무 가지 그리고 분

2) 당시에 유대 민족주의가 이러한 사상을 선호했듯이 오늘날 혁명적인 단체(또는 교회)에서 이러한 노래를 선호하고 있는 것을 우연의 일치라고만 할 수 있겠는가? "우리 승리하리라"는 운동권에서 애창되고 있는 노래다.

향단에 대하여 말하고 있다. 그러나 그것들은 문맥을 통하여 볼 때 메시아께서 그 거룩한 성읍과 약속의 땅에 거하는 백성들을 처리하기 위해 공의로 오신다는 사실을 의미한다. 이렇게 계시록은 민족주의적인 유대묵시주의의 어떠한 것도 직접적으로 반대하는 일종의 묵시다.

요한계시록이 주후 95년 도미티안 황제 치하에서 기록되었다는 견해에서 벗어나 주후 70년 **이전**에 기록되었다는 사실을 알게 된다면 그것의 주된 의도를 파악할 수 있을 것이다. 요한계시록은 전혀 새로운 예언적 용어를 사용하지 않는다. 그것은 여전히 로마가 아닌 언약 백성들을 책망하는 구약의 예언들을 강조하고 있다. 요한계시록은 선지자들과 "예루살렘아 예루살렘아"(마 24장)라고 말씀하신 예수님의 예언자적 부르짖음에서 전개된 사상과 그 맥락을 같이 하고 있다.

교회의 통치와 로마의 통치

앞에서 살펴보았듯이 처음 몇 세기 동안의 교회는 로마의 권위에 반대하는 것을 거절하였다. 오히려 교회는 로마의 통치자를 위하여 **기도했다**. 우리는 로마의 지배를 희화화하고, 어떤 황제의 독재 방법들을 강조하는 운동에 빠져서 방향을 잃지 않도록 해야 하다.

초대 교회는 로마의 황제를 적그리스도로 보지 않았다. 요한계시록이 혁명과 방종의 신학을 가르친다고 생각하는 함정에 빠져서도 안 된다. 요한계시록을 통하여 말씀하시는 이는 **어린 양**이시며 그 주제는 **언약의 진노**다.

4

목적과 내용

배교에 대한 예상

소아시아의 해변에서 그리 멀지 않은 작은 밧모 섬에서 요한은 환상을 보고 계시를 받았다. 소아시아에 있던 일곱 교회가 사도 요한에게 대표를 파송했던 것으로 보인다. "요한은 하나님의 말씀과 예수 그리스도의 증거 곧 자기의 본 것을 다 증거하였기"(1:2) 때문에 유배당하였다. 요한이 예루살렘에 대하여 예언하고 있는 것으로 보아 주후 70년경에 이스라엘의 중심지가 파괴되었던 사건은 아직 일어나지 않았다고 여겨진다.

많은 교회가 "사단의 회"로 말미암아 고통을 당하고 있었다. 에베소와 다른 도시들에 있던 유대인들은 그 수가 많아서 상업과 무역의 도시인 그 곳에서 훌륭한 조직을 갖출 수 있었다. 이처럼 그들은 그리스도인

이 된 유대인과 “하나님을 경외하는” 이방인들을 배척할 만한 방편들을 가지고 있었던 것이다.[3]

결국 이로 인하여 많은 교회가 배교의 위험에 처하게 되었다. 여기에 저항하는 일부 교회(서머나, 빌라델비아)도 있었으나, 다른 교회들은 잠을 자거나 미지근한 상태에 있었다(사데, 라오디게아). 일부 교회들에서는 타협의 선지자들이 출현하였다(버가모, 두아디라). 히브리서, 요한일서, 베드로후서 그리고 유다서와 같은 서신들의 배경을 이루는 문제들이 소아시아의 교회들 가운데도 나타났다.

상징으로서의 촛대

요한은 환상을 통하여 예수 그리스도가 왕으로 나타나신 것을 보았다(1장). 예수님이 촛대들 사이에 계셨다는 것은 놀라운 일이다. 요한의 환상에 나타난 이러한 세부적인 사항들은 다양한 의미를 지니고 있다. 그 이유는 그 촛대가 열방의 빛이 되어야 했던 성전과 유대주의를 상징하기 때문이다.

부활하신 구주는 그 촛대들이 일곱 교회를 상징한다고 말씀하셨다. 이러한 사실은 그리스도께서 어떻게 자기 교회들을 다루며 말씀하시는

---

3) 어떤 이들은 유대인들이 로마 제국 인구의 1/7을 차지했을 것이라고 본다. 팔레스틴의 오십만 명을 제외하고도 다른 나라에 약 육백만 명의 유대인들이 있었다. 사데에 있던 회당은 후기에 세워졌는데 오늘날로 보아서도 꽤 큰 건물이었으며 폭이 19m, 길이가 80m나 되었다. 물론 여기서 유대인 단체를 위한 잔치가 열렸을 것이다. 애굽의 알렉산드리아 회당에서도 동일한 상업에 종사하는 자들이 예배를 드리기 위하여 함께 모여 왔다. 그러므로 유대인들은 상업뿐만 아니라 정치적으로도 분명히 상당한 영향력을 행사했던 것이다.

지를 보여준다. 그리스도는 촛대를 회당에서 교회로 옮겨 주셨다. 이처럼 언약적으로 촛대를 옮기신 것은 무조건적이 아니다. 그 촛대는 교회로부터 또 다른 곳으로 옮겨질 수도 있었다.

이스라엘의 경우

그 언약의 조건적 성격은 일곱 가지의 메시지 가운데 "만일 너희가 회개치 아니하면…"이라는 말씀으로 강조되고 있다. 똑같은 주제가 환상을 통하여 회개하기를 거부하는 형태로 나타나고 있다. 이스라엘의 예는 교회들에게 하나의 경고가 되고 있다(롬 11:21; 고전 10:1-12).

첫 번째 이상 가운데서 요한은 하나님의 보좌를 보았다. 그 어린 양은 보좌 위에 앉아 생명의 책을 펼 권한을 받았다. 요한이 언약의 진노가 나타나는 것을 보았듯이 심판을 통하여 그 인이 떼어질 것이다.

심판에 관한 이상들 사이에, 주께서 아직도 이스라엘의 "남은 자"(14만 4천 명)를 보존하고 계신다는 사실을 말해 주는 위로의 환상이 나타난다. 일곱 나팔은 마음을 강퍅케 하는 자들에게 심판을 선포한다.

이러한 환상들은 그 메시지들을 **예증**하는 것으로 보아야 할 것이다. 교회는 그들의 박해자인 예루살렘이 심판을 받고 처벌될 것을 바라보았다.

사단의 형상

10장에서는 새로운 부분이 시작되고 있다. 요한은 다시 환상을 보게 되고 그것을 예언하라는 부르심을 받았다. 그는 "큰 성"에서 "무저갱에서 올라온 짐승"에게 죽임을 당한 두 증인에 관하여 듣게 된다. 이것은 나중에 더 자세히 묘사되고 있다.

이 "짐승"은 무엇을 나타내는가? 12장에서 우리는 사단이 그의 "아비"이며 그 짐승은 사단의 형상과 그 모습이 닮았다는 사실을 보게 된다. 사단은 그 여인의 씨를 맹렬하게 공격한다. 바로 여기에 그가 이 짐승을 불러낸 이유가 있다. 그 짐승은 차례로 다른 짐승, 즉 거짓 선지자의 도움을 받는다. 성경에서 거짓 예언은 반드시 언약적 문맥 가운데서만 나타난다. 따라서 우리는 이 두 짐승을 마귀, 즉 큰 뱀인 사단의 동료들로 여겨야 할 것이다.

환상들의 목적

여기서 우리는 잠시 일곱 가지 메시지를 주목해야 한다. 거기서 우리는 사단의 회에 대해서 두 가지로 언급된 것과(2:9; 3:9), 역시 사단의 위(2:13), 사단의 깊은 것들(24절), 마귀의 활동(10절)에 대해 언급된 것을 볼 수 있다. 이러한 사실에서 우리는 환상들이 그 메시지를 좀더 분명하게 설명해 준다는 사실을 다시금 보게 된다.

여인(교회)은 씨 혹은 자손(12:17)을 낳았다. 뱀에게도 여자의 씨를 대적하는 씨(참조. 마 3:7; 12:34; 23:33)가 있다. 그러므로 요한계시록 11-13장의 내용이 보여주는 것은 "복음서들"에서 이미 나타난 것이며, 또 일곱 가지 메시지를 통해서도 잘 알 수 있는 것이다. 다만 중요한 차이점은 그 내용들이 우리에게 환상의 형태로 전달되었다는 것뿐이다.

심판에 대한 감사

짐승이 나타났던 큰 성읍은 어떻게 되었는가? **소돔**과 **애굽**이라는 영적이고 예표론적인 명칭들은 **바벨론**(14:8; 17:5)이라는 또 하나의 이름에 의해 보충되고 있다. 그러나 이 때문에 요한계시록의 저자가 새로운 주제를 언급하고 있는 것은 아니다. "바벨론"에 대하여 언급할 때 그는 "가증한 것들"(참조. 겔 8-9장)이 존재하는 예루살렘을 뜻하는 것이다. 교회는 예루살렘의 심판에 대하여 감사를 드린다(16:7).

우리는 진노의 일곱 대접을 쏟을 때 일곱 가지의 언약의 진노가 어떻게 시행되는지를 환상을 통하여 보게 된다. "진노의 대접들"은 나팔 소리처럼 애굽을 쳤던 질병들을 떠올리게 해준다.

병행 구절들

요한계시록에는 요한의 두 가지 소명이 나타나고 있다. 다음의 도표는 그 두 가지 소명과 거기에 따라오는 구절들을 병행한 것이다.

계 1-9장	계 10-16장
1:9-20 위대한 왕 예수 그리스도의 영광의 계시. 첫 번째 소명.	10:1-11 위대한 왕이 보내신 사자의 영광의 계시. 두 번째 소명.
2:1-3:22 위대한 왕이 일곱 교회에 보내는 메시지.	11:1-14 위대한 왕의 사자가 요한에게 보내는 메시지.
4:1-11 하나님의 보좌 앞에서 드리는 예배.	11:15-19 하나님의 보좌 앞에서 드리는 예배.
5:1-14 어린 양 곁의 보좌 앞으로 나아감. 찬양 의식.	12:1-12 남자 아이 곁의 보좌 앞에 나아감. 사단이 하늘에서 내어쫓김. 찬양 의식.
6:1-17 어린 양의 진노. 심판의 환상(인).	12:13-13:18 용의 진노. 짐승 곁에 있는 보좌로 나아감. 두 번째의 짐승으로 인한 찬양 의식.
7:1-17 인 맞은 자들과 하나님의 보좌 앞에서 드리는 그들의 예배. 대환난으로부터의 구원.	14:1-20 인 맞은 자들과 하나님 보좌 앞에서 드리는 그들의 예배. 장차 바벨론에 임할 심판에 대한 소리와 환상.
8:1-5 "애굽"에 대한 심판에 앞서서 드리는 예배.	15:1-8 "애굽"에 대한 심판에 앞서서 드리는 예배.
8:6-9:21 "애굽"에 대한 심판(나팔).	16:1-21 "애굽"에 대한 심판(대접).

요한계시록의 다음 장들은 "바벨론"과 새 예루살렘에 대해서 다루고 있다. 뿐만 아니라 그리스도의 재림, 교회의 승귀, 사단과 그 부하들의 운명 그리고 최후의 심판에 대해서 다루고 있다.

계속되는 경고

이와 같은 주제로 인하여 요한계시록은 매우 호소력 있는 책이 되었다. 크고 음란하며 타락한 성이 무너졌으므로 교회는 그것을 거울 삼아 자신의 운명을 살피는 일에 앞장서야 한다.

위에 있는 새 예루살렘(갈 4:26)이 지상으로 내려왔다. 그러나 이 성에 들어가기를 원하는 자는 먼저 지금 있는 예루살렘(갈 4:25)과의 관계를 끊어야 할 것이다.

> "다른 음성이 나서 가로되 내 백성아, 거기서 나와 그의 죄에 참예하지 말고 그의 받을 재앙들을 받지 말라. 그 죄는 하늘에 사무쳤으며 하나님은 그의 불의한 일을 기억하신지라"(18:4-5).

요한계시록의 현대적 의의

요한계시록이 우리 시대에, 즉 한계를 무효화하기를 좋아하는 때에 명백한 메시지를 지니고 있다고 언급되는 것은 거의 필요하지 않다. 이 책으로 당신이 성경의 다른 책들의 "언약적" 언어, 즉 모든 것이 그 한가운데 어린 양 그리스도께서 계심을 아는 것을 이해하는 데 도움이 되도록 하라. 요한계시록은 다시금 성경이 일반적인 인간성이 아닌 "교회"와 교통함을 예증해 준다. 요한계시록에 대한 최근의 관련성이 당신으로 하여금 도피하게 하도록 하지 말아라. 당신의 어깨를 흔들면서 "이 책은 참으로 옛 로마의 악함에 관한 것이다. 아니면 그것은 어렴풋이 먼 미래의 날에 나타나게 될 세계 정부와 적그리스도를 다루는 것이

다"라고 하지 말아라.[4)]

4) 요한계시록이 교회의 처음과 나중과 관련된다는 사상은 비록 대중화되지는 않았지만 수 세기 동안 존재해 왔다. 중세에 어떤 사람들은 교황을 "적그리스도"로 보았다. 그렇게까지는 교황 제도를 거부하지 않은 단테는 1277년부터 1280년까지 교황이었던 니콜라스 3세에게 다음과 같은 서신을 보냈다. "당신이 복음사가의 환상인 것같이/그가 물 위에 앉은 그녀를 볼 때/땅의 왕을 간음의 사슬에 묶으리라"(Inferno, Canto 19 치아르디 역; 계 17:1-2, 9을 보라). 종교개혁 시대에는 로마의 세속적이며 영적인 힘을 짐승, 거짓 선지자, 간음자라는 용어로 표현하는 것이 관습이었다. 1560년의 스코틀랜드 신앙고백에서는 거짓 교회에 관하여 "음탕한 회당"과 지독한 간음자, 해로운 교회라고 말하였다. 벨기에 신앙고백 29조는 계 2:9; 3:9과 17장을 참조하고 있다. 비록 종교개혁 시대의 해석이 요한계시록의 본래의 목적에 충분한 주의를 기울이지 못했다고 하더라도 그것은 성경의 마지막 책의 이후의 해석, 즉 간음자들을 로마 제국 또는 미래의 어떤 나라와 사회와 동일시하는 해석보다 더 나은 중요한 공격을 취한 것이다. 다수의 고딕 양식의 교회들의 입구 통로에서(예를 들어, 파리의 노트르담 사원과 리임과 스트라스부르크의 대성당) 우리는 좌절되고 눈 먼 회당과 빛나는 에클레시아(*εκκλησια*)에 관한 묘사를 볼 수 있다. 이것은 (교황의) 교회는 "결코" 사단의 교회가 될 수 없다는 것을 전해 준다. 오늘날은 개혁자들에 의해 거절된 그러한 생각이 다시금 유력해졌다. 그러한 광범위한 용인은 우리 시대에 요한계시록을 받아들이는 데 장애가 되는 요인 중 하나다. 우리는 "모든" 교회가 참 교회의 일부분이라고 말해야 한다.

5

제사장이며 왕이신 분이 자신의 교회에 말씀하심

일곱 교회에 보내는 메시지

어느 주일 날 사도 요한은 밧모 섬에서 왕권을 가지신 예수 그리스도를 보게 되었다. 그리스도는 제사장의 복장으로 성전을 배경(나팔, 촛대 등)으로 하여 나타나셨다. 부활하신 주님은 요한에게 소아시아에 있는 일곱 교회에 보내는 메시지를 전하셨다. 밧모 섬에 있던 요한에게 파견된 "천사들" 또는 "사자들"은 각각의 교회들에 요한계시록의 사본을 가지고 갔던 것으로 보인다.

각각의 교회에 보내는 메시지는 어떤 순서에 따라 구성되어 있다. 각 메시지의 서두에는 요한이 본 환상 가운데 나타난 예수님의 **칭호**가 언급되고 있다. "…하신 이가 가라사대"라는 표현에서 우리는 위대한 왕의 모습을 볼 수 있다. 그리고 "내가 아노니"라는 구절을 통하여 서신을 보내는 교회들의 **특성**을 묘사하고 있다. 또한 약간의 **칭찬**과 **책망**이 나온다. 책망할 경우에는 대개 "그러나 너를 책망할 것이 있나니"라는 구절로 시작하고 있다. 그 메시지는 "귀 있는 자는 들을지어다"라는 **요청**과 **약속**으로 끝나고 있다. 마지막 네 개의 메시지 가운데 처음 나오는 약속들은 요한계시록 끝에 나오는 환상들, 즉 생명나무, 생명책, 둘째 사망, 하나님의 보좌 등을 지적하고 있다.

니골라당

이 구절들을 읽어 보면 니골라당 때문에 교회들이 얼마나 큰 어려움을 겪었는지를 알 수 있다. 또한 회당도 **사단**의 회로 여겨지고 있다. 소아시아에 있는 유대인들은 그들의 조합과 정치적, 경제적 위치를 통하여 커다란 영향력을 행사하였다. 그들은 유대인 출신이거나 회당에 참석하는 "하나님을 경외하는" 이방인들로 구성된 그리스도인들을 어려움에 처하게 만들었다.

니골라당은 분명히 회당과 교회 사이의 **타협**을 도모했던 것 같다. 요한계시록의 나머지 부분을 이해하기 위해서는 이 반 교회 운동이 제기하는 위험성을 기억할 필요가 있다. 그러면 여러분은 일곱 교회에 보내는 서신과 뒤따르는 환상들의 관계를 이해할 수 있을 것이다.

예견

예수님은 메시아를 거부한 예루살렘에 임할 언약의 심판을 내다보는

"환상"을 보여주심으로써 자신의 교회들을 위로하고 격려하신다. 사실상 그 환상들은 교회에 보내는 "서신들"에 대한 설명과 주석이라고 할 수 있다.

이런 점에서 보면 요한계시록이 기묘한 주제를 다루는 어둡고 신비한 책이 아니라 우리가 잘 아는 복음서들이나 히브리서와 마찬가지의 주제를 다루고 있는 책임을 알 수 있다. "그런즉 우리는 그 능력을 지고 영문 밖으로 그에게 나아가자"(히 13:13). 나의 백성이여! 배교한 교회, 즉 회당으로부터 나오라!

6

하나님의 어린 양

하늘의 예배

4장과 5장은 다음의 도표를 통해 분명하게 설명할 수 있다.

무지개

하나님의 보좌

두루마리

그 룹　　　　　그 룹

어린양

그 룹　　　　　그 룹

열두 장로　　　열두 장로

일곱 등불

요한은 하나님의 보좌 주변에서 드려지는 하늘의 예배를 보았다. 그

보좌로부터 나오는 불빛은 시내 산에서 있었던 사건을 상기시켜 준다. 24장로들이 보좌 앞에 모여 있었고 천사들은 다스리는 제사장의 역할을 하였다(참조. 대상 24-25장). 하나님은 자신의 거룩한 백성들로부터 경외를 받으시고 있었다.

"짐승들" 또는 "생물들"은 그룹들이다. 우리는 성경의 다른 곳에서도 이러한 그룹들을 볼 수 있다. 즉, 창세기 3장에 묘사된 언약궤 또는 에스겔의 소명에 관한 기사 등에서 말이다. 이러한 그룹들은 이사야가 부름받을 때(사 6장) 나타났던 스랍들과 그 모습에서 공통된 점을 가지고 있다. 그들은 하나님의 보좌를 **지키며** 동시에 하나님의 겉옷으로서 섬기고 있었다. 그들의 무서운 모습은 하나님에 대한 어떤 것을 말해 주기 때문이다. 이러한 생물들과 장로들[5)]은 서로 섬김으로써 돕는 관계를

---

5) 이러한 "장로들"은 교부 시대부터 교회를 대표하는 것으로 생각되어 왔다. 그러므로 흠정역에서는 그 장로들이 이렇게 말하는 것으로 표현되어 있다. "일찍 죽임을 당하사 각 족속과 방언과 백성과 나라 가운데서 사람들을 피로 사서 하나님께 드리시고 저희로 우리 하나님 앞에서 나라와 제사장을 삼으셨으니 저희가 땅에서 왕노릇 하리로라"(5:9-10). 현대의 번역들에서는 대명사 "우리"가 "그들"로 바뀌어 있다. 교회의 계급 제도의 분위기와 성자들에 대한 숭배 사상은 옛 번역에서 더 쉽게 찾아볼 수 있다. "짐승들"은 종종 피조물을 대표하는 것으로 잘못 해석되기도 했다. 이레니우스(Irenaeus) 시대 이래 네 짐승은 사복음서 기자들을 상징하는 것으로 해석되어 왔다. 사람의 얼굴을 가진 짐승은 마태를 말한다고 한다. 마태복음에서 예수님은 자신을 "인자"로 묘사하고 계시기 때문이다. 사자는 마가를 가리키는데, 그는 주님이 하신 일에 관하여 많은 것을 기록하고 있기 때문이라고 한다. 황소는 그리스도를 희생과 제사장으로 묘사한 누가를 가리킨다고 한다. 또 독수리는 그 사상과 저술에서 높이 날아오른 요한을 가리킨다고 한다. 많은 고딕 사원들의 팀파눔(Tympanum)에는 네 측면에 후광을 입고 좌정하신 영광 중의 그리스도가 있으며 "장로들"은 아치를 따라 배열되어 있다. 중세의 작은 교회들 가운데는 이 네 생물이 종종 제단 위의 프레스코(frescoes) 벽화 위에 있는 성단소의 천정에 나타난다(이것들은 스위스의 베른 근처에 있는 뷔렌, 루비, 트렌테, 그로니겐 지방에 각각 위치에 있는 셀링겐과 엥로에서도 찾아

맺고 있다.

두루마리

보좌에 앉으신 이는 손에 두루마리를 쥐고 계셨다. 이 두루마리는 일반적으로 하나님의 총회의 책으로 보인다. 요한계시록이 반복적으로 "생명책"(3:5)에 관해서 말하기 때문에 우리 역시 이 두루마리를 선택된 자들의 이름이 적혀 있는 책으로 여겨야만 한다.

아무도 이 책을 열 수 없다. 창조물 중 그럴 만한 자격이 있는 자는 어디에도 없다. 그러므로 목베임 받았던 어린 양이 나와서 그 두루마리를 취하시는데, 그것은 **"어린 양**의 생명 책"이 된다(13:8; 17:8).

예수 그리스도는 진정한 사람(유다의 사자요 다윗의 뿌리)이시다. 하나님의 보좌를 지키는 그룹의 곁을 지나가도록 허락받은 의로운 사람이시다. 그분은 또한 진실로 일곱 영을 지닌 하나님이시다. 이 하나님의 어린 양은 모세의 율법의 주제(즉, 교회와 왕의 제사장; 출 19:6; 계 5:9-10)를 성취하신다.

당신의 이름이 생명책에 기록되어 있다. 한 회원으로서가 아니라 그 앞에서 위대한 부르심을 받은 일종의 **직무 수행자**의 이름으로 기록되어 있다. 구원은 지친 영혼을 위한 피난처가 아니다. 오히려 그것은 하나님의 형상을 지닌 자로서 우리의 실존의 의미를 구현시키는 것이다.

볼 수 있다).

제단 아래의 순교자

인을 떼자 굶주림, 칼 그리고 질병 등 구약을 통하여 우리에게 낯익은 세 가지 재앙이 출현하게 된다(참조. 렘 14-15장; 겔 4-6장, 14장). 우리는 전쟁, 기근 그리고 질병이 많은 희생자를 가져오는 것을 보게 된다. 스가랴 6장에 묘사된 것과 같은 말들이 등장하고 있다.

백마를 탄 사람은 이미 환상 속에서 어린 양으로 나타나셨던 그리스도도 아니며 복음도 아니다. 그 말 탄 자는 하나님의 심판을 나타내는 전쟁을 수행하려고 파송된 자다. 그는 혁명의 붉은 말과 기근과 질병의 창백한 말을 타고 나온다.

다섯 번째 인은 이러한 심판의 배후에 있는 추진하는 힘을 나타낸다. 하늘의 분향단 아래 있는 순교자들은 억울함을 풀어 줄 것을 부르짖고 있다. 이 제단에서 성도들의 기도가 응답되는 것이다.

피의 성읍

요한계시록 6장 10절, 16장 6절, 17장 6절 그리고 18장 24절을 마태복음 23장 33절, 24장 6-14절 27장 25절, 누가복음 18장 8절, 21장 22절 그리고 23장 28절 이하 등과 비교해 볼 때 선지자들을 죽인 피의 성읍에 임할 심판이 분명히 선언되었다는 것을 알 수 있다. 어린 양의 진노가 나타나고 있다(6:16; 참조. 눅 3:7).

세례 요한은 예수님을 하나님의 어린 양이라고 말한 바 있다. 요한은 이제 어린 양이신 예수님이 그 땅에서부터 평화를 거두어 가시며(참조.

6:4; 참조. 눅 2:14) 임할 진노를 쏟으시는 사실을 본다. 그것은 이스라엘이 평화를 얻기 위하여 필요한 일을 하지 않았기 때문이다(눅 19:42-44).

초막절

요한을 괴롭힌 큰 문제는 "하나님이 자기 백성을 버리셨느뇨?"(롬 11:1)라는 질문이었다. 그에게 위로에 관한 이중적인 환상이 대답을 주었다. 그는 **이스라엘** 가운데 14만 4천 명이 인 맞은 자들 중에 있는 것을 보았다(참조. 겔 9장). 그는 숫자를 듣고 그 무리를 보았는데 수많은 무리가 종려나무 가지를 흔들며 일년 중 마지막 축제인 초막절을 거행하고 있는 것을 보았다.

여기서 우리는 앞서 복음서를 통하여 배운 것처럼 어린 양의 희생을 기념하는 유월절은 장막절을 통하여 그 절정에 이른다는 사실을 알게 된다. 그 완성의 때까지 견디는 자는 구원을 받을 것이다(욜 2:32; 마 24:13; 행 2:40).

애굽의 재앙을 상기시킴

역사적 구조 안에서 이러한 예언들을 파악하는 것은 중요하다. 즉, 유대인 그리스도인들은 예루살렘과 이스라엘을 치는 이 모든 재난들에도 불구하고 구원받으리라는 약속을 받았던 것이다. 이미 성취되었던 이러한 예언은 우리에게 커다란 위로가 된다. 왜냐하면 우리 역시 점점 심판이 다가오는 시대에 살고 있기 때문이다. 다행히도 교회는 여전히 확고한 약속들을 가지고 있다.

일곱째 인으로부터 일곱 나팔이 나온다(나팔은 성전의 악기이지만 심판의 신호로도 사용되었다). 16장에 나온 대접처럼 나팔은 애굽을 쳤던 질병들을 상기시키는 재앙을 가져다 준다. 우리는 이러한 사실을 보고 놀라서는 안 된다. 왜냐하면 예루살렘이 "애굽"처럼 되었다고 말하고 있기 때문이다(11:8). 애굽에 있던 이스라엘 사람들처럼 인 맞은 사람들은 보호된다(9:4; 참조 7:3).

우리를 위한 경고

오늘날의 사건들에서 문자 그대로의 이론적 성취를 찾거나 요한이 핵 무기와 오염을 통한 환경 파괴 같은 것을 언급했다고 추정하는 것은 요한계시록을 바르게 취급하는 것이 아니다. 요한계시록에서 예수 그리스도는 마태복음 24장에서 시작된 사상을 계속 말씀하고 계신다. 그것은 곧 심판이 일곱 가지 언약의 진노와 함께 하나님의 집에서부터 **시작**된다는 것이다(참조. 레 26:18 이하).

이것은 참으로 오늘날 심각한 문제다. 수 세기 전에 일어났던 사건은 우리에게 그와 같은 실수를 반복하지 않도록 경고하는 하나의 실례가 되어야 한다. "하나님의 어린 양을 보라." 우리는 이러한 호소를 결코 가볍게 취급해서는 안 된다!

7

예루살렘과 교회

여호와가 이 큰 성에 이같이 행함은 어찜인고(렘 22:8).

소돔과 애굽

요한계시록 10장에서부터 새로운 부분이 시작되고 있다. 요한은 다시금 예언하도록 부르심을 받는다. 그는 에스겔처럼 두루마리를 먹으라는 지시를 받는다(겔 2:9 이하). 요한이 이제 보고 듣는 것은 그가 일찍이 예언했던 내용의 계속이다. 새로운 계시 가운데서 전에 했던 예언들이 더욱 심오해지고 명확하게 되었다.

11장에서는 예루살렘이 이러한 예언의 중심이라는 사실이 명백해지고 있다. 그 심판은 세계적인 것이 아니고 주님과의 언약을 버리고 예수 그리스도의 부활을 증거하는 자들을 죽인 예루살렘을 치는 심판이었던 것이다. 예루살렘은 소돔과 애굽이 되었다.

짐승

요한은 위대한 왕의 성읍인 이 거대한 도시와 관련된 더 많은 사실, 즉 이 "거대한 도시"가 "바벨론"으로 언급되고 있음을 보았다. 그러나 요한이 먼저 본 것 중에 가장 놀라운 것을 예루살렘의 무저갱(11:7-8)으로부터 올라오는 "짐승"의 등장이었다.

요한계시록을 읽어 가는 동안 우리는 그 짐승이 "교회" 생활의 구조 가운데서 나타난다는 사실을 기억해야 할 것이다. 그 짐승은 어떤 일반적인 정치적 현상이 아니다. 그는 "사단의 회"를 자신의 교두보로 삼는다.

12장과 13장에서는 이 난폭한 짐승에 대하여 더 자세하게 보여주고 있다. 무엇보다도 우리는 낙원의 옛 뱀인 사단이 여인(주님의 교회)을 노려보고 서 있는 것을 알 수 있다. 사단은 여자의 아기(예수님)를 제거하는 데 실패한다. 그리스도의 승리로 인해 사단의 세력은 줄어들고 하늘로부터 추방된다. 사단은 더 이상 그리스도께서 구속하신 자들을 비방하지 못하게 된다. 이로 인해 사단은 더욱더 분노로 가득 차 여인의 씨를 대적하여 싸운다.

거짓 예언

교회에 대한 박해를 더하기 위하여 사단은 바다에서 짐승을 불러온다. 그 짐승은 사단과 같은 모습을 하고 있으며 기꺼이 사단의 계획에 동참한다. 이 짐승은 지상에 나타나는 또 하나의 짐승인 거짓 예언을 하는 짐승의 도움을 받는다.

첫 번째 짐승이 예루살렘에서 출현한 것은 의미 있는 일이다. 구약에 따르면 예언은 오직 언약의 맥락 속에서만 가능하다. 따라서 거짓 예언은 항상 참된 예언을 모방하려고 한다. 거짓 예언은 교회가 개악된 것을 가리키는 일종의 지시자다. 예수께서 거짓 메시아들과 거짓 선지자들의 출현을 예언하신 사실을 떠올려 보라. 그 근본적인 메시지는 분명하다.

메시아적 환상

마귀는 다른 두 마귀에게 도움을 구한다. 우리는 곧 "그 큰 도시"가 사단의 세력에 완전히 사로잡혀 있음을 보게 될 것이다. 거짓 예언들을 통하여 그들은 "사단의 회", 즉 뱀의 씨(마귀의 손아귀에 잡혀 있는 자들)로 구성된 모임 가운데 메시아적 환상을 불러일으킨다. 하나님께서 주신 임마누엘의 약속으로 말미암아 유대인들은 예루살렘이 로마에 대한 투쟁 속에서도 유지될 것을 굳게 믿고 있었다.

예루살렘과 그 주변 지역은 그리스도를 배척하고 그리스도인들을 박해하였다. 그때 그리스도인들은 그리스도와 하늘, 즉 하늘의 예루살렘에 거하는 다른 신자들과 함께 용기를 얻었다(13:6-7, 16절 이하). 소아시아에 있는 유대인 그리스도인들은 교회에 충성을 다하는 결과로 고통스러운 대가를 치러야 했다. 즉, 경제적 제재와 함께 조합으로부터 추방을 당해야 했다.

사단적인 영감

이 모든 사실을 볼 때 요한계시록 13장을 미래에 나타날 적그리스도에게 적용시키는 것은 바람직하지 못하다는 결론에 이르게 된다. 요한계시록 13장은 처음 그리스도인 독자들에게 보내는 구체적인 메시지를 담고 있다. 첫 번째 짐승을 로마의 황제 또는 네로를 상기시키는 다른 독재자들로 보는 정치적 해석도 삼가야 할 것이다. 요한계시록 13장은 "말세"에 있을 독재자에 관한 예언이 아니다.

13장에서 지적하는 것은 사단과 그의 군사들이 교회와 비슷한 것, 즉 회당을 이용하여 하나님의 백성들을 오도하려는 시도를 보여주고 있다. 그러므로 오늘날의 그리스도인들은 교회 안에 항상 존재하고 있는 사단적인 영감의 위험을 깨달아야 할 것이다. 우리는 항상 깨어 있어야 한다.

어린 양의 주변에 모임

회중들을 위로하기 위하여 요한은 교회가 시온 산 위에서 어린 양의 주변에 모이며(14:1-5), 유리 바다의 언덕 위에 서 있는 모습을 묘사하고 있다(15:1-4). 거기서 하나님의 백성들은 겉으로는 짐승들에게 패배한 것처럼 보일지라도(15:2; 13:7) **승리자**로서 어린 양과(참조. 출 15장, 신 32장) 모세의 노래를 부른다.

요한은 그 승리의 근거를 보았다. 그것은 곧 **주**께서 자기 교회의 피를 신원하시며 배교한 자기 백성들에게 진노를 쏟으시는 것이었다. 현대인들은 교회가 복수를 위하여 기도한다는 사실에 아주 깜짝 놀랄 것이다. 현대의 세계는 하나님과, 그분이 어떤 분이신지(또는 어떤 분이어야 하는지)에 대한 매우 구체적인 개념을 가지고 있다. 그들은 하나님에게 자기들이 원하는 옷을 입히려고 하는 것이다.

신원을 위해 기도하는 자들

요한이 본 심판의 묵시적 환상에 대한 우리의 태도는 구약에 대한 우리의 태도에 의해 좌우될 것이다. 모세의 노래에서는 "보수는 내 것이라… 그들의 실족할 그 때에 갚으리로다"(신 32:35, 43)라는 하나의 약속으로 신원에 대한 부르짖음이 나타나 있다. 이러한 약속에 근거하여 신원해 주시기를 부르짖고 있는 시편의 구절들을 생각해 보라. 요한계시록은 하나님의 심판이 어떻게 교회의 기도, 즉 어떤 의식적인 방법을 통하여 하늘에 상달된 신원을 위한 기도에 의하여 수행되는지를 계속적으로 보여주고 있다(6:10; 8:3 이하; 16:7).

요한계시록은 주님이 심판을 행하실 그 때에 하늘이 얼마나 **감사를 드리는지**를 보여주고 있다(16:7; 18:20; 19:1-2). 예루살렘이 애굽과 바벨론처럼 될 때, 그것은 애굽과 바벨론에 해당되는 심판을 받는 것이 마땅하다. 믿는다는 것은 거침돌이 되는 복음을 받아들이는 것을 의미한다. 16장은 "애굽"에 내렸던 재앙들이 쏟아지는 사실을 보여주고 있다("삼분지 일"에 제한된 멸망을 말하고 있는 8-9장도 참조하라).

일곱 개의 산

우리는 구약에서 "음녀"라고 불리는 배교한 언약 백성에 대한 이야기를 자주 발견하게 된다(렘 2장; 겔 16장; 23장; 호 2장). 이러한 특징은 요한계시록에서도 나타나는데, 이것은 "바벨론"이 일반적인 **정치적** 세력(로마나 미래의 세계적 왕국)이 아니라 **언약적** 원수들(선지자의 피를 마시고 흘리게 했던 예루살렘)을 가리킨다는 사실을 말해 주는 것이다.

여자가 앉은 일곱 산(17:9)은 종종 로마가 건설된 일곱 개의 언덕으로 여겨져 왔다. 하지만 그 언덕들은 산이라고 말할 수 없기 때문에 이러한 해석은 받아들일 수가 없다. 뿐만 아니라 일곱 언덕 위에 건설된 도시들은 많이 있기 때문이다.

우리는 성경에서 일곱이라는 숫자가 항상 상징적으로 사용되고 있다는 사실을 기억해야 한다. 따라서 우리는 이 일곱 산이 첩첩이 쌓인 산 전체를 말하는 것으로 보는 것이 나을 것이다. 우리는 구약에서 예루살렘에 대하여 "여호와의 전의 산이 모든 산 꼭대기에 굳게 설 것이요"(사 2:2)라고 말하는 것을 볼 수 있다.

완성된 출애굽

요세푸스는 일종의 끔찍한 사건이었던 예루살렘의 멸망을 기술하고 있다. 우리는 요한의 묵시에서 이 사건의 배경을 볼 수 있는데, 어린 양이 싸움에 참가하고 백마 탄 자가 짐승의 군대와 부딪힌다(17:14; 19:

11 이하). 무너졌도다. 큰 성 바벨론이여! 큰 성에 대한 세 가지 애곡을 담고 있는 요한계시록 18장은 한 편의 위대한 드라마와 같다. 그 성은 처음부터 살인한 자와 진리에 서지 못하는 자를 자기의 아비로 선택했던 것이다(요 8:44).

이러한 일련의 예언적 드라마의 목적은 무엇일까? 그것은 교회에 경고를 주고자 하는 것이다. 우리는 다시금 속박의 집으로 돌아가서는 안 된다. 요한계시록의 어조는 "세상에서는 너희가 환난을 당하나(참조. 계 17:14; 3:10; 마 24:21) 담대하라 내가 세상을 이기었노라"(요 16:33)고 말하는 요한복음의 표현과 동일한 것이다.

요한복음에서 **세상**이란 용어는 유대인, 즉 "사단의 회"를 가리킨다. 요한계시록은 언약적 문제들 대신에 정치적 문제에 관심을 가지는 책이 결코 아니다. 성경의 다른 책들과 마찬가지로 요한계시록 역시 **교회**에 대하여 관심을 갖는다. 어린 양은 완성된 출애굽을 가져다 주신다. 그러므로 전투적 교회는 승리자이신 그리스도를 믿는다.

주님은 왜 이 큰 성읍을 이렇게 다루시는 것일까? 그것은 그 성이 주님과의 언약, 즉 언약의 하나님을 저버렸기 때문이다(렘 22:8-9).

8

주의 날

확실한 보증

예언적 표현에서는 종종 실제적인 사건들 사이의 매우 긴 시간의 격차가 무시되기도 한다. 따라서 예언적 표현이 사용되고 있는 요한계시록에서는 예루살렘의 멸망을 통한 그리스도의 오심과 그분의 최종적인 오심이 하나로 결합되어 있다.

이 두 가지 사실 사이의 연관성은 우리를 속이거나 혼란스럽게 하려는 의도가 아니다. 그 목적은 우리가 지나치기 쉬운 예언의 요점, 즉 언약의 성읍에 대한 심판이 그리스도의 진정한 **재림**을 보여주는 것이기 때문에 그것은 역시 그의 최종적인 오심에 대한 확실한 보증이 된다는 사실을 확실히 하기 위해서다.

예수님은 아직 지상에 계실 때 “이스라엘의 모든 동네를 다 다니지 못하여서 인자가 오리라"(마 10:23)고 말씀하셨다. 또한 제자들에게 "진실로 너희에게 이르노니 여기 섰는 사람 중에 죽기 전에 인자가 그 왕권을 가지고 오는 것을 볼 자들도 있느니라"(마 16:28)고 말씀하셨다. 우리는 지금 그분이 말씀했던 것이 무엇을 의미하는지를 알 수 있다.

사단에 대한 최후의 심판

하나의 "오심"이 또 하나의 "오심"을 가리키기 때문에 요한계시록에 나타난 예언들은 쉽게 하나에서 또 하나로 이동되고 있다.[6] 어린 양의 혼인 잔치가 다가오고 있다. 이것은 짐승, 즉 거짓 선지자와 그들의 추종자들에 대한 심판을 상징하는 "하나님의 큰 잔치"와 날카롭게 대조되고 있다(19:7, 9, 17).

사단에 대한 최후의 심판의 때가 다가오고 있다. 그 심판은 단계적으로 진행된다. 첫째로 사단이 하늘로부터 내어쫓기며(12:7-8), 그 다음으로 결박되고, 마지막으로 그는 불못 가운데 던져진다.

사단의 결박(두 번째 단계)은 천년 동안 지속될 것이라고 한다(20:2). 사단이 결박되어 있는 동안 의인들은 죽음에서 일어나 그리스도와 함께 마음껏 왕노릇 할 것이다.

---

6) 이것을 좀더 풀어서 설명하면 다음과 같다. 본서의 저자는 구약의 예언서를 다루듯 신약의 예언서를 다룬다. 즉, 어떤 예언이 꼭 예수님의 초림을 묘사한 것이라거나 재림을 묘사한 것이 아니라고 한다. 초림에 대한 예언은 그것은 성취와 동시에 재림을 예표하고 보증하는 기능이 있다는 것이다. 따라서 어떤 오심을 예언한 요한계시록의 예언은 그와 동시에 재림을 예언한다는 것이다. 그렇기 때문에 그 예언은 또 하나의 오심과 당시의 상황을 묘사하다가도, 재림 때의 상황을 묘사하는 것으로 급속히 전환된다는 것이다.

요한계시록 20장에 언급되어 있는 천년의 기간은 종종 "천년 왕국"(millennium)[7]이라고 불린다. 이 천년 왕국에 대해서는 여러 가지 견해가 있으므로 다음에서 간략하게 살펴보고자 한다.

무천년설(Amillennialism)[8]

이 "무천년설"은 문자적인 의미에서 천년 왕국은 없다는 주장이다. 좀더 구체적으로 말하면 요한계시록 20장에 나타난 천년은 우리의 전 시대(entire dispensation)를 상징적으로 언급한 것이거나, 아니면 이미 지나간 시대를 가리키는 것으로 보는 것이다.

천년 왕국의 끝-우리가 살고 있는 현 시대의 끝을 가리킴-에 이르러 적그리스도가 나타날 것이다. 이 "천년"은 그리스도의 승천이나, 아니면 주후 313년 콘스탄틴 대제에 의해 이루어진 교회의 해방과 함께 시작된다고 보는 것이다. 이러한 사실을 도표로 나타내면 다음과 같다.

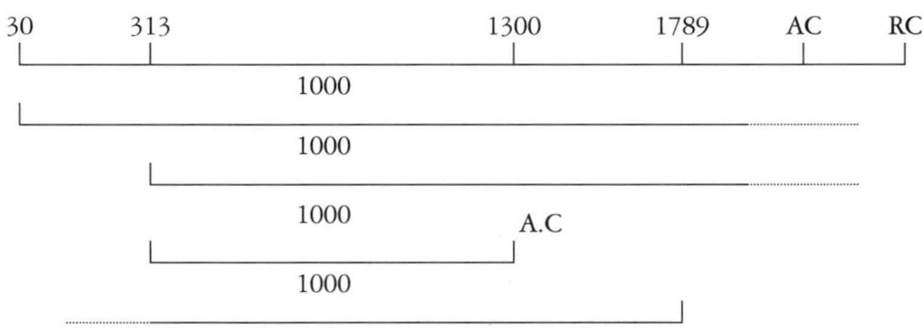

AC=적그리스도(Antichrist)
RC=그리스도의 오심(Return of Christ)

---

7) 천년 왕국에 대한 자세한 논의는 W.J. 그리어, 『재림과 천년 왕국』(서울, 새순출판사), 1987을 참조하라.

8) 천년 왕국을 가리키는 "millennialism" 앞에 "a"라는 단어가 덧붙여졌는데, 이는 그 의미를 정반대로 바꿔 놓은 효과가 있는 접두어다. 예를 들어, "ahistorical."

후천년설(Postmillennialism)

많은 그리스도인들이 그리스도께서 천년 왕국 이후에 다시 오실 것이라고 믿는다. 그런 관점에서 본다면 천년의 기간은 교회가 꽃을 피우고 열매를 맺는 기간이 될 것이다. 일부 후천년설자들은 적그리스도는 일단 천년이 끝난 때에 나타나리라고 믿는다.

후천년설은 정통주의 진영에서도 지지를 받고 있다. 후천년주의자들은 사태가 점점 악화되고 있다고 말하는 무천년주의자들을 비판한다. 무천년주의자들은 비극적인 양차 세계대전을 그 증거로서 제시하면서 세상이 급격하게 내리막길로 치닫고 있다는 반론을 제기한다.

진보적인 입장을 취하는 후천년주의자들에 따르면 세상은 점점 발전하고 있다고 한다. "사회 복음"의 옹호자들은 역사 속에서 이 세계가 좀더 고상한 형태를 향하여 발전하고 있음을 역설한다.

전천년설(Premillinnialism)

오늘날 매우 유행하고 있는 견해는 천년 왕국 또는 천년은 그리스도의 재림으로 말미암아 시작되리라는 것이다. 다시 말해서 그리스도의 재림은 천년 왕국 이후에 오는 것이 아니라 그 이전에 있게 된다는 말이다. 이러한 입장을 지지하는 자들은 전천년주의주의자 또는 실리아스트(Chiliast)라고 불린다(헬라어 실리오이<chilioi>는 일천을 뜻한다).

실리아즘(Chiliasm)은 다양한 형태로 발전되었다. 일부 전천년주의자들은 신자들이 하늘로 올라간 후(소위 휴거)와 천년 왕국이 시작되기 전의 칠 년의 기간(단 9장에 언급된 70이레)이 있을 것이라고 주장한다. 이 기간의 중간쯤에 적그리스도는 그때 복음으로 돌아와서 성전을 재건하게 되는 유대인을 향하여 맹렬히 활동할 것인데, 이러한 사건은 그리스도의 재림으로 끝날 "대환난"이 시작되는 신호가 될 것이다.

전천년주의자들은 그리스도께서 지상에서 천년 동안 왕노릇 하실 것을 의심하지 않는다. 이 천년의 기간 동안 이스라엘에게 주셨던 "아직 성취되지 않은" 모든 약속들이 완전히 성취될 것이라고[9] 한다. 세대주의자들에 따르면, 교회는 소위 칠 년의 기간 전에 사라지게 될 것이라고 한다.

9) 전천년주의자의 견해를 지지하는 이들은 다음과 같이 생각한다. "구약의 예언들이 문자적으로 성취될 것이며 '물질적' 의미에서 이루어질 것이다. 유대인들은 팔레스틴 땅으로 돌아올 것이며 거기서 회개하게 될 것이다(롬 11:25-26에 근거한 것). 이 사건은 열매가 풍성한 시대를 도래하게 할 것이다. 즉, 예루살렘을 중심(예수님이 예비적으로 재림하신 후에 거주하시는 곳)으로 한 온 세상은 그리스도인들 천지가 될 것이다."
이러한 견해 속에서 우리는 (예를 들면, 바울이 그랬던 것처럼) 하나님의 약속을 진지하게 받아들이고 그리스도의 "날"을 기대하면서 살기를 바라는 소망을 찾아볼 수 있다. 그러나 전천년주의자들은 구약의 약속들이 "새 하늘"과 "새 땅"에서 성취 – "물질적" 측면에서도 – 될 것을 알지 못하기 때문에 현재의 질서와 앞으로 올 새로운 질서 사이에 있는 "지상의" 왕국에 관한 **유대인의** 이론을 받아들였던 것이다.

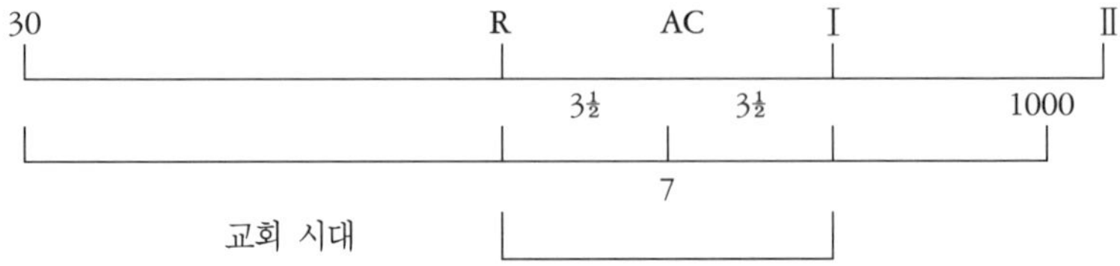

R=휴거(Rapture)
Ⅰ=천년 왕국의 시작을 위한 그리스도의 첫 번째 재림(First Return of Christ, to inaugurate the millennium)
Ⅱ=최후의 심판을 시작하기 위한 그리스도의 두 번째 재림 (Second return of Christ, to begin the final judgement)

많은 그리스도인들에게 이러한 종말론적 계획은 누가 참된 신자인지를 결정하는 시금석이 되고 있다. 그러나 이러한 종말론이 성경적인 근거에 의해 변호될 수 있을까? 그리고 무천년주의나 후천년주의 역시 성경적인 근거를 가지고 있는가?

울부짖는 사자

무천년주의에 의하면 사단이 결박되어 있는 기간이 있다고 한다. 이처럼 천년을 교회 역사의 기간으로 해석하는 풍유적인 방법은 어거스틴이 그의 만년에 변호했던 해석이지만 성경의 지지를 받지 못하고 있다. 오히려 성경에서는 "너희 대적 마귀가 우는 사자같이 두루 다니며 삼킬 자를 찾나니"(벧전 5:8)라고 말한다. 사단은 짧은 줄에 묶여 있는 사나운 개가 아니다.

사단이 결박되었다는 견해는 중세 교회의 역사가 보여주듯이 우리로 하여금 지나친 **승리**감에 도취하게 만들며 교회로 하여금 **자기 만족**에 빠지게 한다. 콘스탄티노플에 위치한 교회들의 지붕이 금으로 장식된 것은 천년 왕국이 도래했다는 상징적 선언이었다. 콘스탄틴으로 인해 교회들은 마침내 박해로부터 벗어날 수 있었다. 그러나 "그 날", 즉 교회가 신원받을 날에 대한 열망이 금방 식어져 버렸다. 그리스도의 재림을 갈망하는 마음은 언제나 박해의 시기에 더욱 강해졌으며, 바로 그때 교회들은 금과 같이 연단되었던 것이다.

자연스러운 결과가 아니다

후천년주의자들은 진화론에 근거하여 무천년주의에 대한 답변을 찾는다. 그들에 따르면 교회를 위하여 영광스러운 시기가 준비되어 있다는 것이다.

그러나 이러한 견해 역시 바람직스럽지 못하다. 비록 하나님이 이 세대에 우리에게 축복을 약속하셨지만 영광스러운 평화의 왕국이 역사 발전의 자연스러운 결과로서 이 땅 위에 건설될 것으로 여겨서는 안 된다.

교회와 이스라엘

결국 전천년주의자들의 입장은 현 세대와 그리스도의 최종적 재림 사이에 천년 동안의 기간을 둠으로써 유대 민족의 묵시 개념을 도입시켰던 것이다. 교회 그 자체는 중간기적 현상[10]이 되었으며 "교회 시대"

10) 이들은 그리스도의 초림과 재림 사이의 기간, 즉 교회 시대를 "괄호와 같은 긴 시간"(great parenthesis)으로 말한다. 세대주의는 교회가 아니라 이스라엘에 관심을 가졌다.

는 천년 왕국이 시작되기 전에 끝난다는 것이다.

전천년설의 잘못된 점은 교회가 구약의 언약 백성인 이스라엘의 계승자요 연속이라는 사실을 깨닫지 못했다는 데 있다. 일단 이러한 실수가 발생하면 이 땅은 "두 번째 기회"를 가질 수 있기 때문에 우리가 사는 때는 결정적인 것이 아니라는 견해를 받아들일 수 있는 여지가 생기게 된다.

이러한 종말론적 교리들을 검토할 때 언약은 꼭 질문해야 할 부분이다. 우리의 시대에 효력이 있는 언약이 특별한 천년 기간 동안에는 전혀 다른 구조를 가진 언약과 대치된다는 교훈은 성경 어디에서도 찾아볼 수 없다. 아울러서 그리스도께서 재림하실 때 "공중에서" 그리스도를 만나지 못한 자들이 유대인 개종자들이 지배하는 특별한 기간 동안에 회개할 수 있는 또 다른 기회를 갖는다고 생각할 근거도 전혀 없다.

그리스도께서 재림하시는 날

지금까지 언급된 세 가지 견해를 전부 거부해야 한다면 요한계시록 20장을 어떻게 해석해야 할 것인가? 이러한 문제를 해결하기 위한 좋은 방법 중 하나는 초대 교회를 살펴보는 것이다. 처음 수 세기 동안의 교회들(초기의 어거스틴의 견해를 포함해서)은 "천년 기간"을 어떻게 보았는가?

"천년"은 주의 날을 가리키는 것으로 해석되었다(주의 목전에는 천년이 하루 같다는 시 90:4의 말씀을 생각하라). 그 천년은 그리스도께서 재림하시는 날을 상징한다. 그 날에 신자들은 무덤에서 살아나 하나님으로부터 칭의를 받고 변호를 받을 것이다. 그러고 나서 그들은 그리스도와 함께 다스리게 될 것이다(단 7:22; 딤후 2:12).

요한계시록 20장은 땅 위에 있는 왕국에 관하여 말하지 않으며, 더구나 **유대인**의 왕국에 관하여 말하지 않는다. 신자들은 사랑받는 도성 안에 있는 성도들의 무리 가운데로 데려감을 받을 것이다. 사단은 그들을 해할 수 없다. 사단은 주의 날의 끝에 놓임을 받으나, 그의 자유는 오직 그를 최후의 정죄와 파멸로 이끌어 갈 뿐이다.

청산의 시간

신약성경은 반복적으로 주의 날을 가르치고 있다. 그러므로 우리는 주님의 최후 승리를 향한 우리의 열정이 식지 않도록 해야 한다. 우리는 요한계시록 20장을 잘못 해석하는 자들에게 임할 화를 당하지 않도록 주의해야 한다.

우리가 확고하게 기다리는 것은 그리스도의 날(빌 1:9; 2:16; 살전 2:19)이지 "개인적인 불멸"이나 "하늘나라"가 아니다. 모든 성도들과 함께 우리는 그 큰 날을 기다리는 것이다(벨직 신앙고백서 제37항을 참조하라). 주 예수여, 속히 오시옵소서!

그 날에는 역시 하나님을 대적했던 모든 자들에 대한 청산의 시간이 포함될 것이다. 이것이 바로 요한계시록 20장의 결론이 나타내 주는 사실이다. 최후로 멸망당해야 할 원수는 사망이다.

A=사도 시대(Apostolic era)

RC=그리스도의 재림(Return of Christ)

T=이스라엘을 향한 결정적인 날(Time of decision for Israel)

D=주의 날(Day of the Lord)

NJ=새 예루살렘이 지상에 임함(The New Jerusalem descends to earth)

9

위대한 완성

대조

성경의 마지막 부분의 두 장에서 새 예루살렘은 바벨론과 대조되어 묘사되고 있다. 우리는 여인과 여인이 대조되며 산과 산 그리고 도시와 도시들이 서로 대립되는 것을 알았다. 앞서 묘사된 것과 같이 새 예루살렘의 영광은 바벨론의 멸망과 대조된다. 언약의 진노가 지나간 후에 언약의 축복이 온다.

이 장에서 우리는 예수 그리스도의 계시가 팔레스타인의 예루살렘에 소망을 둔 유대인의 애국적 묵시 사상과 얼마나 직접적으로 대조되는지를 알 수 있다. 새 예루살렘은 오직 어린 양을 통해서만 임하게 될 것이다.

다음에 나오는 병행 구절들을 참조하라.

바벨론	새 예루살렘
17:1-18 짐승과 음행의 도시 사이의 언약에 관한 환상.	21:1-8 하나님과 그분의 신부가 되는 성읍 사이의 언약에 관한 환상.
18:1-24 하늘로부터 온 사자가 바벨론의 심판에 관해 전함.	21:9-22:5 하늘로부터 온 사자가 보여준 새 예루살렘과 새 낙원에 관한 환상.
19:1-10 아멘으로 화답하는 천상의 의식. 하나님께 대한 경배.	22:6-9 메시지에 대하여 아멘으로 화답할 하나님께 대한 경배.

위대하신 왕의 선포

요한이 "**새** 예루살렘"에 대하여 말할 때 우리는 유대 민족주의자들의 소원을 반영하는 용어가 아닌 옛 예루살렘에 대한 용어를 통하여 생각하도록 이끌린다. 구약이 미래의 예루살렘의 영광과 존귀에 관하여 말해야 했던 모든 것이 여기서 새로운 도시를 가리키는 데 동원되고 있다. 주님은 그 새로운 성읍에서 어린 양의 보좌를 세우신다. 낙원이 다시 회복되며 생명강과 생명나무가 다시금 모습을 드러낸다.

맨 마지막에는 음성이 들려온다. 우리는 다시 한 번 위대한 왕의 모습을 대하게 되는데, 그분은 이 책에 아무 것도 가감하지 말라고 경고하신다. 이렇게 엄숙한 경고로 인하여 수수께끼의 책이 아닌, 위대한 왕의 선언인 요한계시록은 권위 있는 책으로 여겨진다. 최초의 내용이 맨 마지막에서 반복되고 있다.

위대한 왕은 자신의 언약의 말씀으로 우리를 굳게 하신다. 우리는 오직 믿음, 오직 은혜, 오직 성경에 의해서만 살 것이다!

EARCH THE SCRIPTURES

부 록

1

사복음서 대조표

사　　건	마태복음	마가복음	누가복음	요한복음
Ⅰ. 복음서 서론			1:1-4	1:1-18
Ⅱ. 초기의 사건				
1. 예수님의 족보	1:1-17		3:23-38	
2. 세례 요한의 출생 예고			1:5-25	
3. 예수님의 탄생 예고			1:26-38	
4. 마리아의 엘리사벳 방문			1:39-56	
5. 요한의 출생			1:57-80	
6. 요셉에게 마리아의 수태 설명	1:18-25			
7. 예수님의 탄생			2:1-7	
8. 목자들의 경배			2:8-20	
9. 예수님의 할례			2:21-38	
10. 동방 박사들의 방문	2:1-12			
11. 애굽으로의 피난	2:13-18			
12. 나사렛으로 다시 돌아오심	2:19-23		2:39-40	
13. 나사렛에서의 유년 시대	2:23			
14. 12세 때의 예루살렘 방문			2:41-50	
15. 나사렛에서의 18년			2:51-52	
Ⅲ. 그리스도의 공생애 준비				
1. 세례 요한의 전도	3:1-12	1:1-8	3:1-18	
2. 예수님의 세례	3:13-17	1:9-11	3:21-23	
3. 예수님의 3대 시험	4:1-11	1:12-13	4:1-13	
4. 세례 요한의 증거				1:19-28
5. 세례 요한의 예수님에 대한 평가				1:29-34
6. 예수님의 처음 세 제자				1:35-42
7. 빌립과 나다나엘				1:43-51

사　　건	마태복음	마가복음	누가복음	요한복음
8. 가나안에서의 첫 이적				2:1-11
9. 가버나움 방문				2:12
Ⅳ. 초기의 유대 전도				
1. 유월절의 성전 정화				2:13-25
2. 니고데모와의 대화				3:1-21
3. 세례 요한의 증거				3:22-36
4. 유대를 떠나심	4:12		3:19-20	4:1-3
5. 사마리아에서의 전도				4:4-42
Ⅴ. 제1차 갈릴리 전도				
1. 갈릴리에서의 전도 시작	4:12-17	1:14-15	4:14-15	4:43-45
2. 신하의 아들을 고치심				4:46-54
3. 나사렛 회당에서의 배척			4:16-30	
4. 네 제자를 부르심	4:18-22	1:16-20	5:1-11	
5. 회당에서 귀신을 쫓아내심		1:21-28	4:31-37	
6. 베드로의 장모를 고치심	8:14-15	1:29-31	4:38-39	
7. 많은 병자들을 고치심	8:16-17	1:32-34	4:40-41	
8. 첫 번째 갈릴리 전도 여행	4:23-25	1:35-39	4:42-44	
9. 문둥병자를 고치심	8:2-4	1:40-45	5:12-16	
10. 중풍병자를 고치심	9:1-8	2:1-12	5:17-26	
11. 마태의 소명	9:9-13	2:13-17	5:27-32	
12. 금식에 대한 문제	9:14-17	2:18-22	5:33-39	
13. 베데스다 못에서 병자를 고치심 (유월절에)				5:1-47
14. 제자들이 안식일에 밀 이삭을 뽑음	12:1-8	2:23-28	6:1-5	
15. 손 마른 자를 고치심	12:9-14	3:1-6	6:6-11	
16. 물러가심	12:15-21	3:7-12		
Ⅵ. 산상보훈				
1. 열두 제자를 택하심		3:13-19	6:12-16	
2. 산상보훈 서론	5:1-2		6:17-20	
3. 팔복(八福)	5:3-12		6:20-26	
4. 소금과 빛	5:13-16			
5. 율법과의 관계	5:17-20			
6. 미움과 살인	5:21-26			

사　　　건	마태복음	마가복음	누가복음	요한복음
7. 간음과 이혼	5:27-32			
8. 맹세	5:33-37			
9. 복수	5:38-42		6:29-30	
10. 사랑	5:43-47		6:27-28	
11. 완전	5:48		6:32-36	
12. 구제	6:1-4			
13. 기도	6:5-15			
14. 금식	6:16-18			
15. 보화	6:19-24			
16. 염려	6:25-34			
17. 심판	7:1-5		6:37-42	
18. 간구와 응답	7:7-11			
19. 황금률	7:12		6:31	
20. 경고	7:13-23		6:43-45	
21. 두 가지 종류의 기초	7:24-27		6:46-29	
22. 맺는 말	7:28; 8:1			
Ⅶ. 제2차 갈릴리 전도				
1. 백부장의 종을 고치심	8:5-13		7:1-10	
2. 나인 성 과부의 아들을 다시 살리심			7:11-17	
3. 세례 요한의 최후의 메시지	11:2-19		7:18-35	
4. 바리새인 시몬의 집에서 기름부음을 받으심			7:36-50	
5. 제2차 갈릴리 전도			8:1-3	
6. 바리새인에 대한 경고	12:22-45	3:20-30		
7. 그리스도의 진정한 가족	12:46-50	3:31-35	8:4-21	
8. 예수님의 비유들	13:1-53	4:1-43	13:18-21	
9. 바다를 잔잔케 하심	8:23-27	4:35-41	8:22-25	
10. 가다라 지방의 귀신들	8:28-34	5:1-20	8:26-39	
11. 야이로의 딸을 살리심	9:18-26	5:21-43	8:40-56	
12. 두 소경과 벙어리를 고치심	9:27-34			
13. 나사렛에서의 두 번째 배척	13:54-58	6:1-6a		
Ⅷ. 제3차 갈릴리 전도				
1. 열두 제자의 파송	9:35; 11:1	6:6b-13	9:1-6	

사 건	마태복음	마가복음	누가복음	요한복음
2. 세례 요한의 죽음	14:1-12	6:14-29	9:7-9	
3. 오병이어의 이적으로 오천 명을 먹이심	14:13-23	6:30-46	9:10-17	
4. 물 위를 걸어가심	14:24-36	6:47-56		6:16-21
5. 생명의 떡에 대한 교훈				6:22-71
6. 바리새인들에 대한 비판	15:1-20	7:1-23		
7. 수로보니게 여인의 딸을 고치심	15:21-28	7:24-30		
8. 귀먹고 어눌한 자를 고치심	15:29-31	7:31-37		
9. 칠병이어의 기적으로 사천 명을 먹이심	15:32-38	8:1-9		
10. 요나의 표적	15:39; 16:4	8:10-12		
11. 바리새인들의 누룩	16:5-12	8:13-21		
12. 소경을 고치심		8:22-26		
13. 베드로의 고백	16:13-20	8:27-30	9:19-21	
14. 그리스도의 죽음과 부활에 대한 예고	16:21-28	8:31; 9:1	9:22-27	
15. 예수님의 변모(變貌)	17:1-13	9:2-13	9:28-36	
16. 사악한 귀신들린 아이를 고치심	17:14-21	9:14-29	9:37-43a	
17. 죽음에 대한 두 번째 예고	17:22-23	9:30-32	9:43b-45	
18. 예수님의 성전세 지불	17:24-27			
19. 겸손과 용서에 대한 교훈	18장	9:35-50	9:45-50	
Ⅸ. 후기의 유대 전도				
1. 그의 형제들의 불신앙				7:2-9
2. 사마리아인들의 배척	19:1-2	10:1	9:51-56	
3. 제자도에 대한 교훈			9:57-62	
4. 초막절 중의 예수님				7:10-52
5. 간음한 여인의 용서				7:53;8:11
6. 바리새인들과의 충돌				8:12-59
7. 70인의 전도			10:1-24	
8. 선한 사마리아인의 비유			10:25-37	
9. 나면서 소경 된 자를 고치심				9:1-41
10. 마리아와 마르다 방문			10:38-42	
11. 기도에 대한 교훈			11:1-13	
12. 바리새인에 대한 비판			11:14-54	

사　　건	마태복음	마가복음	누가복음	요한복음
13. 바리새인의 위선			12:1-12	
14. 욕심과 염려			12:13-34	
15. 청지기에 대한 교훈			12:35-48	
16. 그리스도로 인한 분쟁			12:49-53	
17. 바리새인의 무지			12:54-59	
18. 회개의 필요성			13:1-5	
19. 무화과나무의 비유			13:6-9	
20. 안식일에 병고침을 받은 여인			13:10-21	
21. 구원에 대한 교훈			13:22-30	
22. 선한 목자에 대한 교훈				10:1-18
23. 유대인들의 증오				10:19-39
Ⅹ. 베뢰아 전도				
1. 베뢰아로 물러가심				10:40-42
2. 헤롯의 증오에 대한 경고			13:31-35	
3. 수종(水腫)에 걸린 자를 고치심			14:1-6	
4. 혼인 잔치의 비유			14:7-24	
5. 제자도의 원리			14:25-35	
6. 잃은 양의 비유			15:1-7	
7. 잃은 동전의 비유			15:8-10	
8. 탕자의 비유			15:11-32	
9. 불의한 청지기의 비유			16:1-13	
10. 이혼에 대한 교훈	19:3-12	10:2-12	16:14-18	
11. 부자와 나사로			16:19-31	
12. 무익한 종의 비유			17:1-10	
Ⅺ. 유대로의 단기 방문				
1. 나사로를 살리심				11:1-44
2. 유대인들의 공모				11:45-53
3. 예수님의 피신			17:11	11:54
Ⅻ. 마지막 전도 여행				
1. 열 문둥이를 고치심			17:12-19	
2. 하나님 나라의 의미			17:20-21	
3. 재림에 대한 교훈			17:22-37	
4. 과부의 비유			18:1-8	

사　　건	마태복음	마가복음	누가복음	요한복음
5. 바리새인과 세리의 비유			18:9-14	
6. 아이들의 신앙	19:13-15	10:13-16	18:15-17	
7. 부자 관원의 부족한 것	19:16-26	10:17-27	18:18-27	
8. 베드로의 요구	19:27-30	10:28-31	18:28-30	
9. 포도원 품꾼들의 비유	20:1-16			
10. 죽음에 대한 세 번째 예고	20:17-19	10:32-34	18:31-34	
11. 야고보와 요한의 요구	20:20-28	10:35-45		
12. 소경 바디매오	20:29-34	10:46-54	18:35-43	
13. 삭개오의 구원			19:1-10	
14. 열 므나의 비유			19:11-28	
XIII. 마지막 한 주간				
1. 금요일: 베다니에 도착하심				11:55;12:1
2. 토요일:				
① 베다니에서의 저녁 식사	26:6-13	14:3-9		12:2-8
② 유대인들의 공모				12:9-11
3. 주일:				
① 예루살렘 입성	21:81-11	11:1-11	12:29-44	12:12-19
② 헬라인들의 요구				12:20-36
③ 베다니로 돌아오심		11:11		12:36
4. 월요일:				
① 무화과나무를 저주하심	21:18-19	11:12-14		
② 성전의 정화	21:12-13	11:15-18	19:45-48	
③ 많은 무리를 고치심	21:14-16			
④ 베다니로 돌아오심	21:17	11:19		
5. 화요일:				
① 무화과나무가 말라 버림	21:19-22	11:20-26		
② 권위에 대한 질문	21:23	11:27-28	20:1-2	
③ 요한의 권위에 대한 평가	21:24-27	11:29-33	20:3-8	
④ 두 아들의 비유	21:28-32			
⑤ 농부의 비유	21:33-46	12:1-12	20:9-19	
⑥ 혼인 잔치의 비유	22:1-14			
⑦ 납세에 대한 질문	22:15-22	12:13-17	20:20-26	
⑧ 부활에 대한 질문	22:23-33	12:18-27	20:27-40	

사　　건	마태복음	마가복음	누가복음	요한복음
⑨ 계명에 대한 질문	22:34-40	12:28-34		
⑩ 메시아에 대한 질문	22:41-46	12:35-37	20:41-44	
⑪ 바리새인들에 대한 저주	23:13-39	12:38-40	20:45-47	
⑫ 이스라엘의 불신앙				12:37-50
⑬ 과부의 두 렙돈		12:41-44	21:1-4	
⑭ 예루살렘 성전의 멸망에 대한 예언	24:1-2	13:1-2	21:5-6	
⑮ 그리스도의 재림의 표적	24:3-42	13:3-33	21:7-36	
⑯ 깨어 있는 종의 비유		13:34-37		
⑰ 도적의 비유	24:43-44			
⑱ 청지기 비유	24:45-51			
⑲ 열 처녀 비유	25:1-13			
⑳ 달란트 비유	25:14-30			
㉑ 양과 염소의 구별	25:31-46			
㉒ 예수님의 활동에 대한 요약			21:37-38	
㉓ 유대인들의 공모	26:1-5	14:1-2	22:1-2	
㉔ 가룟 유다의 반역	26:14-16	14:10-11	22:3-6	
6. 수요일: 기록이 없음				
7. 목요일:				
① 유월절 준비	26:17-19	14:12-16	22:7-13	
② 유월절에 잡수심	26:20	14:17	22:14-18	13:1
③ 제자들의 발을 씻기심			22:24-27	13:2-17
④ 가룟 유다가 나감	26:21-25	14:18-21	22:21-23	13:18-32
⑤ 성찬식의 제정	26:26-29	14:22-25	22:19-20	
⑥ 베드로의 부인을 예고하심	26:31-35	14:27-31	22:28-38	13:33-38
⑦ 위로에 대한 교훈				14:1-31
⑧ 포도나무와 그 가지				15:1-16
⑨ 미래의 관계				15:17;16:33
⑩ 중재의 기도				17:1-26
⑪ 겟세마네 동산에서의 기도	26:36-46	14:32-42	22:40-46	18:1
8. 금요일:				
① 예수님의 체포	26:47-56	14:43-52	22:47-53	18:2-12
② 안나스 앞에서의 재판				18:13-14; 18:19-23

사　　건	마태복음	마가복음	누가복음	요한복음
③ 가야바 앞에서의 재판	26:57-68	14:53-65	22:54	18:24
④ 베드로의 세 번의 부인	26:58, 69-75	14:54, 66-72	22:54-62	18:15-18, 25-27
⑤ 산헤드린 공회 앞에서의 재판	27:1	15:1	22:66-71	
⑥ 가룟 유다의 자살	27:3-10			
⑦ 빌라도 앞에서의 재판	27:2	15:1-5	23:1-5	18:28-38
⑧ 헤롯 앞에서의 재판			23:6-12	
⑨ 빌라도 앞에서의 재판	27:15-26	16:6-15	23:13-25	18:39;19:16
⑩ 로마 병정들의 조롱	27:27-30	15:16-19		
⑪ 골고다로 가는 길	27:31-32	15:20-21	23:26-32	19:17
⑫ 골고다에 도착하심	27:33-34	15:22-23	23:33	19:17
⑬ 십자가 위에서의 여섯 시간	27:35-50	15:29-37	23:33-46	19:18-30
⑭ 백부장의 고백	27:51-56	15:38-41	23:47-49	
⑮ 예수님이 창에 찔리심				19:31-37
⑯ 예수님을 장사지냄	27:57-61	15:42-47	23:50-56	19:38-42
9. 토요일: 무덤에 파수꾼을 세움	27:62-66			
XIV. 부활의 사건				
1. 두 여인이 무덤을 보려고 옴	28:1	16:1		
2. 지진이 일어남	28:2-4			
3. 막달라 마리아의 실망				20:1-2
4. 여인들에게 천사가 나타남	28:5-8	16:2-8	24:1-11	
5. 베드로와 요한의 무덤 방문			24:12	20:3-10
6. 주님이 마리아에게 나타나심		16:9-11		20:11-18
7. 주님이 여인들에게 나타나심	28:9-10			
8. 유대인들의 거짓 소문 조작	28:11-15			
9. 엠마오로 가는 두 제자에게 나타나심		16:12	24:13-32	
10. 두 제자의 보고		16:13	24:33-35	
11. 열 제자에게 나타나심			24:36-43	20:19-23
12. 열한 제자에게 나타나심		16:14		20:24-31
13. 일곱 제자에게 나타나심				21:1-25
14. 지상 명령	28:16-20	16:15-18	24:44-29	
15. 주님의 승천		16:19-20	24:50-53	

2

공관복음의 구약성경 구절 인용

구　　약	마 태 복 음	마 가 복 음	누 가 복 음
창세기			
2:24	19:5	10:7-8	
출애굽기			
3:6	22:32	12:26	20:37
13:2(?)			2:23
13:12			2:23
20:12	15:4	7:10	
20:12-16	19:18-19	10:19	18:20
20:13	5:21		
20:14	5:27		
21:17	15:4	7:10	
21:24	5:38		
레위기			
12:8			
19:18	5:43; 19:19; 22:39	12:31	10:27
24:20	5:38		
신명기			
5:16	15:4	7:10	
5:16-20	19:18-19	10:19	18:20
5:17	5:21		
5:18	5:27		
6:4-5	22:37	12:29-30	10:27
6:13	4:10		4:8
6:16	4:7		4:12
8:3	4:4		4:4
19:15	18:16		
24:1	5:31		
사사기			
13:5-7(?)	2:23		
16:17(?)	2:23		

구　　약	마 태 복 음	마 가 복 음	누 가 복 음
시편			
8:2	21:16		
22:1	27:46	15:34	
22:18	27:35		
31:5			23:46
78:2	13:35		
110:1	22:44	12:36	20:42-43
118:22-23	21:42	12:10	20:17
118:26	23:39		13:35
이사야			
6:9-10	13:14-15		
7:14	1:23		
9:1-	4:15-16		
29:13	15:8-9	7:6-7	
40:3	3:3	1:2-3	
40:3-5	3:3	1:3	3:4-6
42:1-4	12:18-21		
53:4	8:17		
53:12			22:37
56:7	21:13	11:17	19:46
58:6			4:18-19
61:1-2			4:18-19
62:11(?)	21:5		
예레미야			
7:11	21:13	11:17	19:46
31:15	2:18		
다니엘			
9:27	24:15	13:14	
12:11	24:15	13:14	
호세아			
6:6	9:13, 12:7		
10:8			23:30
11:1	2:15		
스가랴			
9:9	21:5		
11:12-13	27:9-10		
13:7	26:31	14:27	
말라기			
3:1	11:10	1:2-3	7:27

3

예수 그리스도에 관한 예언과 성취

예 언	내 용	성 취
창 3:15 "내가 너로 여자와 원수가 되게 하고 너의 후손도 여자의 후손과 원수가 되게 하리니 여자의 후손은 네 머리를 상하게 할 것이요 너는 그의 발꿈치를 상하게 할 것이니라."	여자의 후손	갈 4:4 "때가 차매 하나님이 그 아들을 보내사 여자에게서 나게 하시고 율법 아래 나게 하신 것은"(눅 2:7, 계 12:5).
창 18:18 "아브라함은 강대한 나라가 되고 천하 만민은 그를 인하여 복을 받게 될 것이 아니냐"(창 12:3).	아브라함에게 약속된 자손	행 3:25 "너희는 선지자들의 자손이요 또 하나님이 너희 조상으로 더불어 세우신 언약의 자손이라 아브라함에게 이르시기를 땅 위의 모든 족속이 너의 씨를 인하여 복을 받으리라 하셨으니"(마 1:1, 눅 3:34).
창 17:19 "…그 이름을 이삭이라 하라 내가 그와 내 언약을 세우리니 그의 후손에게 영원한 언약이 되리라."	이삭에게 약속된 자손	마 1:2 "아브라함이 이삭을 낳고 이삭은 야곱을 낳고 야곱은…."
민 24:17 "…한 별이 야곱에게서 나오며 한 홀이 이스라엘에게서 일어나서…"(창 28:14).	야곱에게 약속된 자손	눅 3:34 "그 이상은 야곱이요 그 이상은 이삭이요…."
창 49:10 "홀이 유다를 떠나지 아니하며 치리자의 지팡이가 그 발 사이에서 떠나지 아니하시기를 실로가 오시기까지 미치리니…."	유다 지파의 후손	눅 3:33 "…그 이상은 유다요…."
사 9:7 "…또 다윗의 위에 앉아서 그 나라를 굳게 세우고."	다윗의 계승자	마 1:1 "아브라함과 다윗의 자손 예수 그리스도의 세계라"(마 1:6).

예 언	내 용	성 취
미 5:2 "베들레헴 에브라다야… 이스라엘을 다스릴 자가 네게서 내게로 나올 것이라."	베들레헴에서의 탄생	마 2:1 "헤롯 왕 때에 예수께서 유대 베들레헴에서 나시매…."
단 9:25 "그러므로 너는 깨달아 알지니라 예루살렘을 중건하라는 명이 날 때부터 기름부음을 받은 자 곧 왕이 일어나기까지 일곱 이레와 육십이 이레가 지날 것이요 그때 곤란할 동안에 성이 중건되어 거리와 해자가 이룰 것이며."	탄생의 시각	눅 2:1, 2 "이 때에 가이사 아구스가 영을 내려 천하로 다 호적하라 하였으니 이 호적은 구레뇨가 수리아 총독되었을 때에 첫 번 한 것이라"(눅 2:4-7).
사 7:14 "보라 처녀가 잉태하여…."	동정녀 탄생	마 1:18 "그 모친 마리아가… 동거하기 전에 성령으로 잉태된 것이 나타났더니"(눅 1:26-35).
렘 31:15 "…슬퍼하며 통곡하는 소리가 들리니 라헬이 그 자식을 위하여 애곡하는 것이라."	유다의 대 학살	마 2:16 "이에 헤롯이… 베들레헴과 그 모든 지경 안에 있는 사내 아이를… 두 살부터 그 아래로 다 죽이니"(마 2:17, 18).
호 11:1 "…내 아들을 애굽에서 불러내었거늘…."	애굽으로의 피난	마 2:14 "요셉이 일어나서 밤에 아기와 그의 모친을 데리고 애굽으로 떠나가"(마 2:15)
사 9:1, 2 "…후에는 해변 길과 요단 저편 이방의 갈릴리를 영화롭게 하셨느니라…."	갈릴리 전도	마 4:12-16 "…나사렛을 떠나 스불론과 납달리 지경 해변에 있는 가버나움에 가서…."
신 18:15 "…선지자 하나를 너를 위하여 일으키시리니."	선지자	요 6:14 "…이는 참으로 세상에 오실 그 선지자라 하더라"(요 1:45, 행 3:19-26).
신 110:4 "… 너는 멜기세덱의 반차를 좇아 영원한 제사장이라 하셨도다."	멜기세덱 같은 제사장	히 6:20 "…예수께서 멜기세덱의 반차를 좇아 영원히 대제사장이 되어…"(히 5:5, 6; 7:15-17).

예 언	내 용	성 취
사 53:3 "그는 멸시를 받아서 사람에게 싫어 버린바 되었으며…"(시 2:2).	유대인들의 배척	요 1:11 "자기 땅에 오매 자기 백성이 영접지 아니하였으나"(요 5:43; 눅 4:29; 17:25; 23:18).
사 11:2 "여호와의 신 곧 지혜와 총명의 신이요 모략과 재능의 신이요 여호와를 경외하는 신이 그 위에 강림하시리니"(시 45:7, 사 11:3, 4).	성격	눅 2:52 "예수는 그 지혜와 그 키가 자라가며 하나님과 사람에게 더 사랑스러워 가시더라"(눅 4:18).
슥 9:9 "시온의 딸아 크게 기뻐할 지어다. 예루살렘의 딸아 즐거이 부를지어다. 보라 네 왕이 네게 임하나니 그는 공의로우며 구원을 베풀며 겸손하여서 나귀를 타나니 나귀의 작은 것 곧 나귀 새끼니라"(사 62:11).	승리의 입성	요 12:13, 14 "종려나무를 가지고 맞으러 나가 외치되 호산나 찬송하리로다. 주의 이름으로 오시는 이 곧 이스라엘의 왕이시여 하더라. 예수는 한 어린 나귀를 만나서 타시니"(마 21:1-11, 요 12:12).
시 41:9 "나의 신뢰하는 바 내 떡을 먹던 나의 가까운 친구도 나를 대적하여…."	친구의 배반	막 14:10 "열둘 중에 하나인 가룟 유다가 예수를 넘겨 주려고…"(마 26:14-16, 막 14:43-45).
슥 11:12 "…그들이 은 삼십을 달아서 내 고가를 삼은지라"(슥 11:13).	은 삼십에	마 26:15 "…그들이 은 삼십을 달아 주거늘"(마 27:3-10).
슥 11:13 "…내가 곧 은 삼십을 여호와의 전에서 토기장이에게 던지고."	토기장이의 밭을 사기 위한 은 삼십	마 27:6, 7 "…성전고에 넣어둠이 옳지 않다 하고 의논한 후 이것으로 토기장이의 밭을 사서 나그네의 묘지를 삼았으니"(마 27:3-5; 8-10).
시 109:7, 8 "그 기도가 죄로 변케 하시며 그 년수를 단축케 하시며 그 직분을 타인이 취하게 하시며."	유다의 직분을 타인이 취함	행 1:18-20 "…후에 몸이 곤두박질하여 배가 터져 창자가 다 흘러나온지라… 그의 저처로 황폐하게 하시며… 그 직분을 타인이 취하게 하소서 하였도다"(행 1:16, 17).
사 27:12 "…위증자와 악을 토하는 자가 일어나…"(시 35:11).	거짓 증인들의 모함	마 26:60, 61 "거짓 증인이 많이 왔으나 얻지 못하더니 두 사람이 와서 가로되…."

예　　　언	내 용	성　　　취
사 53:7 "그가 곤욕을 당하여 괴로울 때에도 그 입을 열지 아니하였음이여…"(시 38:13, 14).	고소를 당할 때에 침묵하심	마 26:62, 63 "대제사장이 일어서서 예수께 묻되 아무 대답도 없느냐… 하되 예수께서 잠잠하시거늘…"(마 27:12-14).
사 50:6 "나를 때리는 자들에게 내 등을 맡기며 나의 수염을 뽑는 자들에게 나의 빰을 맡기며 수욕과 침 뱉음을 피하려고 내 얼굴을 가리우지 아니하였느니라."	매맞고 모욕당하심	막 14:65 "혹은 그에게 침을 뱉으며… 주먹으로 치며 가로되 선지자 노릇을 하라 하고 하속들은 손바닥으로 치더라"(막 15:17; 요 19:1-3; 18:22).
사 69:4 "무고히 나를 미워하는 자가 내 머리털보다도 많고."	까닭없이 미움을 받으심	요 15:23-25 "지금은 저희가 나와 및 내 아버지를 보았고 또 미워하였도다…."
사 53:4, 5 "그는 실로 우리의 질고를 지고 우리의 슬픔을 당하였거늘… 그가 징계를 받음으로 우리가 평화를 누리고 그가 채찍에 맞음으로 우리가 나음을 입었도다"(사 53:6, 12).	대신 고난을 당하심	마 8:16, 17 "…예수께서 말씀으로 귀신들을 쫓아내시고 병든 자를 다 고치시니… 이는… 우리 연약한 것을 친히 담당하시고 병을 짊어지셨도다 함을 이룩하려 하심이라"(롬 4:25, 고전 15:3).
사 53:12 "…그가 자기 영혼을 버려 사망에 이르게 하며 범죄자 중 하나로 헤아림을 입었음이라…."	죄인들과 함께 못 박히심	마 27:38 "이 때에 예수와 함께 강도 둘이 십자가에 못 박히니…"(막 15:27, 28; 눅 23:33)
사 22:16 "…악한 무리가 나를 둘러 내 수족을 찔렀나이다"(슥 12:10).	수족이 찔리심	요 20:27 "도마에게 이르시되… 네 손을 내밀어 내 옆구리에 넣어 보라…"(요 19:37; 20:25, 26)
시 22:6-8 "…나를 보는 자는 다 비웃으며 입술을 비쭉이고 머리를 흔들며 말하되 저가 여호와께 의탁하니 구원하실걸… 하나이다."	조롱과 모욕을 당하심	마 27:39, 40 "지나가는 자들은 자기 머리를 흔들며 예수를 모욕하며 가로되… 네가 만일 하나님의 아들이어든 자기를 구원하고 십자가에서 내려오라 하며"(마 27:41-44; 막 15:29-32).
시 69:21 "저희가 쓸개를 나의 식물로 주며 갈할 때에 초로 마시웠사오니."	쓸개와 초를 받으심	요 19:29 "사람들이 신 포도주를 머금은 해융을 우슬초에 매어 예수의 입에 대니"(마 27:34, 38).

예　　　언	내 용	성　　　취
시 109:4 "나는 사랑하나 저희는 도리어 나를 대적하니 나는 기도할 뿐이라"(사 53:12).	원수를 위하여 기도하심	눅 23:34 "이에 예수께서 가라사대 아버지여 저희를 사하여 주옵소서…."
슥 12:10 "…그들이 그 찌른 바 그를 바라보고…."	옆구리를 찔리심	요 19:34 "그 중 한 군병이 창으로 옆구리를 찌르니…."
시 22:18 "내 겉옷을 나누며 속옷을 제비뽑나이다."	군병들이 옷을 얻고자 제비뽑음	막 15:24 "그 옷을 나눌 새 누가 어느 것을 얻을까 하여 제비를 뽑더라"(요 19:24).
시 34:20 "그 모든 뼈를 보호하심이여 그 중에 하나도 꺾이지 아니하도다."	뼈가 꺾이지 않으심	요 19:33 "예수께 이르러는 이미 죽은 것을 보고 다리를 꺾지 아니하고."
사 53:9 "…그 묘실이 부자와 함께 되었도다."	부자의 묘실에 장사되심	마 27:57-60 "아리마대 부자 요셉이라 하는 사람이… 시체를 가져가… 자기 새 무덤에 넣어 두고."
시 16:10 "이는 내 영혼을 음부에 버리지 아니하시며 주의 거룩한 자로 썩지 않게 하실 것임이니다"(마 16:21).	부활	마 28:9 "예수께서 저희를 만나…"(눅 24:36-48).
시 68:18 "주께서 높은 곳으로 오르시며…."	승천	눅 24:50, 51 "…축복하실 때에 저희를 떠나 하늘로 올리우시니"(행 1:9).

4

복음서의 예언과 성취

복음서의 예언	신약의 성취
"내가 저희로 사람을 낚는 어부가 되게 하리라"(마 4:19; 막 1:17).	그리스도의 사역과 사도들의 행적(마 28:19-20; 행 1:8)
"그러나 신랑을 빼앗길 날이 이르리니 그 때에는 그식할 것이니라"(마 9:15; 막 2:20; 눅 5:35).	그리스도의 승천(눅 24:50-51; 행 1:9) 교회의 금식(행 13:2-3; 14:23)
종교 지도자들에게 받을 고난(마 17:12). 죽음과 부활(마 16:21; 17:22-23; 20:18-19; 막 8:31; 9:31; 10:32-; 눅 9:22, 44; 18:31-33).	고통당하신 기사(마 26-28; 막 14-16; 눅 22-24; 요 18-21)
"여기 섰는 사람 중에 죽기 전에 인자가 그 왕권을 가지고 오는 것을 볼 자들도 있느니라"(마 16:28; 막 9:1; 눅 9:27).	여러 견해가 있음
"네가 바다에 가서 낚시를 던져…"(마 17:27).	확실함
"너희가 과연 내 잔을 마시려니와"(마 20:23; 막 10:45).	야고보의 순교(행 12:1-2, 주후 44)
"인자가 온 것은… 자기 목숨을 많은 사람의 대속물로 주려 함이니라"(마 20:28; 막 10:45).	십자가에 못 박히심(마 27; 막 15; 눅 23; 요 19)
"너희 맞은 편 마을로 가라 곧 매인 나귀와 나귀 새끼가 함께 있는 것을 보리니…"(마 21:2-3; 막 11:2-3; 눅 19:30-31).	마 21:6-7; 막 11:4-6; 눅 19:32-34
"이제부터 영원토록 네게 열매가 맺지 못하리라!"(마 21:18-19; 막 11:12-14).	확실함(마 21:19 참조)

복음서의 예언	신약의 성취
"하나님의 나라를 너희는 빼앗기고…"(마 21:43-44).	여러 견해가 있음
"돌 하나도 돌 위에 남지 않고…"(마 24:2; 막 13:2; 눅 21:6).	주후 70년
"너희 중에 한 사람이 나를 팔리라"(마 26:21, 23; 막 14:18, 20; 눅 22:21; 요 13:21, 26).	유다의 배반(마 26:14-16, 47-56; 막 14:10-11, 43-50; 눅 22:3-6, 47-53; 요 13:27; 18:3-12)
"내가 살아난 후에 너희보다 먼저 갈릴리로 가리라"(마 26:32; 막 14:28).	"너희보다 먼저 갈릴리로 가시나니…"(마 28:7, 10, 16; 막 16:7).
"오늘 밤 닭 울기 전에 네가 세 번 나를 부인하리라"(마 26:34, 막 14:30; 눅 22:34; 요 13:38).	베드로의 부인(마 26:69-75; 막 14:66-72; 눅 22:54-62; 요 18:15-18, 25-27)
"귀신이 네 딸에서 나갔느니라"(막 7:29; 참조. 마 15:28).	막 7:30
"이 여자가 내 몸에 이 향유를 부은 것은 내 장사를 위하여 함이니라"(마 26:12; 막 14:8; 요 12:7).	장사(마 27:57-61; 막 15:42-47; 눅 23:50-56; 요 19:38-42)
"온 천하에 어디서든지 이 복음이 전파되는 곳에는 이 여자의 행한 일도 말하여 저를 기념하리라 하시니라"(마 26:13; 막 14:9).	확실함
"성내로 들어가라 그리하면 물 한 동이를 가지고 가는 사람을 만나리니"(막 14:13-15; 눅 22:10-12).	유월절 준비(막 14:16; 눅 22:13)
스가랴가 세례 요한의 사역을 예언함(눅 1:67-79)	세례 요한의 사역(마 3; 막 1; 눅 3; 요 1)
"두려워 말고 믿기만 하라 그리하면 딸이 구원을 얻으리라"(눅 8:50).	생명을 되찾음(눅 8:55)
"적은 무리여 무서워 말라 너희 아버지께서 그 나라를 너희에게 주시기를 기뻐하시느니라"(눅 12:32).	여러 견해가 있음.

복음서의 예언	신약의 성취
"날이 이를지라 네 원수들이 토성을 쌓고 너를 둘러 사면으로 가두고"(눅 19:43-44).	주후 66-70년
"기록된 바… 한 말이 이루어져야 하리니"(눅 22:37).	십자가에 못 박히심(마 27:38; 막 15:27; 눅 23:32-33; 요 19:18)
"오늘 네가 나와 함께 낙원에 있으리라"(눅 23:43).	확실함
"그의 이름으로 죄사함을 얻게 하는 회개가 예루살렘으로부터 시작하여 모든 족속에게 전파될 것이 기록되었으니"(눅 24:47).	사도들의 행적(행 1:8 참조)
"내가 내 아버지의 약속하신 것을 너희에게 보내리니"(눅 24:49).	성령의 강림(행 2:1-4)
"너희가 이 성전을 헐라 내가 사흘 동안에 일으키리라"(요 2:19-22).	그리스도의 부활(마 28:5-6; 막 16:6; 눅 24:5-8; 요 20:6-9)
"인자도 들려야 하리니"(요 3:14).	십자가에 못 박히심(마 27; 막 15; 눅 23; 요 19)
"나는 양을 위하여 목숨을 버리노라… 나는 버릴 권세도 있고 다시 얻을 권세도 있으니"(요 10:15-18).	십자가의 죽음과 부활(마 27-28; 막 15-16; 눅 23-24; 요 19-21)
가야바: "한 사람이 백성을 위하여 죽어서 온 민족이 망하지 않게 되는 것이 너희에게 유익한 줄을…"(요 11:49-50).	십자가의 죽음(마 27; 막 15; 눅 23; 요 19; 참조. 요 11:51-52)
"그(아버지)가 또 다른 보혜사를 너희에게 주사…"(요 14:16, 23; 16:7).	오순절(행 2:1-4)
"내가 내 아버지 곧 너희 아버지, 내 하나님 곧 너희 하나님께로 올라간다"(요 20:17).	승천(눅 24:50-51; 행 1:9)
"젊어서는 네가 스스로 띠 띠고 원하는 곳으로 다녔거니와 늙어서는 네 팔을 벌리리니 남이 네게 띠 띠우고 원치 아니하는 곳으로 데려가리라"(요 21:18).	베드로의 순교(요 21:18-19; 참조. 주후 64년)

5

성경 지도

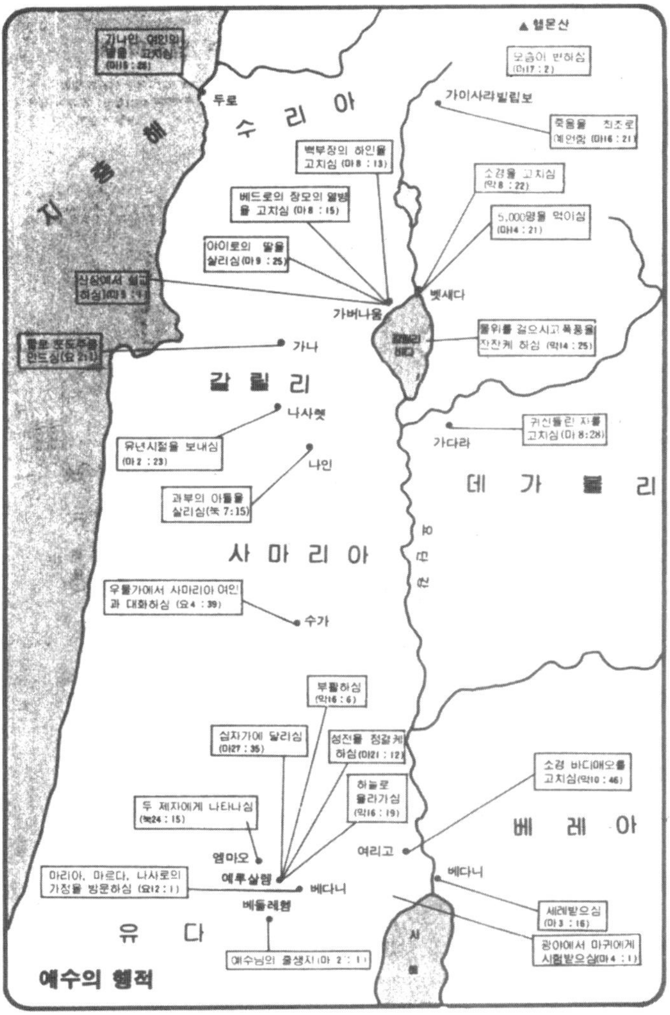
헬몬산
모습이 변하심 (마17 : 2)
가이사라빌립보
죽음을 처음으로 예언함 (마16 : 21)
두로
수 리 아
지 중 해
백부장의 하인을 고치심 (마8 : 13)
베드로의 장모의 열병을 고치심 (마8 : 15)
소경을 고치심 (막8 : 22)
5,000명을 먹이심 (마14 : 21)
야이로의 딸을 살리심(마9 : 25)
벳새다
가버나움
물위를 걸으시고 폭풍을 잔잔케 하심 (막14 : 25)
가나
갈 릴 리
나사렛
귀신들린 자를 고치심(마8:28)
가다라
유년시절을 보내심 (마2 : 23)
나인
데 가 볼 리
과부의 아들을 살리심(눅 7:15)
사 마 리 아
우물가에서 사마리아 여인과 대화하심 (요4 : 39)
수가
부활하심 (막16 : 6)
십자가에 달리심 (마27 : 35)
성전을 정결케 하심(마21 : 12)
소경 바디매오를 고치심(막10 : 46)
하늘로 올라가심 (막16 : 19)
두 제자에게 나타나심 (눅24 : 15)
베 레 아
여리고
엠마오
베다니
마리아, 마르다, 나사로의 가정을 방문하심 (요12 : 1)
예루살렘
베다니
베들레헴
세례받으심 (마3 : 16)
유 다
광야에서 마귀에게 시험받으심(마4 : 1)
예수님의 출생지(마 2 : 1)
예수의 행적

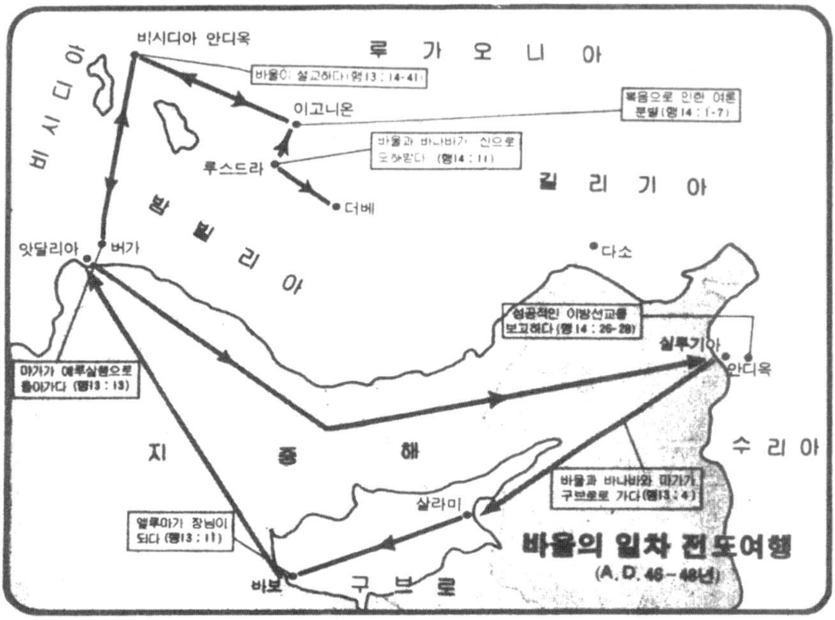
비시디아 안디옥
루 가 오 니 아
바울이 설교하다(행13 : 14-41)
이고니온
복음으로 인한 여론 분열(행14 : 1-7)
바울과 바나바가 신으로 오해받다 (행14 : 11)
루스드라
더베
비 시 디 아
밤 빌 리 아
길 리 기 아
앗달리아
버가
다소
성공적인 이방선교를 보고하다(행14 : 26-28)
실루기아
안디옥
마가가 예루살렘으로 돌아가다 (행13 : 13)
지 중 해
수 리 아
바울과 바나바와 마가가 구브로로 가다(행13 : 4)
살라미
엘루마가 장님이 되다 (행13 : 11)
바울의 일차 전도여행
(A. D. 46-48년)
바보
구 브 로

지 도 23

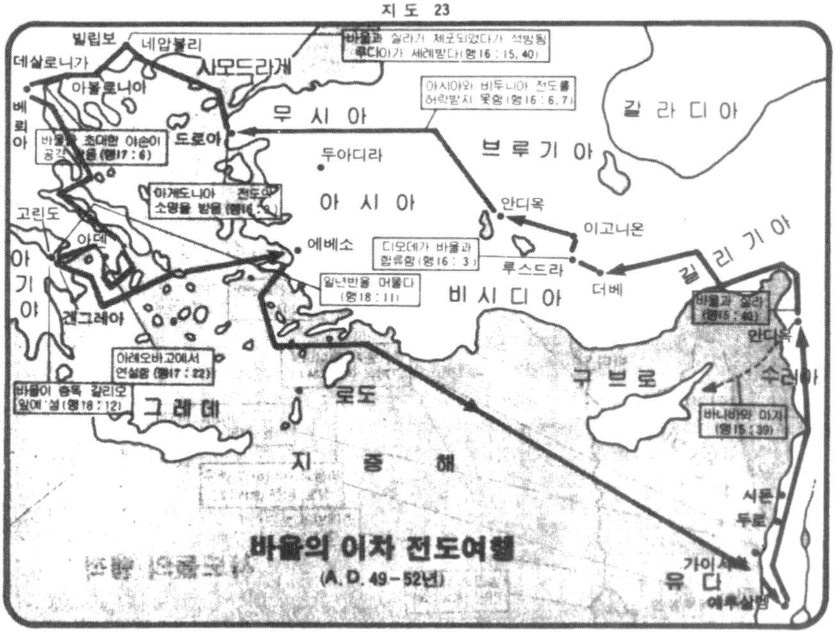
빌립보
네압볼리
바울과 실라가 체포되었다가 석방됨 루디아가 세례받다(행16 : 15, 40)
데살로니가
사모드라게
아볼로니아
아시아와 비두니아 전도를 허락받지 못함(행16 : 6, 7)
갈 라 디 아
베뢰아
무 시 아
바울을 초대한 야손이 공격 받음(행17 : 6)
드로아
두아디라
브 루 기 아
마게도니아 전도의 소명을 받음(행16 : 9)
아 시 아
안디옥
고린도
이고니온
아덴
에베소
디모데가 바울과 합류함(행16 : 3)
루스드라
길 리 기 아
아가야
일년반을 머물다 (행18 : 11)
비 시 디 아
더베
겐그레아
바울과 실라(행15 : 40)
안디옥
아레오바고에서 연설함(행17 : 22)
구 브 로
수리아
바울이 총독 갈리오 앞에 설(행18 : 12)
그 레 데
로도
바나바와 마가(행15 : 39)
지 중 해
시돈
두로
바울의 이차 전도여행
(A. D. 49-52년)
가이사랴
유 다
예루살렘

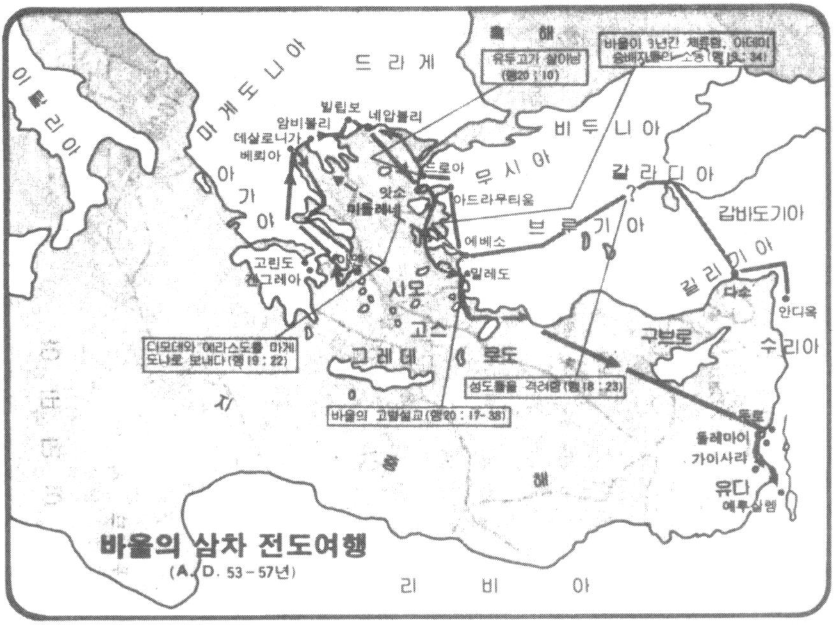

흑 해
드 라 게
마 게 도 니 아
이 탈 리 아
유두고가 살아남 (행20 : 10)
빌립보
네압볼리
암비볼리
데살로니가
베뢰아
비 두 니 아
드로아
무 시 아
갈 라 디 아
아 가 야
앗소
미들레네
아드라무티움
갑비도기아
브 루 기 아
에베소
고린도
겐그레아
밀레도
길 리 기 아
다소
안디옥
사모
고스
구브로
수리아
디모데와 에라스도를 마게도냐로 보내다 (행19 : 22)
그 레 데
로도
성도들을 격려함 (행18 : 23)
바울의 고별설교 (행20 : 17-38)
두로
돌레마이
가이사랴
유다
예루살렘
바울의 삼차 전도여행
(A. D. 53－57년)
리 비 아

지 도 25

바울이 하나님 나라를 전파함 (행23 : 11;28 : 16-31)
이 탈 리 아
로마
세개의 여관
아피우스
부디올
마 게 도 니 아
드 라 게
흑 해
빌립보
데살로니가
베뢰아
비 두 니 아
무 시 아
갈 라 디 아
형제들과 교제함 (행28 : 14, 15)
아 가 야
브 루 기 아
갑비도기아
시실리
레기온
고린도
겐그레아
에베소
수라구사
길 리 기 아
사모
니도
무라
멜리데
피선하여 겨울을 보냄 (행28 : 1)
고스
로도
배를 갈아 탐 (행27 : 6)
구브로
수리아
그 레 데
뵈닉스
가우다
살모네
미항
곡물선으로 항해 (행27 : 1-5)
시돈
두로
돌레마이
가이사랴
배가 폭풍으로 인하여 좌초됨 (행27 : 13-20)
지 중 해
바울이 벨릭스에게 감금되었다가 베스도에 의해 로마로 보내짐 (행26 : 32)
유다
예루살렘
바울의 로마여행
(A. D. 59－62년)
가이사 앞에서의 재판 청구 (행25 : 10)
리 비 아

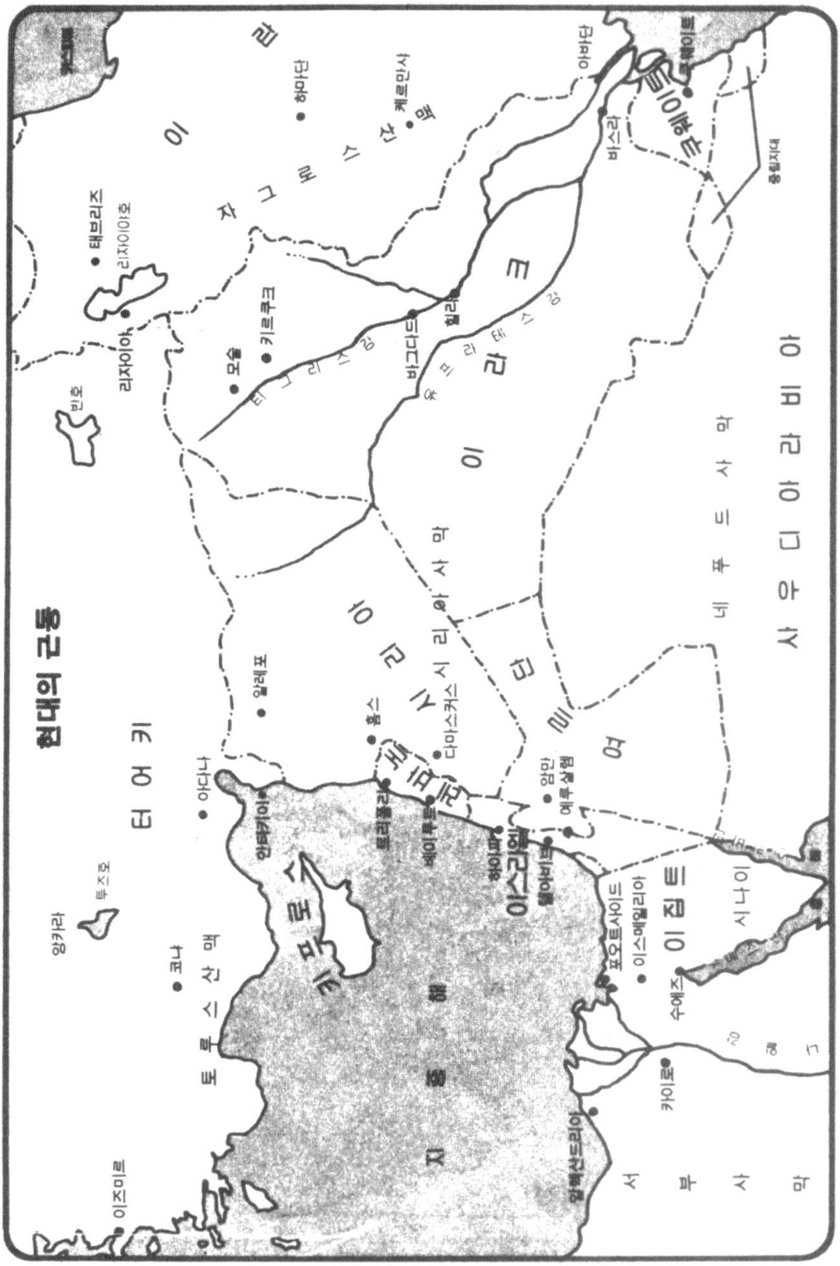
현대의 근동
터어키
이란
이라크
시리아
레바논
이스라엘
요르단
사우디아라비아
이집트
쿠웨이트
키프로스
지중해
토루스 산맥
자그로스 산맥
네푸드 사막
시리아 사막
서부 사막
시나이
홍해
이즈미르
앙카라
투즈호
코나
아다나
안타키아
알레포
홈스
다마스커스
트리폴리
베이루트
하이파
텔아비브
예루살렘
암만
포트사이드
이스메일리아
수에즈
카이로
알렉산드리아
리자이아
리자이아호
태브리즈
반호
모술
키르쿠크
바그다드
힐라
바스라
아바단
하마단
케르만샤
티그리스강
유브라데스강
중립지대

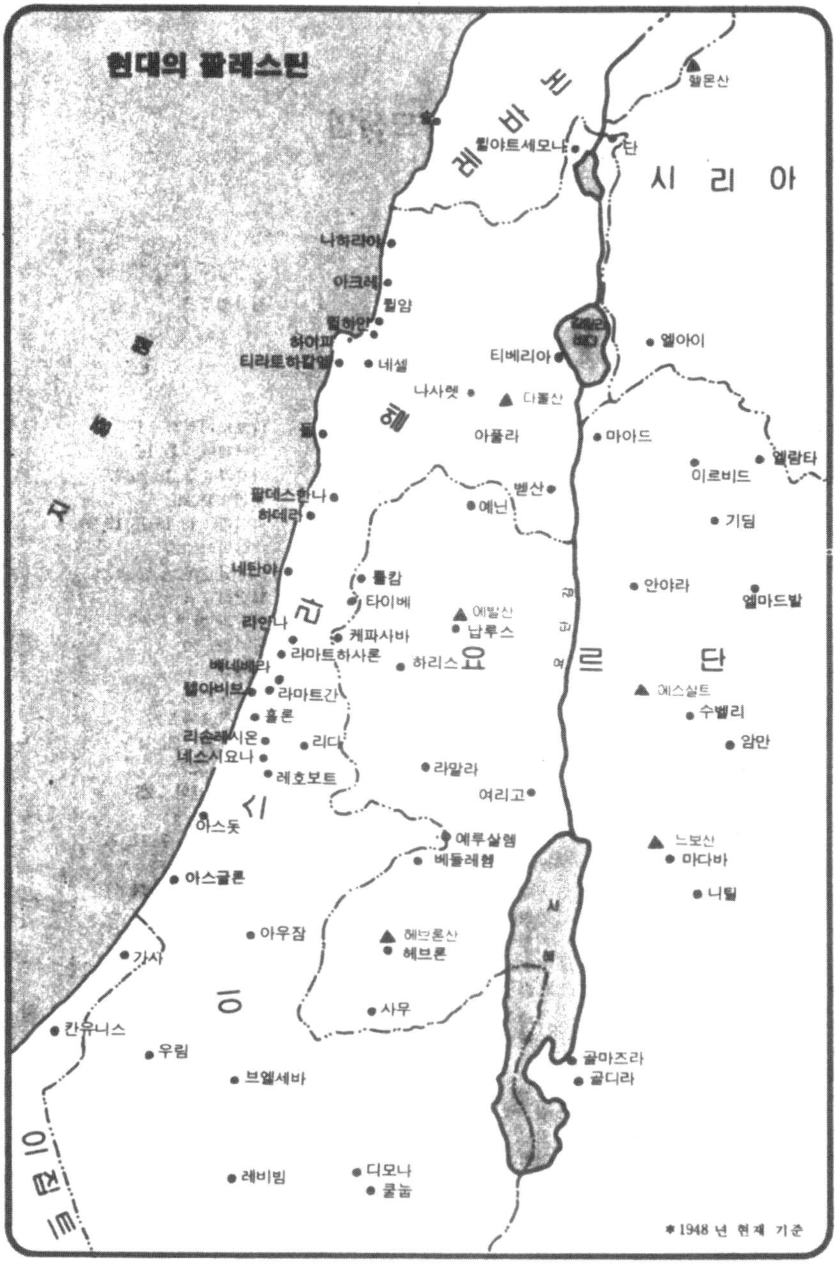
현대의 팔레스틴
레바논
시리아
헬몬산
단
나하리아
아크레
쉴암
허이파
티라트하칼멜
네셀
티베리아
엘아이
나사렛
다볼산
아풀라
마아드
이르비드
엘람타
팔데스한나
하데라
벧산
예닌
기딤
네탄야
툴캄
타이베
안아라
엘마드발
에발산
리안나
케파사바
납루스
라마트하사론
하리스
요르단
요단강
헤스실트
텔아비브
라마트간
홀론
수벨리
리손레시온
리다
암만
네스시요나
레호보트
라말라
여리고
이스라엘
아스돗
예루살렘
느보산
베들레헴
마다바
아스글론
니틸
아우잠
헤브론산
헤브론
가사
사해
사무
칸유니스
우림
골마즈라
브엘세바
골디라
이집트
레비빔
디모나
쿨눔
* 1948 년 현재 기준

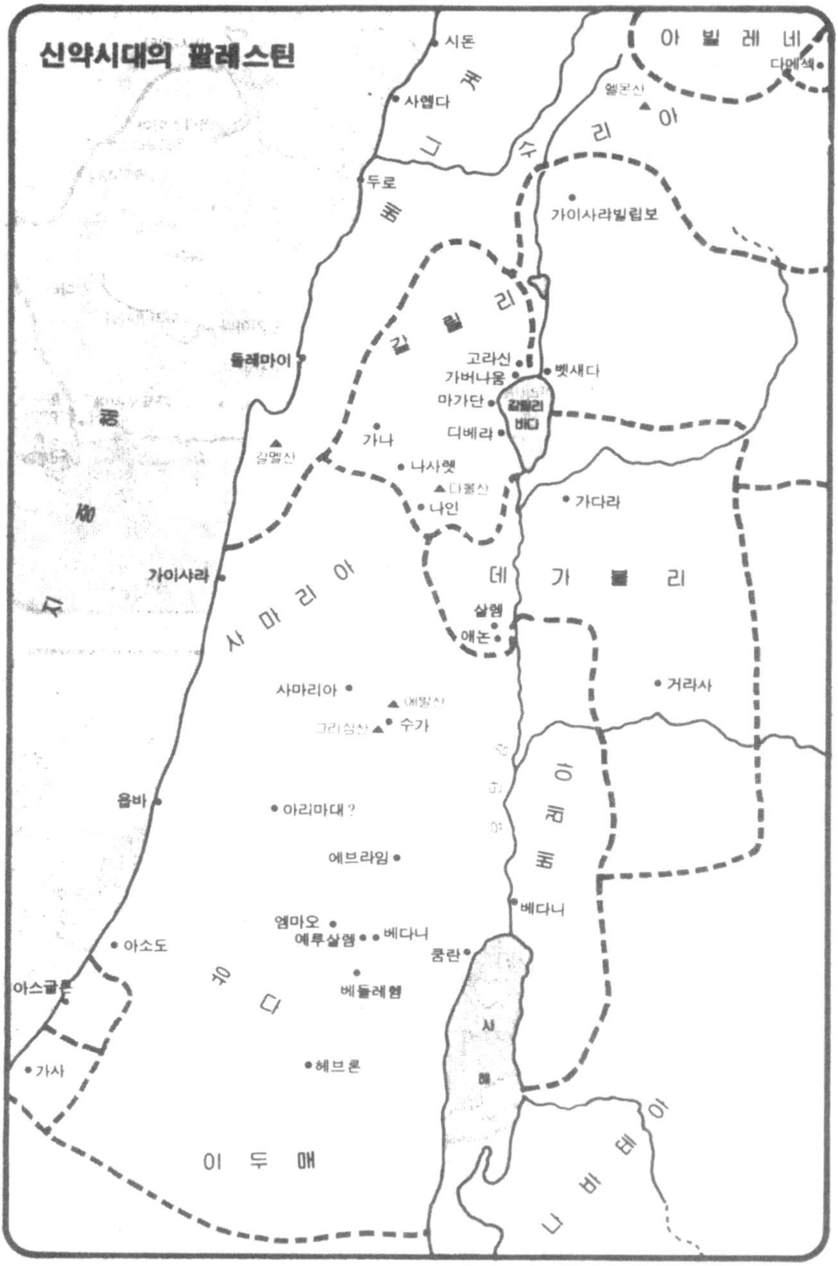
신약시대의 팔레스틴
시돈
사렙다
두로
아빌레네
다메섹
헬몬산
가이사랴빌립보
갈릴리
돌레마이
고라신
가버나움
벳새다
마가단
갈릴리 바다
디베랴
가나
갈멜산
나사렛
다볼산
나인
가다라
가이사랴
사마리아
데가볼리
살렘
애논
거라사
사마리아
에발산
수가
그리심산
욥바
아리마대?
에브라임
베다니
엠마오
예루살렘
베다니
쿰란
아소도
아스글론
유다
베들레헴
가사
헤브론
이두매
나바데아

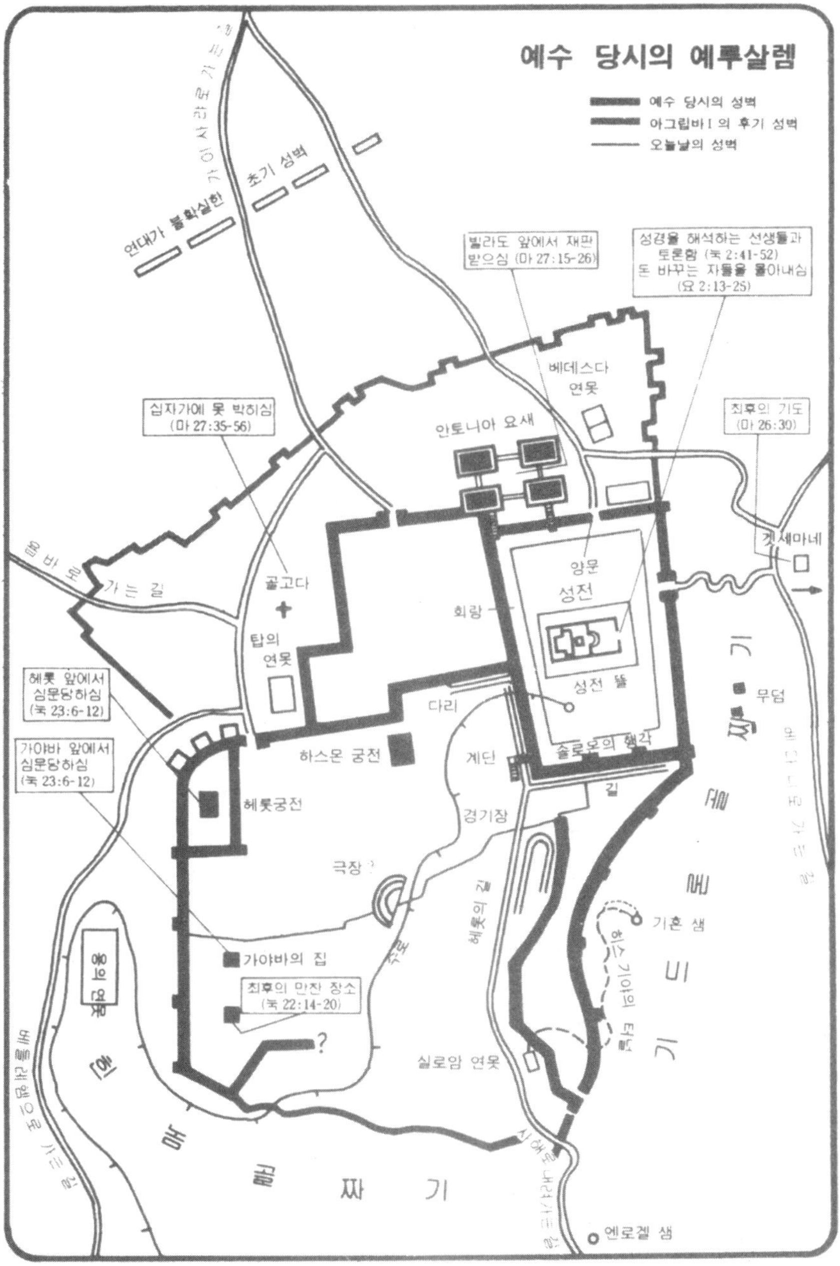
예수 당시의 예루살렘
예수 당시의 성벽
아그립바 I 의 후기 성벽
오늘날의 성벽
빌라도 앞에서 재판 받으심 (마 27:15-26)
성경을 해석하는 선생들과 토론함 (눅 2:41-52)
돈 바꾸는 자들을 몰아내심 (요 2:13-25)
연대가 불확실한
초기 성벽
베데스다 연못
십자가에 못 박히심 (마 27:35-56)
안토니아 요새
최후의 기도 (마 26:30)
겟세마네
양문
성전
골고다
회랑
탑의 연못
성전 뜰
헤롯 앞에서 심문당하심 (눅 23:6-12)
다리
무덤
가야바 앞에서 심문당하심 (눅 23:6-12)
하스몬 궁전
계단
솔로몬의 행각
헤롯궁전
경기장
극장?
기혼 샘
히스기야의 터널
가야바의 집
최후의 만찬 장소 (눅 22:14-20)
실로암 연못
헤롯의 길
엔로겔 샘

신약성경개관

■ 2013년 4월 2일 개정판 2쇄 발행
■ 지 은 이 : C. 반더발
■ 옮 긴 이 : 김 철
■ 펴 낸 이 : 박영호
■ 펴 낸 곳 : 도서출판 솔로몬
■ 등록번호 : 제 16-24호
■ 등 록 일 : 1990년 7월 31일
■ 주 소 : 서울시 동작구 사당 3동 207-3
신주빌딩 1층
■ 전 화 : 599-1482 FAX : 592-2104
■ 직영서점 : 596-5225

ISBN 89-8255-357-6